개정판

관광학원론

김원인 · 김수경

백산출판사

머리말

이 책은 관광의 근본적 문제와 원리들을 체계적으로 제시하고 정립하기 위해 크게 네 부문으로 나누어 서술하였다.

첫째, 관광학의 기초적 이해를 위해 관광의 개념을 명확히 정립하여 본질적인 문제를 해결하고, 학문적 접근방법들을 다각도로 검토하였다.

둘째, 관광현상을 시스템 개념으로 파악하여 이를 시스템의 구조 속에 해부학적으로 정립함으로써 관광을 포괄적이면서도 체계적으로 이해할 수 있도록 제시하였다.

셋째, 해부학적 구조의 주요 부문들에 대한 통찰력을 갖도록 하는 데 일조하기 위하여 가장 핵심적인 문제들을 논리정연하게 서술하였다.

넷째, 관광사업의 경영문제들을 보다 쉽고 명쾌하게 이해할 수 있도록 본질적인 문제들을 발췌하여 설명함으로써 향후 연구방향 설정에 실마리를 제공하는 데 도움을 줄 수 있도록 하였다.

이 책을 통하여 독자들에게 관광현상에 대한 체계적이고도 포괄적 이해와 더불어 향후 연구방향 설정에 일조하고자 최선의 노력을 다하였으나 복합적인 관광현상을 체계화하기에는 학문의 축적이 너무 부족하다는 것을 자인하지 않을 수 없다. 그러나 본 저자는 관광을 연구하고자 하는 사람들이나 관련된 실무에 종사하는 사람들에게 조금이나마 학문적인 도움을 줄 수 있기를 바라는 사명감에서 이 책을 저술하였다.

이 책이 사명감에 의해 최선의 노력을 기울였다고는 하지만 부족한 내용이 많을 것이다. 아무쪼록 이 책의 내용이 미비하거나 오류가 있다면 독자 제현의 아낌없는 충고를 바탕으로 차후에 보다 나은 개정에 도움을 주기 바란다.

저자 씀

차 례

제 1 장

관광의 개념과 정의

제 1 장 관광의 개념과 정의

제1절 관광의 본질

사람들은 왜 관광을 하는가? 우리는 아름다운 해안 길을 따라 걸으며 끝없이 푸른 바다, 깎아지른 절벽, 그리고 파도에 침식된 기기묘묘한 괴암들이 조화를 이룬 인상적인 풍경에 매료된다. 광활한 대자연이 살아 숨 쉬는 천혜의 자연으로부터 관광객들은 심신의 치유(heeling)를 경험한다.

1-1 관광과 생활

인류는 태고부터 여행을 해왔다. 특히 경제생활에 도약의 계기가 된 산업혁명(industrial revolution)은 여행발전에 획기적인 전기를 마련해 주었다. 이 시기에 혁신적인 동력을 활용한 산업주의의 부가가치 창출 시스템은 여행의 활성화에 초석이 되었다. 산업주의에 의한 부의 축적, 교통의 발달, 도시화, 대중매체, 그리고 세속주의는 대중문화의 변화와 대량관광(mass tourism)의 진입에 큰 영향을 미쳤다. 기술혁신에 의한 생산성의 증대는 근로시간의 단축과 소득의 향상으로 이어져 도시 근로자들의 여가생활에 큰 영향을 미쳤다. 오늘날 대부분의 근로자들은 주당 40시간의 근로와 2일간의 주말, 그리고 국경일을 비롯한 휴일과 일정한 유급휴가를 통해 여가시간을 향유한다.

근로자들은 생활유지와 자존을 위해 일(work)과 재충전을 위한 휴식을 필요로 한다. 이들은 과중한 일에서 벗어나 탈일상성의 기분전환은 물론 원기회복을 위한 여가를 필요로 한다. 비일상성의 경험은 여가와 위락으로부터 추구할 수 있다. 농업경제에서 사람들은 자연환경에 순응하며 임의적인 시간을 보냈지만, 산업경제에서 사람들은 인위적이며 정밀하게 계산된 기계적인 시간에 통제되어 생활을 영위한다. 오늘날 사람들은 여가시간을 이용해 탈일상성을 경험함으로써 조화롭고 균형 있는 생활을 유지한다.

사람들은 왜 여행을 하는가? 관광객의 유입으로써 관광수용지역사회는 어떤 편익을 향유할 수 있는가?

1-2 관광의 의미

관광이란 무엇을 의미하는가? 사람들은 탈일상성을 경험하기 위해 여행을 추구한다. 이들은 단순히 어디론가 떠나는 여행으로부터 이동 그 이상의 즐거움을 추구하기 위해 관광을 계획한다. 그러나 즐거움을 추구하기 위한 여행의 구체적인 목적은 개인에 따라 다양하다. 학문으로서의 관광연구는 관광의 개념을 과학적 원리(principle)와 이론(theory)을 바탕으로 한 체계적이며 논리적인 접근을 필요로 한다. 즉 관광연구는 관광의 본질과 정체성에 관련된 규칙성을 입증할 수 있는 논리적인 원칙을 체계적으로 정리하고 연결시키는 접근이다.

즐거움을 추구하기 위한 여행으로써의 관광은 사회·문화적 배경에 따라 복잡하고 다양하게 표출될 수 있다. 관광은 관광객, 관광산업, 관광발생지역, 그리고 관광수용지역의 특성과 이들 간의 상호작용에 의한 복합적인 현상이다. 그러나 이와 같은 복합적인 사회적 현상의 주체는 즐거움을 추구하기 위해 여행하는 관광객이다. 관광은 관광객의 쾌락적 경험의 추구에서 비롯되는 사회·문화적 현상이다. 그러므로 관광의 본질은 관광의 주체인 개인 및 집단뿐만 아니라 이들과 상호작용하는 다차원적인 인적·물적 대상을 모두 포함한다.

관광은 다음과 같은 관점에서 파악할 수 있다.

① 관광객: 관광욕구와 구매력이 뒷받침된 실수요자

② 관광공급자: 관광객에게 관광서비스를 제공함으로써 조직의 목적을 달성하는 관광사업자

③ 정부: 공익을 위해 관광객과 관광사업을 보호하는 규칙의 제정 및 조정·통제, 그리고 국민의 복지와 국가경제에 미치는 유발효과에 주목하여 관광을 진흥시키기 위한 정부조직

④ 관광수용지역: 관광객과 상호작용을 통해 문화교류를 하며 관광객의 소비로부터 경제적 편익을 얻는 관광목적 지역사회

일상생활권을 일시적으로 벗어나는 관점에서, 관광의 기본적인 조건은 비일상성의 즐거움을 추구하기 위한 개인의 심리적 상태이다. 그러나 일상생활의 의미를 일상의 평범한 생활로 해석할 것인지, 단순히 일상생활권을 벗어나는 것으로 인식할 것인지, 아니면 일상생활의 권태로써 인식할 것인지는 심사숙고해 볼 문제이지만, 일상성의 탈출은 개인의 주관적인 인식의 세계임이 분명하다.

일상생활권을 벗어나는 공간적 이동으로서 관광을 조망하더라도, 관광객으로서 개인은 의식적으로 일상생활권을 결코 벗어나지 못할 수도 있기 때문에 단순히 물리적 공간의 이동만으로 관광의 본질을 설명한다는 것은 무의미하다. 관광은 즐거움을 추구하기 위한 여행임에 틀림없지만, 관광의사결정자가 추구하는 목적, 조건, 부여하는 의미, 그리고 가치는 개인에 따라 매우 다양할 수 있다. 그러나 관광의사결정이 개인에게 주어진 조건과 인식에 따라 다양할 수 있지만, 이는 본질적으로 의사결정자의 관광욕구충족을 위한 심리적 메커니즘의 작용에 의해 이루어진다.

관광의사결정은 운송, 숙박시설, 목적지의 선택과 같은 수많은 문제해결을 위해 이루어진다. 그러므로 관광의사결정은 경제, 사회, 문화 등의 외부환경은 물론 숙박, 음식, 관광서비스, 관광목적지, 관광조건 등에 따라 다양하게 나타난다. 예를 들어 가족휴가여행과 같은 특별한 상황에서 의사결정자는 더욱 복잡한 의사결정을 위해 추가적인 정보를 필요로 한다. 이때 관광의사결정자는 추가적 정보를 바탕으로 대안에 대해 예측되는 관광경험의 행위, 과정, 그리고 성과와 관련된 기대충족 능력을 평가한다.

1-3 관광경험의 본질

관광은 역사와 사회·문화적 배경에 따라 특징적 현상으로 나타나지만, 본질적으로 관광은 쾌락을 경험하기 위한 인간의 이동이다. 왜 사람들은 탈일상성을 추구하기 위해 애써 여행을 하는가? 이와 같은 질문은 특정 사회의 문화적 현상으로써 그 답을 찾을 수도 있을 것이다. 즉 관광은 관광발생지역과 관광수용지역사회의 문화 및 사회적 환경의 상호작용에 의해 나타나는 현상이다. 관광은 정형화되거나 사전 합의에 의해 일정한 양태로 나타나는 사회문화적 현상이 아니라 특정 사회의 문화와 역사적 배경에 따라 특징적인 경향으로 나타나는 복합적인 사회문화적 현상이다. 사람들은 문화와 사회적 환경에 영향을 받아 다양한 관광경험을 추구한다.

오늘날의 보편적인 관광현상은 과거 소수 특권층만이 누렸던 그것과 명확하게 구별되는 특징을 보인다. 먼 옛날 인류는 최소한의 생필품을 얻기 위해 수렵과 채집활동을 하며 이동(여행)을 하였지만, 점점 잉여생산에 의한 경제시스템이 구축되기 시작함으로써 한가한 시간을 즐길 수 있는 여유를 갖게 되었다. 그 후 산업의 발달과 함께 나타난 산업주의는 공장, 도시화, 세속주의, 대량상산, 대량교육, 대중매체, 대중문화를 촉진하는 한편, 대중관광의 유리한 조건을 마련해 주었다. 산업주의 경제는 표준화, 전문화, 동시화, 집중화, 중앙집권화, 그리고 규모의 경제원리에 따라 다양한 형태로 분화되는 한편, 지역 간 이동을 원활하게 해주었다. 관광은 금전뿐만 아니라 시간을 필요로 한다. 기술혁신에 의한 근로시간의 감소는 20세기 중반 대중관광(mass tourism)의 밑거름이 되었다. 즉 20세기의 기술혁신, 소득향상, 여가시간 증대는 대중관광의 초석이 되었다.

관광의 어원으로서 가장 오래된 출처는 기원전 8세기경 중국 주(周)나라에서 편찬되었다고 하는 역경(易經: 五經의 하나로서 周易이라고도 부른다)의 내용인 "觀國之光 利用賓于王(관국지광 이용빈우왕)"이라는 표현이 있는데, 이 '觀國之光'에서 '觀光(관광)'이라는 용어가 유래되었다고 전해지고 있다.

한편, 서양에 있어서 '투어리즘(tourism)'이라는 용어는 1811년에 "The Sporting Magazine" 잡지에 최초로 등장했다고 옥스포드 영어사전(Oxford English Dictionary)은 밝히고 있다. Tourism이라는 말은 영어로 '짧은 기간의 여행'을 뜻하는 tour의 파생어이고, tour라는 말은 라틴어의 도르래를 의미하는 tornus에서 유래하였다고 한다.[1)]

오늘날 사람들은 체험적 학습, 자아계발, 건강을 위해 관광의 쾌락을 추구한다. 도시화의 진전, 소득수준의 향상, 자동화 시스템의 발달, 그리고 여가시간의 증대는 즐거움을 추구하기 위한 관광의 필수조건이다. 쾌락은 활동의 즐거움 그 자체에서 비롯된다. 관광은 순수한 쾌락적 경험을 향유할 수 있는 기회이다. 관광의 쾌락적 경험은 풍요로운 생활의 질과 밀접하게 관계된다. 관광경험은 긴장완화(relaxation), 오락(entertainment), 인성의 발달(personal development)에 기여해 준다. 오늘날 많은 사람들이 생활의 질을 향상시키기 위해 관광을 추구한다.

1) 강덕윤 외 2인 공저, 『현대관광학개론』, 백산출판사, 2012, pp.15-16.

제2절 관광의 정의

관광의 본질에 대한 통찰을 위해, 우리는 복합적이며 다차원적인 관광의 개념을 함축적 의미로 정의할 필요가 있다. 이와 같은 관광의 정의는 관광연구의 기본적인 범위와 방향을 제시해 준다. 인식의 대상으로서 관광(tourism)의 개념은 영리목적의 산업적 관점에서, 쾌락적 경험의 관점에서, 그리고 탈일상성을 위한 이동의 포괄적 관점에서 파악할 수 있다.

2-1 관광정의의 관점

사람들은 흔히 관광(tourism)과 여행(travel)을 같은 의미로 이해하고 있다. 그러나 관광과 여행을 엄격히 구별짓는다면, 관광은 이동의 목적으로 휴식, 오락, 경관감상을 위한 쾌락적 경험의 추구인 반면, 여행은 정주지를 벗어나 어디론가 떠나는 이동을 의미한다. 일 지향적인 전통적 사회에서 쾌락적 경험을 위한 관광은 생산적인 일(work)과 상충되는 비생산적인 활동일지 모르지만, 대부분의 현대인들에게 관광은 생활의 질을 향상시키기 위한 바람직한 생산적 활동임에 틀림없다. 현대인에게 관광은 즐거움을 추구함으로써 생활의 질을 풍요롭게 하기 위한 여행(이동)이다.

사람들은 탈일상성의 쾌락을 경험하기 위해 관광을 하는 한편, 종교, 사업, 친지를 방문하기 위해 여행을 떠난다. 이와 같은 여행은 모두 즐거움을 추구하기 위한 이동으로써 목표지향적인 관광활동이다. 그러므로 즐거움을 추구하기 위해 이동하는 여행자는 관광객(tourist)이며 관광소비의 주체로서 관광수용지역사회의 손님이다.

관광(tourism)은 크게 2가지 차원에서 그 의미를 찾아볼 수 있다. 하나는 즐거움(pleasure)을 추구하기 위한 여행활동이며, 다른 하나는 관광객에게 정보·숙박·교통, 그리고 기타 서비스를 제공하는 관광사업 시스템이다. 즉 관광은 쾌락추구를 위한 여행의 주체로서 관광객과 이들에게 관광의 편익을 제공해 주는 관광서비스 시스템의 총체이다.

관광(tourism)은 즐거움을 위한 여행의 주체인 개인과 이들에게 정보, 숙박, 교통, 기타 서비스를 제공해줌으로써 조직의 목적을 달성하는 관광산업으로 구성된다. 이와 같은 의미에서 관광은 경제적 관점, 정책 또는 기술적 관점, 그리고 포괄적 관점에서 관광개념을 정의할 수 있다.

2-2 경제적 정의

관광에 대한 경제적 정의(economic definition)는 관광의 경제유발효과에 초점을 맞추어 그 의미를 함축한다. 관광객은 관광욕구충족을 위한 관광 소비자인 반면, 관광수용지역과 관광기업은 관광객의 욕구충족을 통해 경제적 편익을 향유하는 지역 및 조직이다. 즉 소비경제사회에서 개인은 생활에 필요한 물자를 조달하고 이용하는 경제활동의 주체이다. 이러한 경제생활은 체제나 이념과 관계없이 반드시 영위 및 해결해야 할 가장 근본적인 문제이다. 관광의 경제학적 정의는 자원가치의 평가에 근거하여 자원을 합리적으로 활용하는 문제와 이를 통해 관광욕구에 영합함으로써 얻는 경제적 효과를 강조한다.

경제적 관점에서 관광의 정의는 "여행객을 유인 및 수송하고 숙식을 제공하며 이들의 욕구에 영합하는 과학, 기술, 그리고 사업(Tourism can be defined as the science, art and business of attracting and transporting visitors, accommodating them and graciously catering to their needs and wants)"[2)]이다. 말하자면 관광은 "일상적 주거환경에서 벗어나 사업, 즐거움, 여가활동을 원활하게 해주는 서비스 및 제품을 제공해주는 사업의 총체이다(Tourism is the aggregate of all businesses that directly provide goods or services to facilitate business, pleasure, and leasure activities away from the home environment)."[3)]

대부분의 국가는 관광의 경제적 유발효과에 주목하여 관광을 국가적 전략산업으로 진흥하기 위해 노력하고 있다. 한편, 관광기업은 관광욕구를 충족시키기 위한 교통, 숙박, 음식 등 다양한 서비스 제공을 통해 조직의 목적을 달성하기 위해 노력을 기울인다. 다시 말해 관광객은 주거환경에서 일시적으로 벗어나 탈일상성을 추구하는 관광 수요자인 반면, 관광기업은 수요자인 관광객에게 관광의 편익을 제공하는 사업의 주체이다.

2-3 기술적 정의

국제연합 산하기관인 UNWTO(UN World Tourism Organization: 국제관광기구)는 국

---

2) Mclntosh, R. W., *Tourism : Principle, Practices and Philosophies Grid Inc.*, 2nd ed., Columbus, Ohio, 1977, p.391.

3) Stephen L. J. Smith, "Defining Tourism : A Supply-Side Annals of Tourism", University of Waterloo, Canada, Research, Vol. 15, 1988, p.183.

제연합 통계위원회의 승인을 거쳐 관광통계 가이드라인을 책정하여 국제적으로 이의 적용을 위해 각국에 권고하였다. 그러나 모든 국가가 이러한 지침을 수용하기에는 특정 국가의 지정학적 특성, 문화적 규범, 경제발전의 정도, 정책적 관점, 자원의 조건 등에 따라 관광에 부여하는 가치가 다를 수 있기 때문에 쉽지 않은 문제이다. 이는 관광현상이 인종학적 특성, 물리적 환경, 경제적 환경, 문화적 가치, 사회적 수용, 지정학적 특성에 따라 매우 다양하게 나타나기 때문이다.

〈UNWTO의 유래〉

원래 세계관광기구(World Tourism Organization)는 1975년 설립된 이래 줄곧 WTO라는 명칭을 사용하고 있었으나, 1995년 1월 세계무역기구(World Trade Organization: WTO)가 출범함에 따라 두 기구 간에 혼란이 빈번하게 발생하였다. 이에 유엔총회는 양기구 간에 혼란을 피하고 UN 전문기구로서 세계관광기구의 위상을 높이기 위하여 2006년 1월부터 WTO라는 명칭을 UNWTO라는 명칭으로 변경하여 사용하게 되었다.

대부분의 국가 및 지방정부는 관광을 지역경제의 부를 창출하는 중요한 수단으로 간주한다. 이는 관광이 지역사회의 소득을 향상시켜줄 뿐만 아니라 정부의 세수증대를 가져다주기 때문이다. 특히 인바운드 관광객의 지출은 외화획득을 위한 훌륭한 원천이기 때문에 정부의 주요 관심사이다. 이와 같은 관점에서 관광에 대한 기술적 정의는 다양한 소비자들로부터 관광객을 구별하기 위해 여행의 목적, 여행거리, 체류시간과 같은 기술적 기준을 적용하고 있다.

1937년 국제통계위원회(League of Nations Statistical Committee)는 '국제관광객(international tourist)'을 다음과 같이 정의하였다. "국제관광객이란 일상거주지를 떠나 적어도 24시간 이상 건강, 가족관계, 오락을 목적으로 타국을 방문하는 사람으로, 과학·외교·종교·체육 활동의 대표로 회의에 참가하는 여행객, 사업목적의 여행객, 순항경로(sea cruise route)에서 일시적인 상륙 여행객을 모두 포함한다." 한편, 통계위원회는 사업이나 직업을 위해 타국에 입국하는 여행객, 정주(定住)를 목적으로 입국하는 여행객, 유학 및 연구를 위해 입국하는 여행객, 인접국가에 상시 출퇴근하는 여행객, 24시간 이상이라도 상륙하지 않고 통과하는 여행객을 국제관광객에서 제외하였다.[4)]

UNWTO(UN World Tourism Organization)의 전신인 IUOTO(International Union of

4) Chuck Y. Gee, Dexter J. L. Choy, Jamesc, Makens, *The Travel Industry*, the AVL Publishing Company Inc., 1984, p.5.

Official Travel Organizations)는 1950년 앞서 제시한 기준을 수용했지만, 유학 또는 연구를 위해 입국한 사람을 관광객으로 바라볼 것을 회원국에 권고하였다. 한편, 1963년 로마에서 개최한 유엔콘퍼런스(United Nations Conference)는 취업목적으로 타국을 방문하는 사람을 제외한 여행객을 모두 국제관광객으로 간주하는 한편, 체류기간에 따라 관광객과 유람객으로 구분하여 모두 방문객(visitor)으로 규정하였다. 이 회의에서 관광과 관련된 모든 유형의 여행객을 방문객으로 정의하여 관광통계의 기초적 용어로 사용하였다. 방문객은 숙박하지 않는 당일 방문객(유람여행객)과 최소 하루를 숙박하는 2가지 형태의 관광객을 모두 포함한다. 즉 관광객(tourists)이란 여가(leisure)를 이용한 위락(recreation) · 건강 · 스포츠 · 종교 · 연구활동, 그리고 사업(business) · 가족 · 포교(mission) · 회합(meeting)을 목적으로 방문국가에서 24시간 이상 체류하는 방문객인 반면, 유람여행객(excursionist)은 크루즈(cruise) 여행 중 타국에 24시간 미만 체류하는 일시 방문객(temporary visitors)이다.

1963년 국제연맹 관광회의에서 정의한 바와 같이 국제관광객이란 유상취업을 목적으로 하지 않는 방문객(visitor)으로, 통과 방문객인 유람여행객(excursionist)을 제외한 특정 방문국가를 최저 24시간 이상 체재하는 일시 방문관광객(tourist)이다.

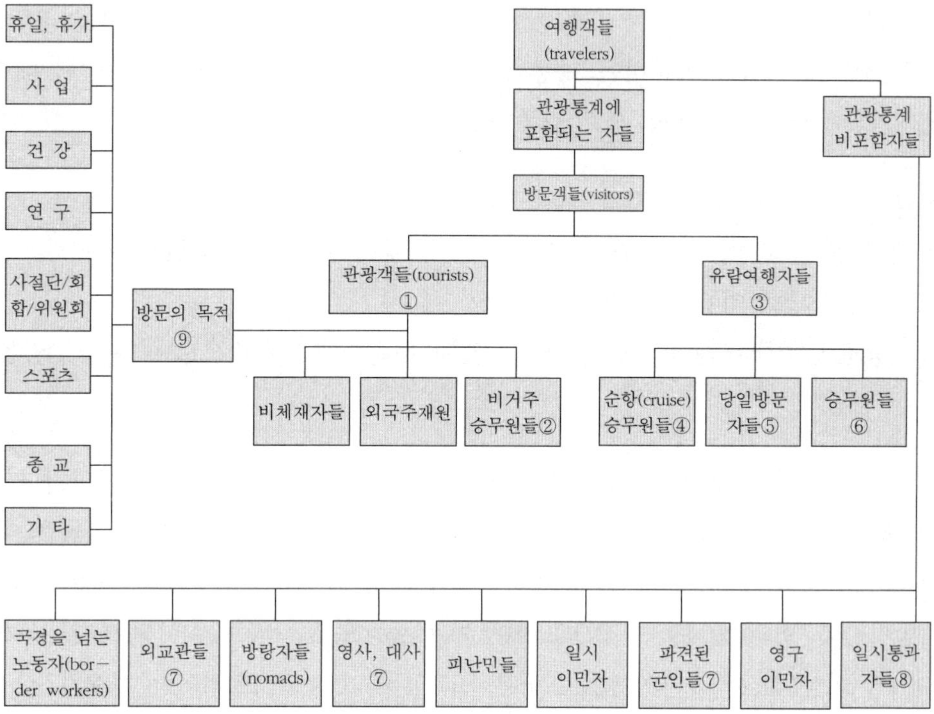

※ 주 : ① 방문국가에서 최소 1박 이상 체류하는 자

② 외국항공 또는 선박이 공항이나 항만에 머무르는 동안 승무원들이 일시 상륙하여 방문국의 숙박시설을 이용하는 자

③ ②의 사람들이 1박 이상 머물더라도 선박 및 비행기에서 체류하는 사람

④ 방문자들을 분류하여 excursionist로 구분하는 것이 일반적이다.

⑤ 당일 입국하였다가 당일 출국하는 방문자들

⑥ 당일 머무르다 당일 떠나는 승무원들

⑦ 정부의 대리인으로서 임무를 수행하기 위한 여행자

⑧ 어떤 나라에서 1박 이상 머무른다 하더라도 단순히 기차·배·항공을 이용해 그 나라를 통과하기 위해 머무는 여행객

⑨ 로마회의(1963)에서 정의한 주요 방문 목적임

[그림 1-1] World Tourism Organization의 여행자 분류

국제관광객의 관광목적은 여가활동(위락, 휴식, 스포츠), 회의, 그리고 사업으로, 이 회의에서는 국제관광객을 24시간(1박2일)을 기준으로 정의하는 한편, 일시적 상륙이나 환승시간을 활용한 방문객을 유람객(excursionist)으로 관광객과 구별하여 기술적으로 정의하였다.

오늘날 보편적으로 받아들이고 있는 국제관광의 개념은 1965년 OECD 관광위원회

에서 제시한 기준에 근거한다. OECD 위원회는 통상적으로 거주하는 국가 이외의 타국에서 최저 24시간을 방문하는 여행객으로서 다음의 어느 한 조건에 해당될 때 '국제관광객(international tourist)'으로 간주하였다.

- 오락, 친지, 고향방문, 건강 등의 이유로 여행하는 사람
- 회의 참석, 과학, 행정, 종교, 스포츠 등의 대표 자격으로 여행하는 사람
- 사업목적으로 여행하는 사람
- 해상 유람여행(cruse travel) 중 체재시간과 무관하게 일시적으로 상륙하여 방문하는 사람

한편, 국내관광(domestic tourism)에 대한 기술적 정의는 국가에 따라 다양하다. 가령 미국은 숙박과 관계없이 사업, 즐거움, 개인적 목적으로 50마일 이상 자국을 여행하는 내국인을 국내관광으로 보며, 영국은 1박 이상 여행하는 내국인의 거주지 내 휴가, 친지방문, 회의 참석을 목적으로 여행하는 사람으로 바라보는 한편, 단기 휴가여행과 4박 이상의 장기휴가여행으로 구분하고 있다. 오스트레일리아는 체재기간과 거리를 통상 거주지에서 최소 40km를 벗어나 최소 24시간에서 1년을 초과하지 않은 내국인의 국내여행으로 정의하고 있다. 요약하자면 국내 관광이란 내국인뿐만 아니라 자국에 거주하는 외국인이 일상생활권을 벗어나 국내를 여행하는 사람으로, 기술적인 관점에서 이동거리 · 국적 · 여행목적 · 여행기간을 기준으로 정의하고 있다.

1937년 국제연맹의 통계자문위원회는 시간 조건을 토대로 적어도 24시간 이상을 자국 내 특정 지역을 방문하는 내국인을 국내관광객(domestic tourist)으로 정의하였다. 또한 1975년 WTO가 캐나다 관광국(Canadian Government Office of Tourism)에서 개최한 관광 세미나에서 회원국들 간 국내관광에 대해 통일된 정의를 채택하였으며, 1978년 마드리드(Madrid)에서 개최한 관광통계전문가회의에서 이 정의를 재확인하였다. 국내관광이란 국적에 관계없이 자국에 거주하는 사람이 금전 획득을 목적으로 하지 않고 일상생활권을 벗어나 국내에서 당일 또는 1박 이상 여행하는 것을 말하며, 여행의 목적은 레크리에이션, 휴일활동 · 건강 · 연구 · 종교 · 스포츠 활동, 사업 · 친지 · 선교 · 회합이다.[5)]

국제관광은 비거주자에 의한 인바운드 관광과 거주자에 의한 아웃바운드 관광을 모

---

5) *Technical Handbook the Collection and Presentation of Domestic and International Tourism Statistics*, Part 2:2 Domestic Tourism, World Tourism Organization, Madrid, 1984.

두 포함하는 한편, 국내관광은 거주자에 의한 국내관광이다. 사람들은 일상생활권역을 일시적으로 벗어나 즐거움을 추구하기 위해 주어진 환경과 조건에 따라 관광의사결정을 한다. 또한 이들의 표면적인 관광행동 이면에 복잡한 심리적 기제가 작용한다.

관광이란 인간의 이동, 여가, 사업, 일과 관련된 다양한 목적을 위해서 일상적인 환경을 벗어나 1년 미만을 여행하며 타 지역에서 체재하는 일련의 여행활동이다. 즉 관광이란 본질적으로 사람의 공간적 이동에 의한 경제·사회·문화적 활동이다.

1) 이동거리

이동거리는 일상생활권 내와 생활권 외의 여행을 구분 짓는 기준이다. 가령 미국 통계조사국(US Bureau of Census)은 100마일 이상을 기준으로 내국인의 자국 여행을 국내관광객으로 정의하는 것과 같다. 이와 같은 인위적이며 기술적인 기준은 영토의 규모와 접근성에 따라 생활권 범위와 거리인식도 다를 수 있다. 그러나 거리는 탈 일상성의 경험, 관광수용지역의 문화적 고유성, 정부의 관광정책에 중요한 의미를 내포한다.

2) 정주지

정주지 및 국적은 관광개념의 주요 요소로, 이는 관광정책·관광사업·문화적 상호작용·관광개발에서 중요한 의미를 내포한다. 예를 들어 정부의 관광개발정책은 지역민의 생활환경을 위한 시설 및 조경인 한편, 관광객의 욕구충족을 위해 지역의 자연과 전통문화의 차별화된 특성에 중점을 둘 수 있다. 현실적으로 관광객과 관광수용지역의 문화적 상호작용은 관광욕구충족을 위한 관광사업의 전략적 접근에 중요한 의미를 내포한다.

3) 여행목적

관광은 탈일상성의 즐거움을 경험하기 위한 여행으로, 환경변화를 통한 즐거움의 추구는 관광개념의 근본적이며 핵심적인 요소이다. 다시 말해 관광객은 쾌락을 경험하기 위해 정주지를 벗어나 관광의 편익을 추구하는 여행객으로, 경제적 부를 획득하기 위해 타 지역을 찾는 사람과 구별된다. 관광기업은 관광객의 쾌락욕구에 영합함으로써 이익과 성장을 추구하는 조직이다.

쾌락의 추구를 위한 관광의사결정은 개인의 조건, 능력, 그리고 상황에 따라 다양하게 나타나는 한편, 인구통계학적 특성, 문화적 환경, 행동적 특성, 그리고 심리적 특성에 따라 문화체험, 위락, 감상, 가족 유대강화, 건강과 치유, 지식 등과 같은 다양한 목적으로 나타날 수 있다. 어떤 사람은 주어진 조건과 환경에 의해 가족과 함께 조용한 휴식을 보내기 위해 한적한 휴양지를 찾는다. 미국의 통계조사에 의하면, 관광은 목적에 따라 친지방문, 사업 및 회의참석, 옥외위락(outdoor recreation), 유흥(entertainment), 경관감상(sightseeing), 사적 문제(personal affairs), 가족 문제(family affairs), 치료(medical)와 같이 다양한 형태로 나타났다. 그러나 관광의 최종적인 목적은 즐거움을 추구하기 위한 위락여행이기 때문에 치료나 사적인 일을 위한 여행 역시 부분관광(partial tourist)일 수 있다. 결국 관광수용지역의 차별화된 관광편익의 제공은 관광객의 목적에 부합해야 한다.

4) 체류기간

국제관광객(international tourist)은 통상적으로 타국에서 최저 24시간을 체류하는 여행객으로, 24시간 미만의 당일 유람객(excursionist)과 구분된다. 한편, 국내관광(domestic tourist)을 국내의 특정지역을 적어도 24시간 방문하는 여행객으로 바라보는 것은 지극히 인위적이지만, 24시간을 기준으로 정주지에서 일시적으로 벗어나 정주지로 되돌아오는 여행을 체류관광과 당일관광으로 구별할 수 있다. 이들은 모두 일상생활권을 벗어나 즐거움을 추구하는 관광객이지만 체류기간은 특히 관광사업의 관점에서 매우 중요한 의미를 갖는다. 즉 체류기간은 관광시설의 설계와 관리는 물론 지역주민과의 상호작용의 정도와 밀접하게 관련된다. 가령 체재관광지와 통과관광지는 관광시설의 개발과 관리에서 차별적으로 나타날 수 있다.

2-4 포괄적 정의

경제적 정의나 기술적 정의는 관광소비, 이동범위, 문화, 체재의 관점에서 관광의 경제적 효과와 관광객의 유출입 통계를 바탕으로 고용창출, 지역발전, 관광정책과 관련한 중요한 의미를 내포한다.

학문적 관점에서 관광현상의 조망은 관광의 전반적인 수요 차원들을 모두 포함한 포괄적 정의로써 접근할 수 있다. 즉 포괄적 정의(holistic definitions)는 관광의 다차원적 국면들을 모두 포함한 관광의 전반적 시스템에서 조망한다. 그러므로 포괄적 정의는 관광개념의 기본적인 주요 국면을 모두 포함한 전반적인 관광시스템에서 파악한다.

1942년 스위스의 훈지커(Hunziker)와 크래프(Kraph)는 일상생활권을 벗어나 영구거주 또는 금전획득을 목적으로 하지 않는 여행과 체재로부터 야기되는 모든 관계 및 현상(the sum of the phenomena and relationships arising from the travel and stay of non-residents in so far as they do not lead to permanent residence and are not connected to any earning activity)으로 정의했다. 여기서 모든 관계와 현상의 총체란 관광현상과 관련된 환경, 관광기업, 관광소비자, 관광수용지역, 운송부문들의 총체적인 시스템을 의미한다.

전반적 현상의 총체로서 관광의 조망은 인류학, 경제학, 심리학, 경영학 등의 종합 학문적 접근을 요하는 한편, 연구의 범위와 방향을 제시해 준다. 이와 관련하여 자파리(Jafari)는 다음과 같이 관광을 정의했다. 관광이란 "일상적인 거주지를 벗어나는 사람, 이들의 욕구에 부합하는 산업, 그리고 관광객과 관광산업에 의한 물리, 경제, 사회·문화적 환경에 관한 연구이다(tourism is the study of man away from his usual habitate, of the industry which responds to his needs, and of the impacts that both he and the industry have on the host's sociocultural, economic and physical environments)."[6)]

관광연구는 종합학문으로서의 접근을 요한다. 왜냐하면 관광은 다차원적 국면들의 총제로써 나타나는 복합적 현상이기 때문이다. 관광의 포괄적 접근(holistic approach)은 관광의 주요 국면들을 함축한 시스템으로서의 전반적 현상에 대한 조망이다. 관광은 인간의 여행(이동)에 의한 타 지역과의 문화적 상호작용 시스템이며 환경으로부터 영향을 받는 개방시스템(open system)이다. 한편, 관광시스템의 하위 부문들은 각각 하위시스템으로 이루어지며, 상호 유기적인 관계로 연관되어 전체로서 기능을 수행하기 때문에 특정 부문이 다른 부문과의 상호관계가 단절되었을 때 전체로서의 기능이 불가능해진다.

레이퍼(Leiper)는 [그림 1-2]와 같이 관광을 포괄적으로 정의하였다.

"관광이란 일상 거주지를 떠나 보수를 목적으로 하지 않고 1박 이상 일시적으로 체류하는 자유로운 활동으로 관광객, 관광수요발생지역, 통과경로, 관광목적지, 그리고 관광산업이 공간적·기능적으로 연결된 시스템이 자연·문화·사회·경제·정치·기술적 환경에서 작용하는 개방시스템이다(It is the system involving the discretionary travel and temporary stay of persons away from their usual place of residence for one or more nights, excepting tours made for the primary purpose of earning remuneration from

---

6) Jafari, J., Editors Page, *Annals of Tourism Research*, V(Sp, No) : 6.11.

points en-route. The elements of the system are tourists, generating regions, transit routes, destination regions and a tourist industry. These five elements are arranged in spatial and functional connections. Having the characteristics of an open system, the organization of five elements operates within broader environment : physical, cultural, social, economic, political, technological with which it interacts.)."[7]

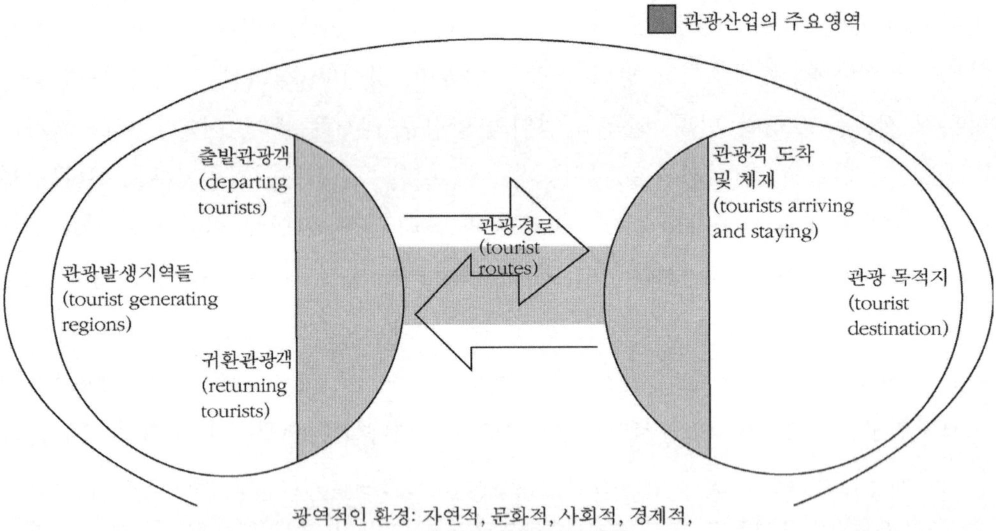

자료원: Neil Leiper, "The Framework of Tourism: Towards a Definition of Tourism, Tourist, and the Tourist Industry", Annals of Tourism Research, Vol. 6, No. 4, 1979.

[그림 1-2] 관광시스템(the tourism system)

이와 같이 포괄적 정의는 지리적 공간, 활동, 산업, 환경 국면들을 모두 포함한다. 관광객은 일상거주지를 벗어나 일시적으로 목적지에 체류한 후 귀환하는 관광활동의 주체로 관광현상은 관광객, 관광발생지역, 관광경로, 관광수용지역, 관광산업으로 이루어진 개방시스템이며, 관광의 하위시스템으로서 관광산업은 일상생활권을 벗어나는 관광객의 욕구에 영합하는 관광사업, 교통, 관광대상으로 구성되어 외부환경으로부터 영향을 받는다.

7) Neil Leiper, "The Framework of Tourism : Towards a Definition of Tourism, Tourist, and the Tourist Industry", *Annals of Tourism Research,* Vol. 6, No. 4, 1979.

제3절 관광의 구성요소들

관광(tourism)의 주체는 관광객(tourist)이다. 그리고 관광공급자의 입장에서 관광객은 손님으로 영접해야 할 소비자이다. 그러므로 관광(tourism)과 관광객(tourist)은 의미적 관점에서가 아니라 인식의 관점에서 구별된다고 할 수 있다. 즉 tourist는 'tourism'이라는 용어가 등장하기 이전에 'tour'의 목적과 의지를 나타내며, tourism은 '즐거움을 추구하기 위한 이동(여행)'을 나타내는 포괄적 용어로, 행동주체인 tourist가 '일상생활을 벗어나 즐거움을 추구하기 위한 일시적인 여행(travel)'이다. 다시 말해 포괄적인 의미에서 tourism은 tourist와 동일한 의미로 받아들이지만, 이동의 구조적 관점에서 tourist는 관광의 주체를 강조한 반면에, tourism은 이동의 목적과 조건에서 비롯된 포괄적인 현상을 의미한다.

3-1 인적요소

쾌락적 경험을 위해 일상생활권을 벗어난 타 지역으로의 여행은 관광객의 문화, 사회적 집단, 그리고 개인의 특성에 따라 다양하게 나타나지만, 가장 광범위하게 영향을 미치는 요인은 문화적 환경이다. 문화는 사회가 공유하는 가치, 태도, 생활방식으로 그 사회의 음식, 건물, 의복, 예술과 같은 유형적 표현뿐만 아니라 무형적 풍속을 모두 포함한다. 즉 문화는 관광의사결정자의 특정 행동을 결정짓는 가장 기본적인 요소이다. 가령 건강을 중시하는 문화가 개인으로 하여금 건강과 치유를 위한 관광에 높은 관심을 기울이게 하는 것과 같다.

그랜드 투어(grand tour) 시대에 영국의 부유층 자녀들은 가정에서 일정한 교육을 마친 후 견문의 확대를 위해 유럽의 여러 나라를 순회(출발지로 되돌아오는)하는 여행을 하였다. 이들의 교육목적을 위한 여행은 탈일상성의 즐거움을 추구하기 위한 오늘날의 관광과 구별되는 독특한 현상이었다.

소비자로서 관광객은 관광수용지역사회의 소득과 고용창출에 기여할 뿐만 아니라 관광기업 활동의 원천으로, 특히 국제관광은 국제수지 균형을 위해 매우 중요한 의미를 갖는다. 1963년 로마에서 개최한 세계관광회의(The World Conference on Travel and Tourism)에서는 국가재정의 수입원으로 관광의 중요성을, 그리고 UN은 세계평화와 이해의 증진을 위한 관광의 중요성을 강조했다.

관광객(tourist)은 관광(tourism)의 주체로 국제 및 국내 관광의 전후관계, 관광의사결정과정, 가처분 시간과 금전, 관광수용 지역사회, 투어(tour)의 범주적 차원에서 이해할 수 있다. 관광(tourism)의 주체로서 관광객(tourist)은 관광공급자인 관광사업자에게 손님으로 영접해야 할 소비자이다.

소비자로서 관광객은 관광시장을 형성하는 동적 요소(dynamic element)이다. 그리고 관광발생지역과 관광수용지역은 수요발생 및 체재와 관련된 정적 요인(static element)[8]으로, 체재시간에 따라 당일여행(day trip)과 24시간 이상의 숙박여행(overnight stay travel)으로 구분된다. 또한 관광행동패턴(tourist behavior patterns)에 따른 관광객의 체재와 소비는 결과적 요소(consequential element)로 차별적 행동의 특성을 보이게 된다.

관광객은 금전과 시간의 비용에 대한 목표지향적인 소비자이다. 이들은 목표지향적인 소비자로서 금전과 시간을 투입한다. 휴가관광객은 시간과 금전의 사용을 최적화하기 위해 여행을 계획하고 목표지향적인 관광을 추구한다. 이들은 가처분소득 및 시간의 사용의 최적화를 위해 특정 유형의 관광을 추구하는 소비자로, 이들의 비일상성 추구는 과중한 일(work)로부터 즐거움을 추구하기 위한 의사결정이다.

성지참배나 회의참가를 위한 여행 역시 비일상성을 추구하는 관광이다. 계절적인 변화를 느끼기 위해 특정 지역을 찾는 관광객은 자신의 가처분 시간과 소득을 소비한다. 이와 같은 관점에서 유상취업을 위해 특정 목적지를 찾는 여행객은 쾌락을 추구하기 위한 관광객과 명확히 구별된다. 관광객은 관광욕구충족을 위해 여행하는 소비자로, 일(work)을 위해 계절에 따라 이동하는 사람과 구별된다. 그러나 사업여행자(business traveler)가 방문지역에서 관광소비자일 경우에는 부분 관광객(partial tourist)일 수 있다. 한편, 관광객은 일상거주지를 한시적으로 벗어나 생활거주지로 되돌아오는 회유여행자로, 이들은 새로운 곳에 정착하기 위해 일상의 거주지를 완전히 떠나는 이주자와 명확히 구별된다.

3-2 지리적 요소(geographical elements)

관광객의 지리적 순환패턴은 관광을 특징짓는 중요한 요소이다. 관광의 탈일상성이란 공간적 이동을 의미한다. 관광의 순환패턴은 관광객의 이동/여행의 패턴으로, 정주지를 떠나 관광을 한 후 정주지로 되돌아오는 특정한 공간적 여행형태이다. 그러므로 관광의 지리적 요소는 관광발생지역, 관광수용지역, 통과지역인 세 가지 차원에

---

8) Burkart, A. I and S. Medlik, *Tourism Past, Present and Future*, London : Heinemann.

서 파악할 수 있다.

관광발생지역(tourist generating regions)은 관광객의 출발지역인 동시에 최종 도착지인 반면, 관광수용지역(tourist destination/host locality)은 관광활동을 위해 한시적으로 체류하는 관광목적지역이다. 그리고 통과지역은(transit region)은 관광발생지역과 수용지역을 연결하는 여행경로(tourist route)이다. 이 세 가지 지리적/공간적 차원은 이동/여행의 형태를 결정짓는 관광 하부시스템(subsystem)이다.

관광발생지역, 이동경로, 그리고 관광목적지(관광수용지역)는 관광산업의 지리적(공간적) 기반으로 관광사업의 입지를 제공해 준다. 관광발생지역은 수요(demand)가 유발되는 관광시장의 기반이 되는 공간이다. 관광수용지역인 목적지의 관광매력(tourist attractions)은 관광경험에 대한 기대를 심어주는 유인요인으로써 관광수요를 창출하는 핵심적 요소이다. 즉 관광발생지역은 관광객을 배출(push)하는 공간인 반면, 관광목적지는 관광객을 유인(pull)하는 공간이다.

관광매력의 수준은 관광객이 일상생활권으로부터 환경의 변화를 경험하는 경험의 폭과 깊이를 결정짓는 요인으로, 관광객의 기대와 밀접한 관계를 갖는다. 다시 말해 관광매력 수준은 일상적 공간환경에 대한 비일상적 경험의 질을 결정짓는 핵심적인 요인이다. 이와 같은 관광매력은 관광객을 수용하는 지역뿐만 아니라 이동경로(transit routes)에 존재한다.

이동경로는 여행의 중간거점(stopover points)을 제공해 주는 한편, 접근의 효율성(efficiency)과 밀접하게 관계된다. 즉 여행경로는 관광의 흐름을 결정짓는 중요한 공간적인 요소로, 목적지의 접근을 위한 교통시스템과 밀접하게 관계된다.

3-3 관광자원(tourist resources)

관광자원은 관광수요를 자극하는 핵심적인 요소이다. 그리고 관광자원은 자원의 군집성과 연계성에 따라 관광매력의 승수효과를 창출한다. 관광대상으로서 자원의 매력성은 관광수요를 창출하는 핵심적 요소로 경쟁의 우위성을 결정짓는 한편, 관광경험의 질은 관광객과 관광자원의 상호작용에 의한 결과이다.

관광매력의 대상으로서 관광자원은 다양한 스펙트럼(diverse spectrum)으로 구성된 시스템으로, 크게 인위적 자원과 자연적 자원, 그리고 산업적 자원과 비산업적 자원으로 구분되며, 관광자원의 개발은 자원의 특성에 따라 개발·관리, 그리고 정책적 관점에서 전략적으로 이루어지지만, 다양한 스펙트럼으로 구성된 관광자원의 차별적 특성이란 자원이 가지고 있는 고유성에 따라 결정된다.

광범위한 관광시장을 다양한 세분시장으로 구분하여 관광자원의 차별적 매력을 구체화함으로써 목표시장에 접근하는 것은 세분시장의 욕구에 영합할 수 있는 훌륭한 전략적 접근방식이다. 그러나 관광지의 차별적 의미를 부여하기 위해 인위적으로 도로나 숙박시설을 개발하는 것은 자원의 고유한 특성, 그리고 개발의 비용과 편익의 관점에서 세심하게 접근해야 할 신중한 문제이다.

관광매력자원을 산업과 비산업 자원으로 분류하는 기준은 이해관계자에 따라 다르게 인식할 수 있지만, 관광매력의 소재는 관광객뿐만 아니라 지역주민의 생활환경과 밀접한 관계에 있음이 확실하다. 예를 들어 관광산업자원으로서 호텔은 관광객에게 매력적일 뿐만 아니라 지역주민의 문화생활과도 밀접하게 관련된다. 그러므로 관광자원을 인위적 기준에 따라 분류하여 차별적 특성을 부여하는 노력은 거시적인 자원이용의 우선순위에 따라 결정해야 할 문제이다. 관광대상에 차별적 의미를 부여하기 위해 자원의 특성에 따라 관광매력을 명시적으로 분류하는 것은 이해관계에 따른 인위적 기준에 불과할 수 있다.

3-4 환경적 요인들(environmental elements)

관광은 외부환경과 단절된 폐쇄시스템(closed system)에서 나타나는 현상이 아니라 외부환경과 끊임없이 상호작용하여 생성·유지·발전되는 개방시스템(open system)에 의해 나타나는 총체적 현상이다. 다시 말해 관광은 외부환경으로부터의 투입(input) 요인과 상호작용하여 산출(output)되는 일련의 과정이다. 그러므로 관광현상에 대한 이해는 환경과의 상호작용에서 파악해야 한다.

환경과 상호작용은 지리적인 요인에 따라 다음의 4단계로 구분할 수 있다.

첫 번째 단계는 관광발생지역(tourist generating region)에서 이루어지는 사전여행(pre-trip)이다. 관광발생지역은 잠재관광객(potential tourists)의 집합인 관광시장을 형성하는 지역이다. 관광시장을 형성하는 관광객은 관광의사결정자로서 관광대안을 평가하고 특정 대안을 선택하는 주체이다. 그리고 관광발생지역은 관광활동을 위한 동기부여(motivation)를 하며 개인의 관광계획 및 사회적 조직에 영향을 미친다. 예를 들어 관광발생지역의 여가환경(leisure environments)은 잠재 관광객에게 이용 가능한 자유시간대(free time blocks)에서 특정 형태의 관광활동을 선택하도록 조장(facilitation)을 하거나 제약(constraints)을 하는 사회적 압력으로 작용함으로써 개인의 관광활동에 영향을 미친다.

두 번째 단계는 통과경로(transit route)이다. 통과경로는 일상 거주지인 출발지와 관광 목적지를 연결해 주는 이동 및 접근의 경로이다. 다시 말해 통과경로는 여행경로로 이동의 신속성과 목적지에서의 접근성에 영향을 미치는 한편, 통과경로 그 자체가 관광매력의 대상으로 작용한다. 관광객의 통과경로를 위한 사회적 하부구조(infrastructure)는 운송시스템 및 서비스수준과 관련되어 관광흐름에 중요한 영향을 미친다.

세 번째 단계는 관광경험을 위한 목적지(destination region)로써 관광서비스의 공급지역이다. 관광매력은 관광목적지의 전반적 환경으로, 관광객은 목적지의 전반적 환경과 상호작용을 통해 관광을 경험한다. 한편, 목적지의 전반적 환경이란 목적지의 공간적 특성, 문화, 기후, 정서, 관광매력물, 시설물 등을 모두 포함한다. 관광목적지역의 전반적 환경은 관광경험뿐만 아니라 관광형태에도 중요한 영향을 미치는 요소이다.

네 번째 단계는 사후여행(post-trip)으로, 관광경험을 마친 후 일상의 생활권으로 되돌아와 자신의 경험을 타인에게 전달 및 회상하는 여행의 마지막 단계이다. 일반적으로 관광객은 일상거주지로 되돌아와 관광경험을 회상하고 타인에게 전달함으로써 사회적 승인을 받고 싶어 한다.

3-5 산업적 요소들(industrial elements)

관광산업이란 관광욕구에 영합하기 위해 서비스를 공급 및 전달하는 단위 관광기업의 집합으로, 매우 광범위하며 다양한 이질적 단위기업들로 구성되어 있다. 즉 관광산업은 관광객의 욕구충족을 위해 조직적으로 서비스를 전달해 주는 교통, 숙박, 음식, 오락 등 다양한 기능적 단위기업들로 구성된 시스템이다.

한편, 관광매력은 볼거리, 안락한 휴식, 쾌적한 이동, 친절한 접객 등 관광편익과 관련된 다양한 유·무형의 다양한 소재들로 구성되어 있으며, 관광매력 대상을 소재로 각각의 관광기업은 유무형의 매력적 소재로써 고객의 호의적인 태도와 경쟁의 우위성을 확보할 수 있다. 관광자원의 매력성은 관광욕구에 영합하는 가장 핵심적인 요인이다.

관광산업은 다양한 서비스를 제공하는 단위기업들의 시스템으로 구성되어 있지만, 이질적 서비스의 단위기업들을 동일한 제품을 생산하는 하나의 산업으로 바라보는 것은 논란의 여지가 있다. 가령 관광기업의 제품 및 서비스가 관광소비에 집중되어 비용과 수입이 발생할 때 관광산업으로 바라볼 수 있는 반면에, 그것이 지역주민에 집중되어 비용과 수입을 창출할 때에는 동일한 서비스를 제공하는 업체일지라도 관광산업으로 간주하기는 어렵다. 마찬가지로 처음부터 관광시장을 목표로 서비스를 제공하지 않은 기업이라도 그 이 후에 관광객의 이용률이 높을 때에는 관광산업으로 바라볼 수도 있다.

호텔이나 음식점은 입지의존적이기 때문에 수요시장의 한계가 있으며 지역주민이 이용하는 경우가 많다. 관광산업은 전문화된 기능적 섹터(functional sectors)가 복합적으로 연계된 시스템으로 여행업, 숙박업, 교통업, 요식업, 컨벤션, 기타 이질적 서비스의 기능적 시스템이다.

1) 여행업

여행업(travel agency)은 관광 패키지, 여행소재의 대리판매, 상담 등 다양한 서비스를 제공해 주는 대가로 수수료를 받아 영업을 하는 여행전문업체이다. 여행업은 고객이 필요로 하는 관광소재들을 확보하여 패키지상품으로 판매하기 위해 패키지상품의 계획, 유통, 상담 등의 기능을 수행한다. 여행사는 크게 도매여행사와 소매여행사로 구분된다.

2) 숙박업

숙박업은 관광객에게 숙박서비스를 제공해 주는 업체의 총칭이다. 숙박업은 여행경로나 관광지에 위치해 있으며 종종 식음 서비스도 제공해 준다. 오늘날 숙박업은 호텔이 대표한다. 그러므로 숙박산업을 호텔산업이라고도 칭한다. 호텔(hotel)은 'hospital'에서 유래된 말로, 기숙사나 노약자를 위한 공공의 숙박시설과 여행객을 위한 숙사(inn)에서 발전하여 숙박 · 휴식 · 오락 · 회의 · 식음 서비스 등 복합적 서비스를 제공해 준다. 호텔의 모태는 19세기 초 독일의 바덴바덴(Baden-Baden)에 설립된 'Der badische Hof'로, 그 이전의 숙박시설에 비해 호화스러운 건물에 응접실 · 발코니 · 독서실 · 식당 · 목욕탕 등을 갖춤으로써 안락한 숙박시설로 발전한 호텔이다.

3) 교통 · 운송업

교통 · 운송업은 여행서비스를 제공하는 항공 · 기차 · 버스 · 선박 등을 총칭한다. 이들 업체는 관광목적지까지 이동의 편의성을 제공해 준다. 국제관광에서 항공업의 중요성은 절대적이다. 철도교통은 안전성과 정시성을 강점으로 장거리 이동, 대량수송, 쾌적성, 안락성 등 이동의 편리성을 제공해 준다. Italia Tourist Ticket, Krail Pass, DB tourist Card, USA Rail Pass는 거주자 및 비거주자의 역내관광 활성화에 크게 기여하고 있다.

4) 요식업

외식산업으로서 요식업은 여행경로의 주요 거점과 관광목적지 내 상업지역에 위치하여 여행객에게 음식서비스를 제공하는 음식 또는 식당업이다. 오늘날 외식산업은 단순한 음식물을 제공해 주는 제품개념에서 벗어나 식사와 함께 인적 서비스 및 분위기의 연출을 통해 관광경험에 큰 영향을 미치는 중요한 요소이다. 외식업은 입지의존성이 매우 높은 노동집약적 산업으로, 열차나 항공기의 기내식과 같은 특별한 음식서비스, 학교나 기업의 단체급식, 그리고 커피 전문점이나 나이트클럽 같은 음료 중심의 업체 등 매우 다양한 형태로 운영되고 있다.

5) 축제 · 리조트 등 관광시설업

관광시설업체는 관광의 편의성을 제공해 줌으로써 관광경험에 영향을 미친다. 예를 들어 주제공원(theme park)은 특정 주제의 개념을 구체화하기 위해 개념의 소재와 기술을 접목하여 관광객에게 즐거움을 제공하며, 지역의 축제는 역사, 문화, 민속, 자연 등의 고유한 특색에 따라 현대적 기술을 접목한 다양한 프로그램, 캐릭터, 그리고 총체적 분위기를 자아낼 수 있는 일체성을 조성한다. 해변, 온천지, 휴양지 등에서 사교와 오락을 위한 다양한 시설들이 많은 사람들의 인기를 끌고 있다. 컨벤션센터의 회의 및 전시는 세계의 이목을 집중시킬 수 있는 유망산업 중 하나이다. 관광이벤트업은 지역이나 단체의 특별 행사를 다루는 전문업체로 문화, 예술, 스포츠, 지역축제 등에서 중요한 역할을 한다. 리조트업은 스포츠, 위락, 교양, 휴양, 휴가를 즐기는 사람들에게 특별한 서비스를 제공해 준다. 리조트업은 건강과 휴식을 위한 다양한 시설로 잘 보존된 환경적 요소와 결합하여 사람들에게 안락한 공간적 분위기와 시설을 제공해 준다.

6) 기타 관광서비스업

그 밖에 사진업, 토산품점(souvenir shops), 여행보험업(travel insurance), 관광해설, 문화 콘텐츠(contents), 자원보호와 관련된 다양한 조직들이 있다.

제 2 장

관광의 역사

제2장 관광의 역사

제1절 환경과 관광

이동수단, 숙박시설, 음식점은 여행객들에게 반드시 필요한 시설 및 서비스이다. 현대인들의 전형적인 여행형태는 비행기의 좌석과 호텔의 객실을 예약하고 계획된 여정에 따라 효율적인 관광을 하지만, 이러한 관광형태는 문명의 발전에 따른 관광의 진화이다.

관광은 일정한 시간대를 필요로 한다. 현대인들은 과거와 달리 시간압박에 시달리며 순차적인 일처리보다는 동시에 여러 가지 일을 처리하는 치열한 경제적 환경에서 성장하며, 다각적으로 가해지는 속도의 압력에 의해 시간조절과 해야 할 일의 우선순위를 결정하고 최적의 대안을 모색한다. 초고속 시대인 오늘날 대부분의 근로자들은 오전 8시에서 오후 6시까지 일하며 동시적 소비에 익숙해져 있다.

과거 농경문화에서 사람들은 의식주의 해결을 위해 많은 시간을 보내야만 했다. 이들은 자연주기의 시간에 순응하며 생활했기 때문에 시간의 문제를 그렇게 중요하게 인식하지 않았다. 왜냐하면 자연의 주기란 항상 반복적이기 때문이다. 그러나 과학의 발달은 자연과 인간의 유대관계를 지속적으로 단절시켜온 한편, 과학의 발달에 의해 사람들은 계절적인 온도의 변화를 온도조절 시스템으로 적절하게 통제할 수 있게 되었다. 항공기의 발달은 여행객에게 계절과 공간적 격차를 초월하여 다양한 음식을 맛볼 수 있게 해 주었을 뿐만 아니라 다양한 기후를 접할 수 있게 해주었고, 의학의 발전은 건강한 생활과 함께 생활주기의 변화에 바람직한 영향을 미쳤다.

우주는 자연의 힘에 의해 통제되지만, 현대인들은 기계적 시계에 통제받는다. 현대사회에서 시간, 경제, 사람, 기계는 서로 밀접한 관계에 놓여 있다. 자연적 시간에서 모든 존재는 우주의 조정에 의해 영속적인 반면에, 기계적 시간에서 모든 존재는 유한할 뿐만 아니라 지극히 인위적이며 조작적이다. 그러나 모든 유기체는 생물학적으로 자연적 시간에 구속받는 한편, 인간의 생활은 인위적이며 기계적인 냉혹한 시간에 통제받는다.

산업사회에서 현대인들은 호텔의 객실과 항공기의 좌석을 예약하는 한편, 인터넷 사이트를 통해 목적지의 문화 콘텐츠를 알아내며 예견된 시간을 최적으로 활용하기 위해 노력한다. 현대의 보편적인 대중관광은 봉건시대만 하더라도 특권층의 전유물이거나 부유층만이 선택받은 특권이었다.

시간, 그리고 인간의 관계가 시대에 따라 변하듯이 관광의 심층기반인 공간과 인간의 관계 역시 변하고 있다. 인터넷의 비약적 발전은 공간적 의미에 의문을 제기하게 하였고 특정 장소의 선택과 연결방식에 큰 변화를 가져다주었다. 오늘날 증가하는 부의 이동이 세계 각지의 직업, 투자, 비즈니스 기회, 기업과 시장의 위치, 일상의 생활, 그리고 여행(이동)에 큰 영향을 미치고 있다.

관광은 외부환경과 상호작용에 의한 사회적 현상이다. 그러므로 관광에 대한 외부환경의 영향은 시대와 사회문화에 따라 다르다. 관광은 사회문화적 환경, 기술의 진보, 산업의 발전, 부의 축적과 불가분의 관계에 있다. 예를 들어 기술의 진보 및 산업의 발달은 의무적인 일(work) 시간을 극적으로 감소시켜주는 한편, 공간적 이동, 가처분소득, 여가시간의 증대로 이어져 여행의 활성화에 큰 영향을 미치고 있다.

관광에 대한 역사적 조망은 올바른 관광정책(tourism policy)의 수립은 물론 바람직한 관광대안을 모색하는데 큰 도움을 준다. 우리는 역사적인 여행의 진화를 고찰함으로써 미래의 여행세계(travel world)를 상상하고 예측하며 바람직한 대안을 모색할 수 있다.

제2절 초기의 여행

옛날부터 인류는 생존을 위해 경제활동을 끊임없이 영위해왔다. 인간은 자신의 욕망을 충족시켜줄 수 있는 물자를 획득하고 이용하는 경제행위를 계속 수행함으로써 생활을 영위해 왔다. 이는 마치 시시포스(Sisyphus) 신화의 프로메테우스(Prometheus)처럼 끊임없이 인간의 욕망을 채워 줄 재화를 조달하고 생산해야만 하는 숙명적인 운명을 갖고 태어난 것처럼 여겨진다.

BC 32000~10000년경으로 추정되는 후기 구석기시대의 유물에서도 생활을 위해 온 힘을 기울였던 흔적들이 발견되고 있다. 당시에 사람들은 의·식·주를 해결하기 위해 사냥과 채집을 하며 여러 장소를 이동하였다. 이들의 이동은 매우 위험한 고난의 연속이었다. 사람들은 도보로 숲과 들을 가로지르며 수렵을 위한 새로운 안식처를 찾아 여행하였다.

사람들이 일정한 안식처에 정착하여 생활하게 되면서, 생활의 터전을 중심으로 도보여행을 위한 도로가 만들어지기 시작했다. 사람들은 불을 이용하여 간단한 연장을 제작하게 되었고 보다 넓은 영역을 여행할 수 있게 되었다. 당시 사람들은 나무나 돌, 그리고 동물의 뼈를 이용해 간단한 도구를 만들어 수렵과 채집을 위한 여행을 하였다.

BC 10000~9000년경 사람들은 동물의 힘을 이용해 무거운 짐과 함께 좀더 먼 거리를 여행하였다. BC 10000년경인 신석기 시대는 이동의 획기적인 전기를 맞이한 시대이다. 사람들은 비로소 일정한 장소에 정착하여 농경사회(agricultural communities)의 문화를 형성하기 시작했다. 구석기 시대에 일정한 생활터전이 없이 여기저기 옮겨 다니며 생활하였던 사람들과 달리 농경사회는 인간의 생활의 큰 변화를 가져다주었다. 사람들은 식량 확보를 위해 여러 곳을 옮겨 다닐 필요가 없었다. 농경사회의 사람들은 식량의 저장방법을 터득하게 되면서 더 이상 새로운 생활터전을 찾아 이동을 하며 사냥과 채집활동을 하지 않아도 되었다.

다음과 같은 혁신적인 기술의 발달이 여행에 큰 변화를 가져다주었다.

- BC 4000년경 이집트는 배를 제작하여 항해하였다.
- BC 4000년경 동물을 길들여 가축의 힘을 이용해 생활에 필요한 각종 도구를 손쉽게 운반할 수 있었다.
- BC 3500년경 사마리아인은 바퀴를 발명하여 사람과 물건을 손쉽게 운송할 수 있었다.
- BC 4000년경 수메르인(바빌로니아인)은 화폐를 발명하여 무역을 발전시켰다.
- BC 2700년경 이집트의 파라오는 무덤을 만들기 위해 수많은 노동력을 동원해 나일계곡의 풍부한 양질의 석재를 사용했다.

혁신적인 기술의 발명은 다른 발명품과 결합한 혁신적인 이동수단을 통해 많은 사람들이 여행을 할 수 있게 되었다. 마차나 동물의 힘을 이용해 많은 양의 짐을 손쉽게 운송할 수 있게 되었고, 화폐를 이용해 상거래를 위한 장거리 여행이 가능하게 되었다. 농경사회의 확립과 함께 사람들은 안정적으로 의 · 식 · 주를 해결하는 한편, 비교적 안전하게 여행할 수 있었다. 여행의 안정성이 확보됨으로써 잉여 생산물의 거래가 활발하게 이루어졌다.

여행수단의 발달은 타 종족사회와 교류는 물론 새로운 삶의 터전을 찾기 위한 모험적 여행을 가능하게 해 주었다. BC 680년경 상거래를 위한 주화의 등장으로 여행은 더욱 활성화되었다. BC 2700년경부터 이집트의 파라오는 영생을 위한 무덤을 만들기 위해 나일 계곡에 석재를 이용해 피라미드를 축조하였고 이를 위해 수많은 외지인들이 찾았다. 신앙의 출현은 많은 사람들에게 종교적 목적과 축제를 위한 여행의 활성화에 영향을 미쳤다. 이집트인들은 1년에 여러 번의 축제를 개최하여 많은 사람들이 교류하였다. 과거 생존을 위한 여행은 참배와 축제를 위한 여행으로 발전하였다.

초기 원시적 농경사회는 생존을 위해 모든 노력을 기울였기 때문에 비록 즐거움을 추구하기 위한 여행은 아니었다. 그러나 사회의 안정과 잉여생산물은 많은 사람들에게 상거래, 종교, 상호교류, 축제, 호기심, 즐거움을 위한 여행을 가능하게 해 주었다.

제3절 고대의 여행

많은 역사학자들과 인류학자들은 고대사회(ancient civilizations)의 생활을 연구하기 위해 상거래 및 무역을 위한 여행에 특별한 관심을 기울였다. 이들 학자는 고대문명국가가 오랫동안 광활한 영토를 지배할 수 있었던 힘은 고도로 발달한 교역에 의한 부의 우위성을 확보했기 때문인 것으로 바라보았다.

BC 2000~AD 500년경 교역이 활발해지면서 무역, 상업, 종교, 축제뿐만 아니라 치료와 교육, 그리고 즐거움을 추구하기 위한 여행이 활발하게 이루어졌다. 특히 그리스(Greece), 이집트(Egypt), 로마(Rome)는 영토 확장과 상거래를 활성화시키기 위해 도로를 정비하여 교역과 함께 즐거움을 위해 많은 사람들이 여행을 할 수 있었다.

BC 776년부터 고대 도시국가들은 제우스신을 위해 4년마다 올림픽을 개최하였으며 토론, 축제, 온천, 연극, 치료, 휴식을 위한 시설물들을 갖추었다. 고대 국가에서 노동의 전문화(specialization)는 여행 활성화에 크게 기여했다.

고대 국가에서 인구의 증가, 영토의 확장, 전문기술의 축적은 상거래의 발달에 근본적 원동력이었다. 수공예 기술자들(crafts persons)은 자신의 기술을 명예롭게 여겼고 자신이 축적한 기술을 전수하기 위해 많은 노력을 기울였다. 세분화된 전문기술은 제품의 다양화로 이어져 상거래 여행을 더욱 활성화시켜 주었으며, 대상들(caravans)은 먼 거리를 여행하며 타 국가와 문화적 교류의 매개역할을 하였다.

지중해 중심에 있는 고대국가인 그리스・이집트・로마는 무역과 여행, 그리고 문화교류의 중심지였다. 이들 국가는 강력한 국력을 바탕으로 도로를 건설하였고, 군사적 거점에 요새를 구축하여 군사력을 신속하게 이동시켰다. 지금의 이란인 페르시아는 BC 500~400년경 도시와 지방을 연결하는 도로를 개발하였다. 그리고 로마는 BC 150년경 잘 정비된 도로를 통해 많은 로마인들이 지중해의 유명한 사원과 피라미드를 보기 위해 먼 거리를 여행하였다. 기원전 4세기가 끝날 무렵 그리스인들은 불편과 위험을 감수하면서 비교적 먼 거리를 여행했다. 이들은 바다를 가로지르는 여행을 하며 폭풍과 해적과의 조우를 크게 걱정해야 했고, 육지를 여행할 때에는 열악한 도로, 형편없는 여관, 그리고 예기치 못한 노상강도를 걱정해야만 했다. 당시에는 오직 부유층만 최악의 위험을 피할 수 있는 여행이 가능했다.

초기의 도보여행을 위한 길은 후에 상거래를 위한 육로 여행의 통로로 발전하였다. 도로의 발달과 함께 마차를 이용해 무거운 짐을 운반할 수 있게 되었다. 로마인들은 도로건설에 탁월한 재능과 기술을 발휘했다. 로마는 잘 정비된 도로망을 통해 군대와 물자의 이동을 용이하게 할 수 있었고, 이동이 원활해지면서 이웃 도시국가들과 문화교류가 활발하게 이루어졌다. 도로는 강력한 고대국가의 형성과 인구집중화에 크게 기여했다.

로마는 BC 150년경 노반을 다지고 석재를 이용해 배수시설을 갖춘 정교한 도로를 닦았으며, 트라얀 황제(기원 후 98~117)의 통치기간까지 약 5만 마일의 광대한 도로망을 확충하였다. 도로망의 발달은 신속한 군사력의 이동과 배치, 군수품의 수송, 제국의 지배력 확충과 유지, 그리고 장거리 여행을 가능하게 했다. 로마제국은 도로망의 발달로 인접국가와 문화교류가 활발하게 이루어졌으며, 이로 인해 제국으로 크게 번성할 수 있었다. 로마인들은 지중해에 연안에 있는 유명한 사원들과 이집트의 피라미드를 보기 위해 5~6마일마다 설치된 역참에서 말을 갈아타며 하루에 100마일을 여행하였다. 이들에게 그리스와 소아시아 반도는 올림픽게임, 온천치료, 해변 리조트, 연극 공연과 축제, 오락, 경기관람을 위한 인기 있는 주요 여행 목적지였다.

로마제국의 후기에는 더욱 발달한 도로망을 이용해 많은 사람들이 먼 거리를 여행하였다. 이들은 숙사(inns)에서 머물며 데리고 온 가축을 축사에서 쉬게 하였다. 또한 이들은 장거리 여행을 위해 지도를 갖고 일정표(itineraries)에 따라 여행을 하였으며, 하인과 함께 가축의 힘을 이용한 운송수단을 이용하였다. 여행이 발달하면서 로마인들은 안내책자를 활용하고 가이드를 고용했으며 각종 기념품들을 구매했다. 상업이 발달하면서 장거리 여행은 더욱 활발하게 이루어졌고 여행의 목적도 더욱 다양해졌다.

고대의 승전 국가들은 사회전반에 전에 없던 새로운 변화를 경험하였다. 이들 국가는 정복한 영토를 지배하는 동안에 국가와 지역 간 인구의 이동이 빈번하게 이루어졌고 평화의 정착과 함께 군사도로는 상품·종교·정치 교류의 주요 통로가 되었으며, 점차 일반인들의 여행경로 발전하였다.

페니키아인들은 지중해 지역(현재의 레바논)에 최초의 해상국가를 건설한 탁월한 선박제조자였다. 이들은 BC 800년경 지중해지역 해안의 주요 도시에 무역거점 망을 구축했으며, 이집트의 파피루스, 누비아의 상아와 금, 사르디니아의 곡물과 구리, 시칠리아의 올리브와 와인, 동양의 향신료와 향수를 거래했다.

고대국가의 초기 여행은 군대의 이동과 상거래를 위한 여행이었지만 때때로 사람들은 경이로운 경관감상, 온천욕, 축제, 게임 등의 쾌락과 새롭고 이색적인 장소를 찾아 모험적인 여행을 하였다. 온천욕과 운동경기의 관람과 같은 쾌락을 추구하기 위한 소수 특권층의 여행은 도로의 발달과 함께 많은 사람들이 종교 유적지와 유명 사원들을 찾아 순례여행을 하였다. 고대 이집트인들(Egyptians)은 종교적 목적에서 나일강을 따라 순례여행을 하였으며, 그리스인들(Greeks)은 올림푸스(Olympus)로, 그리고 기독교인들(Christians)은 신성하게 여기는 로마와 예루살렘(Jerusalem)으로 순례여행을 하였다.

종교에서 비롯된 각종 축제들은 문화적 행사로 발전한 한편, 여행의 큰 매력으로 작용하였다. 그리스의 고전연극과 제우스(Zeus) 신에게 바치는 종교적 축제(festival)는 후에 올림픽 경기로 발전하였으며, 연극과 운동경기 등의 축제는 대중적 행사로 발전하였으며, 주변국가의 많은 사람들이 이러한 행사에 참여하기 위해 그리스로 여행을 하였다. 그리스의 문학과 철학은 여가(leisure)의 이상적 배경으로 작용하였을 뿐만 아니라 많은 사람들에게 탐험(exploration)과 자아확대(self-enrichment)를 위한 여행을 고무시켰다. BC 700년경 호머(Homer)의 서사시인 오디세이(Odyssey)와 일리아드(Iliad)는 제우스신의 아들인 율리시스의 모험여행을 묘사한 문학작품으로 그리스인들의 여행에 대한 열정을 명쾌하게 드러내고 있다.

로마인들은 자연의 아름다움과 예술작품들을 감상하기 위해, 그리고 콜로세움(Colosseum)의 경기를 즐기기 위해 여행을 하였다. 로마는 이집트, 그리스, 그리고 소아시아에 이르기까지 영향력을 행사할 수 있는 막강한 군사력을 보유하였을 뿐만 아니라, 유럽과 아프리카 일부를 제국의 영토로 정복하였다. 로마제국의 도로망 확충과 정치적인 안정은 안전한 장거리 여행을 가능하게 해주었다. 상류층의 부유한 로마인들은 하인과 함께 휴양지를 찾아 여행을 하였으며, 별장 또는 고급의 숙박시설(inns)을 이용하였다. 이들은 종종 안내책자와 가이드를 활용하였고 여행지에서 기념품을 구매하였다.

신전에 바치는 축제는 매우 성대하게 이루어졌고, 순례자는 제우스신이 보호하는 신성한 사람으로 환대받았다. 현지인들은 여행자의 환대(hospitality)를 최고의 미덕으로 간주했다. 로마의 귀족과 부유층은 아름다운 해안을 따라 발달한 별장(villas)에서 휴가를 즐겼지만, 대부분의 일반인들은 비교적 저렴한 숙사(inns)를 이용했다. 로마제국은 축제 · 게임 · 여가활동의 전성기를 구가하였다. 한편, 기독교(christianity)는 대중적 여행에 큰 영향을 미쳤다. 로마제국의 정치적 안정은 성지참배와 교리를 깨닫기 위한 순례여행자들에게 큰 영향을 미쳤다. 그리스도는 로마제국의 발달한 도로망과 정치적 안정에 힘입어 많은 사람들이 순례여행에 참여했다. 수세기 동안 아시아와 유럽을 가로지르는 광활한 영토에서 성행한 여행은 로마제국의 멸망과 함께 사라져 갔고, 찬란하게 꽃피었던 예술, 정치, 철학은 크게 침체되었다. 그러나 수세기에 걸쳐 전파된 기독교의 교리는 사회적 가치관과 도덕적 규범(norms)에 큰 영향을 미쳤다. 로마는 권력 · 무역 · 문화, 그리고 여행의 중심지였다. 로마에서 이루어진 각종 게임들은 여행의 매력적인 대상이었다. 관중들은 혈투를 벌이는 검투사들의 경기에 크게 흥분했다.

4000년 전, 중국은 여행담당 대신을 두었다. 이러한 정치적 제도는 캔터베리 순례여행과 베니스 상인인 마르코 폴로의 보험적 여행보다 훨씬 이전의 일이다. 중국뿐만 아니라 인도, 네팔, 태국, 베트남, 미얀마 국가의 순례여행은 유럽의 여행에 앞서 발생했다.

제4절 중세기의 여행

AD 400~500년 사이에 로마제국의 멸망은 여행의 암흑기(travel dark ages)를 초래하여, BC 1000년에 이르기까지 상거래 여행을 크게 침체시켰고, 나아가 안전한 여행과 적절한 서비스가 정상적으로 이루어지지 못하였다. 그러나 상거래 목적의 지역적 여행(local travel)은 지속적으로 이루어졌다. 지역 간, 그리고 국가 간 영토 분쟁이 끊이지 않았으며, 지속적인 정치적 불안은 모험적인 장거리 여행을 크게 위협했다. 봉건적인 중세시대(the Middle Ages)의 전형적인 여행형태는 유럽의 인접국가들 간 이동이었다. 여행의 암흑기와 함께 화려하며 사치스러웠던 휴가여행은 시간의 제약과 경제적인 어려움, 그리고 치안의 불안으로 그 막을 내리게 되었다. 이즈음 사람들은 의·식·주문제를 해결하기 위해 고된 일에 시달리며 새로운 지배계층을 위해 헌신적으로 일해야 했다.

중세 로마의 기독교(Catholic)는 유럽통치권의 중심이었다. 초기에 기독교는 다양한 종교들 중 하나에 불과했지만, 계속된 전쟁의 암울한 갈등과 생활에 지친 피로를 달래주는 정신적인 안식처였다. 과거 로마의 전통적인 축제(festivals)와 게임(games), 그리고 휴가(holidays)는 기독교 성일(holy days)에 맞추어 지속되었지만 신흥 유럽국가의 사람들은 로마인의 여가활동과 달리 좀더 경건하고 진지한 시간으로 간주했다. 기독교의 정신은 세속적이며 육체적인 쾌락을 경멸하고 억제하였다. 성일(聖日)은 세속적 즐거움의 시간이 아니라 신앙을 굳건하게 하기 위해 충실히 보내야 하는 시간으로 여겼다.

중세 초는 내란과 권력투쟁이 난무하는 혼돈의 시대였다. 당시의 엄격한 사회적 규범과 기독교의 교리(敎理)는 개인의 쾌락, 모험적이며 그리고 탐험적인 여행을 억제한 한편, 국가 및 지역 사회의 상호교류 기회를 단절시켰다. 이러한 어려움에도 불구하고 십자군 원정과 성지참배 순례여행은 활발하게 이루어졌다. 1095~1291년 십자군(Crusades)은 이슬람교도(Muslims)로부터 성지(Holy Land)를 재탈환하기 위해 기독교 권력에 의해 조직된 원정군이다. 그러나 전략적인 군사의 이동을 배재한다면, 십자군 원정은 사회적 관점에서 문화의 교류를 활발하게 해 주었고 많은 사람들에게 유럽에서 중동으로 이어지는 여행의 기회를 제공해 주었다.

중세기에 많은 사람들은 성지를 찾아 순례여행을 하였다. 순례자들은 믿음과 치유를 위해 성지를 여행하였지만, 이와 함께 모험·교육·오락을 추구하였다. 순례의 여정은 유명한 성지, 사원, 그리고 교회를 포함하였다. 그 중에서 스페인의 산티아고(Santiago), 파리(Paris)와 로마의 교회, 그리고 예루살렘(Jerusalem) 성지는 가장 인기 있던 순례지였다. 이베리아 반도로 들어가는 관문이며 전략의 요충지인 스페인의 하카는 산티아고 길로 부르는 기독교 순례코스의 출발점으로 유명하였다. 스페인의 하키는 팸플릿이나 레이나를 거쳐 아스투르가, 그리고 산티아고 데 콤포스텔라에 이르는 약 800km의 여정으로 이어진 순례의 요충지로, 성 야곱 묘가 있는 산티아고 데 콤포스텔라를 찾아 수많은 순례자들이 거쳐 간 길목이었다.

순례여행자들은 사원에 들러 은혜의 성스러운 기념품(holy souvenir)으로 목걸이나 팔찌 같은 장신구를 순례여행의 증표로 구입했다. 순례여행자들은 말, 보트(boat), 마차(coach) 등을 이용하였으며, 성지에서 휴식과 숙식을 위한 시설들을 이용할 수 있었다. 특히 성지를 중심으로 공동숙사가 발달하였으며, 일부시설물들은 개인의 지급능력에 따라 차등화했다. 순례자들에게 인기 있는 장소에는 여독을 풀 수 있는 여관(inns)이 잘 정비되어 있었다. 대부분의 순례자들은 집단적으로 여행함으로써 여정의 어려움을 극복하며 의미 있는 순례여행을 경험할 수 있었다.

부유층의 순례자들은 하인과 가축을 동반했지만, 일반 순례자들은 저렴한 여관(inns)과 음식점을 찾았다. 순례여행자들은 순례지에서 숙박과 음식 서비스를 유료로 제공받았다. 여관은 순례여행자들에게 고대 문명국가에서와 마찬가지로 숙식을 제공하였다. 순례지역은 숙식은 물론 종교적 기념품 판매점, 그리고 각종 오락게임을 즐길 수 있는 시설들뿐만 아니라 가이드의 도움을 받아 신성한 장소, 신전, 유물·유적지에 대한 안내 서비스를 제공하였다. 안내원들 중 일부는 일정한 대가를 받고 여행객들에게 안내 서비스를 제공했으며, 일부는 필요한 정보를 제공해 주기 위한 자원봉사자였다. 13~14세기 순례여행은 대중적 현상(mass phenomenon)으로 나타난 시기였다. 순례지는 참배자들을 위한 숙소, 음식, 안내 서비스, 안내 소책자(handbooks) 등의 서비스뿐만 아니라 신성체험, 즐거움, 교육, 경관감상과 같은 다양한 서비스를 제공했다.

제5절 르네상스와 산업화시대의 여행

르네상스(Renaissance)는 14~17C의 탐구와 개명(開明)의 시대로 자연과학, 예술, 문화, 그리고 교육을 중시한 문예부흥시대이다. 이 시대의 여행은 상류계층(upper-class) 중심의 여행에서 대중적인 여행의 형태로 발전하는 과도기적인 특징을 보이는 한편, 특히 교육을 위한 여행을 강조하였다. 이러한 특징들 중 전형적인 형태는 현대관광(modern tourism)의 전 단계인 그랜드 투어(Grand Tour)이다. 르네상스와 함께 16세기 유럽 중심의 산업화는 지방중심의 농업경제에서 도시중심의 공업경제로 발전하는 계기가 되었다.

산업화는 고용구조의 변화, 사회계층의 구조적 재편, 물질문명, 도시화가 가속화된 혁신을 의미하지만 산업화시대는 가장 일 중심문화였기 때문에, 근로자들은 여가시간을 재충전의 기회로 삼아 건강과 휴식을 위한 여행을 중시하였다. 당시에 동력의 증기기관차를 이용한 육상교통과 증기선을 이용한 수상교통이 발달하면서 많은 사람들이 먼 거리를 여행할 수 있었다.

5-1 문예부흥 시대의 여행

문예부흥 시대에 두드러지게 나타난 특별한 여행의 동기는 예술과 문학활동을 위한 자연의 탐구이다. 이 시대에 시인, 작가, 화가, 탐험가들은 고결하고 경이로운 자연의 세계를 찬미하며 탐닉하기 위해 여행을 하였다. 아름다운 경관, 웅대한 산악, 망망대해에 대한 다양한 작품들이 많은 사람들에게 감명과 즐거움을 안겨주었으며, 자연의 찬미는 많은 사람들에게 미지의 세계에 대한 동경과 호기심을 불러일으켰고 자연에 대한 인간의 본원적 욕구를 불러일으켰다. 자연의 신비함과 경이로움에 대한 낭만적인 욕구는 도시인들의 스트레스 해소를 위한 여행을 자극했다. 자연에 대한 찬미는 경관감상을 위한 여행의 동기를 부여해 주었다. 많은 사람들이 화가나 작가들의 작품을 통해 자연에 대한 동경심을 갖고 모험적인 여행을 하였다.

1) 그랜드 투어

1500~1820년 동안 영국을 중심으로 지속해 온 그랜드 투어는 귀족의 자녀들을 위한 현장체험 교육 프로그램이다. 영국의 귀족 자녀들은 가정교사와 함께 하인을 대동해 프랑스와 독일의 주요 도시를 경유한 후 최종 목적지인 이탈리아의 주요 도시들을 여행하였다. 당시에 파리, 로마, 플로렌스 등 문화의 중심지에서 공부하는 것이 유행이었다.

그랜드 투어는 견문의 확대에 있으며, 여행기간은 약 40일 정도였다. 이들은 문학적 소양과 외국어를 익히기 위해 1년 이상을 여행하기도 했다. 그랜드 투어는 십자군원정, 종교, 무역을 위한 여행과 달리 교육, 문화, 건강, 즐거움, 호기심, 그리고 과학적 탐구를 위한 여행으로, 이와 같은 여행은 선박건조기술, 지리분석기술, 항해술, 지도제작기술과 같은 과학의 발달에 의해 가능하였다.

그랜드 투어 후기의 여행동기는 주로 경관감상이었다. 1700년대 말 많은 작가・예술가・철학자들이 자연의 웅대함, 경이로움, 그리고 아름다움의 본질과 가치에 대해 논하는 것을 즐겼다. 이 시기에 여행기간은 보통 4 개월 정도였고 여행객의 평균 연령도 전보다 높았다. 1800년경 상류층의 그랜드 투어는 점차 중류층으로 확대되었고, 견문의 확대보다는 오히려 즐거움을 추구하기 위한 여행이 주류를 이루었다.

2) 숙박과 교통 서비스

귀족 자녀중심의 그랜드 투어 초기 단계에서 숙박시설은 그 이전의 순례여행객을 위한 숙박시설보다 훨씬 더 훌륭했다. 17~18C 그랜드 투어 여행객들은 주요 거점에 위치한 숙박시설을 이용하였다. 이러한 숙박시설들 중 일부는 훌륭한 환대 서비스를 제공하여 유명해졌지만, 교외지역에 위치한 대부분의 숙박시설들은 여전히 열악했다. 여행객들은 각종 기념품을 판매하는 상점과 숙식 서비스를 제공하는 숙박업체를 이용하였으며, 일부 여행객들은 안내인과 포터(porters)를 고용하여 산과 들을 가로지르는 험난한 여행을 하였다.

여행객들에게 교통수단은 가장 큰 관심사였다. 특히 알프스 등정은 가장 모험적인 여행으로, 열정적인 사람에게도 매우 힘든 여행이었다. 이들이 마주치는 늪・수로, 그리고 열악한 도로는 여행자에게 육체적인 고통을 안겨 주어고, 노상강도와 도둑은 여행에 큰 위협이었다. 도보, 말, 그리고 선박을 이용한 그랜드투어시대의 여행은 1800년대 초 혁신적인 증기기관 선박과 기차의 등장으로 서서히 막을 내리기 시작했다.

그랜드 투어시대의 육로여행은 주로 말을 임대한 여행이었으며, 이러한 임대방식은 1700년대 임대인과 임차인 간 일괄임대 여행서비스 시스템으로 발전하였다. 이러한 방식을 통해 영국인들은 유럽대륙에 도착하여 편한 여행을 즐길 수 있었다. 1820년대 유럽을 여행하는 사람들은 현지의 호텔에서 마차를 임대하여 여행을 할 수 있었다. 1829년 영국은 여행을 상품화하여 판매하는 여행전문업체가 등장하여 여행객들은 교통, 숙박, 식사를 포괄한 여행상품으로 16일간의 스위스 여행을 즐길 수 있었다.

5-2 산업화시대의 여행

16~18C 산업혁명 시대에 두드러지게 나타난 여행동기는 건강, 휴식, 즐거움으로 특징된다. 당시의 부유층은 주로 치료를 위해 유명한 광천온천을 찾아 유럽의 나라들을 여행했다. 이 시기에 사람들은 온천욕이 건강에 효험이 있다고 믿었기 때문에 많은 여행객들이 건강과 활력을 위해 온천 휴양지를 찾았고 그곳에서 사교의 기회를 가졌

다. 처음 부유층이 주로 찾던 유명 온천휴양지는 점차 대중화되어 많은 사람들이 찾기 시작했다.

아메리카 대륙으로 이주해 온 유럽의 청교도들은 독립전쟁(Revolutionary War) 후 해변 휴양지와 필라델피아 인근의 옐로우 스프링(Yellow Springs), 코네티컷(Connecticut)의 스타포트 스프링(Stafford Springs), 버지니아의 버클리 스프링(Berkeley Spring) 등의 유명한 온천지를 찾아 여행을 하였다. 이들은 유럽의 초기 여행과 마찬가지로 주로 부유층이었고, 이들 중 조지 워싱턴(George Washington), 존 아담스(John Adams)와 같은 저명한 인사들도 즐겨 찾았다. 이들이 즐겨 찾던 유명 온천지는 점점 많은 사람들이 찾게 되면서 인위적인 개발이 이루어졌고, 개발과 함께 자연보호에 대한 인식이 강화되기 시작했다.

새로운 정착지에 적응해가면서 청교도정신이 미국민의 관광에 반영됨으로써 미국인들에게 관광의 진정한 가치를 일깨워 주었다. 이들은 관광이 유한 계층의 무의미한 여가활동에 불과한 것이 아니라 지식, 평화, 건강을 가져다주는 유익한 활동으로 여겼다. 많은 사람들이 즐겨 찾는 관광지는 훌륭한 시설과 함께 숙식 서비스를 제공하였다. 특히 온천휴양의 대중화와 함께 치료의 효과뿐만 아니라 휴양, 휴식, 여가활용, 친교를 위해 많은 사람들이 온천지를 찾았다. 오늘날 온천이나 휴양지는 단순한 치유뿐만 아니라 사회적 관계, 기분전환, 오락 등을 위해 많은 사람들이 즐겨 찾고 있다.

1) 교통

문예부흥과 산업화시대는 혁신적인 교통시스템의 획기적인 발달의 시대이다. 교통시스템은 운송뿐만 아니라 우편 서비스의 발전으로 이어져 이동과 함께 정보의 소통을 원활하게 해 주었다. 정교한 도로망의 확충과 정보의 발달은 대중관광으로 발전하는 초석으로 작용하였다.

1869년 영국은 도시와 도시를 연결한 교통시스템이 확립됨으로써 여행이 획기적으로 발전하였다. 미국은 산업화와 함께 자동차의 보급과 도로망의 확충으로 많은 사람들이 장거리 여행을 하며 숙식 서비스를 제공받았다. 확충된 교통 시스템에 의해 순례 여행객들은 개선된 숙박시설을 이용하며 즐거움을 위한 관광을 추구할 수 있었다. 19세기 초까지 성행한 1700~1800년대의 마차여행은 여행의 피로를 가중시켰으며, 때로는 위험을 감수해야 했고 여행일정을 계획대로 정확하게 실행하기 어려웠다. 마차여행객들은 주로 숙박과 주점을 즐겨 찾았다.

수상교통 시스템의 발달은 마차여행보다 많은 수하물과 함께 먼 거리의 이동을 가능하게 해 주었다. 보다 많은 사람들이 수상여행을 통해 이색적인 여행경험을 즐길 수 있었다. 1772년 영국의 여행객들은 선박을 이용해 승객과 무거운 화물을 운반하였으며, 이들은 선박을 이용해 1838년 극동 아시아를 잇는 장거리 여행을 할 수 있었다. 1815년 증기선이 클라이드, 에이번, 템스 강을 정기적으로 운항하였다. 영국 템스 강의 증기선은 1841년에 이르기까지 수많은 여행객들을 운송하였다.

영국을 비롯한 유럽 국가들은 무역로를 개척하기 위해 노력했다. 이들 국가의 탐험가들은 아시아, 남북 아메리카, 그리고 아프리카 대륙을 항해하였고, 18세기에 신대륙의 이주를 위한 여행이 절정을 이루었다. 이들의 험난한 항해는 고도로 발달한 항해술, 선박, 무기뿐만 아니라 국가의 지원에 힘입은 모험정신에 의해 가능하였다. 1820년대 정기 페리선이 영국의 운하를 운항하였으며, 미국과 프랑스는 기선(steamboats)을 이용해 수로를 따라 여행을 하였다. 1800년대 미 대륙의 이주민들은 새로운 정착지를 찾아 발달된 수로(水路)를 따라 여행을 하였다. 선박은 유럽과 미국의 중요한 교통수단으로 자리를 잡았으며 장거리 여행과 무역의 발전에 큰 영향을 미쳤다.

선박의 발달은 안전한 여행은 물론 우편 서비스의 발달에 크게 기여했다. 새로운 항로의 개척과 증기기관의 발명, 그리고 철도 시스템에 의한 육로교통의 발달은 여행에 획기적인 영향을 미쳤다. 철도는 1825년 영국에서 최초로 건설되었고, 1830년 리버풀(Liverpool)과 맨체스터(Manchester)를 잇는 정기철도로 많은 승객들을 운송했다. 영국은 철도개설 후 15년간 런던과 주요 도시들을 잇는 철도망을 구축하였다. 그리고 미국은 주와 주를 잇는, 그리고 서부 개척지로 연결된 철도망을 구축함으로써 여러 도시가 발달하게 되었을 뿐만 아니라, 많은 사람들에게 서부 개척을 위한 여행을 가능하게 해 주었다.

2) 포괄여행의 발달

여행의 획기적인 발달을 가져오게 한 계기는 영국의 토마스 쿡(Thomas Cook: 1834~1899)이 개발한 포괄단체여행(inclusive group tour)이다. 포괄단체여행은 운송, 숙박, 그리고 여행일정을 포괄한 하나의 상품으로써 여행객들에게 저렴한 가격으로 판매하는 일괄 여행상품이다. 토마스 쿡은 포괄여행상품을 사전에 예약을 받아 일정한 고객을 모집한 후 계획된 여행일정을 관리하는 새로운 개념의 획기적인 여행상품을 창안하여 사업가로서 크게 성공하였다. 그 이전에도 포괄여행(inclusive package tour) 개념에 의한 여행상품이 있었지만, 토마스 쿡은 체계화된 포괄여행상품을 사전에 치밀하게 계획하여 저렴한 가격으로 대량판매를 함으로써 사업을 크게 성공시켰다.

토마스 쿡은 열정적인 금주운동가로 금주단체(Temperance Society)의 구성원이었다. 그는 1841년 금주회합(Temperance Meeting)에 참가하는 회원들에게 철도회사와 교섭을 통해 저렴한 가격의 단체여행상품을 계획하여 단체할인운임을 적용한 최초의 전세기차로 600여명에게 판매하는데 성공했다. 이러한 성공을 바탕으로 그는 4개월 후 본격적으로 여행상품을 조성하여 다수가 참여할 수 있는 저렴한 단체할인 가격으로 판매하였다. 당시 영국의 사설철도 회사는 경쟁사보다 많은 승객을 유치하기 위해 토마스 쿡이 창안한 새로운 개념의 저렴한 단체할일요금을 수용하는 것이 유리하다고 판단했다.

토마스 쿡이 새로운 개념의 여행상품을 성공적으로 판매할 수 있었던 근본적인 이유는 잠재관광객의 욕구를 정확하게 간파하여 이들의 욕구를 효율적으로 충족시켜주었기 때문이다. 토마스 쿡은 잠재시장의 여행욕구를 정확하게 파악하기 위해 시장조사를 하였으며, 조사된 결과를 바탕으로 여행소재들을 일괄된 하나의 패키지로 상품화하여 성공한 탁월한 사업가였다. 그는 일자리, 건강, 휴양을 위한 많은 사람들의 여행양상을 분석하는 한편, 여행 서비스 공급자들의 수요확보를 위한 경쟁환경을 정확히 분석하여 저렴한 가격의 혁신적인 포괄상품을 단체로 판매함으로써 사업을 크게 성공시킨 탁월한 사업가였다. 그는 후에 아들(John Mason Cook: 1834~1899)과 함께 'Thomas Cook & Son Co.'라는 명칭의 여행사를 설립했다.

토마스 쿡의 성공비결은 다음과 같다.

(1) 최적화된 여행서비스

토마스 쿡의 성공은 여행관련 서비스를 최적화한 데에서 찾을 수 있다. 그는 사전조사를 바탕으로 여행계획을 수립하고 계획에 따라 여행을 진행하기 위해 여행일정표(timetables)를 작성하였다. 그리고 단체할인요금으로 여행에 필요한 티켓(tickets)과 환승 서비스를 예약을 통해 고객에게 판매하였다. 그는 해외여행에 필요한 환전(currency exchanges), 안내책자, 좌석의 일괄확보로써 고객에게 저렴한 가격으로 판매하였다. 그는 사람들의 여행욕구를 면밀히 분석하여 이들의 욕구를 충족시키기 위해 사전에 현장 답사로써 필요한 서비스상품을 면밀히 계획했다. 그는 충성고객의 중요성과 구전의 효과를 인식하고 고객에게 세심한 주의를 기울이는 한편, 고객의 욕구충족을 위한 여행서비스의 전달과 적정 가격의 판매를 위해 노력했다.

토마스 쿡은 주유티켓(circular ticket) 한 장으로 운송・숙박, 기타 여행서비스를 포괄한 여정(itineraries)의 패키지를 판매하는 한편, 고객이 원할 때 환급해 주었다. 그는 왕복 주유권으로 여정을 관리하는 한편, 쿡 쿠폰(Cook Coupon)으로써 숙식서비스를 제공받을 수 있게 하였다. 1873년 그는 쿠폰 아이디어를 발전시킨 여행자수표(travelers' check)의 일종인 지급약속 증서로써 순환어음(circular notes)을 창안했다. 여행객들은 순환어음을 이용해 호텔에서 숙식서비스를 제공받는 한편, 현금소지의 위험성과 환전의 번거로움으로부터 벗어날 수 있었다. 그는 이익 추구의 기본적인 기업의 목표를 달성하기 위해 단체할인요금을 적용한 여행상품을 단체로 판매함으로써 사업의 성공은 물론 고객의 욕구를 충족시켜 주었다.

(2) 패키지상품의 지속적 개발

토마스 쿡의 여행사업은 영국에서 미국과 캐나다에 이르기까지 해외로 확장해 나갔다. 이러한 그의 노력은 오늘날 대량관광(mass tourism)을 가능하게 하는데 큰 영향을 미쳤다. 그는 1871년 뉴욕(New York)에 사무실을 개설하였고, 그 후 1880년에 이르는 동안 세계 각지에 60개의 여행사를 운영했다. 그는 한 차례의 성공에 만족하지 않고 고객의 욕구충족을 위해 패키지여행상품을 개발하기 위해 지속적으로 노력을 기울였다. 그는 새로운 패키지상품을 개발하기 위해 그의 아들, 그리고 중산층의 주요 고객과 함께 세계의 매력적인 장소를 두루 살펴보으며, 이러한 조사를 바탕으로 박람회, 자연경관, 문화유적지 등을 하나의 패키지상품으로 조성하여 시장의 욕구에 부응했다. 그는 1872년 11명의 고객과 함께 세계여행을 하며 여행경험을 타임스지에 게재함으로써 불특정 다수의 독자들에게 큰 관심을 불러일으켰다. 그는 1875년 처음으로 선박을 이용해 1주 동안 스칸디나비아(Scandinavia)를 여행하며 아름다운 여름밤의 태양에 매료되어 'Midnight Sun Voyage'라는 브랜드의 크루즈(cruise) 여행상품을 개발하여 부유층으로부터 선풍적인 인기를 불러일으켰다. 이를 기점으로 1888~1896년 영국, 미국, 독일에서는 호화 선박여행의 경쟁이 절정을 이루었다. 크루즈 여행의 경쟁이 점점 심화되면서 제2차 세계대전에 이르기까지 크루즈는 더욱 호화스럽고 빠르게 발전하였다. 1850~1900년은 대량관광(mass tourism)의 기운이 싹트기 시작한 시기로, 그의 패키지 투어는 중산층의 여행 확대에 크게 기여했다.

제6절 현대 관광

20세기의 50년 동안은 기술적(technological), 정치적(political), 사회적(social)인 환경

의 변혁기인 동시에 관광의 경제적 부가가치가 국가적인 전략산업으로 크게 부각된 시기이기도 하다. 세계대전 후 국가는 경제부흥을 위해 정책적 전략산업으로 관광에 관심을 기울이기 시작했다.

관광은 경제적 가치뿐만 아니라 문화, 복지, 평화, 그리고 개인의 정서적 안정에 크게 기여해 준다. 그러나 세계대전 동안에 관광의 기회가 매우 제한적이었기 때문에 대중관광의 진전이 크게 위축되었다. 전쟁을 위해 수많은 군인들과 일반인들이 이동(여행)을 하였지만, 이들의 여행은 불가피했을 뿐만 아니라 매우 고통스러웠다. 그러나 전쟁이 끝난 이후에 고통에서 벗어나 자유에 대한 갈망을 분출할 배출구로써 여행에 대한 욕구는 오히려 강렬해졌다. 이즈음 미국은 세계평화의 정착을 위해 정책적으로 유럽여행을 장려했다. 세계대전 동안에 획기적으로 발달한 운송수단을 비롯한 기술혁신은 관광 활성화에 크게 기여했다.

사회가 안정되고 중산층이 확대되면서 과거 상류층 중심의 관광에서 대중관광(mass tourism)으로 발전하게 되었다.

6-1 세계대전 이후의 관광

제1차 세계대전 후 대형 선박은 일반인들의 이동을 위한 승객용으로 전환하였다. 이와 같은 대형 선박을 이용해 미국은 1928년 44만명이 해외여행을 하였다. 이 당시에 대서양과 태평양을 횡단하는 선박의 1, 2등석은 여행객에게 큰 인기를 끌었다. 1920년대는 선박여행이 절정을 이룬 시기였다. 그러나 제2차 세계대전 후 자동차와 항공기의 혁신적인 발달은 선박여행의 수요를 격감시켰다.

여가시간의 확대로 중산층의 여행이 활발해져 대중관광으로 발전하기 시작했다. 가처분소득, 여가시간, 승용차 보급, 그리고 대중매체(mass communication)의 발달과 함께 점점 더 많은 사람들이 여행에 참여하기 시작했다. 교통수단의 발달과 여가시간의 증대는 대중관광의 기반으로 작용하였다.

1) 육상교통 시스템의 발달

육상교통 시스템의 발달은 대중관광의 기반을 마련해준 가장 근본적이며 혁신적인 기술이다. 기차와 자동차의 발달은 지상여행을 활성화시켜준 중요한 요인이다. 1903년 52일간 미국을 횡단하는 자동차여행이 성공한 이후에, 1908년 헨리 포드(Henry Ford)는 T모델 승용차를 대량생산하였고, 승용차가 교통수단의 중심으로 발전하기 시작했다. 그 당시 자동차는 성능문제와 도로망의 미비로 사람들에게 크게 환영받지 못했지만, 자동차의 보급과 함께 도로가 발달하면서 점점 많은 사람들이 승용차를 이용해 여행을 하기 시작했다. 승용차는 가족과 함께 자유롭게 이동할 수 있는 장점을 갖기 때문에 여행의 대중화에 크게 기여했다. 1920년 자동차의 보급과 도로망이 확충되면서 많은 사람들이 승용차를 이용해 가족과 함께 장거리 여행을 하였다.

오늘날 승용차를 이용한 여행은 전체의 80% 정도를 차지하고 있다. 육상교통이 발달하면서 1920~1930년대에는 모텔과 호텔의 전신인 초기 형태의 관광숙소가 생겨나기 시작했다. 승용차의 보급과 함께 도시 근로자들을 위한 출퇴근 버스가 중요한 대중교통수단으로 자리잡기 시작했다.

2) 항공교통 시스템의 발달

20세기의 가장 혁신적인 교통수단은 항공기(airplane)이다. 비행기는 1903년 노스캐롤라이나 주의 키티호크에서 첫 비행이 있은 16일 이후에 독일에서 베를린, 라이프치히, 바이마르를 연결한 정기 항공노선 서비스를 시작함으로써 국제항공사로 발전하기에 이르렀다. 오늘날 국제여행객의 대부분은 항공기를 이용한 여행이다. 항공기는 뛰어난 고속성과 안전성으로 여행시간을 크게 단축시켜 주었을 뿐만 아니라, 여행의 피로를 경감시켜 줌으로써 국제관광의 발전에 획기적 전기를 마련해 주었다.

처음 린드버그(Charles Lindbergh)가 뉴욕에서 파리까지 단독비행을 성공한 후, 1927년 체임벌린(Chamberlin)이 레빈(Levine)과 동승하여 뉴욕에서 독일의 베를린까지 불과 118마일 남기고 불시착하였다. 미국은 제1차 세계대전 직전인 1911년 처음으로 82시간의 미 대륙횡단에 성공했다. 그리고 영국은 1919년 토마스 쿡이 처음으로 항공여행 서비스를 계획했다. 1927년 미국은 린드버그가 대서양횡단 비행에 성공함으로써 항공여행의 새로운 이정표를 마련했다. 그 후 미국은 바니 항공사와 웨스턴 항공사를 설립하였으며, 이후 바니 항공사는 다른 3개의 항공사와 합병하여 유나이티드 항공사를 설립하였다. 1987년 웨스턴항공은 델타항공에 합병되었다. 미국은 1927년 팬아메리카 항공이 플로리다 키웨스트에서 쿠바까지 국제우편물을 취급했다. 그 이후에 여러 항공사들이 주요 도시와 해외 국가들로 항공서비스를 확대하였고, 제2차 세계대전에 군사용으로 활용했다.

1930년 기체의 대형화, 항속거리의 연장, 서비스 고급화 등 항공운송은 혁신적으로 발전해 나갔다. 초기 항공은 신속한 이동의 장점이 있었지만 안전의 문제로 일반인들이 이용하기에는 부적합하고 모험적이었기 때문에, 일부 부유층의 모험적인 취미활동의 한 부분에 지나지 않았지만, 지속적인 기술의 혁신으로 안전과 신속한 이동이 가능해지면서 점점 많은 사람들이 이용하기 시작하였다. 안전한 이동이 확보되면서 항공사는 여러 도시와 해외로 서비스를 확대해 나갔다.

1940년대 초 DC-3와 보잉 314A 대양횡단 클리퍼의 개발로 유료의 승객 서비스는 물론 여행의 영역을 확대해 나갈 수 있게 되었다. 제2차 세계대전 후 항공여행은 더욱 활성화되었다. 관광수요의 급증과 관광사업(tourism business)의 발달, 그리고 여행서비스의 발달은 항공여행의 활성화에 일조했다. 다양한 관광사업체들이 시장확대를 위한 서비스 개선에 일조했다. 항공, 선박, 기차, 버스는 여행서비스를 개선하기 위해 많은 노력을 기울였다. 1940년대 초 미국의 항공사들은 승객 서비스를 위해 안락한 의자와 테이블을 갖추고 음식서비스(food services)를 제공하였다.

영국의 휘틀(Frank Whittle)에 의해 발명된 제트엔진은 B-52 군용기에 사용하였다. 제트엔진항공기는 이동의 획기적인 발전을 가져다주었다. 미국의 첫 번째 상업용 제트항공기는 보잉 707로, 아메리칸 항공사에 의해 1959년 뉴욕에서 로스앤젤레스까지 운항을 하였다. 그리고 1970년 팬암 항공사가 신형 보잉 747기로 뉴욕에서 런던까지 352명의 승객을 운송하였다.

1958년 '제트항공기의 이코노미 클래스(economy Class) 서비스 제공은 국제관광의 대중화에 크게 기여했다. 제트항공기의 속도와 항속거리의 혁신적인 진화, 기체의 대형화, 저렴한 운임은 장거리 국제관광에 획기적인 발전을 가져다주었다. 제2차 세계대전 후 경제재건은 사회의 안정과 함께 일반인들의 대양횡단 관광이 본격화되기 시작하였다. 이 무렵에 미국과 유럽은 승용차의 보급으로 친인척 방문, 자연경관 감상, 캠핑, 각종 옥외위락활동(outdoor recreation activities)이 성행하였다.

1969년 영국과 프랑스 합작으로 제작한 콩코드기가 초음속 비행에 성공함으로써 초음속 여행의 시대를 열었지만, 2003년 사업성의 문제로 그 막을 내렸다. 항공기는 속도, 쾌적성, 안전성에 의해 국제관광 발전에 크게 기여했다 오늘날 항공기는 국제여행(international travel)의 가장 전형적인 교통수단이다.

3) 숙박시설의 발달

도로망의 확충, 승용차의 급증, 그리고 대중 교통수단의 발달과 함께 여행객의 증가는 각종 여행 편의시설의 발전을 가져다주었다. 이러한 여행 편의시설들 중에서 숙박시설은 여행의 역사와 함께 발전하였다. 일찍이 동양과 중동을 잇는 실크로드는 대상이 머물러 쉴 수 있는 숙사가 발달하였다. 특히 중동과 유럽은 수많은 순례 여행객들을 위한 숙사가 발달하였다. 마차, 철도, 증기선, 자동차, 버스, 항공기는 여행객의 증가와 함께 숙박시설에 대한 수요를 확대해 주었다.

미국은 세계대전 중에 구축한 방갈로(bungalow)를 이용해 자동차 여행객들의 위락 활동을 위한 방갈로 캠프(bungalow camps)를, 그리고 유럽 국가들은 휴일 캠프(holiday camps)를 정책적으로 지원했다. 휴가 여행객들을 위한 저렴한 방갈로캠프와 휴일 캠프는 후에 중산층의 자동차 여행객을 위한 실비호텔인 모텔(motel)과 모토호텔(motor hotel)로 발전하였다.

6-2 1960년대 이후의 관광

1960년대 현대화와 함께 국제환경의 변화는 관광발전에 커다란 영향을 미쳤다. 선진국들은 건강한 사회와 국민의 건강을 위해, 그리고 경제적 부흥을 위해 정책적으로 관광을 진흥시키기 위해 적극 지원하기 시작했다. 특히 제2차 세계대전 이후 자유무역을 통한 교역의 증대와 국민의 후생복지를 위해 GATT(관세 및 무역에 관한 일반협정 ; General Agreement on Tariffs and Trade)의 발효와 함께 국가 간 무역장벽이 완화됨으로써 교역 및 사업을 위한 국제적 이동이 활발하게 이루어졌다. GATT의 이념은 자유무역주의를 원칙으로 인류의 생활수준 향상, 고용과 소득의 증대, 세계자원의 효율적 이용, 상품생산과 교역의 확대에 있다. 1960년대의 국제교역확대, 사회안정, 그리고 소득과 여가시간의 증대는 관광활성화에 크게 기여했다. 이 시기에 국가 간 항공여행이 활발하게 이루어졌고 다양한 관광코스(tourist course)의 개발이 적극적으로 이루어지기 시작했다.

1960년대 관광에 대한 학문적 연구가 본격화되었다. 예를 들어 국제사회학회 산하의 여가사회학 연구회가 발족되어 '여가와 사회(society and leisure)' 학술지를, 그리고 1969년 레크리에이션 공원학회가 '여가연구 학술지(Journal of Leisure Research)'를 발간하기 시작했다. 이와 같은 관광과 관련된 학술지들은 관광학은 물론 관광정책(tourism policy) 및 관광개발에 큰 도움을 주었다.

1970년대 두 번에 걸친 세계적인 석유위기(oil crisis)와 1980년대 초의 세계적인 불경기는 일시적으로 관광을 크게 위축시키는 결과를 초래했다. 이 시기에 사람들은 관광소비를 억제하였다. 사람들은 연료비 절약을 위해 자동차여행을 자제하였다. 소비자들은 석유파동에 민감하게 반응했으며 경기회복의 불확실성으로 가장 먼저 관광소비를 억제하였다. 정부는 석유공급을 규제하기 위해 주말에 주유소 문을 닫게 하는 조치를 취함으로써 주말의 관광수요를 크게 위축시켰다. 연료비의 상승은 생산비와 물가상승으로 이어졌다. 인플레이션(inflation)은 실업률의 증가와 가계소득의 감소로 이어지고, 문화소비 지출을 억제함으로써 관광수요를 격감시킨다.

1) 관광정책

1970년대와 1980년대 초는 관광정책(tourism policy)의 전환기라고 할 수 있다. 미국은 1978년 항공운항에 대한 정부의 통제를 철폐하고 자유경쟁에 맡김으로써 항공사의 시장 확보와 운임경쟁에 큰 영향을 미쳤다. 항공사는 경쟁력과 수익성이 낮은 일부 노선을 폐쇄하거나 운항횟수를 줄이는 한편, 수익성이 낮은 소도시 운항을 기피하였다. 항공사들은 어느 때보다 경쟁력 강화와 이미지 제고를 위해 많은 노력을 기울여야 했다. 특히 1980년대에는 경쟁력을 상실한 많은 항공사들이 폐업했으며, 한편으로는 새로운 항공사가 출현하는 한편 일부 소규모 항공사들이 대규모 항공사에 합병되었다.

1981년 미국은 상무성(Department of Commerce) 산하에 관광국(USTTA: Travel and Tourism Administration)을 설립하여 관광을 정책적으로 지원하는 한편, 국제관광객의 유치를 위해 많은 노력을 기울이기 시작했다. 특히 경제적 관점에서 국제관광에 대한 정책의 중요성이 강조되면서 미국정부의 노력은 더욱 강화되었고, 전략적 관점에서 인바운드 관광객의 유치를 위해 정책적인 노력을 기울였다.

2) 기술의 진보

제품 및 서비스 기술(technology)의 축적은 크게 세 가지로 설명할 수 있다. 첫 번째는 기업의 경쟁력 강화를 위해 기본적으로 보유해야 할 기업의 기초기술이다. 두 번째는 기업의 제품 특성, 기능적 차별화, 그리고 생산공정의 효율성 증대와 같이 경쟁의 우위를 가져다주는 핵심기술이다. 세 번째는 기존의 기술과 다른 새로운 혁신기술이다. 오늘날 혁신적인 기술의 진보는 신속한 이동, 편안한 휴식, 필요한 정보의 획득으로 관광발전에 획기적인 변화를 가져다주었다. 예를 들어 항공기술의 혁신은 이동거리를 획기적으로 단축시킴으로써 국제관광에 큰 영향을 미쳤다. 1976년 영국과 프랑스 합작에 의한 초음속 항공기의 등장으로 초음속 여행의 가능성이 확인되었다. 독일, 프랑스, 일본은 고속철도의 실용화로 도시의 근로자들뿐만 아니라 많은 사람들이 안락하고 신속한 여행을 할 수 있게 되었다.

기술의 발달은 운송시스템뿐만 아니라 호텔건축에도 획기적 발전을 가져다주었다.

호텔의 발달은 수많은 사람들에게 여행의 편의성을 제공해 주었고, 특히 국제관광객에게 낯선 문화에서 편안하고 안전한 관광을 할 수 있도록 적절한 서비스를 전달해 주었다.

인터넷의 발달은 관광기업의 운영방식뿐만 아니라 관광객의 정보처리에 큰 영향을 미쳤다. e-비즈니스의 특징은 디지털화(digitalization)와 연결성(connectivity)으로 설명할 수 있다. 디지털화는 텍스트, 데이터, 사운드, 이미지를 매우 신속한 속도로 한 장소에서 다른 장소로 발송되는 비트의 흐름으로 전환하는 것을 말하며, 연결성은 네트워크 구축을 포함하여 세계적으로 수많은 비즈니스가 사람과 기업을 연결시키는 네트워크를 의미한다. 이러한 네트워크들이 기업 내에서 사람을 연결시킬 때에 내부망(intranet)이라고 하며, 공급자와 고객을 함께 기업에 연결시킬 때에는 외부망(extranet)이라고 한다. 그리고 네트워크들이 거대한 정보의 초고속 하이웨이(information superhighway)에 사용자를 연결시킬 때 이를 인터넷이라고 한다.

관광의사결정자가 온라인을 통해 정보를 얻고 구매결정을 하는 이유는 시간과 장소에 구애받지 않는 편리성, 여행과 관광지에 대해 정보를 얻을 수 있는 정보력, 그리고 더 좋은 조건의 가격으로 거래할 수 있는 가격의 비교에 있다. 호텔, 크루즈, 항공사는 자신들의 상품을 고객에게 직접 유통시키기 위해 인터넷을 활용하며, 온라인 여행사들은 인터넷을 통해 다양한 여행상품을 판매한다.

3) 여가시간과 가처분소득

기독교 문화에서 휴일(holy days)이란 일에서 벗어난 성스러운 경배일(敬拜日)을 의미하지만, 현대의 생존경쟁 속에서 휴일은 어떤 근로자에게 또 다른 일의 연장일 수도 있다. 관광은 여가시간에서 발생한다. 제1차 세계대전 후 일부 국가들은 산업체의 근로자들에게 유급휴가를 제공했다. 가령 영국은 단체교섭을 통해 유급휴가를 보장해 주었으며 노동자들의 권익보호를 위한 노동단체가 조직되기 시작하였다. 일부 근로자들은 자체적으로 다른 기업의 근로자들과 연합하여 노동자여행협회(Workers Travel Association)를 조직하기도 하였다.

정부는 청소년들의 건전관광을 장려하기 위해 청소년운동(youth movements)을 지원하였다. 미국은 주당 노동시간의 단축과 유급휴가(paid vacation)를 제도적으로 확립하기 시작했다. 유급휴가의 확대와 가처분소득의 증대는 과거 상류층 중심의 관광에서 중류층 관광으로 확산하는 계기를 마련해 주었다. 정부의 정책적 지원뿐만 아니라 여가시간의 확대, 유급휴가제도의 확립, 가처분소득의 증대, 전자산업과 운송시스템의 발달, 관광 하부구조와 여행 편의시설의 발달은 관광수요를 더욱 조장하였다.

생산중심의 산업화시대에 노동자들은 많은 시간을 일해야 했다. 1800년대 노동자들은 주당 70시간 이상 일을 하였다. 1920년대에 선진국은 근로자들에게 연 2주간의 유급휴가를 허용해 주었지만, 그것은 일부 노동자들에게만 해당되었다. 미국은 1938년 주당 40시간의 노동을 공정노동기준법(Fair Labor Standards Act)으로써 제도화하고 국경일들을 공휴일로 지정하는 한편, 주말의 국경일을 월요일에 지정함으로써 근로자들에게 보다 많은 휴일을 제공해 주었다. 스페인과 프랑스는 연 12~13일의 국경일을 휴일로 지정하였다. 이들 국가가 근로시간의 단축과 함께 보다 많은 유급휴가일수를 제공해 줌으로써 노동자들은 좀더 많은 휴가시간을 즐길 수 있게 되었다. 제2차 세계대전 후 여가시간의 증가와 가계수입의 증대로 많은 근로자들이 관광에 참여할 수 있었다.

관광은 1·2차 산업과 함께 발전해 나간다. 산업화된 사회는 사회구성원 누구에게나 관광에 참여할 수 있는 기회와 여건을 제공해 준다. 관광은 국민의 건강과 복지를 위한 바람직한 활동이다. 소득수준의 향상과 함께 현대사회는 소비자 중심사회이다. 현대사회는 소비를 위한 지출이 국가경제에 막대한 영향을 미치는 사회이다. 미국의 경제학자 로스토(Rostow)는 1960년대 전통사회를 벗어나 고도의 대중소비사회로 이동하는 변혁의 단계를 강조했다. 이와 같은 변혁은 산업화로 급속히 진전한 18세기 말 영국, 그리고 19세기 중엽 미국과 프랑스에서 진전되었다. 이와 같은 변혁의 국가는 산업화 과정에서 중산층의 증가, 산업의 구조적 변화, 노동조합의 발달, 활발한 계층간 이동, 자유재량소득의 증대에 의해 대중소비사회로 발전하는 특징을 보였다.

소비혁명과 아울러 신제품의 개발, 조직화된 마케팅, 비약적인 정보의 발달은 개인에게 시간의 가치인식과 삶의 질에 커다란 변화를 가져다준 한편, 대중·대량관광을 초래하는 데 큰 영향을 미쳤다. 1970년대 후반, 선진국은 풍요의 상징인 대중여가(mass leisure)와 함께 관광수요의 폭발적 증가를 보였다. 사람들은 일상생활의 권태와 스트레스에서 벗어나 기분을 전환하고 일의 재충전을 위해 여가·위락·관광을 중시했다.

4) 주제공원(theme park)의 발달

주제공원은 주말에 가족과 함께 많은 근로자들이 즐겨 찾는 매력적인 관광목적지이다. 플로리다(Florida)의 디즈니랜드(Disneyland)는 현대기술에 의한 환상적인 시설, 관리 및 서비스 시스템, 오락, 흥행물들을 제공함으로써 많은 사람들에게 각광받는 관광명소로 자리매김하였다. 디즈니랜드의 성공은 후에 프랑스와 일본을 비롯한 세계 주요 도시에 디즈니랜드를 운영하는 다국적기업으로 발전하였다.

미국은 1970~1980년대 다양한 형태의 주제공원을 개발하였다. 예를 들어 테마 가든(Thema Garden), 세다 포인트(Cedar Point) 공원, 식스 플래그(Six Flags) 공원 등의 개발을 들 수 있다. 이 시기에 선진국들은 주제공원의 개발뿐만 아니라 야생보호지역과 국립공원을 지정하여 최신 과학을 접목시킨 관리시스템을 구축하였다. 정부는 국민건강과 복지를 위해 옥외위락(outdoor recreation) 활동에 특별한 관심을 기울이는 한편, 환경보호에 주도적 역할을 수행함으로써 관광발전에 큰 영향을 미쳤다. 주제공원은 국내외의 많은 관광객들이 모여드는 주요 관광매력의 대상이다.

6-3 대중관광과 국민관광

현대관광의 특징은 과거 특권층만이 누릴 수 있었던 관광에서 누구나 참여할 수 있는 대중관광(mass tourism)의 현상을 보인다는 데 있다. 관광의 대중화에 따라 정부는 국민건강과 복지를 위한 관광촉진을 위해, 그리고 관광기업은 다양한 관광시장의 욕구충족을 위해 지속적인 노력을 기울이고 있다. 관광의 대중화는 정치·경제·사회·문화, 자연환경의 변화뿐만 아니라 관광시장의 양적·질적인 다변화, 가처분 시간 및 소득의 증대, 기술의 발달에 의해 나타난 결과이다. 오늘날 관광의 특징들 중 하나는 관광의 대중화 현상으로 대부분의 사람들에게 관광에 참여할 수 있는 기회가 주어졌다는 데 있다.

관광의 대중화와 함께 관광시장이 확대됨에 따라 관광산업이 획기적으로 발전하였다. 관광수요의 양적 팽창뿐만 아니라 목적, 활동, 이용수준 등 관광의 질적 수준도 크게 높아졌다. 관광의 대중화는 관광의 소비증대와 다양화로 나타났다. 대중관광과 함께 국가는 경제적 효용성에 주목하여 국가적 전략산업으로 관광을 육성하기 위해 노력하고 있다. 제2차 세계대전 후 미국은 전쟁 피해국의 경제회복과 우호적인 교류를 통해 갈등을 해소하고 경제를 재건하기 위해 자국민의 해외여행을 정책적으로 적극 장려하였다. 전후 국가들은 피폐해진 산업을 재건시키기 위해 관광을 유용한 수단으로 활용했다.

오늘날 많은 국가들이 국민건강과 문화교류를 위한 훌륭한 수단으로써 관광을 촉진시키기 위해 노력하고 있다. 관광은 문화교류를 통한 갈등의 해소는 물론 국민의 건강과 복지를 위한 중요한 수단이다. 그러므로 정부는 국민의 복지를 위해 누구나 관광에 참여할 수 있는 기회를 제공해주기 위해 정책적으로 지원하는 국민관광(national tourism) 정책을 추진하고 있다. 국민관광이란 국민의 복지를 위해 정부에서 지원해 주는 관광으로, 관광을 할 수 있는 여력이 없는 저소득층의 여가선용・정서순화・건강증진, 그리고 복지와 계층 간 갈등해소를 위해 국가가 정책으로 지원해 주는 관광을 의미한다. 예를 들어 스위스의 관광적금, 벨기에의 바캉스를 위한 휴가 보너스 제공을 들 수 있다. 선진국들은 저소득층의 관광을 위한 관광보조금을 지원하는 한편, 극빈자를 위해 관광비용 전액을 지원해 주는 정책을 제도적으로 마련해 놓고 있다. 이와 같은 정책적 지원에 의한 국민관광은 복지국가에서 제도적으로 정착되고 있다.

6-4 관광을 위한 국제기구

관광의 대중화와 함께 여러 국제기구들이 관광을 활성화시키기 위해 노력하고 있다.

(1) 국제통화기금(IMF: International Monetary Fund)

국제통화기금은 경상거래의 자유화의무 가운데 하나로, 해외여행의 자유화가 세계경제발전과 함께 인류평화와 행복을 위해 실현되어야 한다는 취지의 규정을 두고 여행의 자유화를 위해 노력하고 있다.

(2) 경제협력개발기구(OECD: Organization for Economic Cooperation and Development)

국제관광은 출입국, 관세, 검역, 그리고 국가안전을 위해 번거로운 절차가 뒤따른다. 경제협력개발기구는 가맹국 간의 출입국절차를 위한 행정절차를 간소화함으로써 국제관광을 촉진하기 위한 노력을 기울이고 있다.

(3) 국제연합(UN: United Nations)

국제연합은 1967년을 국제관광의 해(International Tourist Year)로 지정하는 한편, 관광은 모든 사람과 모든 국가가 후원하고 권장할 가치 있는 기본적인 활동이라는 취지의 결의문을 채택하고 가맹국들에게 이러한 결의문의 실천을 권장하였다. 이 기구는 국제관광을 위한 기념행사에 평화를 상징하는 세계통일 관광마크를 사용하고, 관광이 "평화로 가는 여권(tourism passport to peace)"이라는 표어를 채택했다.

제 3 장

관광연구를 위한 접근

제3장 관광연구를 위한 접근

제1절 거시적·미시적 접근

1960년대 이후 다수의 학자들이 두드러진 관광현상에 주목하여 관광연구에 관심을 기울였다. 이들의 연구는 크게 거시적 접근(macro approach)과 미시적 접근(micro approach)으로 구분할 수 있다. 관광현상에 대한 미시적 수준의 연구는 단위 관광기업이나 개별 관광객의 의사결정에 관한 연구인 반면에, 거시적 수준의 연구는 관광현상에 대한 높은 집적수준(集積水準)의 관광시스템, 관광산업, 관광시장과 같이 폭넓게 바라본 연구이다.

〈표 3-1〉 관광연구의 미시적 접근과 거시적 접근

연구의 초점	거시적 연구	미시적 연구
공급자	• 관광산업 전반에 관한 경제적 성과, 영향의 분석 • 관광산업의 효율성 제고 연구	• 관광관련 단위기업의 성과, 전략, 관리 등 경영과 관련된 제반사항 연구
수요자	• 관광으로 인한 사회·경제·정치적 환경에 대한 집단의 영향 분석 • 관광객의 전반적인 성향과 특성 분석	• 관광의사결정자의 선호·태도·이미지, 행동의 개연성 분석

다시 말해 거시적 접근은 연구대상을 포괄적으로 바라본 집합적 연구로, 관광의 사회·경제적 효과, 환경에 반응한 관광현상 분석, 관광수요의 예측, 관광산업의 구조 등을 연구함으로써 관광진흥을 위한 정책이나 산업수준에서의 전략수립에 도움을 주

기 위한 연구이다. 반면에 미시적 연구는 개별 관광객의 의사결정에 작용하는 동기 · 기대 · 가치 등을 규명하는 한편, 단위 관광기업의 효율적 관리를 위한 인사, 마케팅, 재무, 생산에 관한 연구이다.

제2절 관광시스템

관광에 대한 연구를 위해 먼저 관광의 전반적인 시스템을 살펴볼 필요가 있다. 관광현상은 관광시스템에 의해 표출되는 사회 · 문화적 현상이다. 그러므로 관광현상은 매우 복합적이며 다차원적인 관광시스템에서 파악할 수 있다. 관광시스템은 크게 관광환경, 관광객, 관광산업, 관광매력대상의 하부 시스템으로 구분할 수 있으며, 외부환경에 영향을 받는 개방시스템이다.

2-1 관광시스템의 차원

관광산업은 관광객의 욕구에 영합하는 단위 관광기업들의 집합으로, 단위 관광기업은 비영리조직과 영리조직으로 구성된다. 그러므로 관광산업은 관광발생지역, 관광경로, 그리고 관광목적지에서 발생하며 비영리조직과 영리조직으로 구성된다.

비영리조직은 정부가 정책적으로 지원하는 관광개발 및 관광진흥을 위한 조직들인 반면, 영리조직은 이윤추구를 목적으로 하는 호텔이나 식당과 같은 사기업이다. 관광객은 관광시장을 형성하는 관광수요자로서 실수요자는 물론 잠재수요자를 모두 포함한다. 관광매력대상은 관광객을 유인하는 관광자원의 소재들로 구성되며, 관광경로는 관광객이 관광매력대상으로 이동하는 접근로이다. 이와 같은 차원들의 시스템은 외부환경으로부터 영향을 받는다. 한편, 각각의 차원들은 하위시스템을 형성하며, 이러한 하위시스템들은 총체적인 관광시스템에 영향을 미친다.

관광객은 관광의 주체로서 목표지향적인 관광의사결정자이다. 이들은 관광시장을 형성하며 자신의 문제해결을 위해 관광대안에 대한 정보를 수집 및 분석하여 대안의 욕구충족 가능성을 평가한다. 관광시장이란 관광욕구와 지급능력이 있는 소비자의 집단이다.

한편, 관광목적지는 관광매력자원의 집합으로 구성된 특정한 관광공간이다. 그리고 관광자원은 인위적·자연적 자원들로서 풍광이나 고대 건축물 같은 가시적인 자원과 인정 또는 문화와 같은 비가시적인 매력의 대상으로서 보호의 가치가 뛰어난 자원들이다. 관광객의 주관적 판단에 의해 관광매력이 결정되지만, 관광지는 관광객뿐만 아니라 지역주민의 생활터전이기 때문에 개발에 신중해야 한다.

관광은 관광시장을 형성하는 관광발생지역, 여행경로, 그리고 관광대상이 있는 관광수용지역으로 구성된 개방시스템으로 파악할 수 있다.

2-2 관광시스템의 접근

시스템 접근 또는 시스템 이론을 처음 도입한 분야는 과학 및 공학으로, 1960년대 후반 경영과학에서 적용한 이론이다. 이와 같은 시스템적 접근법은 관광연구에 대한 지침 또는 원칙이라기보다 사고방식이나 철학이다.

시스템이란 상호작용하는 인자들로 구성된 실체로서 각각의 인자들이 전체의 기능과 특성에 영향을 미치는 일련의 체계이다. 예를 들어 자동차, 컴퓨터, TV는 시스템으로 이루어진 수많은 부품들이 다른 부품들의 기능과 결합되어 전체로서의 제품성능을 발휘하기 때문에, 상호 연결된 부품들 중에서 어느 하나에 문제가 발생할 때 전체 시스템의 기능을 발휘하지 못하게 된다.

관광은 사회적 요인과 기술적 요인으로 이루어진 시스템으로, 관광을 구성하는 인자들의 상호작용에 의해 총체적인 사회문화적 현상으로 나타난다. 즉 관광의 구조, 과업, 목표는 하나의 시스템이다. 그러므로 마치 의사가 환자에게 진단과 처방을 내리기 전 환자의 맥박이나 호흡에 대한 정보를 분석하는 것처럼, 관광산업의 관리는 조직이 직면한 문제에 대한 정확한 진단을 위해 사람, 기술, 구조, 목표에 대한 정보의 수집에서 출발해야 한다.

자동차는 정교한 부품들의 시스템에 의해 작동한다. 이와 마찬가지로 모든 유기체 및 사회조직 역시 정교한 시스템에 의해 기능을 수행한다. 그리고 시스템의 구성부문들은 각각 하위시스템으로써 작동을 한다. 이와 마찬가지로 관광시스템은 다양한 하위시스템으로 이루어져 각각의 하위시스템마다 서로의 중요한 기능을 수행한다. 하위시스템으로서 관광산업은 교통, 환대(호스피탈리티) 서비스, 유통, 매력대상, 위락활동 시스템으로 구성된 산업시스템으로 기능을 한다. 그러므로 관광기업은 사회 및 기술적 인자로 구성된 관광산업의 하위시스템이다. 즉 관광기업은 관광의 하위시스템을 구성하는 인자들에 의한 상호작용 시스템이다.

시스템은 폐쇄시스템(closed system)과 개방시스템(open system)으로 구분할 수 있다. 폐쇄시스템은 명확하고 고정적인 경계를 갖는 시스템을 말한다. 그러므로 폐쇄시스템은 외부환경과 단절된 상태에서 독립적으로 작동하는 체계로, 마치 시계가 외부환경의 변화와 관계없이 정확하게 작동하는 시스템과 같다. 이에 반해 개방시스템은 외부환경과 상호작용하는 시스템이다. 개방시스템으로서 조직은 외부환경과 에너지, 정보, 재료, 전략을 끊임없이 교류한다. 즉 개방시스템 조직은 외부환경변화의 적응능력에 의해 진화하게 된다. 다시 말해 관광은 관광객, 여행루트, 관광지 시스템으로, 외부환경에 영향을 받는 개방시스템이다.

제3절 관광의 학문적 접근

3-1 경험론적 접근

관광학은 관광현상에 대한 지식의 체계로, 인식과 경험의 세계이다. 다시 말해 관광이란 인간의 생활과 함께 보고 듣고 느끼며 체험하는 경험의 세계이다. 그러나 복합적인 관광현상을 단편적 경험에 의한 인식대상을 모두 포함하는 학문적 체계로 연구하는 것은 불가능하다. 복합적 관광현상에 대해 지금까지 축적된 지식을 통해 어느 정도 학문적으로 정립한다 하더라도 또 다른 시각에서 바라보면 다르게 인식할 수 있는 단편적인 시각에 불과하다. 관광학은 경험에 대한 관념적 인식으로, 복잡한 현실세계에 대한 제한적 인식에 지나지 않는다.

현실세계는 과학과 이념의 세계이다. 현실세계에서 관광학은 수많은 경험적 사례를 분석한 지식의 집적이기 때문에 인식대상으로서의 과학적 접근이다. 즉 관광학은 관광의 본질을 바탕으로 인식된 경험적 현실을 객관적이며 체계적으로 파악한 논리이다. 그러므로 경험적 현실을 객관적 현실로 가공한 관광학은 관광의 경험적 본질을 과학적으로 충분히 설명할 수 있어야 한다.

3-2 관광연구의 학문적 배경

복합적인 관광현상에 대한 경험적인 인식의 대상은 학자들의 학문적 배경에 에 따라 다양한 관점에서 이루어지고 있다. 지금까지 시대적 요구에 따라 관광에 대한 연구가 꾸준히 진행되어 왔지만, 대개 관광의 본질과 정체성에 대한 연구이기보다는 실무적이며 기술적 차원에서 이루어져 왔다. 그러나 관광학은 복합적 현상에 대한 연구이기 때문에 종합 학문적 접근을 필요로 한다.

Dann, Nash, Pearce(1988)는 관광연구의 학문적 분야를 분석하기 위해 1974~1988년 사이에 ATR(Annals of Tourism Research)에 게재된 논문들과, 1976~1986년 사이에 JLR(Journal of Leisure Research)에 게재된 논문들을 다음의 〈표 3-2〉와 같이 분석하였다.

〈표 3-2〉 ATR과 JLR의 학문적 영역별 게재빈도

연구주제의 영역	ATR의 빈도	JLR의 빈도
인류학(anthropology)	45	1
사업연구(business studies)	12	7
경제학(economics)	33	14
가족연구(family studies)	0	10
임학(forestry)	0	33
지리학(geography)	53	18
건강과 신체적 연구(health & physical studies)	1	10
여가연구(leasure studies)	14	16
마케팅(marketing)	4	6
계획(planning)	1	17
정치학(political science)	10	1
심리학(psychology)	12	15
위락 및 공원(recreation & park)	2	19
자원경영(resource management)	2	10
사회학(sociology)	16	14
기타(various other)	24	21
합계(total)	229	212

이와 같은 많은 학문들을 응용한 관광연구에 대해 Jafari, Ritchie(1981), 그리고 McIntosh(1983)는 관광연구의 이론적 배경이 되는 주요 기초학문으로서 사회학・경제학・심리학・지리학・인류학을 들었다.

1) 사회학

사회학(sociology)은 조직화된 인간의 공동체 생활, 사회의 구조적 상호작용, 그리고 사회변화에 대한 조직적인 연구이다. 그러므로 관광은 사회현상으로 파악할 수 있다. 관광에 대한 사회학적 접근은 사회적 환경변화에 의한 관광의 광범위한 긍정 또는 부정적인 영향에 관한 연구이다. 이를 위해 사회구성원들의 인구통계학적 특징으로서 연령 및 성별 분포, 가족규모 등에 따른 사회구조적 특징이 관광에 미치는 영향을 연구한다. 예를 들어 핵가족화가 자녀 중심의 관광에 미치는 영향을 연구할 때 사회학적 접근이 매우 설득적일 수 있다.

특정 사회에는 구성원들이 공유하는 특별한 사회적 가치관이 있다. 이러한 가치관은 어떤 성향으로 이끄는 신념으로 작용하여 개인의 행동에 지속적인 영향을 미치게 된다. 다시 말해 사회적 가치관은 사회 및 개인의 관광의사결정에 영향을 미친다. 예를 들어 자연환경보존에 대한 사회적 공감대가 녹색관광(green tourism)에 대한 호의적 반응을 이끄는 원동력으로 작용할 수 있다. 사회는 예술가 또는 노동자 집단과 같은 다양한 하위사회로 구성되며 공유하는 하위 가치관을 형성한다.

관광은 정주지를 벗어나 관광목적지에서의 쾌락적 활동으로, 관광수용사회와 상호작용하여 다양한 결과를 낳는다. 그러므로 관광연구는 사회적 상호작용에서 비롯된 다양한 문제를 규명하고 바람직한 방향을 제시하여야 하며, 사회적 가치충돌이 있다면 바람직한 상호작용을 통해 올바르게 해결할 수 있는 방안을 제안하여야 한다. 관광객과 관광수용지역주민(host community)과의 사회적 상호작용과정에서 발생하는 다양한 문제들은 사회적 가치뿐만 아니라 고용의 구조에서 비롯된 상충적인 문제일 수도 있다. 즉 관광객의 유입은 관광수용사회의 고용, 고유성의 변화, 환경파괴, 물가상승, 범죄증가와 같은 다양한 문제들을 유발할 수 있다. 이와 같은 다양한 결과는 지역간 정치적 견해와 사회의 시스템에 의해서도 발생할 수 있다.

2) 경제학

관광객은 소비의 주체로서 경제활동의 의사결정자이다. 그러므로 관광객은 자신의 욕구충족을 위해 최적의 대안을 평가한다. 이와 같은 경우에 경제학(economics)은 최대의 관광욕구 충족을 위한 관광객의 의사결정을 설명할 수 있는 유용한 학문이다. 경제학적 관점에서 관광객은 가능한 최소의 투입으로 최대의 효과를 얻기 위해 노력하는 의사결정의 주체로 가정한다.

한편, 정부는 관광객의 소비로부터 얻는 경제적 가치에 의미를 부여하여 인바운드 투어에 중점을 둘 수 있다. 현실적으로 많은 국가들이 국제관광객의 유입에 따른 경제적 효과에 중점을 두고 정책적으로 접근하고 있다. 일반적으로 관광의 경제적 부가

가치는 다른 산업들보다 우월한 것으로 평가되고 있다. 정부의 경제적 역량은 비교우위 산업의 경쟁우위 확보에 달려 있으며, 산업특유의 경쟁우위는 부가가치사슬 활동들 중에서 무엇에 자원과 노력을 집중하느냐에 달려 있다. 관광은 경제적으로 외화획득, 고용창출, 지역 간 경제격차의 해소를 위한 유용한 수단이다. 일반적으로 관광은 경제적 승수효과(multiplier effects), 투입(input)과 산출(output) 효과, 고용창출효과, 현시효과(demonstration effects)가 매우 높은 것으로 입증되고 있다.

경제학적 관점에서 관광객은 최소의 투입으로 최대의 산출을 위한 경제적 소비행위자로서 합리적인 의사결정을 한다. 그러므로 인플레이션은 개인의 지급능력에 부정적인 영향을 미쳐 무엇보다 먼저 관광소비를 위축시킨다. 1970년대 유류파동과 인플레이션은 소득의 감소에 의해 관광소비를 현저히 저하시켰다. 유동적인 경제환경은 지속적으로 관광수요와 공급에 영향을 미치기 때문에 관광객의 가처분소득과 시간은 관광활성화에 영향을 미치는 핵심적 요소이다.

경제학은 인간의 무한한 욕구충족 수단이 제한되어 있음을 전제로 인적·물적 자원의 분배와 소득의 처리법칙을 밝힌다. 관광시스템은 관광객, 관광대상, 관광산업, 그리고 다양한 외부 환경의 국면들을 내포하는 경제적 하위시스템이므로 경제학은 관광수요의 예측, 관광수요와 공급, 관광소비의 승수효과를 설명하는데 매우 유용한 기본적인 학문이다.

3) 지리학

Mitchell(1979)에 의하면, 지리학은 장소와 환경, 그리고 이들 양자의 관계를 주요 연구대상으로 인간과 산업, 대지·바다·공기, 그리고 동·식물의 지리적 분포를 연구하는 학문이다. 1920년대부터 지리학자들은 공간적 이동으로서 관광현상에 대해 특별한 관심을 기울였으며, 1933년에 관광연구지를 발간하였다. 이들은 지역적으로 관광객이 편중하는 근본적인 이유는 무엇이며, 관광객은 무엇 때문에 일상거주지를 벗어나려고 하는지를 밝히기 위한 노력을 기울였다.

왜 스페인은 그리스보다 월등히 많은 관광객들이 찾는가? 사람들은 무엇 때문에 공간적 이동을 하는가? 관광객은 지역의 고유성, 이미지, 경관, 기후, 정치, 문화 등의 이질적 환경을 경험하기 위해 탈일상성을 추구한다. 지리학적 관점에서 관광지의 공간적 수용력(carrying capacity)은 이와 같은 관광경험에 중요한 영향을 미치는 핵심적 요인으로 작용한다.

공간적 수용력이란 관광활동에 의해 관광지 고유성에 특별한 변화를 초래하지 않는 최대한의 물리적 공간이다. 다시 말해 관광지의 물리적 수용력이란 혼잡에 의해 관광경험에 손상을 초래하지 않는 관광공간의 최대 수용인원을 말한다. 일반적으로 관광공간의 혼잡도와 관광만족은 반비례한다. 즉 이용밀도가 높을수록 적정 공간으로 느끼는 관광객의 수는 감소하게 된다. 특히 공간의 혼잡도는 사생활과 관계되어 관광경험에 부정적인 영향을 미친다. 관광지의 혼잡도는 계절, 요일, 시간대에 따라 매우 유동적이다.

푸시 풀 이론(Push Pull Theory)에 의하면, 관광동기와 개인적 특성에 따라 공간에 대한 혼잡도 인식은 다르다. 또한 활동유형과 관광지의 공간적 구조에 따라 관광객이 느끼는 혼잡도도 다르다. 중력 모델에 의하면, 공간적 이동거리가 관광효용의 체감요인으로 작용하지만, 일정한 공간적 범위에서 거리와 관광효용 체감은 무차별적이기 때문에 일정한 범위의 공간적 이동을 벗어날 때 비로소 거리가 수요를 억제하는 요인으로 작용한다.

4) 인류학

인류학(anthropology)은 인종학적 언어 · 사회구조 · 신앙 · 풍속 · 품성 등 사회의 지리 · 역사적 현상을 다루는 포괄적인 사회과학이다. 인류학적 접근은 사회학과 매우 유사하지만 종족의 역사를 중심과제로 삼는다. 그러므로 사회현상들 중 하나로 인류학자들은 관광의 인류학적 특성과 현상에 초점을 맞춘다.

관광객과 관광수용사회(host community)의 연구에 의하면, 양자 간의 경제적 격차가 인종적 갈등과 문화적 충격을 유발시킨다. 인종학적 격차에 의해 관광수용지역민들은 관광객의 무의식적인 주시조차 사생활의 침해나 모욕으로 받아들일 가능성이 높으며, 관광객은 토착민의 고유한 문화를 부정적으로 바라볼 수 있다. 그러므로 만약 관광객이 보다 공손하고 진지한 태도로 토착민의 문화를 이해하려고 한다면, 지역민과 바람직한 상호작용이 일어날 수 있을 것이다.

인종적 문화에는 그들만의 철학과 의식이 담겨 있기 때문에 관광객이 상대방의 문화를 존중할 때 비로소 바람직한 상호작용이 이루어질 수 있다. 그러나 관광객은 토착민의 우주 철학적인 문화적 관념을 단순히 흥미로운 관습으로 바라보기 쉽다.

5) 심리학

사람들은 무엇 때문에 여행을 하려고 하는가? 만약 이러한 질문을 한다면 관광의사결정자는 색다른 경험이나 친구와의 우정을 돈독히 하기 위해서라고 대답할지도 모른다. 이와 같은 응답은 자신의 문제해결을 위한 목표지향적인 의사결정이다. 관광의사결정은 개인의 태도·동기·지각과 관련된다. 즉 개인의 태도·성격·동기와 같은 심리학적 특성들이 개인의 목표지향적인 관광의사결정에 반영된다. 관광객이 위광(威光 : prestige), 자아 이미지, 그리고 사회적 욕구충족을 위해 특정 관광지를 선택할 때 자신의 지각과 태도에 따라 대안을 평가한다.

관광은 고도의 상징적 소비이기 때문에 관광의사결정에는 심리적 위험이 높게 작용할 뿐만 아니라 자신의 신념과 일치된 정보를 탐색하고 태도와 일치시키려는 심리가 작용한다. 심리학은 접근은 무의식적 또는 의식적인 개인의 관광의사결정뿐만 아니라 관광의사결정자의 행동이 어떻게 시작되고 활력을 얻으며 종결을 짓는지를 설명해 준다. 이와 같이 심리학은 관광의사결정의 근본적 이유를 설명해줌으로써 개인의 관광의사결정에 대한 통찰을 가능하게 해 준다.

3-3 종합학문으로서 관광학

응용과학으로서 관광학은 종합학문적 접근을 필요로 한다. 종합학문으로서 관광연구의 근간이 되는 대표적인 학문은 언급한 바와 같이 순수학문인 경제학, 사회학, 지리학, 인류학, 심리학이다. 그러므로 관광학은 이들 학문을 종합한 응용과학이다. 그러나 이와 같은 독립적인 학문을 기초로 통합적인 관광이론을 구축하는 것은 현실적으로 매우 어려운 문제이다. 다시 말해 특정한 관광주제를 연구할 때 어떤 학문의 이론을 토대로 연구할 것인지, 어떤 학문적 이론을 관광연구에 접목시킬지는 복합적인 관광현상의 일부만을 설명할 수 있을 뿐이다.

종합학문으로서 관광에 대한 다학문적(multi-disciplinary) 접근은 복합적인 관광현상을 설명하기 위해 필요하지만, 이는 현실적으로 어려운 문제이다. 그러나 오늘날 학문의 종합화는 사회과학에서 자연과학에 이르기까지 매우 광범위하다.

Meeth(1978)는 종합과학으로써 학문적 통합 정도에 따라 다음의 네 가지 유형으로 설명하였다.[1)]

1) 교차학문적 연구

교차학문적 연구(cross-disciplinary study)는 특정 학문분야의 시각에서 연구주제에 접근하는 방식으로, 두 가지 기초학문을 연계하여 통찰하는 동시에 기초학문의 근간을 그대로 유지하는 연구방법이다. 예를 들면 인구경제학(economics demography)이나

---

1) Meeth, L. Richard, "Inter-disciplinary Studies : A Matter of Definition", *Change*, 10(August).

사회심리학(social psychology)이 이러한 연구에 속한다.

2) 다학문적 연구

다학문적 연구(multi-disciplinary studies)는 각각의 필요한 학문분야의 지식을 이용해 연구하는 방식으로, 연구자가 각각의 인접학문의 지식을 충분히 소화해 체계적으로 통합할 수 있어야만 가능하다.

3) 종합학문적 연구

다학문적 접근은 각 학문의 독립성을 그대로 유지하면서 필요한 지식만을 응용하지만, 종합학문적 연구(inter-disciplinary studies)는 각 학문의 개념 및 관념을 이미 연구내용에 흡수 통합하였기 때문에 인접학문의 독립성을 발견하기 어렵다. 이는 이미 선행연구들에서 각각의 학문지식을 통합하여 그 결과를 제시했기 때문이다. 이러한 연구는 연구자 개인이 기초적 학문을 통합하지 않아도 되는 반면에 지식을 종합하기 위해서 기초적 학문에 대한 충분한 정보와 지식을 가지고 있어야 한다.

4) 범학문적 연구

범학문적 연구는 다른 어떤 연구보다 학문적 통합의 정도가 높기 때문에 처음 도입한 기초 학문의 한계를 초월한 연구이다. 이러한 연구는 어떤 문제(issue)에서 출발하여 해결에 이르기까지 여러 학문의 지식을 수용하고 있다. 예를 들어 에너지공학, 교통학, 조경학, 환경학은 여러 학문을 수용하여 하나의 독립적인 학문으로 체계화한 범학문적인 학문이다.

학문의 연계나 통합의 정도에 따른 접근방식은 각각의 장단점을 갖기 때문에 어떤 접근이 최선인지를 단언하기는 어렵다. 이에 대해 시오다 세이지(鹽田正志, 1974)는 위로부터의 관광학과 아래부터의 관광학으로 설명하였다.2)

위로부터의 관광학이란 인접학문들을 종합하여 관광이론을 정립하는 방식을 말한다. 즉 인접학문들을 근간으로 관광문제들을 종합적이거나 범학문적 접근으로써 독립적인 관광학으로 정립하는 것을 말한다. 그러나 이러한 접근은 지식의 집적(集積)과 숲 전체의 모습을 볼 수는 있는 반면, 각각의 학문분야 법칙을 하나의 관광학으로

2) 시오다 세이지(鹽田正志), 『관광학연구』, 일본 : 학술선서, 1974.

이론을 성립시키는 것은 어렵기 때문에 관광학이란 임의적 명칭에 불과하다.

한편, 아래로부터의 관광학은 각각의 인접과학에 뿌리를 두고 필요한 지식만을 선별적으로 응용하기 때문에 관광학의 체계적 확립에는 한계가 있다. 다시 말해 이러한 접근은 마치 나무를 보고 숲 전체를 보지 못할 위험성을 내포한다.

관광연구는 흔히 특정 학문분야만을 지나치게 강조하거나 간과하고 있다. 오늘날 관광의 학문적 연계는 현실과 타협한 결과로 다학문과 종합학문 사이에 놓여 있다.[3] 여행사나 호텔과 같은 관광사업경영은 대부분 실무적인 기능과 기술에 치중한 현실지향적인 과학으로, 이를 뒷받침해 주는 기초적 이론의 중요성을 종종 간과하고 있다.

제4절 관광연구의 방법

관광학은 인접 사회과학을 연계하여 응용한 다학문적 성격을 지니지만, 독립적 관광학으로서 관광연구의 기본은 관광에 대한 인식론적 접근에서 출발한다. 다시 말해 경험적 현실로서 관광경험을 보편타당한 객관적 이론으로 가공할 때, 어떤 관점에서 관광에 대한 인식이나 연구대상으로 결정할 것인지가 연구를 위한 기본적인 출발이다.

4-1 관광연구의 인식

관광연구는 가장 먼저 경험대상에 대한 처리의 원칙이나 인식에서 출발하여 과학적이며 논리적인 사고의 범위를 결정해야 한다. 다시 말해 관광연구는 관광현상에 대한 선별적 인식에서 출발한 특정한 관점에서의 접근이다. 그러므로 경험대상으로써 관광연구는 문제의 인식에 따라 연구과제, 연구방법, 과학적 당위성을 뒷받침할 수 있는 학문적 응용이 중요하기 때문에 연구방법은 학문적 성격의 규정을 전제로 이루어진다.

4-2 관광연구의 방법

관광연구의 접근방식은 다음과 같이 상이한 두 가지 방법으로 이루어진다.

---

3) 김사헌, 『관광경제학』, 『여가 및 관광 · 위락현상의 경제학적 규명』, 경영문화원, 1985.

1) 경험론적 · 실재론적 연구방법

경험론적 연구는 현실적인 존재로서 실체에 대한 인식을 바탕으로 접근하는 방식이다. 실체란 경험의 세계로 제한된 범위에서 이루어지는 실존에 대한 과학적인 인식을 의미한다. 이러한 연구는 규범적 접근과는 대조적으로, 연구문제의 구체적인 인과관계를 밝힘으로써 존재를 규명하는 인과발생적인 고찰로, 이의 논리는 존재의 규명에 대한 과학적 특성을 띠며, 다음과 같은 연구방법으로 구분할 수 있다.

(1) 이론적 접근

이론적 접근은 경험적인 관광의 실체가 어떤 방식으로 성립되는지를 사후적으로 규명하기 위한 연구로 그것의 가치판단을 배제한 연구이다. 이론적 접근에서 경험 후의 사실은 두 가지 방향에서 연구된다. 그 하나는 설명적 방법으로, 사실의 인과관계가 어떤 논리적 관계에 있는지를 설명하는 법칙정립적인 성격을 지닌다. 또 다른 하나는 관광현상의 인과관계에 대한 의미해석을 위한 정성적인 방법으로, 법칙적인 원리를 이해하기 위한 연구이다.

이론적 접근에서 관광에 대한 연구배경을 토대로 실체에 대한 조작적 접근(operational approach)은 연구문제의 해결을 위한 적합한 지식이나 종합학문적인 지식을 바탕으로 이루어진다. 이를 위해 관광의 핵심적 이론 또는 지식을 강조하는 한편, 타 학문의 이론을 통합하여 종합적으로 접근한다. 그러나 이러한 접근은 관광에 영향을 미치는 요인들이 지나치게 복잡하기 때문에 본질을 다루는 데 매우 어려운 문제점을 갖는다. 이는 관광이 물리적, 생물적, 사회적 환경과 완전히 분리할 수 없는 특정 환경에서 발생하는 복합적인 현상이기 때문이다.

(2) 실증적 접근

실증적 접근(empirical approach)은 흔히 사례연구접근(case study approach)이라고도 한다. 이러한 연구는 특정 사례를 검토하여 경험적 사실을 규명하는 연구방법으로, 관광경험의 성공과 실패 사례들 중에서 모범적인 사례를 연구하여 문제해결을 위한 대안을 모색하며 유사한 상황에 효과적으로 대응할 수 있는 방안을 밝히기 위한 접근이다. 다시 말해 사례연구는 실패와 성공의 근본적 이유를 밝힘으로써 바람직한 대안을 제시해 주기 위한 접근이다. 그러므로 특정 현상에 대한 일반화를 목적으로 경험적인 사례를 분석할 경우, 실증적 연구는 관광현상의 일반적인 원칙을 규정하고 문제의 해결방안을 모색한다. 그러나 이와 같은 사례연구는 광범위한 복합적인 사회현상에 대한 단편적인 연구에 지나지 않기 때문에 일반화에 어려움이 따른다.

2) 규범적 연구

규범적 연구는 경험적 연구와 달리 실체와 관련된 문제를 규명하는데 그치지 않고 실체의 본질적 연관성을 규명하기 위해 비판적 가치와 당위성을 발견함으로써 규범의 합치성을 밝히는 연구이다. 이를 위해 존재의 당위성에 필요한 가치를 실현하기 위한 대안을 제시한다. 규범적 연구는 이상적이며 최상의 규범적 가치정립을 추구하는 목표지향적 특성을 지니고 있으며, 이의 기본 철학은 과학이 인류생활에 유익해야 하며 실체와 분리할 수 없다는 인식에 바탕을 둔 현상에 대한 비판적인 가치판단이다. 그러므로 규범적 연구는 관광의 현실을 최상의 가치수준으로 끌어올리기 위한 실천적 이념을 토대로 성립된다. 즉 관광현실의 인식은 이상실현의 수단이기 때문에, 규범적 연구는 인식된 현실에 대한 비판적 가치판단과 개선방안을 통해 이상실현에 공헌할 수 있는 관광의 당위성과의 합치성에 대한 비판적 접근이다.

제 4 장

관광의 구조

제4장 관광의 구조

제1절 관광시스템

관광시스템에 의한 사회적 현상으로서 관광은 이의 총체적 시스템을 구성하는 다차원적 하위구조로 이해할 수 있다. 즉 관광현상은 관광의 하위시스템을 구성하는 부문들의 통합적인 전체 시스템에 의해 결과적으로 나타나는 사회현상으로서, 외부환경으로부터 영향을 받는 개방시스템의 산물이다.

1-1 개방시스템

관광시스템은 관광발생지역, 이동경로, 관광수용지역, 관광산업과 같은 하위시스템으로 구성되는 한편, 외부환경으로부터 영향을 받는 개방시스템이다. 예를 들어 관광산업은 호텔, 여행사, 식당, 운송업과 같은 다양한 단위조직들로 구성된 관광의 하위시스템으로써 외부로부터 인적, 물적, 지적인 자원을 받아들여 경영활동을 통해 서비스를 산출하는 과정을 반복한다. 이와 마찬가지로 상호 관련된 하위시스템들 역시 [그림 4-1]과 같은 개방시스템으로, 외부환경으로부터 영향을 받아 변환과정을 거쳐 산출을 반복한다.

기업의 개방시스템은 외부환경에 적응할 수 있는 관리능력을 무엇보다 강조한다. 관광산업은 외부환경에 적응하여 관광제품 및 서비스를 외부환경으로 유출하는 단위기업들의 집합이다. 그러므로 관광시스템을 효과적으로 관리하였을 때 관광기업은 변환과정을 거치면서 투입에 대한 부가가치 산출을 증대하며, 이와 같은 가치증식의 결과가 경쟁력은 물론 사회적 책임으로 다시 환원된다.

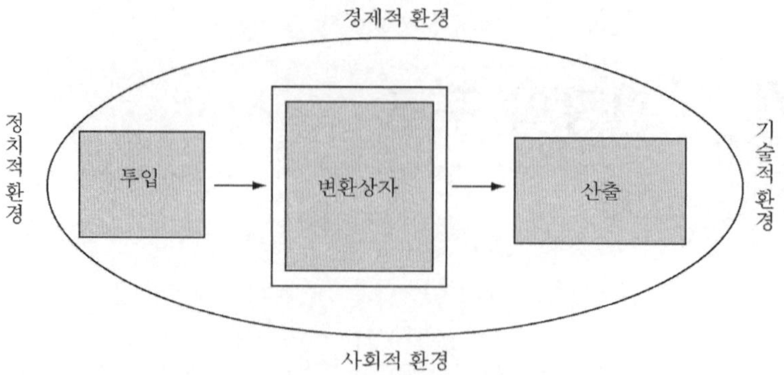

[그림 4-1] 개방시스템

관광현상에 대한 시스템 접근은 관광전반에 대한 통찰력을 제공해준다.

관광은 환경에서 비롯되어 환경의 영향에 의해 종결되기 때문에 개방된 외부환경에 효율적인 대응이 무엇보다 중요하다. 즉 관광 개방시스템은 다음과 같은 사실을 시사해 준다.

- 관광현상은 환경으로부터 시작하여 환경의 영향으로 종결되기 때문에 외부환경에 대응한 정책 및 전략적 쟁점의 관점에서 인식해야 한다.
- 관광현상에 대한 시스템으로서의 사고는 최소한의 투입과 최대한의 산출에 중점을 두기 때문에 전략적 목표는 수익, 부가가치, 관광의 긍정적인 영향을 극대화하는 데 있으며, 이러한 목표를 위한 체계적이며 통합적인 노력에 초점을 맞추어야 한다.

1-2 개방시스템과 상황

관광연구는 주로 관광정책 또는 관광기업의 보편타당한 경영원칙 및 이론을 제시하는데 있지만, 이러한 제시는 대부분 경험적 시행착오로부터 얻은 결과에 근거한다. 그러나 관광의 보편타당한 원칙이나 전략적 접근기법은 환경적 상황에 따라 신축적으로 적용할 수 있어야 한다.

개방시스템으로서의 관광은 상황적 접근을 필요로 한다. 상황접근(contingency approach)이란 특별한 상황에 따라 문제해결을 이끄는 과학적·기술적 접근을 말한다. 이와 같은 상황접근은 시스템 접근과 마찬가지로 문제해결을 위한 사고의 체계로, 관광의 부분적 측면만 강조하는 것과 달리 하위시스템들의 상호작용을 강조한다. 상황접근은 특정 시점의 특별한 상황적 사고(situational thinking)를 강조한 개방시스템 조직의 상황적 환경적응을 강조한다. 다시 말해 관광은 상황에 따라 가변적으로 나타나는 현상이기 때문에, 상황적 접근은 그 효용성에 영향을 미치는 내외적인 상황적 요인들을 분석함으로써 이에 적절히 대응해 나갈 수 있는 대안을 모색하기 위한 연구이다.

제2절 관광시스템의 구조적 차원

2-1 관광의 구조

설명한 바와 같이 관광은 다양한 부문들의 하위시스템이 환경으로부터 영향을 받는 개방시스템으로, 다차원적인 하위시스템들이 상호작용하여 총체적으로 나타나는 사회적 현상이다. 그러므로 관광현상은 상호작용하는 부문들의 구조적 차원들의 체계로써 이해할 수 있다. 즉 관광은 일상거주지를 떠나 타 지역에서 일시적으로 체류하는 쾌락적 경험을 위한 개방시스템이다.

관광시스템의 구조적 차원들은 [그림 4-2]와 같이 크게 세 가지 차원의 하위시스템이 외부환경으로부터 영향을 받아 구체적으로 나타나는 사회・문화적 현상이다. 이와 같은 구조적 모형은 가장 공통적이며 기본적인 요소들의 지속적인 상호관계를 나타내는 한편, 내외적 상황에 따라 구체적으로 나타나는 개방시스템을 의미한다. 그러므로 관광의 결과는 관광객과 관광수용지역의 상황적인 상호작용에 따라 다양한 차원에서 나타난다.

관광기업은 관광객에게 관광서비스를 제공하는 조직체로써 관광활동과 소비의 패턴에 반응하며 경쟁한다. 그러므로 관광기업의 경쟁력은 다양한 관광 세분시장의 욕구충족 능력에 달려 있다.

한편, 관광지는 관광수요에 대응할 수 있는 특색 있는 공간으로 개발하고 공간의 차별적 특성을 부여해 주어야 한다. 이는 관광의 결과가 관광지역사회의 문화와 관광객의 동기(motives), 태도(attitudes), 지식(knowledge), 열망(aspirations)에 따라 다양하게 나타나며, 양자의 문화・정치, 물리적 환경에 영향을 받기 때문이다. 또한 관광수요는 기본적으로 관광시장의 자유재량 시간과 가처분소득에 의해 이루어진다.

이와 같은 관광의 구조적 체계는 관광발생의 핵심적 차원들의 체계적 구조에 의한 관광발생 과정과 결과를 나타내며, 그 결과가 재환원되어 반복적인 수정과 통제의 과정을 거치게 됨을 의미한다.

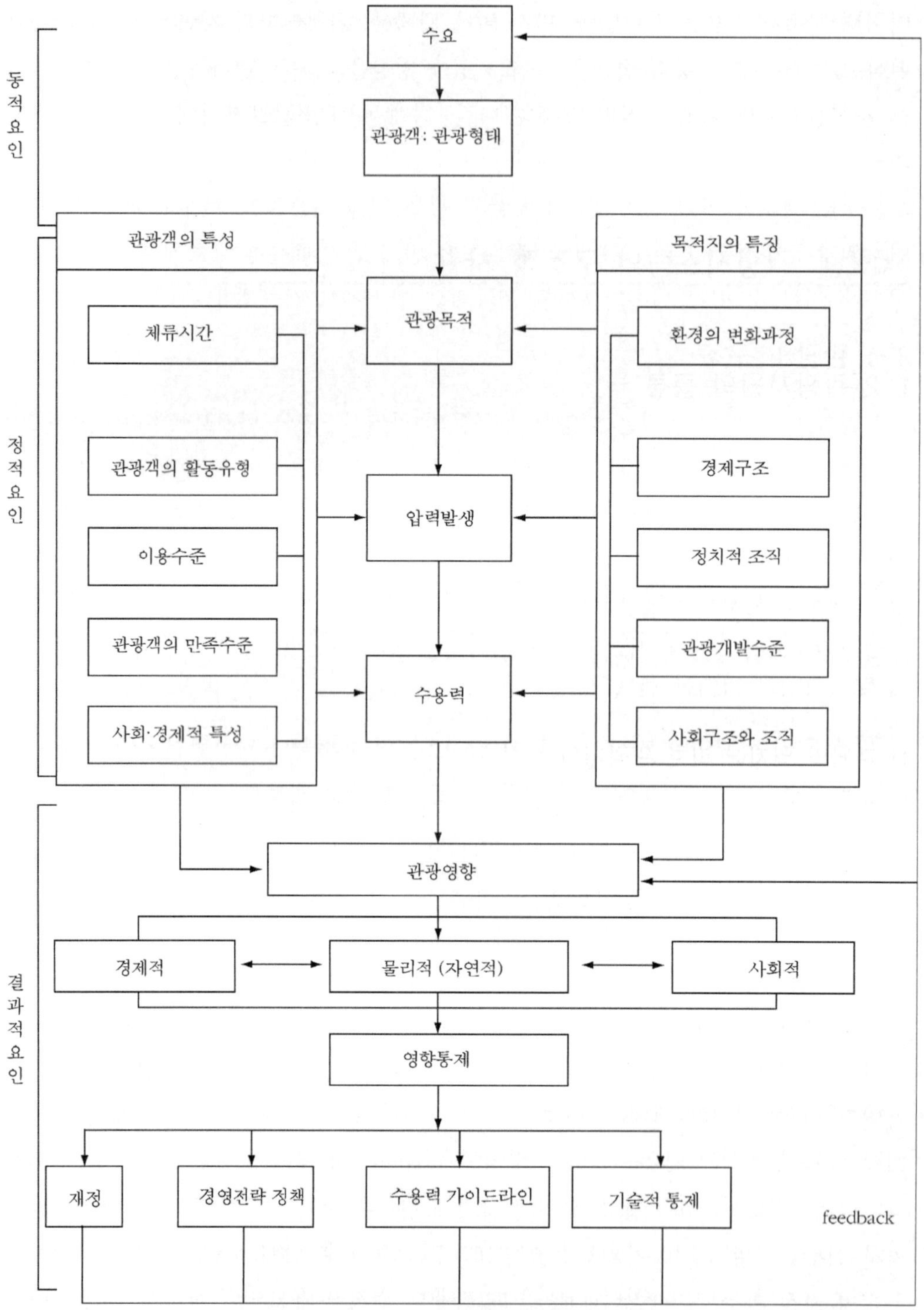
수요
관광객: 관광형태
동적요인
관광객의 특성
체류시간
관광객의 활동유형
이용수준
관광객의 만족수준
사회·경제적 특성
정적요인
목적지의 특징
환경의 변화과정
경제구조
정치적 조직
관광개발수준
사회구조와 조직
관광목적
압력발생
수용력
관광영향
경제적
물리적 (자연적)
사회적
결과적요인
영향통제
재정
경영전략 정책
수용력 가이드라인
기술적 통제
feedback

[그림 4-2] 관광의 구조

2-2 관광구조의 주요 차원

관광발생의 핵심적 차원(국면)은 크게 3가지로 나누어 생각할 수 있다.

① 동적 요소(dynamic elements): 이는 관광수요시장을 의미하는 것으로, 관광수요자는 관광시장을 형성하며, 관광시장은 잠재 수요자와 실수요자를 모두 포함한다.
② 정적 요소(static elements): 이는 관광시장을 형성하는 관광발생지역 및 관광객의 특성과 관광목적지인 관광수용지역의 특성과의 상호작용 관계를 의미한다.
③ 결과적 요소(consequential elements): 이는 관광객과 관광수용지역 사회와의 상호작용에 의한 영향과 이의 통제를 통해 귀환(feedback)시키는 일련의 과정을 의미한다.

가장 공통적이며 핵심적인 관광현상의 세 가지 차원들의 구조적 체계는 개방시스템으로, 외부환경과 관광발생 및 관광수용지역의 특성에 따라 다양한 결과로 나타난다.

제3절 동적인 요소

3-1 관광객: 관광수요자

관광객은 관광의 주체로서 관광수요시장을 형성한다. 시장이란 소비자들로 구성된 소비자들의 집합을 의미하는 것으로, 소비자들은 자신의 욕구충족을 위해 다양한 제품과 서비스를 구매한다. 그리고 그들이 구매하는 대부분의 제품과 서비스는 영리추구 기업의 생산물이다. 한편, 기업은 나름대로 전문화된 제품과 서비스를 소비자에게 제공함으로써 기업의 목적달성을 추구한다. 이때 소비재를 생산·판매하는 기업의 고객은 개인소비자이며, 산업재를 생산 및 판매하는 기업의 고객은 산업구매자(industrial buyers)인 다른 기업들이 해당된다.

모든 기업은 나름대로 추구하는 목적이 있지만, 결국 시장에 판매함으로써 그 목적을 달성할 수 있다. 그러나 기업이 제품 및 서비스를 판매하고자 하는 시장에는 대부분 경쟁자가 존재한다. 따라서 소비자는 자신의 욕구를 보다 잘 충족시켜 주는 기업이 제품 및 서비스를 구매한다. 그러므로 관광서비스를 제공하는 기업은 고객의 욕구를 충족시켜 줄 수 있는 경쟁우위의 제품 및 서비스를 제공하기 위한 수요의 관리가 무엇보다 중요하다.

기업뿐만 아니라 정부의 관광정책 역시 관광시장의 특성을 반영해야 한다. 이를 위한 시장의 수요관리는 관광수요발생의 시기와 특성을 분석하고 수요관리 계획을 수립하는 것에서 출발한다. 관광시장의 규모는 관광서비스를 구매하려는 수요의 양을 의미하는 한편, 관광객을 수용하는 정부와 관광기업의 목표달성을 위한 커뮤니케이션의 대상이기도 하다.

관광수요 발생은 다음과 같은 요인들에 의해 영향을 받는다.

- 관광수요는 관광비용에 영향을 받는다. 즉 관광비용이 높을수록 수요는 감소하는 반면에 비용이 낮을수록 증가한다.
- 관광수요는 가처분소득과 자유재량 시간에 영향을 받는다. 일반적으로 가처분소득과 여가시간이 늘어날수록 관광수요는 증가한다.
- 관광수요는 관광의 대체재인 영화관이나 수영장과 같은 위락시설에 의해 영향을 받는다. 즉 관광제품은 대체재와 경쟁한다. 만약 관광비용이 증가할수록 가까운 위락시설의 이용이 증가한다면, 그 위락시설은 동일시장에 속한 관광의 대체재일 가능성이 높다.
- 관광수요는 관광수용지역의 매력성에 대한 기대와 밀접한 관계에 있다. 그러므로 관광서비스 제공자는 관광의사결정자의 기대관리가 무엇보다 중요하다.
- 관광수용지역의 수요는 배후지역의 인구규모와 밀접하게 관계된다. 그러므로 입지의존적인 관광지 및 관광서비스 제공자는 배후시장의 규모를 중심으로 수요를 관리하는 것이 매우 중요하다.

관광수요는 비일상성의 경험을 위해 관광을 모색하는 실수요자뿐만 아니라 잠재수요자를 모두 포함한다. 관광수요에는 다음과 같이 세 가지 형태가 있다.

① 실수요자(actual/effective demanders): 이들은 관광욕구와 지급능력이 뒷받침되어 관광비용을 지출하는 실제 수요자이다.

② 잠재수요자(potential demanders): 이들은 관광동기가 부여되었지만 금전이나 시간의 제약 때문에 일시적으로 관광을 보류하는 사람이다.

③ 유예수요자(deferred demanders): 이들은 관광을 위해 지급능력을 갖고 있지만 관광을 위한 동기부여나 욕구충족을 위한 구체적인 지식이 없기 때문에 관광을 하지 않는 사람이다.

잠재수요자와 유예수요자는 모두 억제된 수요자(suppressed demander)이다. 그러나 이들은 정부의 지원이나 기업의 수요자극과 설득에 의해 언제든지 실수요자로 전환될 수 있는 소비자들이다. 이들은 관광이 자신의 욕구충족 대상이 될 것으로 믿을 때 실제 구매로 이어질 수 있지만, 현실적으로 이들을 측정하기 어렵기 때문에 보통 실수요자만을 수요자로 간주된다.

3-2 관광수요 발생요인

제2차 세계대전 후 사회적 안정과 함께 대도시 근로자들의 자연지향적인 위락활동이 두드러지게 나타나기 시작했다. 또한 도시가 점점 인위적인 시설들로 급속히 채워지면서 많은 사람들이 주말을 이용해 교외의 자연환경에서 다양한 위락활동을 즐기기 시작했다. 도시 근로자들의 자연에 대한 동경심이 자연중심의 위락활동으로 이어진 반면, 자극적이며 인위적인 도시생활에 익숙해진 사람들은 도시근교의 자연환경보다 오히려 인위적인 환경에서 안락한 생활을 즐기고 있다.

관광수요 발생의 주요 요인들을 살펴보면 다음과 같다.

1) 가처분소득의 증대

관광수요는 기본적으로 관광욕구와 지급능력뿐만 아니라 시간의 여유가 있어야 발생한다. 아마 어떤 관광객에게 시간은 가처분소득보다 더 중요한 문제일지도 모른다. 이들에게 소득은 유동적이지만, 시간은 하루 24시간으로 고정되어 있다고 생각하기 때문에, 시간이 오히려 관광을 위해 가장 중요한 문제일 수 있다.

가처분소득(disposable income)이란 개인의 소득에서 세금과 기타 기본적인 금액을 공제한 나머지로, 임의로 처분할 수 있는 소득이다. 생활수준의 측정방법 중 하나인 엥겔법칙에 의하면, 가계소득의 증가에 의해 식품지출 비중은 낮아지는 반면에 내구성 소비재(durable consumers' goods)와 문화비 비중이 상대적으로 높아진다. 다시 말해 관광소비는 문화비 지출에 해당되기 때문에, 소득수준은 관광수요는 물론 위락 패턴에 영향을 미치는 중요한 요소이다. 관광을 포함한 문화활동의 소득백분율은 소득수준과 불가분의 관계에 있다.

소득은 현재뿐만 아니라 미래의 관광구매력을 함축적으로 나타내 준다. 다시 말해 가계소득이 높은 가정은 낮은 가정보다 여행, 오락, 외식과 같은 문화비 지출이 높다. 그러나 수입이 증가하더라도 재정적으로 어려운 사람은 기본적인 의식주 문제의 해결을 위해 보다 신중하게 소비한다. 일반적으로 호화 호텔은 소득수준이 높은 상위계층을 표적시장으로 고가의 서비스를 제공한다.

2) 여가시간의 증대

가처분소득뿐만 아니라 가처분 시간은 관광수요와 불가분의 관계에 있다. 하루 24시간은 누구에게나 주어지기 때문에 아마도 가처분소득보다 임의로 처분할 수 있는 가처분시간이 오히려 관광수요 발생에 큰 영향을 미칠 수 있다. 그러나 근본적으로 의식주 해결이 어려운 빈곤국의 국민들은 자발적인 여가가 아니라 강요된 여가시간일 가능성이 높은 반면, 경제적으로 부강한 선진국의 국민들은 가처분시간의 활용을 최적화하기 위한 노력을 기울일 것이다. 이들은 생활의 질을 향상시키기 위해 합리적인 시간활용과 다양한 관광경험을 추구할 가능성이 높다. 한편, 경제적으로 비록 풍족하지 않지만 시간압박에 구속받지 않고 다양한 위락활동을 즐기는 시간여유 문화에서 생활하는 사람들이 있지만 대부분의 현대인들은 시간압박 속에서 음식준비와 여유로운 식사시간 대신에 패스트푸드점에 들러 신속하게 식사문제를 해결하려고 한다.

관광은 시간의 전후관계에서 발생한다. 관광을 위한 가처분시간이란 개인에게 주어진 자유재량시간으로, 생리적 시간과 일 시간을 제외한 후 임의적으로 사용할 수 있는 시간을 말한다. 오늘날 과학기술의 발달로 노동시간의 단축은 물론 제도적 유급휴가가 증대됨으로써 관광수요가 지속적으로 증가하고 있다. 가처분소득과 함께 여가시간의 증대는 관광수요 발생에 영향을 미치는 핵심적인 요인이다.

3) 인구의 도시집중화

산업화와 함께 인구의 도시집중화 현상이 뚜렷하게 나타났다. 인구의 도시집중화는 도시인들의 자연에 대한 동경심을 심화시켜 일상의 자연환경으로부터 변화를 추구하려는 욕구를 자극한다. 그러므로 도시집중화는 도시인들의 각박한 생활환경에서 벗어나 새로운 환경에서 변화를 추구하려는 욕구를 더욱 강화시키는 요인으로 작용한다.

4) 승용차의 보급

관광은 탈일상성을 위한 이동이기 때문에 교통시스템의 발달은 관광수요를 증대시키는 중요한 요인이다. 오늘날 많은 사람들이 자가용차를 이용해 힘든 도보여행에서 벗어나 시간에 구애받지 않고 언제든지 먼 거리를 자유롭게 이동하고 있다.

5) 교육수준의 향상

현대사회는 정보・지식 사회이다. 오늘날 교육수준의 향상은 정보처리, 그리고 새로운 장소・사람・세계에 대한 지식 및 경험의 욕구를 강화시켜 주고 있다. 교육수준이 높을수록 지식과 정신적인 욕구충족을 위한 여행동기는 강화된다. 일반적으로 자연보호 및 보존에 가담하는 개인이나 단체는 도시에 거주하는 평균 이상의 교육, 수입, 직업을 갖고 있는 사람들이다. 즉 자연보존 및 보호를 중시하는 자연지향적인 관광객은 비교적 높은 수준의 교육을 받은 사람들일 가능성이 높다. 뿐만 아니라 교육수준은 사회적 회원의 조건과 자격에서 가장 우선시되는 요인으로 작용한다.

6) 가치관의 변화

오늘날 서양문화 중심에서 많은 사람들이 안락한 생활, 즉각적인 욕구충족, 자녀중심의 가치를 강조하고 있으며, 이와 같은 가치관은 여성의 사회적 역할, 자연환경, 그리고 건강에 대한 관심을 고조시키는 한편, 관광패턴에도 큰 영향을 미치고 있다. 사람마다 삶의 목적이 다르고 중요시하는 가치관도 다르지만, 가치(value)는 일상생활에서 크고 작은 문제에 대한 결정을 내릴 때 중요한 판단의 기준으로 작용한다. 예를 들어 국가의 발전과 분수에 맞는 생활을 강조하는 가정중심의 개인은 국산품의 선호, 소비절약, 가족중심의 위락활동을 중요시한다.

한편, 특정 상황에서 상반된 가치가 충돌을 야기할 수도 있다. 가령 일회용 식기를 사용할 때 환경보존의 가치를 중요시하는 개인은 편리한 생활을 위해 환경보존과 상반된 가치를 부여한다. 이와 같이 개인의 가치란 행동의 표준이며, 어떤 행동과 태도를 지켜 나가야 할지에 대한 기준으로 작용한다. 그러므로 파괴되고 있는 자연환경에 대해 남다른 관심을 보이는 개인은 자연자원의 고갈과 환경오염에 대해 우려하며 환경친화적인 관광을 중요시할 가능성이 높다.

7) 라이프스타일의 변화

라이프스타일이란 사람이 살아가는 방식이기 때문에 개인의 생활방식은 관광의사결정과 밀접하게 관련된다. 다시 말해 개인의 행위, 관심, 의견으로 표현되는 라이프스타일은 취미, 관광, 여가활동에 영향을 미치는 근본적인 요인이다. 라이프스타일에 따라 사람들이 추구하는 관광경험은 매우 다양하다. 예를 들어 조용한 숲과 호수는 어떤 사람에게 마음을 평온케 해 주는 안식처이다. 그러므로 자연친화적인 관광객은 자연으로부터 정서적 생활을 추구하는 라이프스타일로 특징지을 수 있다. 이와 같은 라이프스타일은 자연으로부터 건강, 휴식, 안정을 추구하기 위한 관광에 의미를 부여할 가능성이 높다. 오늘날 사람들의 생활방식은 과거와 다른 양상을 보인다. 개인의 가치는 비교적 안정적이며 지속적인 데 비해 라이프스타일은 이보다 쉽게 변한다.

8) 기타 관광수요 발생요인들

그 밖에 관광수요를 유발하는 요인들은 관광기반 시설의 발달, 관광패키지의 다양화, 판매수단의 발달, 전세 운송수단의 발달, 관광산업의 발달 등을 들 수 있다.

제4절 정적 요소

4-1 관광시장의 특성

정주지를 벗어나 타 지역으로의 관광의사결정은 관광발생지역의 문화적 특성과 관광수용지역 사회의 문화적 특성을 포괄적으로 반영한다. 오늘날 세계화와 함께 이념적 갈등이 완화되면서 국경을 넘는 국제관광이 활발하게 이루어지고 있다. 한편, 정부는 국민건강과 복지를 위한 관광진흥에 많은 노력을 기울이고 있다. 이와 같은 정부의 관광정책은 자연환경, 치안, 관광소비활동, 공공의 이익을 보호하기 위한 관광의 규제적 특성을 내포하고 있다.

관광은 관광발생지역에서 이동경로를 거쳐 최종 목적지에 이르기까지 관광기반시설의 발달과 밀접하게 관련된다.

1) 관광기반시설

관광기반시설이란 관광매력대상에 접근하기 위한 사회적 하부시설, 관광정보 시스템, 그리고 숙박 및 식음서비스 시설을 모두 포함한다. 이와 같은 기반시설은 질적인 관광경험을 위해 반드시 필요한 기본적인 요소이다.

2) 이동수단과 유통

관광객은 여행경로를 통해 관광목적지까지 이동한다. 이때 대부분의 관광객은 물리적 거리보다 시간적 거리로 인식한다. 그러므로 도로와 운송시스템의 발달은 관광목적지의 흡인력에 유리하게 작용하는 기본적 요소이다. 관광객의 육로 이동수단은 자가용 승용차, 철도, 버스이지만, 국제관광객의 주요 이동수단은 항공기와 선박이다. 관광수용지역이 수요를 예측하고 이들의 욕구를 충족시켜 줄 수 있는 관광매력 대상과 서비스를 제공한다고 하더라도 관광객이 원하는 장소에서 원하는 시간에 관광을 할 수 있게 하기 위해서는 설계된 이동·접근경로에 따라 훌륭한 서비스가 이루어지도록 계획하는 것이 중요하다.

자동차의 급격한 증가에 의한 도로정체와 주차의 어려움은 관광의 피로와 스트레스를 가중시켜 관광경험에 부정적인 영향을 미친다. 전세 관광버스는 집단관광객의 이동을 위해 매우 중요한 수단이다. 그리고 전세기(chartered air)는 항공노선이 없는 매력적인 관광지의 수요창출을 위해 매우 중요한 이동수단이다. 다시 말해 항공노선이 없는 관광지에 대한 잠재수요가 충분하다고 판단할 때, 전세기는 이동의 중요한 기능을 담당한다. 예를 들어 알래스카(Alaska)에서 이색적인 경험을 추구하고 싶어하는 관광객은 전세기를 이용해 용이하게 접근할 수 있다. 전세기 여행은 정기항공노선이 없는 특정 지역의 관광수요 창출에 크게 기여하고 있다.

한편, 대부분의 관광기업은 자사의 서비스 유통을 위한 유통채널을 효율적으로 활용하기 위해 노력하고 있다. 어떤 관광기업은 영업이익의 상당부분을 여행대리점으로부터 얻는다. 관광기업의 유통시스템은 기업의 순환시스템이다. 특히 글로벌 시장의 경쟁과 전자유통기술의 발달뿐만 아니라 관광 패키지상품의 소멸성은 유통의 중요성을 증대시키는 주요 요인으로 작용한다. 호텔이나 여행업의 유통시스템은 관광객이 관광제품으로 찾아가는 접근 및 이동의 효율성을 제고시켜 주는 기능을 수행한다.

관광유통 경로의 모든 조직들은 사람과 제품의 흐름, 경험의 흐름, 지급의 흐름, 정보의 흐름, 그리고 촉진의 흐름을 위해 노력을 기울인다. 일반적으로 관광기업의 서비스 유통은 주로 여행사나 대리점 등의 복잡한 유통구조를 갖는다. 여행사는 관광패키지를 조성하여 관광수요를 창출하는 한편 호텔의 객실과 비행기의 좌석을 대리판매한다. 다시 말해 여행사는 고객의 여행일정을 계획하고 객실과 좌석의 대리판매를 통해 이윤을 창출하기 위해 단체 할인요금으로 패키지투어에 참여할 고객을 모집하여 계획된 여행일정에 따라 단체고객을 관리함으로써 단위관광기업과 고객의 관광욕구를 충족시켜준다.

3) 관광산업

관광산업이란 단위 관광기업의 집합을 의미하는 것으로 호텔업, 여행업, 식당업, 관광사진업, 토산품점, 보험업 등 관광객의 관광욕구 충족을 위해 다양하고 복합적인 서비스 기업들로 구성되어 있으며, 관광객의 권익보호를 위한 소비자단체와 관광기업의 권익과 이해관계를 조정하기 위한 협회, 그리고 사회복지 차원에서 관광의 활성화를 위해 노력하는 정부의 조직들을 모두 포함한다. 예를 들어 아시아・태평양관광협회(PATA: Pacific Asia Travel Association)와 같이 태평양 관광루트 개발의 국제적 협력을 위해 노력하고 있는 특정조직도 포괄적 의미에서 이에 해당될 수 있다.

관광산업은 관광수요 창출을 위한 다양한 단위관광기업들의 시스템으로 구성되어 있다. 다시 말해 관광수요의 창출과 관광경험의 만족은 복합적이며 이질적인 관광기업들의 전반적인 시스템에 의한 결과이다. 관광수요는 가격이 오를 때 감소하는 반면에, 가격이 하락할 때 증가하기 때문에 비수기에 소멸적인 좌석 및 객실을 판매하기 위해 항공기나 호텔은 할인요금을 적용할 때 고객의 가격에 대한 기대 충족과 만족을 위해 상호동반자적인 협력체계를 구축할 필요가 있다.

관광수요는 경쟁가격, 경기변동, 대체재로부터 큰 영향을 받는다. 더욱이 관광수요는 계절적 편재가 심한 반면, 공급은 비탄력적이기 때문에 적정 수요관리는 매우 중요한 문제이다.

4) 관광패턴

다양한 형태의 위락활동을 포함한 관광(tourism)은 즐거움을 추구하기 위해 건강, 휴양, 오락, 교육 등의 구체적이며 다양한 형태로 나타난다. 이는 관광발생지역, 관광루트, 관광수용지역의 상호작용에 의해 나타나는 구체화된 특별한 관광경험이다. 이와 같은 관광형태는 계절에 따라 영향을 받을 수 있다. 한편, 성수기의 과도한 이용은 관광자원의 가치를 훼손하고 관광경험의 질을 저하시킬 수 있기 때문에, 관광기업은 구매력이 있는 시장의 특별한 욕구를 정확히 분석하여 이들의 기대를 충족시켜 주어야 한다. 이는 관광패턴에 따라 관광객의 욕구는 구체화되어 특별한 행동으로 나타날 수 있기 때문이다.

일반적으로 관광 대안을 평가할 때 의사결정자는 주어진 상황에 따라 정보를 탐색하여 처리한다. 그러므로 성공한 고소득층의 사업가가 주로 찾는 고급 호텔의 입구에는 고급카펫이 깔려 있고 테이블 사이에 넉넉한 공간과 예의바른 종사원들이 정중한 서비스를 하는 반면에, 중저가의 경제적 호텔은 또 다른 관광패턴을 반영하여 서비스를 전달한다. 이와 같이 고려하는 대안호텔들은 모두 관광객의 관심을 이끌어내기에 충분하지만, 각 호텔의 목표고객은 관광패턴에 따라 서로 상이할 수 있다.

관광객은 관광편익을 추구하기 위해 특정 관광지를 선택하지만, 이들의 편익추구는 개인에 따라 다르다. 개별관광객의 편익추구뿐만 아니라 개성화 추구 역시 다양한 관광패턴으로 나타난다. 또한 특정 관광경험의 추구는 개인에게 주어진 상황과 특성, 관광발생지역의 문화, 관광수용지역의 특성에 따라 다양한 형태로 나타난다. 그러나 이들은 대체적으로 감각적 경험(sense experience), 사고적 경험(think experience), 감정적 경험(feel experience), 행동적 경험(act experience), 관계적 경험(relate experience)의 추구자로 특징지을 수 있다. 한편, 관광지는 관광객의 자존, 지위, 명예 등을 나타내 주는 고도의 상징성을 내포한다.

관광형태를 결정짓는 주요 요인들은 다음과 같다.[1)]

① 성: 남녀별 관광형태

② 교통수단: 이용교통수단에 따른 관광형태

③ 지리적 위치: 국제관광과 국내관광 형태

④ 비용(cost)과 사회계층(social class): 상류층의 호화관광과 중산층(middle class)의 중저가 관광, 관광비용에 따른 근교관광과 유람선관광의 형태

⑤ 연령: 연령세대에 따른 청소년 관광과 성인관광의 형태

관광목적에 따라 관광형태는 차별적 특징으로 나타난다. Wahab은 관광목적에 따라 위락관광(recreational tourism), 문화관광(cultural tourism), 보건관광(health tourism), 스포츠관광(sport tourism), 회의관광(conference tourism)으로 구분하였고, 여기에다 스미스(Smith)는 역사관광(historical tourism), 민족관광(ethnic tourism), 환경관광(environmental tourism)을 추가하여 8가지 관광형태로 구분하였다. 대부분의 관광목적은 복합적이기 때문에 명확한 형태로 구분짓기는 어렵지만, 문화관광은 타 지역의 풍습·언어·생활양식(life-styles) 등의 문화체험 관광형태이며, 민족관광은 타 민족 또는 타 인종의 고유성을 탐구하기 위한 관광이고, 역사관광은 유물·사적지·박물관 등의 역사적 장소를 찾는 관광형태이다. 그리고 환경관광은 자연경관을 감상하기 위한 관광형태이다.

특정 관광수용지역이 다양한 관광형태의 모든 관광객을 만족시켜 주는 것은 현실적으로 어렵지만, 관광형태에 따라 차별화된 관광매력 시스템을 구축하는 것은 매우 중요하다. 다시 말해 관광패턴을 고려하여 관광지의 특색을 부여하는 것은 성공적인 관광개발을 위해 매우 중요하다. 관광기업은 관광객의 형태에 따라 그들의 기대와 욕

1) Wahab, S. E., *Tourism Management,* Tourism International Press, London, 1975.

구를 충족시켜 주기 위해 차별화된 관광서비스를 제공해 줄 수 있어야 한다. 왜냐하면 관광형태에 따라 부각되는 특별한 관광욕구가 있기 때문이다. 예를 들어 어떤 관광객은 전통문화를 강조하는 반면에, 어떤 관광객은 단순한 휴식을 강조한다.

Cohen의 연구에 의하면 관광형태는 친밀성의 추구와 신기성의 추구인 양극단의 연속선상에 존재하여 보다 구체화된다. 예를 들어 친밀성 추구의 관광형태는 제도적 관광을 선호하는 반면에, 신기성 추구의 관광형태는 관광수용지역의 문화에 대해 깊이 이해하려는 개별적 관광[2)]으로 나타난다.

① 조직형태의 단체관광

이러한 관광형태는 상품화된 패키지(package)의 단체관광을 선호하는 사람들로 계획된 여정에 따라 정형화된 관광을 선호하며 사회적 친밀성을 중요시하는 관광객으로, 이들은 신기성 경험을 추구하기 위한 관광객과 대조적이다.

② 개별형태의 단체관광

이러한 형태의 관광객은 계획된 패키지관광에 참여하는 것보다 개인적인 여정과 시간을 어느 정도 고려한 단체관광을 선호한다. 이들은 유연한 여정을 선호하는 한편, 사전에 계획된 일정표에 따라 주요 여정이 진행되기 때문에 반제품 형태의 여행 패키지상품을 선택한다. 이와 같은 단체관광은 조직화된 단체관광과 마찬가지로 사회성을 중시하는 관광객들로, 이들은 관광수용 지역사회와 상호교류의 기회를 거의 갖지 않고 무관심하게 지나쳐버리는 한편, 관광객들 간에 사회적 친밀성을 중시하는 경향이 있다.

③ 탐험형태의 개별관광

이러한 형태의 관광은 관광객 스스로 계획한 여행일정에 따라 관광하는 한편, 여러 사람들에게 잘 알려지지 않은 특정 장소를 찾아 모험적인 여행을 즐기는 관광객으로, 관광수용지역사회에 대한 이해를 위해 지역주민과 친밀한 관계를 선호하는 한편, 신비성을 추구하는 관광객이다.

④ 방랑형태의 개별관광

이러한 형태의 관광객은 독자적으로 계획한 여정에 따라 관광을 하며 다른 사람들에게 잘 알려지지 않은 오지(奧地) 여행객이다. 이들은 탐험형태의 관광객보다 관광

---

2) Cohen, E., *Who is a Tourist*? A Conceptual Clarification, Sociological Review, 22: 527-553, 1974.

수용지역사회의 문화를 좀더 깊이 이해하고 동화하기 위해서 자발적으로 노력을 기울인다. 방랑형태의 관광객은 다른 어떤 형태의 관광객보다 신기성의 추구가 지배적인 반면에 사회적 친밀성을 중요하게 여기지 않는다.

관광계획에 따른 관광경험의 추구와 관광수용지역사회와 상호작용의 정도는 관광유형을 결정짓는 중요한 기준으로 작용한다. 예를 들어 상품화된 단체관광에 참여하는 조직화된 관광객은 제도적 관광형태를 띠는 반면에, 독자적인 여정과 의지에 따라 신비성을 추구하는 관광객은 단체관광과 구별되는 특별한 관광형태를 띤다. 한편, 제도적인 단체관광은 주유형태의 관광일 가능성이 높다. 이들은 제한된 시간 내에 여러 관광매력지를 찾아 관람을 하며 한 장소에서 잠시 머문다. 반면에 비제도적 관광은 한두 곳에 머물며 관광지역 주민과 상호작용하는 휴가관광객에서 찾아볼 수 있다. 일반적으로 휴가관광객은 일정한 곳에 머무는 체재 관광객일 가능성이 높다.

단체관광객은 관광시설의 수용력, 접근의 편리성, 신속한 서비스 전달을 요구하며 관광을 위한 사회적 하부시설을 중시하는 한편, 관광수용지역과 제한적 상호작용을 한다. 이와 같은 경우에 지역주민을 배려하지 않은 관광활동이 지역주민과 갈등을 야기하는 근본적인 이유로 작용할 수 있다.

5) 수용력

관광개발 및 관광활동은 어떤 형태로든 관광지의 토양과 식생 등 자연생태계에 부정적인 영향을 미친다. 그러므로 관광공간의 수용력(carrying capacity)은 지속가능한 관광개발을 위한 관리의 관점에서 매우 중요하다. 관광개발은 개발로 인한 부정적인 영향을 최소화하고 관광활동을 최적화하기 위한 수용력 통제에 중점을 둘 필요가 있다. 수용력 개념에는 사회적 수용력, 경제적 수용력, 그리고 공간의 물리적 수용력이 있지만, 일반적으로 수용력은 자연생태계의 보호 및 보존을 위한 물리적 수용력을 고려한 관광자원의 이용 및 개발을 강조한다.

세계관광기구(UNWTO)는 환경보호 및 지속가능한 개발을 위해 물리적 · 자연적 환경(physical environment)의 수용력을 필수적인 문제로 받아들이고 있다. 모든 자연자원은 무한하지 않기 때문에 수용력을 충분히 고려하여 개발해야 한다. 관광의 물리적 수용력이란 자연환경의 손상을 초래하지 않는 관광공간의 환경적 수용력을 말한다. 다시 말해 물리적 수용력은 관광개발과 이용으로 자연환경에 부정적인 영향을 초래하지 않는 관광객의 최대 허용수준을 의미한다.

자연, 사회, 문화자원을 보전하고 지속가능하도록 보호하는 것은 기존세대의 삶의 질은 물론 미래의 세대를 위해 매우 중요한 문제이다. 그러므로 관광은 장기적이며 환경의 제한적 조건에서 자연 및 인문자원을 적절히 개발함과 동시에 효율적으로 관리해야 한다.

수용력은 공간적 특성에 따라 환경적 한계가 각기 다르지만, 수용력의 개념은 관광자원의 보호, 개발, 그리고 수요에 대한 관리목표를 위해 중요한 의미를 갖는다. 일반적으로 자연관광자원의 매력적 가치가 풍부한 지역의 개발은 공간적 수용력에 앞서 관광객의 활동을 통제하는데 중점을 두는 경향이 있지만, 자연자원의 개발에 앞서 공간의 수용력을 고려한 개발계획과 관리목표는 지속가능한 관광을 위해 매우 중요하다. 이를 위해 관광지의 개발 및 관리는 자연의 다양성 보호에 우선하여 엄격하게 계획을 수립하는 한편 적정 예산과 전문인력을 충분히 확보해야 한다.

특정 관광지의 수용력은 관광활동, 전체적인 공간, 관광매력의 대상, 관광시설물들, 접근로, 그리고 다양한 사회 하부시설과 밀접하게 관련되는 한편 이용 또는 보호에 관리의 중점을 둘 것인지에 따라 다르게 평가될 수 있지만, 현실적으로 관리는 관광자원의 보호에 앞서 경제적 관점에서 접근하는 경향이 있다.

사회적 수용력(social capacity)은 특정 공간의 최대 이용밀도로, 관광객의 경험에 부정적인 영향을 주지 않는 최대의 허용 혼잡도를 의미한다. 사회적 수용력은 관광객과 관광지역사회의 상호작용과 밀접하게 관계된다. 한편, 경제적 수용력이란 상업허용공간의 기념품점 · 식당 · 호텔 · 주차장 등과 같은 경제적 편의시설들이 경제적 관광기능이 수행에 부정적인 영향을 미치지 않는 최대의 허용한계(tolerance limit)이다.

수용력은 경제적 · 물리적 · 사회적 관점에 따라 각기 다른 의미를 갖지만, 결국 토지이용을 위한 적정 입지를 발견하여 개발하기 위한 적절한 접근방식을 취하는 지침으로써 활용되는 기본개념으로 자원을 보전하여 지속가능한 관광개발을 실현하기 위한 계획과 관리를 위한 기본지침이다. 그러나 계획과 관리수단으로써 수용력을 적용할 수 있는 가능한 지표들은 이미 심각한 환경파괴가 발생한 이후에 인식하기 쉽기 때문에 변화에 대한 모니터링으로써 지속적인 관찰, 측정, 예측, 관리를 하는 것이 무엇보다 중요하다. 다시 말해 수용력은 관광활동의 최적화를 위한 중요한 개념이다. 왜냐하면 관광은 공공재로서 관광자원의 관리목표가 보전과 보호에 우선해야 하기 때문이다.

수용력은 관광객의 활동과 관광지의 특성에 따라 다양하게 나타날 수 있다. 즉 관광지의 수용력은 관광객의 특성과 밀접한 관계를 갖는다. 예를 들어 관광객의 사회·경제적 특성은 관광수용지역의 문화적 상호작용, 활동유형, 소비수준, 특정 시설의 이용수준과 관련하여 수용력에 영향을 미치며, 관광객의 체재시간 역시 특정 공간의 수용력에 영향을 미친다. 또한 관광객의 활동특성이 관광공간의 활동범위와 특정 시설의 이용도와 관계되어 수용력에 영향을 미칠 수 있다. 이와 같이 관광객의 특성은 특정 공간의 혼잡도, 집중도, 활용도에 반영되어 관광수용력에 영향을 미치는 한편 관광수용지역사회의 인구통계학적 특성 역시 특정 공간의 활용과 인식에 영향을 미친다.

관광객에 대한 관광수용지역의 직업, 연령, 성별, 소득수준 등과 같은 사회적 구조는 사회적 수용력과 관계된다. 산, 호수, 바다 등 지형학적 특징은 물론 토양, 동식물 분포, 기후, 온도, 강우량, 침식 등 물리적인 환경상태는 물리적 수용력과 밀접하게 관계되는 한편, 관광지역의 경제적 구조와 발전이 재화의 생산 및 소득과 관련되어 사회적 수용력과 밀접하게 관련된다. 즉 관광지역의 산업구조, 투자형태, 지역민의 경제력은 사회적·경제적 수용력과 관계된다. 예를 들어 관광수용지역의 경제적 역량은 관광투자의욕과 관계되어 경제적 수용력에 영향을 미친다. 또한 관광수용 지역사회의 정치적 역량이 공원개발, 치안확보, 산업구조, 관광개발에 영향을 미친다. 관광수용지역의 문화적 규범이 관광개발의 가치, 그리고 자연의 보호와 개발에 대한 지역민의 인식에 영향을 미칠 수 있다.

제5절 결과적 요소

결과적 요소(consequential element)란 관광의 최종적 효과를 나타내는 차원들을 말한다. 앞에서 제시한 관광의 구조에서와 같이 관광은 동적 요소, 정적 요소, 그리고 결과적 요소인 세가치 차원으로 구성된다. 결과적 요소는 관광객이 관광수용지역 사회와 상호작용에 의해 야기된 결과적 영향을 미치는 자원으로서 경제적 영향(효과), 물리적/자연환경의 영향, 그리고 사회·문화적 영향을 들 수 있다.

5-1 관광의 영향

1) 경제적 효과

관광의 경제적 효과는 관광객의 소비에서 유발되는 부의 창출효과로 고용, 지역개발, 소득, 세수증대, 외화획득 등의 경제적 파급효과를 모두 포함한다. 대부분의 국가나 지방정부는 관광의 경제적 효과에 주목하여 관광진흥을 위한 전략적인 노력을 기울인다. 그러나 1970년대 두 차례의 석유파동과 2001년 9·11테러 사건은 세계적으로 관광산업은 물론 관광의 경제적 파급효과의 위축을 초래했다.

2007년 통계에 의하면, 전체 국제관광객의 53%가 유럽을, 19.9%가 아시아·태평양지역을, 그리고 16.2%가 미국을 방문하였다. 한편, 세계의 모든 지역에서 전년도 대비 관광객이 증가하였으며, 특히 중동지역이 13.4%로 가장 높은 증가율을 보였다.

관광객의 지출은 국가 또는 지역의 수입으로 이어지기 때문에 많은 국가들 및 지방정부에서 관광진흥을 위해 노력을 기울이고 있다. 관광은 세계최대 규모의 산업 중 하나로, 국제수지 개선에 큰 영향을 미친다. 1980년 세계관광기구(WTO)의 마닐라선언에 의하면, 관광은 새로운 국제경제질서 확립에 기여함으로써 선진국과 개발도상국 간 확대되는 경제적 격차를 줄이는 한편 개발도상국의 경제적인 발전과 사회적 안정에 큰 도움을 주는 것으로 나타났다.

2) 물리적/자연환경의 효과

관광으로 인한 물리 또는 자연환경에 대한 효과는 관광개발 및 관광객의 활동으로 인해 유발되는 식생, 토지, 생태계와 같은 자연환경의 변화를 의미한다. 특히 국가와 지방정부가 걸출한 자연경관, 고유한 문화, 역사적 유적지 등의 공공재 자원을 이용한 부가가치 서비스의 경제적 효과에 지나치게 주목하여 관광개발 및 관리에 치우칠 때 자연환경에 돌이킬 수 없는 부정적 영향을 초래할 수 있다. 그러므로 관광개발에 앞서 환경보호에 우선할 필요가 있다. 계획적 관광개발은 자연환경과 문화의 고유성을 지켜나가는 데 일조할 수 있지만, 자연경관과 야생계의 다양성이 파괴되었을 때 관광지로서의 매력은 상실된다. 자연환경을 보존하는 것이 관광산업에 좋은 결과를 가져다 줄 것으로 믿고 있지만, 토지와 자연자원의 이용을 위한 경쟁이 환경파괴를 초래하는 것은 명백한 사실이다.

3) 사회·문화적 효과

관광의 사회·문화적 효과란 관광객과 관광수용 지역사회의 상호작용에서 비롯되는 사회·문화의 변화를 의미하는 것으로, 만약 관광이 물리적 환경뿐만 아니라 사회·문화적 환경에 부정적인 영향을 미치지 않는다면, 그것의 경제적 영향은 매우 바람직할 것이다. 다시 말해 관광이 사회·문화와 자연환경에 부정적인 영향을 미칠 때,

관광의 경제적 효과는 재평가되어야 한다.

문화란 특정 사회의 기본적인 가치관, 규범, 생활방식으로 각각의 사회는 공유된 하위문화로써 가치체계를 형성한다. 이때 관광은 자신과 타인과의 관계를 정의하는 가치 형성에 영향을 미치는 한편, 관광진흥을 위한 정부의 노력은 타 지역사회와 문화교류를 통한 상호이해의 증진에 바람직한 결과를 가져다준다.

관광의 효과는 긍정과 부정의 양면성을 내포하기 때문에, 관광계획은 부정적인 영향을 최소화하는 한편, 긍정적인 영향을 극대화할 수 있는 지속적인 관리방안을 포함해야 한다. 이를 위해 계획은 관광의 효과를 면밀히 분석하여 문제의 개선을 위한 계획에서 출발해야 한다. 관광계획은 관광수용지역뿐만 아니라 관광발생지역을 지속적인 모니터링을 통해 장기적인 전략적 관점에서 수립하는 것이 중요하다.

5-2 통제와 피드백

바람직한 관광의 결과를 위해서 관광지는 올바른 통제가 이루어져야 하며, 이를 위해 통제의 결과를 평가하여 수정 및 보완을 위한 계획에 반영해야 한다. 계획의 수립은 관광환경 분석, 타당성 분석, 그리고 상황분석을 통해 시장의 강점, 약점, 기회, 그리고 위협을 분석하여 수정 및 보완함으로써 바람직한 관광정책과 사업성장의 대안을 모색할 수 있다. 이러한 과정은 현재의 위치를 발견하고 바람직한 방향으로 나아가기 위한 체계적인 관리 및 통제의 일환이다.

1) 통제의 의미

관리란 불확실성에서 수행하는 계획, 조직, 실행, 지휘, 통제하는 일련의 과정으로 목표의 달성을 위해 투입의 변환과정을 거쳐 산출을 극대화하기 위한 노력이다. 이와 같은 일련의 관리과정으로써 통제는 환경변화에 대응한 목표충족을 위해 바람직한 조치를 취하는 과정이다. 일반적으로 사람들은 통제의 의미에 대한 부정적인 이미지에 의해 조직의 목적에 순응시키기 위해 일정한 틀에 맞추도록 조정하는 것으로 인식한다. 통제는 구성원들이 조직의 목적에 순응하도록 하는 것이 통제의 목적이기는 하지만, 조직에 위해한 행동을 강제적으로 금지하거나 강요하는 것이 아니라 조직의 목표를 위해 올바른 방향으로 가고 있는지를 관리하는 과정이다. 다시 말해 통제란 조직의 목표에 도달하도록 조치를 취하는 과정으로써 조직의 목표달성을 위한 계획의 올바른 수행과 성과를 측정하고 조정하기 위해 조치를 취하는 일련의 과정이다.

관광정책을 입안하는 정부와 관광사업의 경영계층은 조직의 목표설정에서 통제와 피드백에 이르기까지 활동의 경계와 제약의 범위를 명확히 설정하여 모든 구성원들이 조직의 목표달성을 위해 노력하도록 하는 것이 중요하다. 포괄적 의미에서 통제란 환경에 대응한 조직의 기능을 의미한다. 이와 같은 통제에는 외부통제와 내부통제가 있다. 내부통제는 조직 내부 구성원들의 활동에 대한 통제로, 조직화 과정에서 구성원들 간에 설정된 활동의 경계와 제약을 구체화하기 위해 과업의 위양을 명확히 정의하는 데에서 출발한다. 한편 외부통제는 외부환경에 적절히 대응하고 적응하기 위한 통제이다.

관광산업의 관점에서 정부의 통제는 외부통제이다. 정부의 통제는 크게 관광객과 관광기업에 대한 통제로 구분할 수 있다. 정부는 관광산업의 발전을 위한 지원자인 동시에 제약자이기 때문에 공익을 위해 관광객과 관광산업을 규제하며 공공의 건전관광, 생태계 보호, 그리고 복지 실현을 위한 사회적 통제를 위해 노력한다.

관광에 대한 정부의 통제가 필요한 이유들 중 하나는 미래의 불확실성에 있다. 다시 말해 처음의 타당한 계획이라도 일정한 시간이 경과한 이후에 사회적 또는 기술적 환경이 변화함으로써 계획의 실현이 불가능할 수 있다. 예를 들어 자연에 대한 지역주민의 의식이 강화되면서 기존의 관광개발계획은 수정이 불가피하며, 관광수용지역 주민의 경제적 요구에 우선함으로써 관광지에 특정 상업지역을 과도하게 허용해 줄 수도 있다. 불확실성이란 기본적으로 인간의 행동이 기계처럼 정확하게 과업을 수행할 수 없기 때문에 처음에 계획한 대로 이행할 수 없다는 데 있다.

관광영향에 대한 통제는 계획된 목표를 달성하기 위해서 반드시 미래의 불확실성에 대응하여 이루어져야 할 관리과정의 일환이다. 그러므로 관광조직의 경영자는 환경의 영향을 정확히 평가하여 효율적으로 대응해 나갈 수 있도록 실행의 과정에서 수정하는 한편 결과의 피드백 과정을 반드시 거쳐야만 한다. 뿐만 아니라 통제는 오류의 파급효과를 사전에 예방하기 위해서 반드시 필요하다. 미래의 사상에 대한 예측에 오류를 범하였을 때 신속하게 교정함으로써 사전에 오류로 인해 유발되는 파급효과를 차단해야 한다. 즉 통제는 중대한 문제가 발생하기 이전에 문제의 징후를 발견하고 그것이 더 이상 확산되지 않도록 하기 위해서 반드시 필요하다.

오늘날 관광은 대중적이며 필연적인 사회현상인 한편 환경보호에 대한 사회적 공감대가 빠르게 확산되고 있다. 이때 정부, 소비자, 그리고 기업은 이용과 보호의 상충적 관계에서 바람직한 환경조성에 영향을 미칠 수 있기 때문에, 통제는 예방적 차원에서 반드시 필요하다. 관리의 중요성은 미래의 위기를 예측하고 이에 대처할 수 있는 위기관리에 있으므로, 문제를 확인하고 위기로 진전하기 이전에 이를 교정하기 위한 통제가 반드시 필요하다. 통제는 성공을 촉진하기 위해서 필요하다. 통제의 적극적인 기능은 바람직한 방향으로 사회 및 조직의 구성원들이 진력하도록 관리하는데 있기 때문에 계획의 성취 여부를 점검함으로써 조직의 실패와 성공요인을 확인하고 목표달성에 효과적으로 대처하기 위한 통제가 반드시 이루어져야 한다.

2) 통제의 형태

통제의 형태에는 예비통제(preliminary control), 진행통제(concurrent control), 그리고 사후통제(post action control)로 구분할 수 있다.

(1) 예비통제

통제활동은 표면적으로 잘 드러나지 않기 때문에, 실제적인 통제수단으로써 계획이란 조직활동의 예비적 통제수단을 의미한다. 다시 말해 예비통제는 계획을 시작하기 이전에 바람직한 정책, 절차, 규칙의 집행 등에 대한 관리활동으로, 예비통제는 목표 가능성의 효율적 달성을 위한 사전통제이다.

(2) 진행통제

진행통제는 업무의 진행 중에 통제기능을 수행하는 것을 말한다. 그러므로 진행통제는 업무의 진행과 동시에 목표달성을 위해 수행의 일정한 결과를 측정하고 목표와 비교하여 조치를 취하는 피드백(feedback) 과정을 거쳐야 한다. 피드백이란 업무수행에 오류의 발생이유를 설명하고 문제를 확인하여 교정함으로써 바람직한 성과에 도달하기 위한 관리활동을 말한다.

(3) 사후통제

사후통제는 업무의 완료나 예정된 기간을 경과한 이후에 실제의 성과를 목표와 비교하여 향후 유사한 업무를 수행할 때 필요한 자료를 제공해줌으로써 문제의 해결을 위한 바람직한 계획을 수립하기 위해 이루어진다.

3) 관광영향의 통제

관광영향에 대한 정부의 거시적 통제는 관광자원의 보호 및 보존, 국민복지의 실현, 그리고 국토의 균형발전을 위해 이루어진다. 정부는 관광기업, 관광객, 그리고 지역주민의 이해관계를 조정하고 관리계획을 수립하고 계획의 실행을 통제함으로써 바람직한 관광의 성과를 이끌어낼 수 있다. 관광은 국민의 건강과 삶의 질을 위한 훌륭한 수단이기 때문에 관광영향에 대한 통제는 국민의 건강과 복지를 위해 이루어져야 하며, 관광객의 기대충족, 고용창출, 세수증대, 국토의 균형발전, 관광수용 지역민의 생활을 향상시키기 위해 종합적인 관점에서 다루어야 한다.

관광이 근본적으로 국익에 우선한 국가적 차원의 전략산업이라 하더라도 단순히 외화획득의 원천으로만 인식할 때, 관광영향의 통제는 편향적일 수 있다. 국가는 명승지와 유적지 보호는 물론 관광수용 지역사회의 전통문화의 보존과 건전한 관광활동이 이루어지도록 통제할 필요가 있다. 예를 들어 1940년에 발견된 2만년 전 프랑스 라스코의 동굴벽화는 1947년에 정비공사를 마친 후 공개하기 시작하여, 보존계획에 따라 공개 초부터 시간당 60명 이하로 입장객을 제한하였지만, 벽화의 조명도와 습도를 일정하게 유지하기 위해 보존위원회를 구성하여 보존의 상태를 정기적으로 분석한 후 입장객을 엄격히 통제하였고, 결국 1963년 보존을 위해 폐쇄하였다. 또한 영국 석기시대 유적지인 스톤헨지의 거대한 돌기둥은 발견 당시에 손상이 미미했지만 수많은 관광객에 의해 훼손되기 시작하였다. 따라서 정부는 보존을 위해 1978년 보호울타리를 설치하여 관광객의 근접을 사전에 차단했다. 관광통제의 범위는 매우 광범위하지만 삶의 질을 높여주는 공공재로서의 가치를 지닌 관광자원은 이용과 보존을 위해 반드시 적절한 통제가 이루어져야 한다.

관광영향에 대한 통제는 기본적으로 통제를 위한 표준(standard)의 설정, 성과(performance)와 표준의 비교, 그리고 비교된 편차의 바람직한 수정인 세 단계를 거친다. 표준은 계획의 진척상태를 평가하기 위해 설정한 구체적 목표로, 조직의 목표와 전략을 위해 설정된다. 그리고 통제의 표준으로서 목표는 시간의 한계와 실제적 성과를 비교할 수 있는 측정 가능한 구체적인 기준이어야 한다. 한편, 성과와 표준의 비교는 실제적 성과와 설정된 표준의 비교로써 정부와 기업의 경영자는 표준과 성과의 차이 중에서 허용 가능한 부분을 고려하는 한편, 성과에 대한 정보의 타당성을 평가해야 한다.

한편, 편차의 수정은 심각한 문제가 발생하기 이전에 수정을 위한 수단을 고려해야 하며, 문제의 본질을 발견하는데 초점을 맞추어야 한다. 성과의 측정단계에서 표준에서 벗어난 편차의 수준뿐만 아니라 그 원인도 찾아야 하지만, 대부분 복잡한 과정에서 성과가 발생하기 때문에 문제의 근본원인을 정확히 확인하는 것은 매우 어렵다. 그렇다 하더라도 편차의 원인을 정확히 파악하고 적절한 후속조치를 취하는 시정조치는 매우 중요하다.

4) 통제를 위한 시장 분석

사전 통제를 위해 상황 및 시장분석은 반드시 필요하다. 상황분석(situation analysis)은 현재 사업수행의 상태를 파악하기 위해 이루어지는 현재 사업의 강점, 약점, 기회, 그리고 위협에 대한 분석인 반면, 시장분석(market analysis)은 새로운 관광사업을 위한 잠재수요에 대한 조사이다. 한편, 타당성 분석은 조직의 경제적 타당성과 그에 대한 잠재수요를 조사하는 것으로 투자와 함께 기대되는 경제적 보상에 대한 분석이다. 그러므로 처음의 시장분석과 상황분석을 무시하였을 때 관광사업은 귀중한 조사 정보와 분석의 결과를 이용할 수 있는 기회를 상실할 수 있다.

이와 같은 분석들은 통제뿐만 아니라 장기계획을 위해 반드시 필요하다. 다시 말해 이러한 분석들은 시장관리계획의 수립을 지원해 주고 문제의 개선을 위한 방향을 제공해 준다. 상황 및 시장분석에서 다루는 사항들은 마케팅환경, 입지, 지역사회, 잠재시장, 서비스, 현재의 위치 분석 등이 있다. 예를 들어 관광산업에서 어떤 부문이 가장 큰 성공을 거두고 있는지, 특정 지역의 경제적 전망은 무엇인지, 어떤 법적 제안들이 있는지, 어떤 신기술이 적용되는지 등을 분석함으로써 건강, 위락, 교통, 그리고 각종 편의시설 등에 대한 계획을 수립할 수 있다.

입지 및 환경 분석은 지역사회의 다양한 자원들을 목록으로 작성하는 것과 함께 지역사회의 특성과 그것의 영향을 평가하는 것이다. 이러한 분석의 결과는 자원, 호텔, 음식점 등 관광사업을 위한 중요한 정보로 활용될 수 있다. 분석의 마지막 단계에서 이루어지는 타당성 분석은 투자수익과 투자수익을 바탕으로 새로운 경제적 타당성을 예측하기 위해 이루어진다. 예를 들어 새로운 사업을 개발하는데 소요되는 건물, 설비, 비품, 기반시설 등의 자본예산을 포함한 비용은 투자수익을 기반으로 새로운 사업을 위한 경제적 타당성을 예측함으로써 정당화될 수 있다.

제 5 장

관광행동의 이해

제5장 관광행동의 이해

제1절 관광행동의 고찰

1-1 관광행동의 의미

관광은 관광객의 소비행동에서 비롯되는 사회・문화적 현상이다. 그리고 관광행동은 근본적으로 '경제생활을 위한 소비활동으로 간주할 수 있다. 인간은 누구나 소비자로서 자신의 욕구충족을 위해 제품 및 서비스를 소유 및 이용하기 위해 시간, 금전, 노력을 투입한다. 이와 같은 관광객의 소비행동은 무엇보다 동기에서 비롯되는 것으로, 넓은 의미에서 소비자는 어떤 활동에 참여하는 모든 사람이다.

관광객은 여행을 통해 자신의 욕구를 충족시키는 관광소비자로서 관광의 실용적 가치뿐만 아니라 감각적 즐거움을 추구하기 위해 특정 목적지를 찾는다. 이들은 관광의 기능적 유용성뿐만 아니라 정신적인 쾌락을 경험하기 위해 여행을 한다. 그러므로 관광기업은 관광객의 소비행동을 이해함으로써 이들의 욕구충족을 통해 조직의 목적을 달성할 수 있다.

중세의 순례여행이나 십자군 원정이 종교나 전쟁을 위한 이동이었지만, 이들 역시 소비자로서 여행자들이었다. 그러나 순수관광은 영국 귀족의 자녀들이 현장교육을 위한 그랜드투어에서 발견할 수 있다. 그랜드투어는 18세기 말에 이르기까지 청소년 교육을 완성하는 이상적인 학습수단으로 활발하게 이루어진 여행이다.

19세기 중반에 산업화, 도시화, 그리고 교통수단의 발전은 중산층의 여행을 가능하게 해 주었다. 당시에 중산층의 많은 사람들이 주로 온천을 찾는 리조트 여행을 즐겼나. 오늘날에도 많은 사람들이 휴식, 자녀교육, 건강, 경관감상, 문화의 이해, 모험을 위해 관광에 참여한다.

관광객은 문제해결을 위한 목표지향적인 의사결정자이다. 그러므로 관광기업은 관광객의 목표지향적인 정보처리과정을 이해함으로써 그들의 욕구와 기대를 효과적으로 충족시켜 줄 수 있다. 한편, 관광객은 관광행동의 특성에 따라 유사한 하위집단으로 세분되기 때문에 관광기업은 세분시장의 유사한 관광소비행동에 소구할 수 있어야 한다.

정부는 관광객의 소비활동을 이해함으로써 사회복지를 위한 건전관광을 촉진하는 한편, 관광수용지역의 주민과 관광객의 이해관계를 조정하기 위한 바람직한 관광정책을 수립해야 한다.

1-2 관광행동의 연구

인간의 소비행동으로서 관광행동에 대한 연구는 심리학 · 사회학 · 사회심리학 · 문화인류학 · 경제학 등 기초학문의 성과에 의존하는 종합 학문으로서의 특성을 띤다.

심리학(psychology)은 개인행동의 심리적 기제(psychology mechanism)를 탐구하는 학문으로 동기 · 지각 · 태도와 같은 개인의 내면적 상태를 다루는 학문이다. 그러므로 심리학은 관광객의 심리적 상태로써 관광의사결정에 영향을 미치는 심리적 기제에 대한 연구에 도움을 준다.

사회학(sociology)은 사회집단에 대한 학문으로 사회적 집단으로서 관광행동에 대한 연구에 도움을 준다. 이는 관광이 흔히 가족이나 동호인 집단으로 이루어지는 경우가 많기 때문이다. 한편, 사회심리학(social psychology)은 사회학과 심리학의 합성학문으로, 사회집단 내 개인의 행동을 연구하는 학문이다. 이는 개인이 준거집단으로부터 영향을 받는 한편, 사회집단에 순응하기 위한 관광의사결정을 하기 때문이다.

문화인류학(cultural anthropology)은 종족의 문화적 관점에서 인간에 대한 탐구로 개인의 신념, 가치, 의사결정에 영향을 미치는 종족문화의 관습과 인종학적 관광의 특성을 비교 연구하는 데 도움을 준다.

경제학(economics)은 소득과 소비에 관한 연구는 물론 산출의 극대화를 위한 경제적 의사결정에 대한 연구에 도움을 준다. 관광객은 경제적 소비자로서 자신의 경제적인 효용가치를 극대화하기 위한 최적의 의사결정자인 정보처리자로 가정할 수 있다.

1-3 관광행동의 유발 변수들

개인은 왜 관광을 원하며 특정한 유형의 관광행태를 보이는가? 관광행동은 개인의 목표지향적인 의사결정이지만, 목표지향적인 개인의 관광행동은 사회계층과 준거집단으로부터 영향을 받는 한편, 개인의 태도와 동기에 따라 이루어진다. 또한 개인은 지속적이며 다양한 상황에 따라 적절한 행동반응을 보인다. 그러나 어떠한 상황이든 관광행동은 자극변수, 매개변수, 반응변수로 설명할 수 있다. 즉 자극에 의한 개인의 관광행동은 매개변수에 의한 반응이다. 그리고 자극의 투입은 매개변수에 의해 산출된 반응으로 환경과 개인에 따라 상이한 결과로 나타난다.

특정 환경에서 작용하는 태도나 동기를 밝히는 것은 마치 눈으로 관찰할 수 없는 암흑상자(black box)와 같지만, [그림 5-1]과 같이 행동의 결과를 관찰함으로써 동기나 태도는 어느 정도 추정할 수 있다.

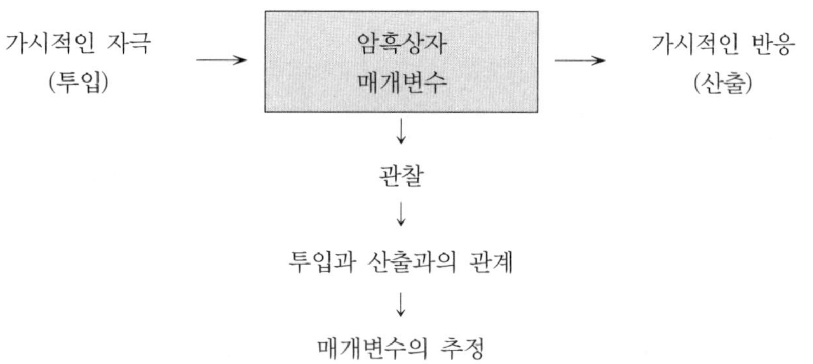

[그림 5-1]

개인의 행동은 외부의 다양한 상황에 부단히 접하며 나타나는 반응이다. 예를 들어 관광의사결정자는 대안을 선택하는 상황에서 친구로부터 정보를 입수하는 한편 과거의 경험을 바탕으로 대안을 평가한다. 그러나 관광의사결정자가 어떠한 상황에서 정보를 처리하든지 자극변수(stimulus variables), 매개변수(intervening variables), 그리고 반응변수(responds variables)로 설명할 수 있다.

1) 자극변수

자극변수란 투입변수(input variables)를 말하는 것으로, 행동유발에 투입되는 모든 자극(stimuli)을 의미한다. 즉 관광의사결정을 위해 대안을 평가할 때 의사결정은 다양한 내외적 정보투입에 근거하여 개인마다 각기 다른 반응으로 나타날 수 있다. 이는 투입된 자극에 대한 개인의 처리방식과 지각구조에 따른 의사결정이기 때문이다.

2) 매개변수

매개변수(intervening variables)란 다양한 반응을 매개하는 변수이다. 즉 자극변수가 반응에 직접적인 영향을 미치는 것이 아니라 매개변수에 의해 수정 또는 변경됨으로써 반응변수에 영향을 미치는 변수이다. 그러므로 개인의 행동반응은 내면적 동기(motives), 태도(attitudes), 지각(perceptions), 학습(learning) 등의 매개변수에 의한 의사결정이다. 매개변수는 주어진 자극에 대한 의사결정의 반응패턴을 결정짓기 때문에 동일한 자극의 투입이라도 개인의 의사결정은 매개변수의 작용에 따라 다르게 반응한다. 그러므로 다양하게 나타나는 개인의 반응은 상황에 따른 매개변수의 작용으로 설명할 수 있다.

[그림 5-2]는 자극·매개·반응변수 간의 관계이다.

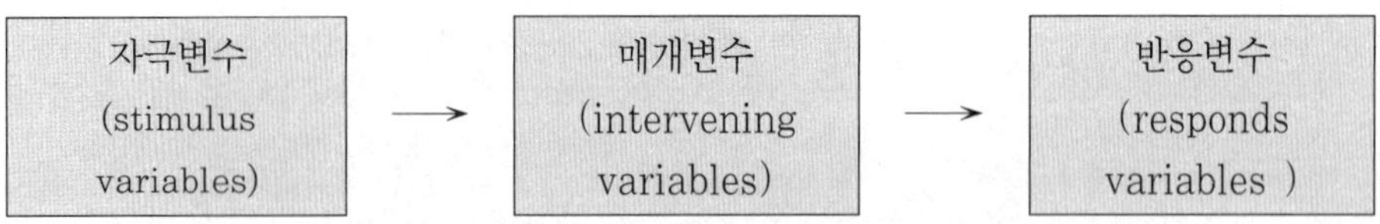

[그림 5-2] 자극·매개·반응변수의 관계

매개변수는 연령, 직업, 성, 소득 등의 인구통계학적 특성에 따라 각기 다르게 작용할 수 있다. 즉 관광의사결정은 문화, 사회적 집단, 그리고 개인의 심리적 기제에 의해 이루어지기 때문에 이와 같은 변수들의 영향을 충분히 이해할 필요가 있다. 개인의 관광의사결정에 영향을 미치는 내적 변수들에는 성격·동기·태도 등이 있으며, 외적 변수들에는 문화·사회계층·준거집단 등이 있다.

3) 반응변수

반응변수(responds variables)는 자극변수에 의해 유발된 행동이다. 그러므로 반응변수는 자극에 의해 나타나는 다양한 반응으로 가령, 관광서비스에 대한 경험 및 지식의 변화, 태도의 변화, 그리고 구매의욕의 감소나 증가와 같이 표면적으로 드러나지 않는 내적 반응을 모두 포함된다.

제2절 관광행동의 추정

2-1 행동추정의 한계

관광의사결정은 문화적·사회적·개인적·심리적 변수에 따라 다양하기 때문에 의사결정에 대한 반응의 추정은 매우 어려운 문제이다. 이는 매개와 반응변수의 대부분이 관찰 불가능(unobservable)할 뿐만 아니라 다양한 외생변수들의 작용으로 주어진 상황과 목적에 따른 다양한 반응을 추정하는 것이 지극히 어렵기 때문이다. 또한 상업적 의사소통에 의해 소비자의 태도가 변하였을 때 태도는 반응변수이지만 인센티브에 의한 태도의 변화가 최종 반응에 영향을 미쳤을 때에 태도는 매개변수로, 이는 할인판매에 의한 태도의 변화이다.

개인의 행동은 주관적인 정보처리 과정이기 때문에 동일한 자극이라도 다양한 반응으로 나타날 수 있다. 그러므로 관광의사결정을 유발하는 내적·외적 변수는 매우 복잡하여 특정 변수의 영향을 설명하는 것은 매우 제한적일 수밖에 없다. 관광행동 역시 다양한 변수들의 복잡한 상호작용에 의한 의사결정이다. 관광행동에 대한 연구는 변수의 성격과 변수들 간의 작용에 대한 고찰이지만, 상호작용의 인과관계에 대한 설명은 지극히 제한적일 수밖에 없다.

2-2 심리적 변수의 추정

매개변수와 반응변수는 눈으로 관찰할 수 없기 때문에 복잡한 심리적 변수들의 작용을 추정하는 것이 어렵지만, 의사결정에 작용하는 변수들을 배제한다면 관광행동의 추정은 더욱 불가능하다.

관광의사결정은 상황에 영향을 받기 때문에 상황적 관여에 따른 의사결정을 고려해야 한다. 이는 자극의 투입과 반응을 중개하는 매개변수가 상황에 따라 다르게 작용하기 때문이다. 관광행동에 작용하는 매개변수는 마치 암흑 상자와도 같지만, 관광행동의 이면에 작용하는 동기(motive), 개성(personality), 태도(attitude)는 자극과 반응을 관찰함으로써 어느 정도 추정할 수 있다. 예를 들어 자연파괴에 대해 깊이 우려하는 어떤 관광의사결정자가 상업적 시설물에 부정적인 반응을 보일 때, 관찰자는 자연환경보호에 대한 그의 태도를 추정할 수 있다. 그러나 이와 같은 추정은 관찰자의 주관적인 견해에 불과하기 때문에, 단정적으로 입증할 수 있는 추가적 연구가 반드시 뒤따라야 한다.

관광행동의 연구는 연구자의 가설적 구성개념(hypothetical construct)에 의한 추정에 지나지 않는다. 다시 말해 가설적 구성개념은 관찰하거나 이를 증명하기도 어렵기 때문에 추정과정에서 구성개념들 간의 관계에 대한 추측에 지나지 않는다. 그러나 관광의사결정에 대한 가설적 구성개념에 대한 지속적인 관찰과 분석을 통해 이론의 정립은 어느 정도 가능하다.

제3절 관광의사결정

3-1 관광의사결정 유형

관광동기가 유발되어 목표지향적인 행동을 위한 준비가 된 개인은 주어진 상황에서 개인적인 특성, 관여의 정도, 그리고 관광지의 특성에 따라 구체적인 목표지향적 의사결정을 한다. 즉 관광객은 자신의 지출에 대한 대안의 욕구충족 가능성을 평가하여 최적의 특정 대안을 선택한다. 만약 관광경험이 부족한 개인이 대안을 평가한다면, 그는 추가적인 정보를 탐색하기 위해 외부의 정보를 이용할 것이다. 이러한 경우에 개인은 자신의 시간과 노력을 투입하여 복잡한 문제를 해결하는 포괄적 의사결정을 하게 된다.

포괄적 문제해결(extensive problem solving)이란 문제해결을 위해 상당한 노력과 시간을 투입하여 정보를 수집하고 대안을 평가한 후 신중하게 의사결정에 접근하는 방식이다. 이와 같은 의사결정 유형은 대체로 관광대안에 대한 지식이 별로 없거나 높은 비용의 관광을 계획할 때 추가적 정보를 수집하여 결정하는 의사결정과정을 거치게 된다.

그러나 관광의사결정을 위한 시간이 부족할 때 포괄적 의사결정의 문제라도 제한적 정보에 근거한 제한적 문제해결(limited problem solving)로써 대안평가의 시간과 노력을 절약한다. 한편, 경험이 부족한 개인은 이웃이나 상업적 광고에 영향을 받아 이미 기억 속에 저장된 정보를 바탕으로 관광지 선택을 위한 회상적 문제해결(recall problem solving)을 할 가능성이 높다.

이러한 의사결정과 달리 불현듯 어디론가 떠나고 싶은 관광의사결정일 경우 대안에 대한 추가적인 정보탐색을 하는 대신에 과거의 경험을 바탕으로 일상적 문제해결(routinized problem solving)로써 반복적인 의사결정을 할 수도 있다. 그러나 관광의사결정은 일상적 문제해결과는 달리 새로운 환경변화에 대한 경험의 추구이기 때문에 대부분 추가적인 정보를 필요로 한다.

3-2 관광행동의 영향요인들

1) 문화

문화(culture)는 개인의 의사결정에 가장 포괄적이고 지속적이며 광범위하게 영향을 미치는 핵심요인이다. 다시 말해 문화란 특정 사회가 공유하는 가치・신념・규범・생활방식으로, 개인의 행동 전반에 포괄적인 영향을 미치기 때문에 관광의사결정은 근본적으로 문화로부터 영향을 받는다. 문화는 쾌락을 경험하기 위한 관광, 오락, 스포츠, 놀이, 여가활동에 영향을 미치며, 시간의 가치에 대한 개인의 인식에도 영향을 미친다. 예를 들어 문화적 가치가 자연의 보호 또는 개발에 대한 개인의 태도에 영향을 미치는 것과 같다. 이와 마찬가지로 문화적 가치는 건강식품, 천연수, 자연보호에 대한 개인의 관심으로 이어진다.

과거 전통적인 내부지향 문화에서 제2차 세계대전 후 외부지향 문화의 형성은 관광활동의 가치지향에 영향을 미쳤다. 다시 말해 이웃이나 직장동료의 가치기준에 따르려는 외부지향적 문화가 관광의사결정에 영향을 미친다. 한편, 개인주의 문화는 자존과 자아충족 욕구와 결부되어 타인을 의식하기보다 개인의 만족을 위한 관광의사결정으로 이어진다. 이와 같이 특정 사회의 문화적 가치는 구성원 개인의 관광의사결정에 가장 포괄적으로 영향을 미치는 근본적인 요인이다.

2) 사회계층

많은 사람들이 현대사회를 금전제일주의, 부에 대한 갈망, 경제적 박탈감에 의한 불평등 사회로 인식한다. 역사적으로 이러한 불평등에 의해 모든 사회는 사회계층(social class)을 형성해 왔다. 그럼에도 불구하고 현대사회는 불평등한 사회계층으로부터 평등사회의 실현을 위해 꾸준히 노력하고 있다.

사회계층과 행동과의 관계에서 중요한 이유는 사회계층에 따라 공유하는 규범, 태도, 가치가 소비 및 관광지향에 영향을 미친다는 데 있다. 사회에는 권력・부・직업・용모 등에서 불평등이 존재하기 때문에, 개인은 동일 계층의 사람과 교류함으로써 안정감을 갖는 반면에 다른 계층과의 교류를 불안해하거나 회피하려고 한다. 이와 같이 사회계층에 따라 일정하게 나타나는 행동패턴은 개인의 관광의사결정에 영향을 미친다.

사회계층을 엄격하게 구분짓기는 어렵지만, 사회계층에 따라 특정한 관광패턴을 보일 수 있다. 우리는 사회계층을 단순하게 상·중·하위 계층으로 분류하곤 한다. 여기서 중요한 사실은 동일한 사회계층의 사람들이 동일계층의 사회적 규범을 따르기 위해 노력한다는 데 있다. 예를 들어 상류층의 사람들은 고급 호텔이나 레스토랑을 이용하는 반면에, 하류층의 사람들은 실용적 가치에 우선하여 저렴한 숙사나 식당을 찾는 것과 같이 동일한 계층의 사람들은 제품 및 브랜드에 대해 유사한 반응을 보인다. 이는 동일한 계층의 사람들이 유사한 관광패턴을 보일 가능성이 높다는 것을 의미한다. 그러므로 관광사업자는 사회계층에 따라 서비스수준을 차별화할 필요가 있다. 예를 들어 특정 고급 호텔이나 휴양지가 상류층의 신분을 상징하는 시설들을 갖추고 차별화된 서비스를 제공하는 것과 같다.

3) 사회집단

사회집단은 집단에 따라 공유하는 규범·가치·신념을 지닌 하위문화를 형성한다. 이러한 사회집단에는 학교, 회원, 동호인과 같은 사회적 집단들이 있다. 여기서 공식적 집단은 비교적 고도로 조직화된 사회집단으로, 구체적 목적을 위해 구성원들이 특정한 역할과 권한을 갖는 집단인 반면에, 비공식적 집단은 친목단체나 가족 등과 같이 집단의 목표나 권한의 관계가 모호한 구성원들로 이루어진 사회집단이다.

개인의 관광의사결정은 사회집단으로부터 영향을 받는다. 특히 일상생활권에서 벗어난 환경을 경험하기 위한 의사결정에서 준거집단의 영향력은 크게 작용한다. 대부분의 사람들은 관광을 통해 친구나 가족과의 사회적 관계를 강화해 나간다. 이와 같은 경우에 개인은 집단의 행동규범에 순응하기 위해 노력한다. 사회집단에서 특히 의견 선도자의 영향력은 개인의 관광의사결정에 큰 영향을 미치기 때문에 개인은 관광경험이 풍부한 사람으로부터 영향을 받아 최종적인 관광의사결정을 하려고 한다.

준거집단(reference group)은 개인이 집단과 동일시하거나 열망하는 집단으로, 개인의 관광의사결정에 영향을 미친다. 일반적으로 개인은 준거집단의 승인을 받기 위해 노력한다. 준거집단은 개인의 의사결정에서 행동의 기준이나 근거를 제공해 주는 열망집단을 포함한다. 이러한 집단 중에서 특히 직접적이고 장기적인 대면관계에 있는 준거집단의 영향력은 매우 강하게 작용한다.

4) 가족

가족은 구성원 개인의 관광의사결정에 가장 강력하게 영향을 미치는 사회집단이다. 특히 가족여행을 위한 의사결정은 가족구성원의 역할과 영향력에 따라 다양하게 나타난다. 다시 말해 가족은 밀접한 대면관계를 유지하는 1차적 집단인 동시에 구성원 개인의 가치・규범・행동의 표준을 제공해 주는 가장 중요한 집단이다.

가족여행 의사결정에서 가족구성원들 중 누가 최종 의사결정자이며 최종 의사결정에 누가 영향을 미치는지는 관광행동연구의 중요한 관심사항이다. 이는 가족의 역할구조에 따라 제품 및 브랜드에 대한 의사결정이 다양하게 나타나기 때문이다. 즉 가족관광의사결정은 역할과 과업에서 개인보다 구성원의 분담에 의해 이루어질 가능성이 높다. 가족구성원들 중에서 누가 관광에 가장 관심을 기울이는지, 관광정보는 누가 탐색하는지, 누가 관광예산을 결정하는지, 누가 관광지 및 숙박시설을 선택하는지, 누가 관광을 계획하는지와 같은 문제들은 관광산업경영에서 매우 중요한 의미를 내포한다.

가족의사결정은 종교, 생활방식, 가족의 생활주기(family life cycle)에 따라 다양하게 나타난다. 가령 신혼기의 출산 전까지 부부는 오락, 유흥, 유행을 중요시하지만, 자녀의 출생과 함께 육아, 주택, 저축에 높은 관심을 기울인다. 또한 가족생활주기에서 수입의 증감은 관광의사결정에 큰 영향을 미칠 수 있다. 예를 들어 비교적 재정적으로 안정된 중년기의 가장은 휴가용 자동차에 관심을 보이며 가족과 함께 해외여행을 계획하지만, 자녀가 독립한 이후에는 부부가 시간적 여유를 갖고 장기간의 휴양관광을 계획할 가능성이 높다.

가족관광의사결정에서 구성원들은 보다 복잡한 의사결정과정을 거친다. 이는 가족의사결정은 언제, 어디서, 무엇을 할 것인지에 대한 공동의 선택이기 때문에 구성원의 역할 분담과 함께 복잡한 의사결정 과정을 거칠 가능성이 높기 때문이다.

제4절 관광동기

4-1 동기의 의미

욕구(needs)는 현재의 상태에서 바람직한 상태로 도달하기 위한 긴장상태로, 현재의 상태에서 바람직한 상태로 가기 위한 욕구가 긴장상태를 완화하기 위한 충분한 자극수준에 의해 에너지가 활성화될 때 목표지시적인 동기(motive)로 구체화된다. 그러므로 욕구와 제품 및 브랜드에 대한 수요는 매우 밀접한 관계에 있다. 즉 수요(demands)는 제품 및 서비스에 대한 욕구가 구매력과 구매의지에 의해서 뒷받침될 때 발생한다. 따라서 관광수요란 목표지향적인 관광욕구충족을 위해서 지급능력과 의도를 가진 사람들의 집합을 의미한다.

- 사람들은 왜 세계를 보고 싶어 하는가?
- 사람들은 왜 떠나온 고향을 다시 찾고 싶어 하는가?
- 사람들은 왜 탈일상성을 추구하고 싶어 하는가?

이와 같이 구체적인 목표지향적 관광행동의 이유는 문화적 환경, 상황, 개인의 특성에 따라 매우 다양하게 나타날 수 있다. 무엇보다 관광의 본원적 동기는 환경변화와 즐거움의 추구이지만, 진정한 관광동기는 개인의 내면에 있으며 스스로 인식하지 못하는 무의식적인 욕구의 작용일 수도 있다. 이는 개인이 자신의 욕구를 인식하지 못하거나 복합적인 욕구들 중에서 극히 일부만을 인식하기 때문이다.

관광동기는 환경변화를 통한 즐거움의 추구처럼 단순할지 모르지만 구체적인 동기는 견문확대, 색다른 경험, 가족의 화목, 친구와의 우정일 수도 있다. 그러므로 개인의 관광의사결정은 복잡한 심리적 이유가 내재되어 있음이 분명하다. 즉 사람들이 관광을 하는 이유는 매우 다양하며 복합적이다. 관광행동은 상황에 따라 소비, 활동, 시간안배, 기대가 다양하게 나타나지만, 이는 근본적으로 동기에서 비롯되기 때문에, 관광동기는 관광활동의 이유와 목적을 이해하는 근원이다.

4-2 동기의 개념

동기는 관광의사결정을 환기시키고 행동방향을 결정짓는 원동력으로 작용한다. 즉 동기란 '외부환경에 있는 목표를 향하여 생체에너지를 활성화시키고 방향을 결정짓는 내부적 상태로[1] 생체에너지를 환기시키는 메커니즘이며 생체 에너지의 방향을 결정짓는 에너지이다. 환기요소는 긴장을 활성화시키는 반면에 활성화된 에너지의 방출을 위한 방향을 제공하지는 않지만, 허기와 고독은 긴장을 유발하고, 긴장은 에너지

---

1) Joe Kent Kerby, *Consumer Behavior: Conceptual Foundations*, Dun-Donnelley, New York, 1975; Johan Arndt, "How Broad Should the Marketing Concept Be?", *Journal of Marketing*, 42: 101-103, January 1978.

를 활성화시킨다. 즉 동기의 방향지시적 측면은 환기상태에서 어떤 목표로 에너지를 집중하도록 함으로써 긴장을 감소시켜 준다. 가령 고독감의 심리적 긴장은 사랑·애정·우정을 찾는 행동으로 방향 짓고, 권태는 심리적 긴장을 유발시켜 일상생활의 권태로부터 벗어나도록 동기를 부여한다.

목표(goal)란 동기에 의한 행동추구의 결과로, 개인의 행동은 모두 목표지향적이며 목표가 달성됨으로써 긴장이 해소된다. 다시 말해 관광의사결정은 목표지향적 행동으로 욕구충족을 위한 행동이기 때문에 관광객이 추구하는 목표는 욕구충족을 통해 이루어진다. 문제를 인식한 관광의사결정자는 욕구충족을 위해 자신의 지급능력과 주어진 상황에서 대안을 모색한다. 그러므로 관광동기란 목표지향적인 관광행동을 지배하는 궁극적인 추동력(推動力: driving forces)으로, 이는 자아 보호·만족·고양(高揚)을 위한 욕구에서 비롯된 행동이다. 사람들은 우정, 사랑, 환경변화, 사회적 교류를 위한 동기에 의해 관광의사결정을 하는 한편, 일상생활의 권태감에 의해 발생하는 긴장상태를 완화하기 위한 동기부여로써 관광의사결정을 한다. 말하자면 욕구란 관광행동을 유발하는 근원이다.

욕구충족을 위한 개인의 관광의사결정은 다음의 특성을 반영한다.

- 소비자의 욕구는 목표지향적(goal oriented)이다. 표면적으로 관광객의 행동은 비합리적으로 보일 수도 있지만, 개인의 관광의사결정은 나름대로 목표지향적이다.
- 소비자의 의사결정은 선택적이다. 다시 말해 관광객은 자신의 욕구에 따라 자극에 선택적으로 주의를 기울인다.
- 욕구충족을 위한 소비자행동은 일련의 의사결정과정이다. 그러므로 관광객 개인은 구매과정 단계에서 자신의 욕구충족을 위한 구체적 접근을 필요로 한다.
- 관광객의 목표지향적인 욕구는 조사를 통해 부분적으로 확인할 수 있다.
- 구체적인 욕구는 학습에 의해 이성적·합리적으로 나타나지만 때때로 감정적 욕구가 지배적으로 나타날 수 있다.
- 관광욕구는 충동적이며 비합리적일 수도 있다.
- 문화는 개인의 욕구충족을 위한 관광행동에 영향을 미친다.

4-3 매슬로의 욕구위계

매슬로(Maslow)의 동기이론[2]은 관광의사결정의 근본적 이유를 밝히는데 도움을 준다. 개인에 따라 사적인 안전에 상당한 시간과 정력을 소비하는 사람이 있는가 하면, 타인으로부터 존경받기 위해 부단히 노력하는 사람도 있다. 이와 같은 행동에 대해 매슬로는 인간의 욕구가 가장 절박한 욕구에서 그렇지 않은 욕구까지 계층적으로 배열된 것으로 간주하였다.[3]

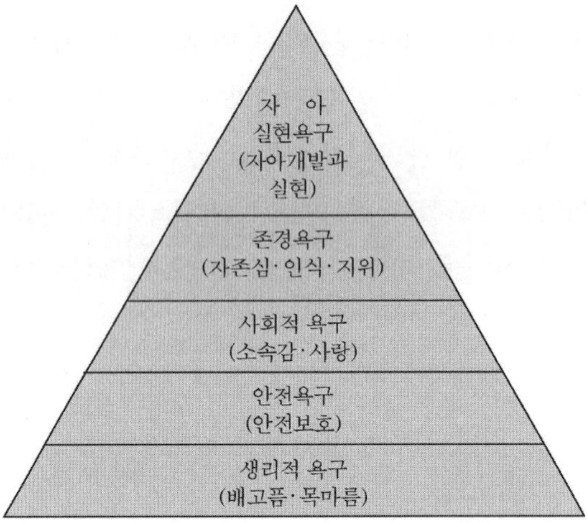

[그림 5-4] 욕구의 단계

욕구는 1차적(신체적)인 생리적 욕구(physiological needs)와 안전욕구(safety needs), 그리고 2차적(정신적)인 사회적/애정 욕구(social needs/love needs), 자존욕구(esteem needs), 자아실현욕구(self-actualization needs)인 5가지 위계(계층적 단계)로 이루어져 있다. 여기서 개인은 가장 중요한 욕구를 충족시키기 위해 노력하는 한편, 한 단계의 욕구가 충족되면 다음 단계의 욕구충족을 위해 노력한다.

생리적 욕구는 배고픔 · 갈증 · 수면과 같은 생리적 동기로 작동하며, 이는 모든 욕구들 중에서 가장 근본적인 욕구이다. 즉 생리적 욕구는 자아실현 · 자존 · 존경, 그리고 안전의 욕구보다 우선하지만, 생리적 욕구가 충족되면 상위의 욕구가 행동을 지배한다.

안전욕구는 건강 및 안전에 대한 욕구로, 생리적 욕구가 충족되면 안전에 대한 욕구가 우세하게 나타나 건강과 일에 대한 욕구가 지배하게 된다. 초기의 여행은 생리적 또는 안전욕구의 충족을 위한 동기에서 비롯되었다. 사람들은 음식과 물을 찾거나

2) Abraham H. Maslow, *Motivation and Personality*, New York : Harper & Row, 1954, pp.80-106.
3) 코틀러 저, 유동근 역, 『마케팅론』, p.192.

안전한 장소를 찾아 여행을 하였다. 친숙한 장소를 찾는 관광객들은 안전욕구에 우선한 관광객일 가능성이 높다.

사회적 욕구(애정 욕구)는 생리적 욕구와 안전욕구가 어느 정도 충족되었을 사회적 소속 또는 애정의 욕구가 지배적으로 나타남으로써 우정과 사회적 욕구를 충족시키기 위한 동기를 유발시킨다. 예를 들어 사회적 욕구에 소구하는 대중광고는 사회적 집단에서의 위치와 관계를 약속해 주는 메시지를 전달해 준다. 많은 사람들이 가족과의 관계를 돈독히 하려는 욕구에서 가족여행을 하며 사회적 집단과의 친밀감을 강화하기 위해 함께 관광을 한다.

존경욕구(자존욕구)는 사회적 욕구가 어느 정도 충족되었을 때 나타난다. 사람들은 특정 사회집단의 구성원에 만족하지 않고 타인으로부터 존경과 인정을 받고 싶어 한다. 그러나 존경욕구가 충족되면 자신감(self confidence)·명예(prestige)·권력(power)과 같은 사회적 욕구가 지배하게 된다. 만약 관광이 사회적 성공을 상징한다면, 관광은 사회적 욕구충족의 기회를 제공해 주는 유용한 수단일 것이다.

자아실현 욕구는 자신의 잠재적 능력을 최대한 발휘하고 싶어하는 욕구로 개인에 따라 자아실현의 의미를 다르게 부여할 수 있다. 다시 말해 어떤 사람은 예술, 과학, 문학, 체육 분야에서 업적을 쌓는 것이지만, 어떤 사람은 사회적으로 지도력을 발휘하거나 어려운 이웃을 돕는 희생적 삶을 강조할 수도 있다. 창조적 인간으로서 사람들은 자신의 잠재력을 실현시키고 싶어한다. 오늘날 풍요사회에서 사람들은 생활의 질에 관심을 기울이며 여행을 통해 자아실현의 기회를 모색한다. 사람들은 미지의 세계를 탐험하거나 자신의 한계에 도전하기 위해 모험적 여행을 하기도 한다.

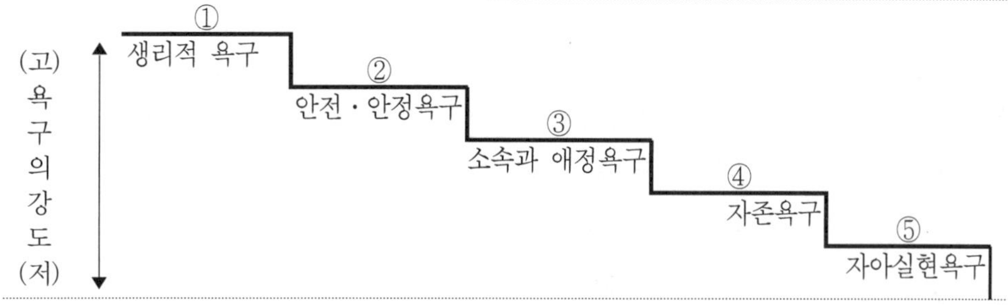

[그림 5-5] 매슬로의 욕구단계

[그림 5-5]와 같이 인간의 욕구는 계층을 형성하는 한편, 한 단계의 욕구가 충족되면 그

것이 더 이상 동기로 작용하지 않고 다음 단계의 욕구가 행위의 동기부여 요인으로 작용한다.

4-4 푸시(Push)-풀(Pull) 동기

동기는 관광행동을 지배하는 궁극적인 추동력(driving forces)으로서 자아만족과 고양을 위한 목표지향적 행동을 뒷받침한다. 그러나 현실적으로 관광욕구가 얼마나 존재하는지에 대해 객관적이며 구체적으로 파악하는 것은 매우 어렵다. 이는 관광객이 자신의 관광욕구를 인식하지 못하거나 인식한 욕구라도 복합적인 동기들 중에서 극히 일부일 수 있기 때문이다.

즐거움을 추구하기 위한 관광 이전에 사람들은 수렵이나 채집 등과 같은 생리적인 욕구충족을 위해 여행을 하였다. 즉 유목민들은 생계유지를 위해 가축을 방목할 수 있는 목초지를 찾거나 영토 확장을 위해 여행하였다. 이와 달리 풍요사회의 현대인들은 생리적 욕구충족 그 이상의 정신적인 동기에 의해 관광을 한다.

최근 Witt와 Wright(1992)는 Maslow의 욕구위계이론에서 제시되지 않은 지배, 유흥, 퇴행, 공격성이 관광동기와 밀접하게 관련되어 있음을 강조하였다. Dann(1997)은 Maslow의 이론이 관광동기를 설명하는 데 매우 유효하다는 것을 주장하면서 Maslow의 이론을 토대로 Push(추진)와 Pull(흡인) 요인으로 관광동기를 구분하여 제시하였다. 추진요인은 특정 지역으로 관광을 하게끔 밀어내는 동기요인인 반면에 흡인요인은 목적지가 관광객을 끌어들이는 동기부여요인이다. 다시 말해 Push 요인들에 의한 욕구 및 동기가 대안목적지의 경관이나 문화적 특색과 같은 Pull 요인들에 의한 동기부여로써 특정 관광지를 선택하도록 이끈다.

Push 요인은 관광수요의 발생을 유발하는 관광발생지역의 사회문화적 환경인 외적 요인과 함께 개인의 환경변화 추구, 탐험, 자존, 휴식, 명예, 명상, 혈연관계, 사교와 같은 심리학적인 내적 요인들을 모두 포함한다. 한편, Pull 요인은 관광수요발생 압력을 수용할 수 있는 관광목적지역의 매력 제공능력으로서 경관, 문화의 독특성, 지역주민의 친절성과 같은 관광동기부여 요인들이다. 그러므로 관광수요는 Push와 Pull 동기요인들의 상호작용에 의해 구체화된다. 즉 관광수요 발생지역의 Push 요인과 관광객을 수용하는 목적지역의 Pull 요인들이 상호작용하여 구체적인 관광으로 나타나기 때문에 관광수용지역은 관광경험과정에서 관광객의 취미, 도전, 교육, 탐험, 휴식과 같은 욕구를 보상해 줄 수 있어야 한다.

4-5 관광동기 연구들

매슬로의 욕구이론은 관광동기를 설명해 주는 유용한 이론으로 간주하고 있지만, 대부분의 관광욕구는 복합적인 한편 다음 단계의 욕구가 작용하기 이전에 전 단계의 욕구가 어느 정도 충족되었는지를 파악할 수 없을 뿐만 아니라 인간의 기본적인 욕구가 실제로 얼마나 존재하는지에 대해 정확히 알 수 없기 때문에 이론의 적용에 한계가 있다. 그럼에도 불구하고 관광욕구는 인간의 본질적인 욕구이기 때문에 매슬로의 이론은 관광행동의 근본적인 이유를 설명하기 위한 가장 기본적이며 유용한 이론으로 적용하고 있다.

매슬로의 이론을 바탕으로 관광욕구에 대한 몇몇 학자의 연구들이 있다. 다나카 기이찌(田中善一)[4]는 관광결정 요인으로서 관광욕구와 관광자원 및 관광매체(교통수단・여행업 등)를 내생적 요인으로, 그리고 정치・경제・사회적 요인을 외생적 요인으로 간주하였다. 다시 말해 내생적 요인은 관광사업 성립의 기초를 이루는 동시에 관광사업 발전에 직접적으로 작용하는 동기요인이다. 그는 관광욕구가 관광자원의 흡인력과 작용할 때 관광매체와 결합되는 것으로 간주한 한편, 다양한 관광동기는 결국 일상생활의 변화추구 또는 삶의 질을 향상시키기 위한 욕구에서 비롯되는 것으로 보았다. 그가 제시한 관광욕구는 다음과 같다.

〈표 5-1〉 관광욕구의 분류

구분	세부	구분	세부
심리적 동기	사향심	신체적 욕구	치료욕구
	교류심		요양욕구
	신앙심		운동욕구
정신적 동기	지식욕구	경제적 욕구	쇼핑목적
	견문욕구		사업목적
	환락욕구		

관광욕구는 기본적 동기와 구체적 동기로 구분된다. 이에 대해 Thomas(1964)는 〈표 5-2〉와 같이 기본적인 관광동기를 4가지로 구분하는 한편, 구체적으로 나타나는 관광동기를 18가지로 제시하였다.[5]

4) 다나카 기이찌(田中善一), 『관광사업론』, 관광사업연구회 편, 1950, p.53.
5) Thomas, John A., "What Makes People Travel", ASTA Travel News, August 1964.

〈표 5-2〉 관광동기

유 형	관광동기
교육 · 문화적 동기	① 타국의 견문 확대 ② 명소감상 ③ 새로운 것의 이해 ④ 특별행사의 참여
휴식과 쾌락 동기	⑤ 일상성의 탈피 ⑥ 즐거운 시간의 향유 ⑦ 낭만적 경험추구
종족지향 동기	⑧ 조상의 생활터 방문 ⑨ 종족의 유적지 방문
기타 동기	⑩ 기후 ⑪ 건강 ⑫ 스포츠 ⑬ 경제 ⑭ 모험 ⑮ 우월성 ⑯ 동조 ⑰ 역사체험 ⑱ 세상을 알고자 하는 욕구

토마스는 관광동기가 실제의 행동을 유발하는 근원인지는 아직까지 의문일 뿐만 아니라 동기가 심오한 관광의 이유를 완전히 설명해줄 수 없다고 주장하였다.

한편, McIntosh(1977)는 관광의 본질적 동기와 구체적 동기를 〈표 5-3〉과 같이 제시하였다.[6)]

〈표 5-3〉 관광기

본원적 동기	구체적 동기
신체적 동기(physical motivations)	• 심신의 일신: 치료 또는 건강유지, 스포츠 참여 • 쾌락: 흥분, 낭만, 오락, 쇼핑
문화적 동기(cultural motivations)	• 타국의 사람과 장소에 대한 호기심 • 음악, 조각 등 예술과 민속에 관한 흥미 • 올림픽과 같은 국제적 행사 참여
대인적 동기(personal motivations)	• 친구와 친척 방문, 사교 • 색다른 환경에서의 특별한 경험 • 일상적 환경에서 벗어남 • 새로운 사람과의 만남 • 성지 순례 • 여행 자체를 위한 여행
명예와 지위 동기(prestige and status motivations)	• 취미활동, 학습, 사업, 교육 • 자아실현, 감각적 몰입, 회의참가 • 패션추구

6) McIntosh, R. W., *Tourism Principle*, 2nd ed., Columbus, Ohio: Practices and Philosophies Grid Inc., 1977.

매킨토시는 본원적인 관광동기를 네 가지인 신체적 동기, 문화적 동기, 대인적(사회적) 동기, 명예와 지위 동기로 구분하는 한편, 각각의 동기는 또 다시 다양한 구체적 동기로 발현되는 것으로 보았다. 예를 들어 신체적 동기는 건강이나 치료를 위한 요양관광으로, 그리고 문화적 동기는 타국문화, 민속, 국제적 행사에 참여하는 문화관광으로 나타난다.

욕구의 좌절(frustration)은 실망으로 이어진다. 관광은 환상으로, 환상이 깨어진 욕구의 좌절을 경험할 때 관광객은 실망을 한다. 즉 욕구의 좌절은 행동의 목표를 방해하거나 가로막기 때문에 관광객은 이동, 행위, 획득의 욕구가 좌절되었을 때 실망한다. 사람들은 경제적인 이유로 욕구가 좌절되었을 때 실망하지만, 욕구좌절의 이유가 충분할 때 이를 억제하거나 유보한다. 욕구의 좌절은 개인의 내면적 이유뿐만 아니라 기후악화, 정치적 갈등, 시간부족과 같은 불가피한 외부적 환경으로부터 발생할 수 있다.

동기는 목표지향적인 행동의 근원인 것은 확실하지만, 그것은 의식적 또는 무의식적일 수 있기 때문에 개인의 관광욕구 및 동기를 명확하게 밝히는 것은 현실적으로 불가능하다. 관광욕구는 결코 포화되지 않으며 주기적으로 발현되고 상황에 따라 다양하게 나타난다. 관광욕구는 복합적이며 때로는 불명확하며 상황에 따른 문제해결을 위해 흔히 동기의 갈등을 경험한다. 예를 들어 휴식과 건강을 위해 온천지를 찾을 것인지, 또는 바닷가를 찾을 것인지를 결정할 때 동기갈등을 경험한다.

제5절 지적(知的)욕구와 관광

관광의 본원적 욕구들 중 하나는 호기심을 충족시키기 위한 지적인 욕구이다. 그러나 매슬로는 욕구단계이론에서 지적욕구를 기본적인 욕구로 제시하지 않는 한편 5단계의 욕구들 각각에 모두 포함되어 있는 것으로 간주하였다. 인간은 기본적으로 우주와 생명의 본질에 대한 호기심과 자아 정체성에 대해 알고 싶어한다. 이와 같이 지적인 욕구는 인간의 기본적인 욕구(needs)이다. 즉 지적인 욕구는 진실에 대한 호기심과 세상의 이치를 밝히고 싶은 인간의 기본적인 욕구이다. 세상에 대한 의미를 이해하고 싶어 하는 인간의 지적 욕구는 본원적인 욕구(needs)이다.

한편, 지적인 관광욕구는 지식욕구(need to know)와 이해욕구(need to understand)로 구분할 수 있다. 지적인 욕구가 지배적인 사람은 한정된 시간에 여러 곳을 방문하는 주유관광객(sightseers)인 반면에, 이해욕구가 지배적인 사람은 한정된 시간에 특정지역에 머물면서 지역의 문화를 깊이 이해하려는 체재관광객(vacationers)일 가능성이 높다. 즉 주유형의 관광객(sightseers)은 여러 장소를 찾아 많은 것을 알려고 하는 지식욕구(need to know)가 지배적인 사람인 반면, 체재형의 관광객(vacationers)은 한 장소에 오래 머물며 지역의 문화를 깊이 이해하려고 하는 이해욕구(need to understand)가 강한 사람이다.

주유관광객은 대체로 여행사의 패키지 관광에 참여하는 단체관광객일 가능성이 높다. 이들은 될 수 있으면 많은 장소들을 방문하여 순간적인 인상을 받고 떠나는 관광객이다. 반면에 체재관광객은 스스로 여정을 계획하고 일정한 장소에서 오래 머물며 지역의 토착문화를 이해하려는 개별 관광객으로, 이들은 비교적 여행경험이 풍부할 가능성이 높다.[7]

제6절 탐험욕구와 관광

인간은 미지의 세계에 대해 탐험하고 싶어 하는 욕구를 가지고 태어났다. 다시 말해 탐험욕구는 타고난 인간의 본원적 욕구이다(needs)이다.[8] 자신의 생활영역 밖에 펼쳐진 외부세계에 대한 인간의 호기심은 긴장을 유발함으로써 탐험여행으로 이끈다. 탐험욕구(exploration needs)는 탁월성의 추구나 성공을 위한 욕구 그 이상의 모험적인 행동을 이끄는 원천이다. 인간은 일생동안 새로운 세상과 환경에 대한 호기심을 갖는다. 이 같은 호기심은 탐험욕구에 의한 모험적 관광을 자극한다.

탐험욕구는 동물의 세계에도 나타난다. 예를 들어 침팬지, 사자, 그리고 물개 새끼는 자신의 영역 밖에 펼쳐진 세계에 대한 호기심 때문에 생명마저 잃을 위험에 처하기도 한다. 인간은 동물과 달리 생명마저 잃을 위험을 예상하면서도 요트로 망망대해를 횡단하거나 험준한 산악을 오르기도 한다. 예를 들어 산악등반가는 많은 위험을 무릅쓰고 에베레스트 정상에 올라 자신의 한계에 도전한다. 이들에게 모험(adventure)은 자신의 한계에 대한 도전으로부터 오는 유영상태(float state)에서 표준 이상의 성취

7) Cohen, Erik, "Who is a Tourist?: A Conceptual Clarification", *Sociological Review*, Vol. 22, 1974, pp.544-547.

8) Berlyne, D. E., "Curiosity and Exploration", *Science*, Vol. 153, 1966, p.26.

를 경험하는 탐험이다. 대부분의 건강한 젊은이들은 모험적인 탐험을 선호한다. 만약 인간에게 모험심이 없다면 남극, 에베레스트 산봉우리, 심지어는 달이나 화성과 같은 미지의 세계에 결코 도전하지 않을 것이다. 인류의 문명은 생활권에서의 안주가 아니라 탐험과 모험심으로부터 진전되어 왔을지도 모른다.

제7절 다양성 추구와 관광

많은 사람들이 예측 가능한 단조로운 일상생활에 안주하고 싶어 하지만, 한편으로 이들은 지루하고 단조로운 생활로부터 탈출하고 싶어한다. 관광은 기본적으로 현실도피(現實逃避) 욕구에 의한 탈일상성의 추구이다. 사람들은 때때로 탈일상성의 추구로써 심리적인 최적의 균형(optimal balance) 상태에서 재창조(recreation)를 위한 활력을 얻는다. 다시 말해 사람들은 일상생활에서 예측 가능한 일관성(consistency)을 추구하는 한편, 단조로운 일상적 환경으로부터 초래되는 권태에서 벗어나기 위해서 비예측적인 복잡성(complexity)을 추구한다. 복잡성 이론(complexity theory)에 의하면, 인간은 일관성을 유지하고 싶어 하는 한편, 때때로 신기성이나 비예측성의 변화를 통해서 일상의 권태로부터 탈피하려고 한다. 이러한 인간의 행태는 최적의 자극수준인 심리적 균형유지를 통해 안정된 생활을 영위해 나가기 위함이다.

이와 같은 관점에서 관광은 적정수준의 긴장상태를 유지하기 위한 여행으로, 신기성 추구의 오지여행은 불안으로부터 긴장을 유발하는 반면, 예측 가능한 유명 관광지는 심리적 안정을 가져다준다. 색다른 관광지는 심리적 긴장을 유발한다. 관광지뿐만 아니라 경험의 과정에는 수많은 탈일상성의 잠재적 자극(stimulation potential)을 내포한다. 일상생활에서의 권태(boredom)나 공포(panic)는 심리적 불균형을 유발하기 때문에, 사람들은 균형상태를 유지하기 위해서 관광을 한다. 그러므로 관광객은 긴장회피자(tension avoider)이기도 하다.

사람들은 긴장완화를 위해서 대안관광지를 평가하며 기대되는 관광서비스에 대한 구매의사결정을 한다. 이와 같은 소비행동은 결국 적정수준의 긴장상태를 유지하기 위함이다. 사람들은 때때로 새로운 변화를 추구하기 위해 높은 수준의 자극을 모색하는 한편, 안정을 추구하기 위해 낮은 수준의 자극을 요구한다. 일반적으로 신제품을 사용하거나 기존의 상표를 다른 상표로 대체할 때, 소비자들은 새로운 자극을 모색하

기 위한 복잡한 의사결정을 한다.[9)]

관광객에게 다양성과 신기성 추구의 욕구가 잠재되어 있음이 명백하다.[10)] Streufer와 Driver에 의하면, 자극의 강도는 소비환경으로부터 받는 다양한 정보와 자극들 사이의 불일치 정도에 의해서 결정된다.[11)] 다시 말해 관광을 포함한 소비행동은 불일치 자극이 최적량을 초과하거나 미달할 때 유발된 긴장상태를 적정한 수준으로 유지하기 위한 의사결정이다.

Megan Cleaver Sellick는 센트럴 워싱턴 대학교의 마케팅 교수 재직 시 장년층 관광의 결정적 동기를 연구하였다. 그는 "발견, 연결, 노스탤지어: 주요 여행동기"라는 논제를 'Journal of Travel & Tourism Marketing'에 게재하였다. 그는 여행동기와 여행을 위험으로 인식하는 정도에 따라서, 그리고 인지 연령에 따른 심리적 특성에 따라 세분시장을 설명하면서 장년층 여행의 동기를 다음과 같이 4가지로 구분하였다.

① 노스탤지어 관광객: 이들은 장년층에서 가장 높은 비중을 차지하며 장년층의 30%가 고향에 대한 향수 때문에 여행을 한다. 이들은 과거나 조족의 전통에 의미가 담겨 있는 장소를 재방문하기 때문에 가족과 함께 여행하는 경우가 많다.
② 자아발견과 자아계발 관광객: 장년층의 25%는 새로운 것을 배우는데 흥미를 느껴 여행을 하며 여행을 통해 자아를 발견하고 계발한다.
③ 열성적 관광객: 장년층 관광객의 20%는 열성적 관광객으로, 이들의 여행에 대한 동기는 학습과 과거에 대한 향수 등 매우 다양하다.
④ 여행을 꺼리는 관광객: 장년층의 25%는 여행에 대한 동기가 없으며, 이들은 여행을 주저하는 사람들이다.

9) Jane Carmichael, "Figure This One Out," *Forbes*, April 27, 1981, p.27.
10) P. S. Raju, "Theories of Exploratory Behavior: Review and Consumer Research Implications," in Jagdish N. Sheth(ed.), *Research in Marketing*, Vol. 4, Greewich, CT: JAI Press, 1981, pp.223-249.
11) S. Streufert and M. J. Driver, "The General Incongruity Adaptation Level(GIAL)," Technical Report, 32, Homewood, IL.: Dorsey Press, 1971.

제 6 장

관광자원

제6장 관광자원

제1절 관광자원

관광자원은 크게 자연자원과 인공자원으로 나눌 수 있다. 이와 같은 관광자원은 관광목적지뿐만 아니라 이동경로에도 존재하며 물리적 환경과 이질적 문화를 모두 포함한다. 다시 말해 관광대상으로서 관광자원은 가시적인 자원뿐만 아니라 비가시적인 관광매력의 모든 소재들이다. 관광대상은 관광욕구를 충족시켜 줄 수 있는 매력적인 자원의 소재로 구성되며, 관광지는 관광대상을 배경으로 각종 인위적인 편의시설을 갖추어 놓음으로써 공간으로서의 매력적인 면모를 갖추게 된다. 즉 관광지는 관광대상, 관광매력소재, 편의시설, 접근로, 교통시스템으로 구성된 일정한 공간이다.

1-1 자원의 개념

사람들은 자원(resource)을 일반적으로 석유나 식량과 같이 자연에서 얻을 수 있는 자연자원(natural resource)으로 인식하지만, 자원은 인간의 욕구충족을 위해 이용가능한 모든 소재와 재료를 포함한다. 이와 같은 관점에서 자원에 대해 몇몇 학자들의 정의를 제시하면 다음과 같다. Zimmerman(1951)[1)]은 존재의 실체가 아닌 생성으로서 자연적으로 주어진 그 이상의 것을 자원으로 파악했다. Chapman(1969)[2)]은 자원을 물리적 세계의 전부도, 그리고 인간세계의 전부도 아닌 물리적 자원과 인위적 기술의 상호작용에 의한 산물로 보았다. 그리고 Watt(1973)[3)]는 물질, 에너지, 공간과 같은 다양

1) Zimmerman, E. S., *World Resources and Industries*, New York : Harper, 1951.
2) Chapman, J. D., "*Interaction Between Man and his Resources*", in Resources and Man National Academy of Sciences National Research Council and Company, 1969.

성 자체로 인식하여 인간의 필요에 부합되는 이용가능한 모든 소재들을 자원으로 파악했다. 이들의 주장에 따르면, 자원은 기술의 발달, 환경의 변화, 가치관의 변화에 따라 중요성에 대한 의미부여가 다를 수 있지만 자연의 경제적 소재를 기술을 가미하여 창조된 모든 소재들이다.

이와 같은 관점에서 관광자원은 관광욕구, 환경변화, 매력성, 그리고 경제적 가치를 중심으로 파악할 수 있다. 쓰다노보루(津田昇, 1969)[4]에 의하면, 관광대상이란 관광주체인 관광객의 욕구충족의 목적물로써 관광매력의 소재로 구성된다. 다시 말해 관광대상이란 관광욕구에 부합하는 모든 관광자원들로 개인의 관광욕구에 따른 주관적인 평가로써 결정된다.

이장춘(1976)[5]은 관광자원을 '관광동기를 충족시켜 줄 수 있는 생태계의 모든 유・무형의 자원'으로 보존・보호하지 않으면 관광자원으로서의 가치가 감소 또는 상실되는 것으로 파악하였다. 즉 관광자원은 본질적으로 관광욕구를 충족시킬 수 있는 모든 매력의 소재로 생태계 내에 존재하며 보호해야 할 가치가 있는 관광매력 대상으로서 물리적 세계와 기술에 의한 산물로서 관광매력의 가치를 지닌 모든 소재이다.

김홍운(1988)[6]은 매력성과 유인성을 지닌 관광자원의 개발로써 관광대상이 되기 때문에 관광자원을 자연과 기술의 결과물로써 자연자원과 인문자원을 포함한 유・무형의 자원인 동시에 보존과 보호가 필요한 관광소재로 간주하였다. 즉 관광대상으로서 관광자원은 유인성을 내포한 유・무형의 모든 소재이다.

김진섭(1994)[7]은 관광자원을 관광주체인 인간의 관광동기와 행동을 유발하는 매력성과 유인성을 지닌 모든 자원으로서 보호할 가치가 충분한 자연과 인위적 자원으로 보았다. 즉 관광자원이란 관광활동을 위한 매력성과 유인성이 있어야 하며, 경제적 가치에 따른 개발을 통해 관광대상으로서 부가가치가 주어진다.

관광자원은 관광욕구충족의 대상인 유・무형의 모든 소재로써 매력성과 유인성을 지닌 물리적 자원뿐만 아니라 인정・풍습 등의 무형적 자원을 포함하는 한편 기술의 발달에 따라 변화되기 때문에 보전과 보호를 필요로 하는 자원이다. 다시 말해 관광자원은 관광욕구와 의도를 가진 관광수요자를 유인할 수 있는 관광의 모든 소재로,

---

3) Watt, K. E. F., *Principles of Environmental Science*, New York: McGraw-Hill Book Co., 1973.
4) 쓰다노보루(津田昇), 『국제관광론』, 東京: 동양경제신문사, 1969.
5) 이장춘, 『관광지리자원학』, 대왕사, 1978.
6) 김홍운, 『관광자원론』, 일신사, 1988.
7) 김진섭, 『관광학원론』, 대왕사, 1994.

매력성과 고유성을 지닌 다양한 자원들이 결합하여 관광대상으로서의 가치를 지니게 된다.

관광자원의 매력성은 관광객의 주관적 관점에 따른 평가로써 결정되는 한편 개발의 관점에서 관광자원의 가치는 경제성에 우선하여 평가될 가능성이 크지만, 관광개발은 관광객뿐만 아니라 지역주민의 삶의 질을 위해 신중히 검토해야 한다. 특히 자연자원과 문화적 유물은 이용에 의해 손상을 받기 쉽기 때문에 보호에 우선하여 고유성을 유지할 수 있는 지속가능한 관광개발의 관점에서 접근해야 한다.

1-2 관광자원의 종류

관광자원은 매력성, 유인성, 그리고 경제적 가치를 지닌 유·무형의 모든 소재로서, 그 종류는 매우 다양하다. 그러나 관광자원은 지속가능한 개발로써 그 가치를 유지할 때 자원으로서의 의미를 지닌다. 또한 관광자원이 모두 관광 및 관광개발의 대상이 될 수 없다. 다시 말해 관광자원은 자원의 가치가 매력성과 유인성을 지녀야 하며, 밀집되어 있고, 개발의 부가가치가 우수해야 하며, 객관적 평가로써 차별적이며 경제적인 부가가치가 있어야 한다.

1) 자원의 입지에 따른 관광지의 분류

관광자원의 입지는 관광수요의 발생과 밀접하게 관계된다.

Clawson은 관광자원의 입지에 따라 이용자 중심지역(user oriented areas), 중간지역(intermediate areas), 그리고 자원중심지역(resource based areas)인 3가지 형태로 분류하였다.

① 이용자 중심형: 이러한 형태의 관광지는 일과(日課) 후에 쉽게 도달할 수 있는 시설위주의 지역으로서 놀이터, 공원, 실내 수영장 등의 활동공간이다.

② 중간형: 이러한 형태의 관광지는 일상 거주지로부터 1~2시간 거리에 위치하여 인위적 시설과 자연자원의 매력성이 대등하게 존재하는 지역으로 주말을 이용하여 피크닉, 수영, 낚시 등의 활동을 즐길 수 있는 공간이다.

③ 자원중심형: 이러한 형태의 관광지는 자연자원의 매력이 매우 풍부한 자연자원 중심지역으로서 자원의 가치를 보호해야 할 자연풍광지역, 사적지, 야생생태지역이다.

2) 이용객 수에 따른 관광지의 분류

이러한 분류는 관광객의 이용현황 및 이용시간에 따른 분류로서 입장객 수에 근거한 분류, 이용시간에 근거한 분류, 시장규모에 근거한 관광지 유형이다.

① 입장객 수에 따른 분류: 이는 연 또는 월별 입장객 수에 따른 관광지의 분류방법이다. 예를 들어 연간 500만명 이상이 찾는 대표적인 국가관광지, 500~300만명 이상이 찾는 위락활동 관광지, 그리고 100~50만명 이상이 찾는 관광지로서 자원의 가치가 높은 반면 입지가 불리한 자원중심 관광지로 분류하는 것과 같다.

② 이용시간에 따른 분류: 이는 관광객의 체류시간을 토대로 경유지, 당일 관광지, 숙박관광지, 체재관광지, 장기체재 관광지로 분류하고 이에 따른 자원의 특성을 분석하는 방법이다.

③ 시장에 따른 분류: 이는 관광수요시장의 유치권에 근거한 분류로서 전국 주도형 관광지, 대도시 주도형 관광지, 지역 또는 지구 주도형 관광지로분류하는 것과 같다.

3) 자원의 성격과 토지이용에 따른 관광지의 분류

이는 자원의 자연, 문화, 인공적 성격에 따른 토지이용의 형태로써 관광자원을 분류하는 방식으로 자연자원 의존형, 문화자원 의존형, 인공자원 의존형 등으로 분류하는 것이다.

① 자연자원 의존형: 피크닉, 캠핑, 사냥, 낚시, 휴양, 산림, 해안, 동식물 관찰, 야생지역 등

② 문화자원 의존형: 성곽 · 탑 · 유적지 · 건물 등의 유적지, 전통문화보전지역, 역사박물관 등

③ 인공시설자원 의존형: 극장, 호텔, 골프장, 쇼핑센터, 놀이터, 경기장, 주제공원, 경마장, 식당 등

4) 자원특성에 따른 관광자원의 분류

이는 자원의 성격에 따른 관광자원의 분류로 기후 · 식생 · 지형 등의 자연관광자원, 유무형의 역사적 문화재 · 민속자원과 같은 문화적 자원, 풍속 · 행사 등의 사회적 자원, 공장 · 공공시설 · 관청과 같은 산업자원으로 분류하는 방법이다.

이장춘(1974)은 관광자원을 크게 유형자원과 무형자원으로 분류하였으며, 유형의

관광자원을 자연관광자원과 문화재 중심의 인문관광자원으로, 그리고 무형관광자원을 민족성, 풍속, 습관 등의 인적 관광자원과 종교, 문학, 철학, 사상 등의 비인적 관광자원으로 세분하였다.

한국관광공사는 유형관광자원과 무형관광자원으로 구분하여 다음과 같이 제시하였다.[8]

- 유형관광자원
  - 자연적 관광자원 : 천연자원, 천문자원, 동·식물
  - 문화적 관광자원 : 고고학적 유적, 사적, 사찰 공원
  - 사회적 관광자원 : 풍속, 행사, 생활, 예술, 교육, 스포츠
  - 산업적 관광자원 : 공업단지, 유통단지, 농장, 목장, 백화점
  - 관광·레크리에이션 자원 : 캠프장, 수영장, 놀이시설, 어린이공원
- 무형관광자원
  - 인적 관광자원 : 국민성, 풍속, 관습, 예절 등
  - 비인적 관광자원 : 고유종교, 사상, 철학, 역사, 음악, 가곡 등

김성기[9]는 관광시장으로부터 관광객을 유인하여 관광욕구를 충족시켜 주는 자원을 관광유인자원으로 간주하였으며, 이를 〈표 6-1〉과 같이 제시하였다.

① 자연관광 유인자원: 이는 자연행태계의 구성요인 중에서 관광객의 욕구를 충족시켜줄 수 있는 자연생태계 요소들로 기후, 지질, 지형, 수문, 토양, 식생, 야생동물인 7가지 유형으로 구분된다. 자연관광지를 구성하고 있는 자연관광유인자원들은 그 종류와 구성방식의 다양성, 변화성의 우열, 관광객의 성향 및 취향에 따라 그 가치와 유인력(誘引力)은 각기 다르게 나타난다.

② 인문관광 유인자원: 이는 인간이 지역별로 다른 자연환경의 영향을 받아 조성 및 생산하여 영위하는 유·무형의 자원으로 관광객의 욕구를 충족시켜주거나 부가가치를 창출하는 각종 인문요소들로, 인간이 생활을 영위하는데 필요한 각종 사물을 인위적으로 개발하여 생성시킨 인공자원들 중에서 관광객을 유인하여 오감(五感)을 통해 희열과 감흥을 주는 문화유적지, 사적지, 고궁, 공원, 시가지, 시장, 박물관, 영화관, 주제공원 등이다.

8) 한국관광공사, "2000년대 관광환경 분석과 전망", 1988.
9) 김성기, 『관광개발계획론: 생태학적 접근』, 한올출판사, 2005. 3, pp.23-60.

〈표 6-1〉 관광유인자원의 특성과 관광지의 유형

<table>
<tr><th rowspan="2">구분</th><th colspan="4">유형분류 기준</th><th colspan="2">관광지의 유형</th></tr>
<tr><th>생성원</th><th colspan="2">구성요인</th><th>외형</th><th>관광유인 자원의 특성</th><th>분포도 밀집도</th></tr>
<tr><td rowspan="12">관광유인자원</td><td rowspan="7">자연관광 유인자원</td><td rowspan="7">자연요인</td><td>• 기후</td><td>• 무형자원</td><td rowspan="7">자연관광지
(복합관광
유인자원)</td><td rowspan="4">목적지형 관광지</td></tr>
<tr><td>• 지질</td><td rowspan="4">• 무기체의 유형자원</td></tr>
<tr><td>• 지형</td></tr>
<tr><td>• 수문</td></tr>
<tr><td>• 토양</td><td rowspan="3">경유지형 관광지</td></tr>
<tr><td>• 식생</td><td rowspan="2">• 생물체의 유형자원</td></tr>
<tr><td>• 야생동물</td></tr>
<tr><td rowspan="5">인문관광 유인자원</td><td colspan="2" rowspan="3">자연요인</td><td>• 무형자원</td><td rowspan="5">인문관광지
(복합관광
유인자원/
단순관광
유인자원)</td><td rowspan="3">목적지형 관광지</td></tr>
<tr><td>• 무기체의 유형자원</td></tr>
<tr><td>• 생물체의 유형자원</td></tr>
<tr><td colspan="2">사회문화요인</td><td>• 인적 자원
• 물적 자원
• 법률 요인</td><td rowspan="2">경유지형 관광지</td></tr>
<tr><td colspan="2">산업요인</td><td>• 인적 자원
• 물적 자원</td></tr>
</table>

제2절 관광지의 조건

관광자원 모두가 관광대상이 되는 것은 아니며, 그것이 관광대상으로서 매력과 유인의 가치를 지닐 때 비로소 관광대상이 된다. 그러므로 관광지란 관광유인자원인 관광대상에 의해 관광욕구를 충족시켜 줄 수 있는 특정 공간으로, 대부분 관광객을 위한 각종 편의시설과 접근 시스템을 갖추어 놓고 관광편익을 제공해 주는 특정 지역 및 공간이다. 다시 말해 관광지란 관광매력자원과 관광조건을 충분히 갖추어 놓고 관리하는 일정한 장소이다. 그러므로 관광지는 관광자원과 관광조건을 갖추어 놓은 장소로, 장소 고유의 토지와 연관된 자원의 차별적 특성이 우수해야 한다.

관광지는 다음과 같은 조건일수록 관광객을 유인할 수 있는 매력적 공간이다.

① 관광자원의 연관성 · 이질성 · 희귀성 · 접근의 용이성이 있어야 하며, 관광대상의 연계성과 스토리가 있어야 한다.

② 도달 가능성이 있어야 한다. 아무리 훌륭한 관광대상이라도 접근성이 떨어지면 관광지로서의 조건이 잘 갖추어져 있다고 말할 수 없다. 접근성이 어려울 때, 관광 배후시장 또는 관광유치권으로부터 수요를 창출하는 것은 매우 어렵다. 오늘날 교통시스템의 발달로, 도달 가능성은 물리적 거리보다 시간적 인식거리이기 때문에 도달시간이 보다 중요하다. 일반적으로 거리는 수요발생을 억제하는 요인으로 작용하지만, 거리가 멀수록 이색적인 환경에 대한 환상을 심어주어 오히려 관광객을 유인하는 촉진요인으로 작용할 수도 있다.

③ 관광대상의 소재인 자원의 밀도로, 관광지의 조건은 자원의 밀도와 밀접하게 관계된다. 일반적으로 관광자원의 밀도가 높을수록 관광흡인력은 강하다. 자원의 밀도란 관련된 자원의 밀착수준을 말한다. 예를 들어 어떤 관광지에 결정적이라고 할 수 있는 특별한 관광자원이 없더라도 '총체적인 감'을 자아내는 집약적 관광자원과 환경이 잘 보전되어 있을 때, 관광조건이 잘 갖추어진 훌륭한 관광지일 수 있다. 다시 말해 특정 공간에 분포된 자원의 밀도가 주변 환경과 잘 어우러져 통일된 매력을 자아낼 때, 관광객에게 매력적인 관광지일 가능성이 높다.

관광지의 차별적 특성과 관련된 관광자원의 조건은 다음과 같다.

- 토지와의 연관성
- 자원의 이질성
- 자원의 희귀성
- 자원의 우수성

제3절 관광지의 변화

관광지는 시간이 지나면서 제품수명주기(PLC: Product Life Cycle)의 과정을 거치게 된다. 제품수명주기란 경쟁, 기술, 수요의 변화와 함께 제품의 시장 도입에서 자취를 감추는 일련의 과정이다. 예를 들어 알려지지 않은 어떤 장소가 모험적인 여행객이 처음 찾은 후 점차 많은 사람들에게 알려지면서 점점 더 많은 관광객들이 찾고 인위적인 시설물들이 들어서게 된다. 그리고 더 많은 관광객들이 찾게 되면서 장소 본래의 모습은 점차 퇴색되어 마침내 관광지로서의 가치를 상실하게 된다. 이와 같은 제품수명주기 개념은 관광지의 가치를 유지하기 위해 지속적인 관리가 필요하다는 것을 의미한다.

사람들의 비일상성 추구는 본질적이며 지속적이다. 관광객은 새로운 환경을 추구하기 위해 특정 관광지를 찾는다. 만약 관광지의 관리소홀로 관광의 가치를 상실한다면, 사람들은 그 곳을 더 이상 찾지 않을 것이다. 한편, 모험적인 관광객은 새로운 장소를 찾아 여행하는 반면, 안전추구 관광객은 이미 잘 알려진 유명한 관광지를 찾아 여행한다. 그리고 안전추구 관광객이 증가하면 이들을 위한 각종 편의시설들이 들어서는 한편, 토지와 관련된 관광지 본래의 특성은 점점 퇴색된다. 많은 관광지들이 이러한 단계를 거치면서 관광지로서의 기능을 상실하고 있다.

제4절 자원의 유형

4-1 자연관광자원

1) 자연공원

(1) 국립공원

국립공원(國立公園)은 일국을 대표할 만한 풍경을 지닌 자연자원의 대명사로서, 국립공원을 설정하는 목적은 첫째, 자연의 원형 보존 및 후손에게 물려주기 위함이고, 둘째, 학술적 연구를 통해 인류복지에 기여하기 위함이며, 셋째, 생태계의 균형을 유지하기 위함이다. 세계 최초의 국립공원은 1872년에 지정된 미국의 옐로스톤(Yellowstone) 국립공원이다.

우리나라의 국립공원은 「자연공원법」 제4조의 규정에 의하여 환경부장관이 지정 · 관리한다. 여기서 국립공원이란 우리나라의 자연생태계나 자연 및 문화경관을 대표할 만한 지역으로서 환경부장관이 지정 · 관리하고, 지정대상지역의 자연생태계, 생물자원, 경관의 현황·특성, 지형, 토지이용상황 등 그 지정에 필요한 사항을 조사하여 지정된 공원을 말한다.

국립공원을 지정하려는 경우에는 지정대상 지역의 조사결과 등을 토대로 관할 시·도지사 및 군수의 의견을 청취하고, 관계 중앙행정기관의 장과의 협의를 거친 후 국립공원위원회의 심의를 거쳐 환경부장관이 지정한다.

우리나라는 1967년 12월 29일 지리산국립공원을 최초로 지정하였고, 1960년대에는 경주와 계룡산 등 4개소, 1970년대에는 설악산과 속리산 등 9개소, 1980년대에는 다도해해상 등 7개소, 2013년에는 무등산 1개소를 지정하는 등 2013년 12월 말 기준으로 21개의 국립공원이 지정되었다.

국립공원의 지정현황은 다음 표와 같다.

〈표 6-2〉 국립공원 지정현황

지정순위	공원명	위 치	공원구역		비 고
			지정연월일	지정면적(km^2)	
1	지 리 산	전남·북, 경남	'67.12.29	471.758	
2	경 주	경북	'68.12.31	138.715	
3	계 룡 산	충남, 대전	'68.12.31	64.683	
4	한 려 해 상	전남, 경남	'68.12.31	545.627	해상 395.479
5	설 악 산	강원	'70.3.24	398.539	
6	속 리 산	충북, 경북	'70.3.24	274.541	
7	한 라 산	제주	'70.3.24	153.386	
8	내 장 산	전남·북	'71.11.17	81.715	
9	가 야 산	경남·북	'72.10.13	77.074	
10	덕 유 산	전북, 경남	'75. 2. 1	231.650	
11	오 대 산	강원	'75. 2. 1	303.929	
12	주 왕 산	경북	'76. 3. 30	107.425	
13	태 안 해 안	충남	'78.10.20	326.574	해상 289.543
14	다 도 해 해 상	전남	'81.12.23	2,321.512	해상 1,986.684
15	북 한 산	서울, 경기	'83. 4. 2	79.916	
16	치 악 산	강원	'84.12.31	181.631	
17	월 악 산	충북, 경북	'84.12.31	287.977	
18	소 백 산	충북, 경북	'87.12.14	322.383	
19	변 산 반 도	전북	'88. 6. 11	56.100	해상 9.196
20	월 출 산	전남	'88. 6. 11	154.715	
21	무 등 산	전남 광주광역시	'12.12.27	75.425	
계				7,334.10	육지 : 3,974.948(3.7%) 해면 : 2,680.902(2.5%) *전국토의 6.2%

자료: 문화체육관광부, 2013 관광동향에 관한 연차보고서

(2) 도립공원

도립공원(道立公園)이란 특별시 · 광역시 · 특별자치시 · 도 및 특별자치도(이하 "시 · 도"라 함)의 자연생태계나 자연 및 문화경관을 대표할 만한 지역으로서 특별시장 · 광역시장 · 특별자치시장 · 도지사 또는 특별자치도지사(이하 "시 · 도지사"라 함)가 지정한 공원을 말한다. 시 · 도지사는 도립공원을 지정하고자 하는 때에는 관할 군수(시장 · 군수 또는 자치구의 구청장)의 의견을 청취하고 관계 중앙행정기관의 장과의 협의를 거친 후 도립공원위원회의 심의를 거쳐 지정한다.

도립공원 현황을 보면, 1970년 6월 1일 경상북도 금오산을 최초의 도립공원으로 지정한 이래, 1970년대에 남한산성 · 모악산 · 무등산(2013년 국립공원으로 승격) · 덕산 등 13개소, 1980년대에 팔공산 · 대둔산 · 문경새재 등 7개소, 1990년대에 팔영산 · 천관산 등 2개소, 2005년에 연인산 1개소, 2008년에 제주특별자치도의 행정구역 개편으로 제주조각공원 등 6개 군립공원이 도립공원으로 편입되었고, 2009년에는 수리산도립공원을 지정하였다. 2011년에는 제주조각공원을 폐지하고 제주곶자왈 1곳을 추가로 지정하였으며, 2013년에는 무등산도립공원이 국립공원으로 승격되어 2013년 말 현재 30개의 도립공원이 지정돼 있다.

〈표 6-3〉 도립공원 지정현황

지정 순위	공원명	위치(시 · 군별)	면적	지정일
1	금오산	경북 구미 20.86, 칠곡 7.94, 김천 8.49	37.290	1970. 06. 01
2	남한산성	경기 광주 22.92, 하남 8.818, 성남 4.709	36.447	1971. 03. 17
3	모악산	전북 김제 28.442, 완주 10.835, 전주 6.29	45.567	1971. 12. 02
4	덕산	충남 예산 20.671, 서산 0.353	21.024	1973. 03. 06
5	칠갑산	충남 청양 32.946	32.946	1973. 03. 06
6	대둔산	전북 완주 35.342	35.342	1977. 03. 23
7	대둔산	충남 논산 16.384, 금산 8.386	24.770	1980. 05. 22
8	낙산	강원 양양 8.682	8.682	1979. 06. 22
9	마이산	전북 진안 17.221	17.221	1979. 10. 16
10	가지산	울산 30.199, 경남 양산 61.069, 밀양 14.161	105.429	1979. 11. 05
11	조계산	전남 순천 27.38	27.380	1979. 12. 26
12	두륜산	전남 해남 33.39	33.390	1979. 12. 26
13	선운산	전북 고창 43.7	43.700	1979. 12. 27
14	팔공산	대구 35.365, 경북 칠곡 29.753, 군위 21.858, 경산 9.520, 영천 29.172	125.668	1980. 05. 13
15	문경새재	경북 문경 5.494	5.494	1981. 06. 04
16	경포	강원 강릉 6.866	6.866	1982. 06. 26
17	청량산	경북 봉화 41.09, 안동 8.38	49.470	1982. 08. 21
18	연화산	경남 고성 22.26	22.260	1983. 09. 29
19	태백산	강원 태백 17.44	17.440	1989. 05. 13

20	천관산	전남 장흥 7.606	7.606	1998. 10. 13
21	연인산	경기 가평 37.445	37.445	2005. 09. 12
22	신안증도 갯벌	전남 신안 12.824	12.824	2008. 06. 05
23	무안갯벌	전남 신안 37.123	37.123	2008. 06. 05
24	마라해양	제주 남제주군 대정읍, 안덕면	49.755	2008. 09. 19
25	성산일출해양	제주 남제주군 성산읍	16.156	2008. 09. 19
26	서귀포시립해양	제주 서귀포시 보목~강정동	19.540	2008. 09. 19
27	추 자	제주 북제주군 추자면	95.292	2008. 09. 19
28	우도해양	제주 북제주군 우도면	25.863	2008. 09. 19
29	수리산	경기안양 2.544, 안산 0.116, 군포 4.302	6.962	2009. 07. 16
30	제주곶자왈	제주 서귀포시 대정읍 1.547	1.547	2011. 12. 30
계	30개소	-	1,006.951	-

자료: 환경부, 2012년 12월 31일 기준
주) 대둔산은 전라북도와 충청남도에서 행정구역에 따라 각각 도립공원으로 지정하여 2개의 도립공원이 존재

(3) 군립공원

군립공원(郡立公園)이란 시 · 군 및 자치구의 자연생태계나 경관(자연 및 문화경관)을 대표할 만한 지역으로서 시장 · 군수 및 자치구의 구청장이 지정 · 관리하는 공원을 말한다.

군립공원의 지정절차는 ① 해당 지역주민의 의견청취, ② 관계 행정기관의 장과의 협의, ③ 군립공원위원회의 심의를 거쳐 지정되며, 군수는 지정된 군립공원을 폐지하거나 그 규모를 축소하려는 경우에는 시 · 도지사의 승인을 받아야 한다.

군립공원 현황을 보면, 1981년 1월 7일 전라북도 순창군의 강천산이 최초의 군립공원으로 지정된 이래, 1980년대에 보경사 등 22개소가 지정되었고, 2000년대에 들어와 추자, 우도해상, 월성계곡 등 3개소가 지정되면서 33개소에 이르게 되었으나, 제주특별자치도의 행정구역 개편으로 추자 등 군립공원 6개소가 도립공원으로 승격 · 지정되면서 2013년 12월 31일 기준으로 27개소의 군립공원이 지정돼 있다.

〈표 6-4〉 군립공원 지정현황

지정 순위	공원명	위치(시 · 군별)	면적	지정일
1	강천산	전북 순창군 팔덕면	15.844	1981. 01. 07
2	천마산	경기 남양주시 화도읍, 진천면, 호평면	12.714	1983. 08. 29
3	보경사	경북 포항시 송라면	8.509	1983. 10. 01
4	불영계곡	경북 울진군 울진읍, 서면, 근남면	25.140	1983. 10. 05
5	덕구온천	경북 울진군 북면	6.060	1983. 10. 05
6	상족암	경남 고성군 하일면, 하이면	5.106	1983. 11. 10
7	호구산	경남 남해안 이동면	2.869	1983. 11. 12
8	고소성	경남 하동군 악양면, 화개면	3.177	1983. 11. 14

9	봉명산	경남 사천시 곤양면, 곤명면	2.645	1983. 11. 14
10	거열산성	경남 거창군 거창읍, 마리면	3.271	1984. 11. 17
11	기백산	경남 함양군 안의면	2.013	1983. 11. 18
12	황매산	경남 합천군 대명면, 가회면	21.784	1983. 11. 18
13	웅석봉	경남 산청군 산청읍, 금서 · 삼장 · 단성	17.960	1983. 11. 23
14	신불산	경남 울산시 울주군 상북면, 삼남면	11.585	1983. 12. 2
15	운문산	경북 청도군 운문면	16.173	1983. 12. 29
16	화왕산	경남 창녕군 창녕읍	31.283	1984. 01. 11
17	구천계곡	경남 거제시 신현읍, 동부면	5.871	1984. 02. 04
18	입곡	경남 함안군 산인면	0.995	1985. 01. 28
19	비슬산	대구 달성군 옥포면, 유가면	13.382	1986. 02. 22
20	장안산	전북 장수군 장수읍	6.200	1986. 08. 18
21	빙계계곡	경북 의성군 춘산면	0.880	1987. 09. 25
22	아미산	강원 인제군 인제읍	3.160	1990. 02. 23
23	명지산	경기 가평군 북면	14.027	1991. 10. 09
24	방어산	경남 진주시 지수면	2.588	1993. 12. 16
25	대이리	강원 삼척시 신기면	3.660	1996. 10. 25
26	월성계곡	경남 거창군 북상면	0.650	2002. 04. 25
27	병방산	강원 정선군 정선읍	0.500	2011. 09. 30
계	27개소	-	237.794	-

자료: 환경부, 2013년 12월 31일 기준

2) 내수면 관광자원

내수면 관광자원은 하천, 호수, 댐 등 물과 관련된 수변, 수상, 수중 위락활동을 위한 자원을 말한다.

(1) 강과 댐

한국은 한강, 낙동강, 금강, 영산강, 섬진강 등 5대 강을 포함해 만경강, 한탄강, 동진강, 형신강 등이 있으며, 이들 강을 이용해 많은 사람들이 낚시, 경관감상, 급물살타기, 수영, 보트 타기 등 다양한 위락활동을 즐기고 있다. 특히 이들 강에는 댐들이 들어서 있고, 댐을 중심으로 산책로와 위락시설들이 발달해 있을 뿐만 아니라 음식 및 숙박 등 각종 편의시설들이 조성되어 있다.

예를 들어 경기도 퇴촌면의 팔당댐은 남한강과 북한강이 만나는 곳으로부터 약 6km 떨어진 곳에 수력발전 댐 주변에 유원지가 발달되어 있어 도시인들의 가족 위락활동과 휴식처로 각광받고 있다. 그리고 청평댐은 경기도 가평군 설악면에 있는 인공호수로 주변에 산장과 같은 숙박시설과 유원지가 발달되어 있으며 수상스키와 유람선 관광을 즐길 수 있다. 특히 청평호에서 생겨난 가평군의 남이섬은 배용준과 최지우의 '겨울연가' 촬영지로 유명하다.

1985년에 조성된 충주시의 충주댐은 소양호 다음으로 담수량이 많은 인공호수이며,

주변의 경관이 뛰어나고 풍부한 수량과 넓게 펼쳐진 수면과 굴곡, 그리고 풍부한 어종으로 국내외의 많은 사람들이 유람을 즐기며 낚시 애호가들의 사랑을 받고 있다.

(2) 저수지

대부분의 저수지들은 농업용수를 확보하기 위해 인공으로 둑을 쌓아 물을 가두어 둔 인공호수이지만, 일부는 자연적으로 형성된 호수이다. 저수지는 농업용수뿐만 아니라 지표수의 유량조절, 용수확보, 수력발전, 그리고 관광지로 활용할 수 있는 다목적 기능을 지니고 있다.

주남저수지는 경상남도 창원시 가월리에 있다. 저수지 중앙에는 자생 갈대 섬이 있고 1년 내 강수량이 일정하며 기후가 따뜻하다. 특히 겨울철에도 결빙되지 않을 뿐만 아니라 먹이가 풍부해 한국 최대의 철새도래지이기도 하다.

경기도 포천군 영북면 산정리의 산정호수는 병풍 같은 명성산을 중심으로 산속의 우물이라 칭하며 주변경관이 수려해 연인들이 즐겨 찾는다. 또한 이곳을 중심으로 위락시설이 잘 갖추어져 있어 산정호수는 많은 사람들로부터 사랑을 받고 있는 명소이다. 한편, 충청남도 제천시의 의림저수지는 수백 년 묵은 노송과 수양버들이 주변 경관을 이루고 있으며, 특히 해빙기의 빙어가 유명하다.

3) 온천관광자원

온천은 지하수가 지열에 의해 데워져 용출하는 샘으로, 지표에서 자연용출하거나 인공적으로 끌어올린 지하수로 지층의 물보다 수온이 높으며, 기본적으로 온도·수량·성분에 따라 결정된다. 온천은 휴양시설을 비롯해 접근성이 뛰어나야 훌륭한 온천지로서의 조건을 갖추었다고 할 수 있다. 즉 훌륭한 온천지란 수온, 풍부한 용출량, 훌륭한 경관, 건강·치료·휴양, 편리한 입지조건이 잘 갖추어진 특정 지역이다.

서울에 인접한 이천온천은 나트륨 천으로 피부질환 치료 · 피부미용 · 신경통 · 부인병에 효험이 있는 것으로 잘 알려져 있다. 특히 이천 노천탕은 겨울철 실외 온천을 즐기는 사람들에게 매우 인기가 높을 뿐만 아니라, 주변에 유명한 도예지가 있어 대도시의 많은 사람들이 즐겨 찾는 장소이다.

충남 아산의 온양온천은 알칼리성의 단순천으로 세조, 영조, 정조와 인연이 깊은 역사적 온천지이다. 이 온천은 신경통 · 위장병 · 빈혈 · 부인병에 효험이 있다고 알려져 있기 때문에 일 년 내내 많은 사람들이 찾는다. 특히 주변에는 현충사를 비롯해 보관사와 백련암 등의 경승지가 많이 있어 사철 관광객이 끊이지 않는 유명한 곳이다.

충북 증원군의 수안보온천은 단수 유황라듐천으로 전국에서 손꼽히는 수질을 자랑한다. 이곳은 조령 휘양산에 둘러싸인 절경지(絶景地)로 인근에 미륵사지, 단양 8경, 조령관문이 있어 많은 사람들이 연중 즐겨 찾는다.

경남 창녕군 부곡면의 부곡온천은 조선시대부터 유명한 온천으로 한국에서 가장 수온이 높은 유황온천으로 유명하다. 1977년 주변일대가 국민관광지로 지정되어 녹지와 숙박시설이 잘 갖추어져 있어 연중 많은 관광객들이 찾는 유명한 온천지이다.

4) 동굴관광자원

동굴에는 탄광이나 금광 등의 인공동굴과 석회·용암·해식(파식)과 같이 자연적으로 생겨난 자연동굴이 있다. 석회동굴은 석순, 석주, 종유석이 장관을 이루며 물길과 폭포와 어울려 신비한 경관을 자아내기도 한다. 해식동굴은 해안가에 발달해 있으며 파도의 침식작용으로 생겨난 아름답고 신비한 동굴이다.

성류굴은 경북 울진군 근남면 왕피천에 있는 천연기념 155호로 지정된 동굴이다. 동굴의 길이는 약 800m이며 광장 3곳과 수심 4m의 연못이 있고 다양한 모양의 신비로운 경관을 자아내고 있다.

고수굴은 충북 단양군 고수리에 위치하며 1976년 천연기념물 256호로 지정되었다. 총길이는 약 1km이며 세계적으로 희귀한 길이 7m의 방패 종유석을 비롯하여 희귀한 지형이 발달된 대표적인 동굴이다.

만장굴은 북제주군 동금녕리에 있는 용암굴로 총연장 길이 약 11km의 동굴로 천연기념물 98호로 지정되었다. 이 굴의 경관은 단조롭지만 돌 거북과 용암기둥 등 패류의 용해 물로 이루어진 종유석 줄기들이 신비로움을 자아낸다. 특히 굴 내부의 21개 용암 교는 세계적으로 찾아볼 수 없는 독특한 경관을 형성하고 있다.

5) 해양관광자원

한국은 삼면이 바다로 해안선을 따라 다양한 해양관광자원이 분포되어 있다. 동해안은 태백산맥이 해안을 끼고 비교적 단조롭지만 맑은 물, 어족, 해수욕장, 온천, 동굴들이 여러 곳에 산재해 있다. 서해안과 남해안은 서한만, 경기만, 아산만, 천수만 등과 함께 태안반도, 변산반도, 수영만, 부산만 등의 만이 발달되어 있다. 한편, 남북 3000개 이상의 도서는 세계적인 관광자원으로 손색이 없으며 섬을 중심으로 한려해상 국립공원, 서해안 국립공원, 다도해상 국립공원으로 지정되어 있다.

4-2 인문관광자원

1) 인문관광자원의 개념

인문관광자원은 인간사회의 문화와 산업활동의 산물로 이루어진 자원이다. 관광지는 일반적으로 자연자원과 함께 다양한 인문관광자원으로 구성되어 있다. 인문관광자원은 사적, 고궁, 박물관, 지역문화, 행사, 풍속, 극장, 영화관, 쇼핑센터, 면세점, 동·식물원, 전시장, 모험시설, 주제공원 등과 유·무형의 자원으로 매우 다양하며, 문화관광과 산업관광을 창출하는 유인자원이다.

2) 우리나라 문화재의 현황

문화재는 우리 민족의 유구한 자주적 문화정신과 지혜가 담겨 있는 역사적 소산이며, 우리의 전통문화를 소개할 수 있는 매력적인 관광자원이다.

우리나라는 문화재보호를 위해 1962년에 「문화재보호법」을 제정하여 시행하고 있는데, 현행 「문화재보호법」(2010.2.4. 全文개정, 2012.1.26. 일부개정) 제2조 제1항에 따르면, 문화재란 "인위적이거나 자연적으로 형성된 국가적·민족적 또는 세계적 유산으로서 역사적·예술적·학술적 또는 경관적 가치가 큰 다음 각 호의 것을 말한다"고 규정하고 있다.

① 유형문화재: 건조물·전적(典籍)·서적(書跡)·고문서(古文書)·회화(繪畫)·조각·공예품 등 유형의 문화적 소산으로서 역사적·예술적 또는 학술적 가치가 큰 것과 이에 준하는 고고자료(考古資料)

② 무형문화재: 연극·음악·무용·공예기술 등 무형의 문화적 소산으로서 역사적·예술적·학술적 가치가 큰 것

③ 기념물

㉮ 절터, 옛무덤, 조개무덤, 성터, 궁터, 가마터, 유물포함층 등의 사적지(史蹟地)와 특별히 기념이 될 만한 시설물로서 역사적·학술적 가치가 큰 것

㉯ 경치 좋은 곳으로서 예술적 가치가 크고 경관이 뛰어난 것

㉰ 동물(그 서식지, 번식지, 도래지를 포함한다), 식물(그 자생지를 포함한다), 지형, 지질, 광물, 동굴, 생물학적 생성물 또는 특별한 자연현상으로서 역사적·예술적 또는 학술적 가치가 큰 것

④ 민속문화재: 의식주·생업·신앙·연중행사 등에 관한 풍속이나 관습과 이에 사

용되는 의복 · 기구 · 가옥 등으로서 국민생활의 변화를 이해하는 데 반드시 반드시 필요한 것

이러한 문화재 중 가치를 크게 지닌 것을 지정하여 '지정문화재'라 하는데, 「문화재보호법」 제2조 제2항에서는 지정문화재를 국가지정문화재, 시 · 도지정문화재, 문화재자료로 구분하여 규정하고 있다.

국가지정문화재는 문화재청장이 문화재위원회의 심의를 거쳐 지정한 문화재를 말하고, 시 · 도지정문화재는 시 · 도지사(특별시장 · 광역시장 · 특별자치시장 · 도지사 또는 특별자치도지사)가 관할구역에 있는 문화재로서 국가지정문화재로 지정되지 않은 문화재 중 보존가치가 있다고 인정되는 것을 시 · 도지정문화재로 지정된 것을 말한다. 또 문화재자료는 시 · 도지정문화재로 지정되지 아니한 문화재 중 향토문화 보존상 필요하다고 인정되는 것을 시 · 도지사가 지정한 문화재를 말한다.

〈표 6-5〉 문화재 유형분류

유형별 / 지정권자별	유형문화재		무형문화재	기념물			민속문화재
국가지정문화재	국보	보물	중요무형문화재	사적	명승	천연기념물	중요 민속문화재
시·도지정문화재	지방유형문화재		지방무형문화재	지방기념물			지방 민속문화재
문화재자료	문화재자료						

한편, 문화재청장은 문화재위원회의 심의를 거쳐 유형문화재 중 중요한 것을 보물로 지정할 수 있으며, 보물에 해당하는 문화재 중 인류문화의 관점에서 볼 때 그 가치가 크고 유래가 드문 것을 문화재위원회의 심의를 거쳐 국보로 지정할 수 있다(문화재법 제23조 제1항). 또 문화재청장은 무형문화재 중 중요한 것을 중요 무형문화재로 지정할 수 있는데, 이 때에는 해당 중요 무형문화재의 보유자(보유단체를 포함한다)를 인정하여야 한다(동법 제24조).

제 7 장

관광개발

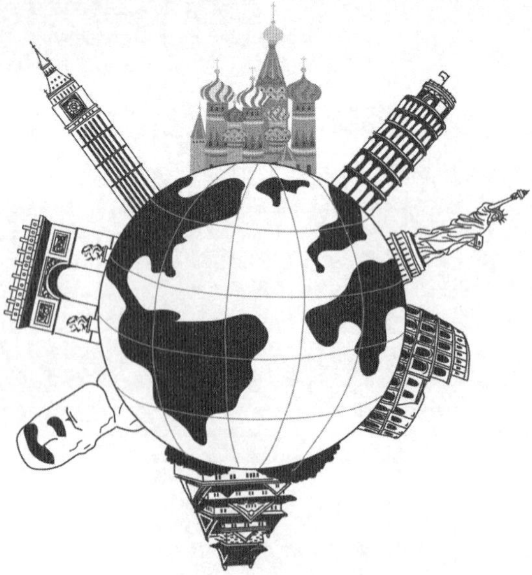

제 7 장 관광개발

제1절 관광개발의 조건과 방향

1-1 관광개발의 조건

훌륭한 관광지란 매력적인 관광자원들이 서로 연계되어 관광객을 유인할 수 있는 공간이다. 그러므로 훌륭한 관광지로서의 개발은 매력적인 관광자원이 토지의 고유성과 결합하여 연계됨으로써 상승효과를 창출할 수 있도록 계획하여야 한다. 이를 위해 먼저 개발의 목적과 범위가 지방 또는 특정한 지역을 위한 개발인지, 개발의 주체가 국가・지역・개인인지에 대해 명확하게 정의할 필요가 있다.

관광개발은 다음과 같은 조건들을 충분히 고려해야 한다.

- 전 국토의 종합적 관점에서 산업 및 생활환경의 최적화
- 정부계획에 근거한 법률적인 뒷받침
- 정부의 종합개발 방향과 방침

1-2 관광개발의 방향

오늘날 많은 사람들이 자연과 함께 건강한 삶을 영위하기를 갈망한다. 이러한 경향은 지속가능한 자연친화적 관광개발에 대한 사회적 압력으로 작용한다. 오늘날 관광개발의 핵심은 자연환경에 부정적인 영향을 최소화할 수 있는 지속가능한 관광에 있다. 지속가능한 관광개발은 이용과 보존의 상충적 관계로 인해 실현하기 어려운 이상적인 목표일지도 모르지만, 이를 실현하기 위해 생태관광(ecotourism), 문화관광(cultural tourism), 녹색관광(green tourism) 등의 대안관광에 대한 사회적 동조화(同調化) 현상이

점점 더 고조되고 있다.

오늘날 관광개발의 철학은 지속가능한 관광개발(sustainable tourist development)이다. 지속가능한 관광(sustainable tourism)은 관광으로 인한 자연과 역사적 · 문화적 가치의 훼손을 방지하고 고유성을 보존하는 한편 관광객의 경험뿐만 아니라 관광수용지역사회의 생활환경을 최적화함으로써 후세에 지속적으로 존속시켜 나갈 수 있는 우리 사회의 이상적 목표이다. 이의 실천방안인 대안관광(alternative tourism)이란 자연환경에 미치는 부정적인 영향을 최소화함으로써 지속가능한 이상적인 목표를 현실적으로 실현할 수 있는 지속관광의 대안이다.

1-3 지속가능한 관광개발 사례: 생태관광 우포늪

경남 창녕군 유아면, 이방면, 그리고 대합면에 걸쳐 국유, 공유, 사유지로 이루어진 창녕 우포늪 천연보호구역은 수많은 동식물을 품에 안은 생명의 땅이다. 전체 면적은 약 70만 평으로 축구장 210개를 합쳐놓은 국내 최대의 자연내륙습지로, 람사르 협약에 의해 국제보호습지로 지정된 천연기념물 제524호이다. 원시적 저층 늪 그대로 간직해온 우포늪은 희귀동식물들이 서식하며 동식물의 천국을 이루고 있는 천연의 자연경관을 간직한 자연환경보전지역으로 살아 있는 자연사 박물관으로 불린다.

우포늪은 1억 4000만년 전 공룡이 살았던 중생대 백악기에 해수면이 급상승하고 낙동강 유역의 지반이 내려앉으면서 강물이 흘러들어 늪지와 자연호수가 생겨나면서 우포늪이 생성되기 시작했다. 예로부터 인근 주민들이 소를 풀어 키우던 곳이라 해서 우포(牛浦)로 불린 이곳은 무분별한 개발과 농경지 확장으로 10여 개의 늪이 사라졌으며 1960년대까지 백조 도래지로 유명했다.

1997년 생태계보존지역으로 지정되었고, 1998년 람사르 조약에 의해 국제보호습지로 지정되어 보호 관리되고 있는 이곳은 한국 전체 식물 종류의 약 10%인 430여 종의 식물이 서식하고 있으며, 그중 수생식물이 차지하는 비율은 50~60%나 된다. 그리고 천연기념물인 노랑부리저어새를 비롯해 쇠물닭, 논병아리 등의 텃새와 청둥오리, 쇠오리, 기러기 등의 겨울 철새들이 이곳을 찾고 있으며, 28종의 어류가 서식하고 있다. 늪의 바닥은 수천만년 전부터 숱한 생명체들이 나고 죽기를 거듭하며 쌓인 부식층으로 단단하고, 수면의 높이는 평상시에 1~2m를 유지하고 있다. 우포늪 입구와 우포늪 자연생태관에서는 습지에 서식하는 조류, 어류, 양서류, 포유류 등 야생 동물에 관한 자료들을 전시하는 한편 관람객들의 습지 이해에 많은 도움을 주고 있다.

우포늪은 습지를 터전으로 살아가는 다양한 생물들의 보금자리로, 1970년대 개발을 목적으로 매립공사가 진행되다가 비용과 기술력의 부족으로 중지되었고, 1990년 중반에 늪 부근에 생활 쓰레기 매립장이 조성되다가 중단되었다. 그 이후 시민단체와 정부의 공동노력에 의해 우포늪을 람사르 습지로 등록하려 했지만 지역주민의 반대로 무산되었다가 시민단체와 정부가 지역주민을 설득한 끝에 1997년 7월 우포늪 자연생태계보전지역으로 지정하고, 이듬해인 1998년 3월에 물새 서식처로서 중요한 습지보호에 관한 협약인 람사르 협약에 등록하여 람사르 습지로 지정하였다.

자연생태계 보전지역과 람사르 습지로 등록된 이후에 우포늪은 예전에 비해 훼손이 훨씬 줄어들었다. 인간의 간섭이 줄어들면서 이곳에서 살아가는 생물들의 개체수가 증가하는 한편, 각종 야생 조류들이 많이 날아들고 있다.

제2절 개발계획의 수립

관광개발은 가장 먼저 올바른 개발계획의 수립에서 출발해야 한다. 그리고 관광개발계획은 개발의 기본적인 철학과 일련의 실천과정을 제시해 주어야 한다. 즉 계획은 개발에 앞서 기본계획의 수립으로, 이는 구체적 계획수립을 위한 개발전반에 대한 기본적이며 체계적 지침과 절차를 제시하는데 있다. 그러므로 기본개발 계획은 개발의 목표를 명확히 하고 이의 실현을 위한 총체적 지침을 제시해야 한다.

Gunn이 제시한 개발계획모델은 5가지 단계인 목표, 조사·분석, 종합, 창조, 그리고 관리 단계로 요약된다.[1] 관광개발은 광범위한 환경분석을 근거로 계획을 수립하는 한편 공익성에 우선하여야 한다. 개발계획은 개발의 준비과정이며 선택을 구체화하기 위한 기본적인 수단으로, 다음과 같은 이점을 극대화할 수 있도록 하여야 한다.

- 계획수립은 개발의 체계적 사고를 일깨워준다.
- 계획수립은 개발 및 개발 후의 관리노력이 훌륭하게 조정되도록 이끌어준다.
- 계획수립은 통제를 위한 성과표준을 제시해 준다.
- 계획수립은 개발의 목표와 정책을 구체화해 준다.
- 계획수립은 예기치 못한 변화와 상황에 훌륭한 대응지침을 제공해 준다.

1) Gunn, Clare A., *Tourism Planning,* New York : Crane Russak, 1979.

• 계획수립은 개발의 책임과 권한의 관계를 명확히 제시해 준다.

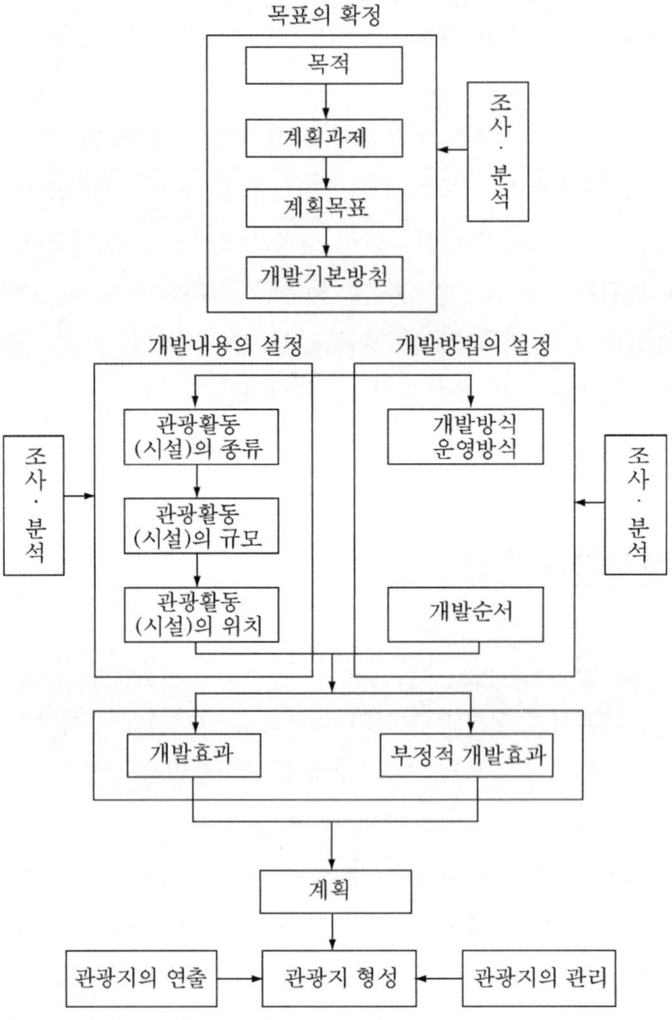

[그림 7-1] 관광개발 계획수립

미주리 대학의 연구팀은 관광개발계획의 단계를 자원조사, 수요의 규모, 수요의 성향, 목표의 설정, 대안의 평가, 대안의 선택, 시행의 준비, 시행, 그리고 평가인 8가지로 제시하고 각 단계에서 지역주민의 의견을 반드시 수렴할 것을 제안했다.[2)]

한편, 일본관광협회는 관광계획에 다음의 사항을 명확히 제시할 것과 상황에 따라

2) The University of Missouri, Department of Park Administration, "Tourism U.S.A : Guidelines for Tourism Development", 1989.

계획의 시행과정에서 수정 및 보완할 것을 강조했다.

첫째, 명확한 개발목표

① 개발목적과 함께 무엇을 위한 개발계획인지를 포괄적으로 명시한다.

② 목적의 구체화를 위한 개발과제를 제시한다.

③ 관광계획의 목표달성을 위한 기간을 명시한다.

④ 개발의 기본방침과 목표달성을 위한 개발의 내용과 방법을 결정한다.

둘째, 명확한 개발내용

① 관광활동 및 시설의 종류를 구체적으로 제시한다.

② 관광활동의 유형과 시설의 수용력을 제시한다.

③ 관광활동을 위한 시설의 배치를 제시한다.

셋째, 명확한 개발방법

① 개발 주체와 방식을 제시한다.

② 개발의 순서를 명시한다.

넷째, 명확한 개발영향의 예측

① 바람직한 개발의 내용과 효과를 예측한다.

② 개발주최, 관광객, 지역민, 그리고 관광자원의 효과를 예측한다.

요약하자면, 관광개발계획은 누가, 무엇을, 언제, 어디서, 어떠한 방법으로 진행하며 그 영향을 어떻게 통제할 것인지를 명확히 제시해 주어야 한다.

제3절 관광개발의 유형

관광개발은 관광자원 자체의 성격을 최대한 살려 관광가치를 높임으로써 관광객을 유치하는데 주된 목적을 두어야 한다. 관광지의 개발은 개발방법에 따라 몇 가지의 유형을 들 수 있다. 이는 관광자원의 비교우위성, 교통편, 지명도에 의해 관광개발의 방법이 달라지기 때문이다.

관광개발의 유형은 학자마다 견해가 다르지만, 일반적으로 ① 자연관광자원 활용형, ② 인문관광자원 활용형, ③ 교통편 활용형, ④ 지명도 활용형, ⑤ 관광대상 창조형, ⑥ 지역산업 활용형으로 구분할 수 있다.

3-1 자연관광자원 활용형

관광의 매력성이나 관광자원이 전혀 없는 지역에서 관광개발을 추진한다는 것은 일반적으로 대단히 곤란하다. 따라서 자연의 혜택이나 문화재 등을 중심으로 관광자원의 가치를 살리는 방법이 관광개발의 수법으로 가장 일반적이다. 관광자원의 가치가 같은 종류의 다른 것과 비교하여 빼어나면 빼어날수록 관광개발은 쉽게 된다. 따라서 관광자원은 자연관광자원과 인문관광자원으로 나눌 수 있으며, 관광개발의 유형으로서 우선 자연관광자원 활용형을 들 수 있다. 구체적인 사례로서는 산악관광지, 해안관광지와 온천관광지를 들 수 있다. 여기에서는 주로 자연의 감상, 온천의 탕치(湯治), 피서(避暑), 피한(避寒), 스키, 해수욕 등의 관광활동이 이루어지고 있다.

3-2 인문관광자원 활용형

관광자원의 가치를 활용하는 유형의 관광개발에는 자연관광자원 활용형과 함께 인문관광자원 활용형이 있다. 인문관광자원을 활용하는 개발방식으로는 우리 일상생활과 관련 있는 관습이나 풍속 및 유물, 유서깊은 옛사찰(古寺刹)이나 교회, 민속(民俗) 등 역사적 유적지나 문화재 등을 활용한다.

인문관광자원 활용형의 관광개발을 추진함에 있어서 유의하여야 할 점은 자원의 가치를 충분히 보호하는 것이다. 그런데 관광개발이 자원가치의 보호에 있어서 장기적인 계획과 구체적인 시책이 결여될 경우에는 관광자원의 가치가 감소하게 되어 관광지로서 관광객에 대한 유인력을 상실하게 된다.

3-3 교통편 활용형

관광자원 활용형이 관광개발의 가장 일반적인 방법인 것이나, 관광자원의 비교우위성만으로 관광개발이 성공한다고는 할 수 없다. 관광객이 일상생활권을 떠나서 관광지까지 이동하는 문제, 곧 접근성의 문제가 현대에 있어서는 관광지의 가치를 형성하는 중요한 요인으로 작용하고 있다.

교통수단의 정비는 관광목적보다는 생활환경의 향상이나 경제활동의 추진목적으로 사회기반시설을 갖추고 교통체계를 정비함에 따라 파생적으로 관광개발이 가능해지는 수도 있다. 다시 말해 교통시설 이용상의 편의와 이점을 살리는 방법으로 고속도로의 인터체인지, 철도의 정차역, 도로변 휴게소, 항만·공항 등의 주변은 관광자원의 가치가 그다지 뛰어나지 않아도 관광개발이 가능하게 되는 것이다.

3-4 지명도 활용형

일반적으로 관광객이 어떤 장소를 방문하는 것은 그 장소에 있는 어떠한 관광자원의 가치가 높은 것을 알고 있던가 또는 알려져 있기 때문일 것이다. 관광자원으로서 비교우위성이 아무리 높다고 하더라도 사람들이 그것을 알지 못한다면, 실제 관광행동으로 옮겨지지 못하게 된다. 반대로 관광자원의 가치가 그다지 우수하지 못한 경우라도 잘 알려져 있는 경우에는 관광개발이 가능하게 된다. 결국 어떤 장소가 관광의 매력을 가진 장소로서 높은 지명도를 가질 경우 그것을 활용한 관광개발이 가능하게 되는 것이다.

3-5 관광대상 창조형

관광개발에 있어 특정 매력이 없는 관광대상일 경우에는 인위적으로 관광대상을 창조한다든지, 인위적으로 개발의 저해조건을 해소시키는 방법도 있다. 그러나 이러한 유형은 다른 유형에 비해 대단히 어렵고, 관광의 대중화를 배경으로 하여 공공기관이 적극적으로 관광개발에 참여하는 경우나, 또는 민간대기업의 경우가 아니고서는 실현시키기 어렵다. 따라서 공공기관이나 민간대기업은 관광개발을 함에 있어서 인위적인 관광대상의 창조나 저해요인의 해소를 위해 노력해야 한다.

3-6 지역산업 활용형

지역특성을 기반으로 해서 관광활동을 연계시킬 수 있는 개발형태로서 관광농업, 관광임업, 관광어업 등을 활용하여 관광토산품, 향토음식, 민속축제와 같은 이벤트를 관광상품으로 개발하는 방식이다. 이는 지방자치 시대와 더불어 지역경제발전의 수단으로서 그 가치가 높게 평가됨에 따라 관광개발의 중요성이 강조되고 있다.

제4절 관광지 및 관광단지의 개발[3)]

4-1 관광개발기본계획 및 권역별 관광개발계획

1) 관광개발기본계획의 수립

문화체육관광부장관은 관광자원을 효율적으로 개발하고 관리하기 위하여 전국을 대상으로 하여 관광개발기본계획(이하 "기본계획"이라 한다)을 수립하여야 한다(관광진흥법 제49조 1항).

이 규정에 따른 '기본계획'으로는 1990년 7월에 수립된 제1차 관광개발기본계획(1992~2001년)과 2001년 8월에 수립된 제2차 관광개발기본계획(2002~2011년)은 이미 완료되었고, 현재는 2011년 12월 26일 수립·공고한 제3차 관광개발기본계획(2012~2021년)을 시행하고 있다.

제1차 '기본계획'에서는 전국을 5대 관광권, 24개 소관광권으로 권역화하여 각각의 권역별 개발구상을 제시하였던 것이나, 이 계획을 집행함에 있어서 관광권역과 집행권역(today 시·도)의 불일치로 인해 '기본계획'과 '권역계획'의 실천성 미흡 등의 문제점이 노출되었다. 이에 따라 제2차 '기본계획'에서는 이를 시정·개선하기 위하여 행정권중심의 관광권역인 16개 광역지방자치단체를 기준으로 관광권역을 단순화하고, 각 시·도별 특성에 맞는 권역별 관광개발기본방향을 설정·제시하였던 것이다.

제3차 '기본계획(2012~2021년)'은 제2차 '기본계획(2002~2011년)' 수립 이후 급변하는 환경변화에 대응하는 새로운 비전과 전략을 제시하며, 국제경쟁력을 갖춘 관광발전 기반을 구축하고 국민 삶의 질과 지역발전에 기여하기 위해 전국 관광개발의 기본방향을 미래지향적으로 제시하는 계획이다.

제3차 기본계획(2012~2021년)은 향후 관광개발의 기본방향과 추진전략 등을 반영하여 수도관광권(서울·경기·인천), 강원관광권, 충청관광권, 호남관광권, 대구·경북관광권, 부·울·경관광권(부산·울산·경남) 및 제주관광권 등 7개 광역경제권을 계획 관광권역으로 설정하였으며, 또한 해안을 중심으로 한 동·서·남해안 관광벨트 등 6개 초광역 관광벨트도 설정하여 7개 계획권역을 연계·보완하였다. 여기서 초광역 관광벨트란 백두대간 생태문화 관광벨트, 한반도 평화생태 관광벨트, 동해안 관광

3) 조진호 외 4인 공저, 『관광법규론』, 현학사, 2014, pp.281-287.

벨트, 서해안 관광벨트, 남해안 관광벨트, 강변생태문화 관광벨트 등을 말한다.

〈그림 7-2〉 우리나라 7개 광역관광권

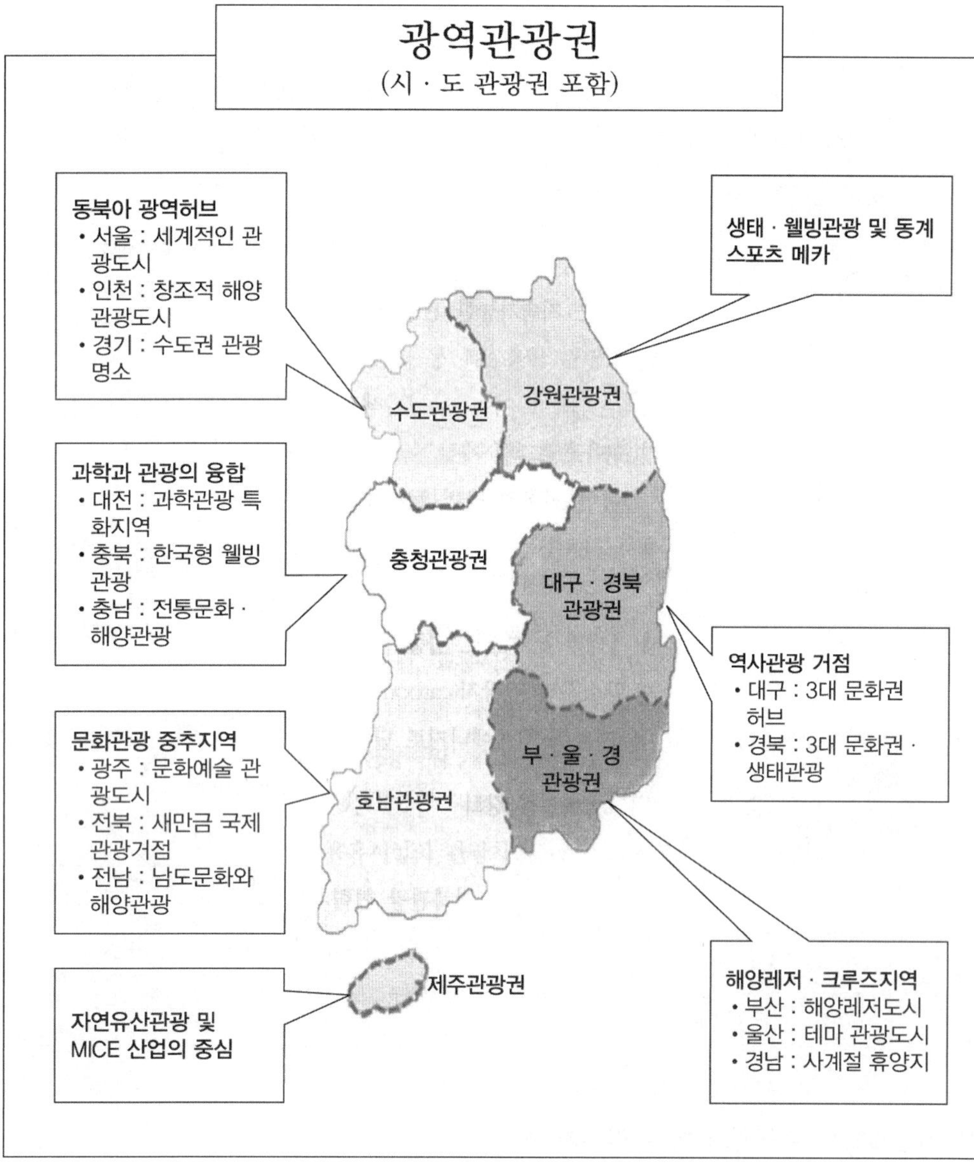

〈그림 7-3〉 우리나라 6개 초광역 관광벨트

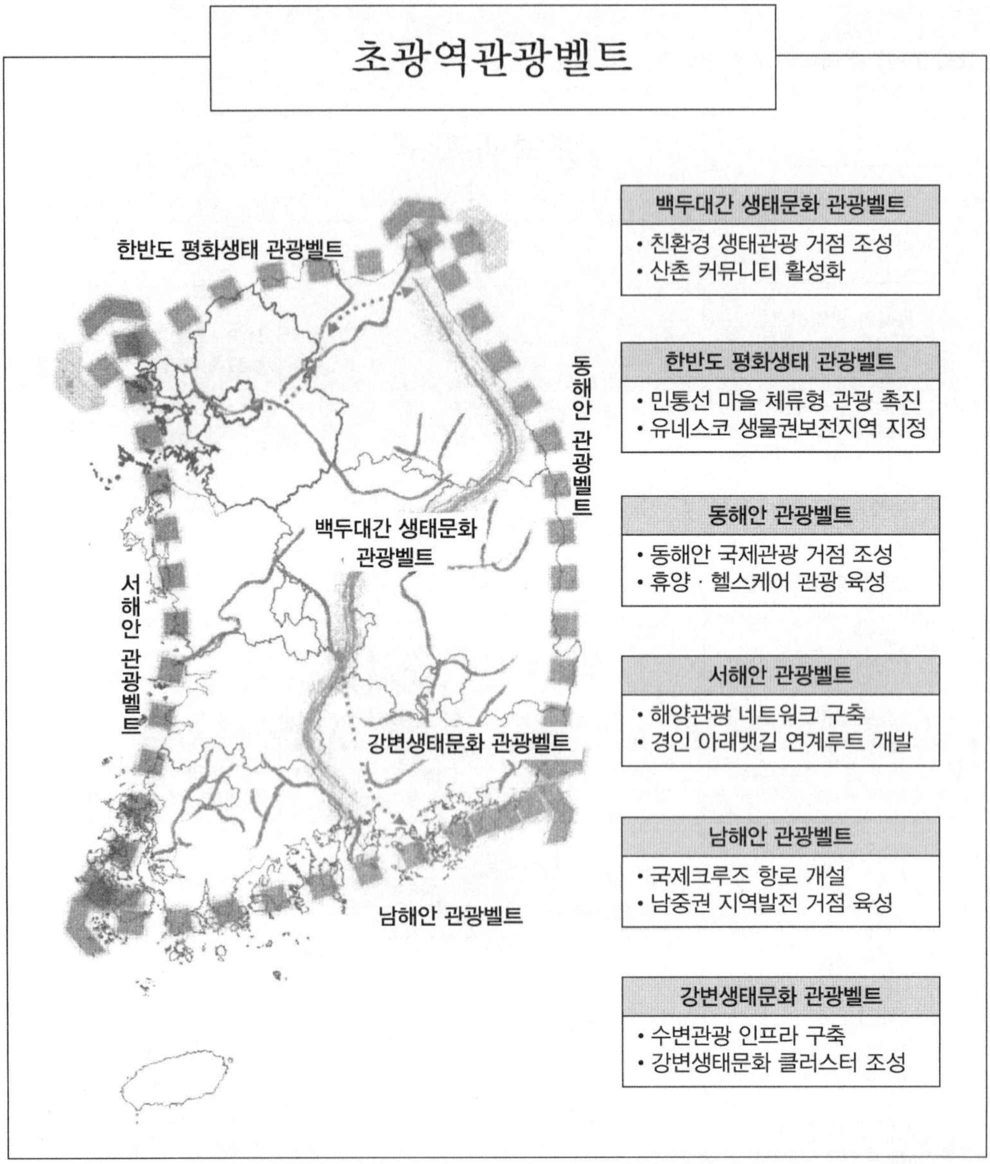

(1) '기본계획'의 수립권자 및 수립시기

기본계획은 문화체육관광부장관이 매 10년마다 수립한다(동법 시행령 제42조).

(2) '기본계획'에 포함되어야 할 내용

1. 전국의 관광여건과 관광동향(動向)에 관한 사항

2. 전국의 관광수요와 공급에 관한 사항
3. 관광자원의 보호 · 개발 · 이용 · 관리 등에 관한 기본적인 사항
4. 관광권역(觀光圈域)의 설정에 관한 사항
5. 관광권역별 관광개발의 기본방향에 관한 사항
6. 그 밖에 관광개발에 관한 사항

(3) '기본계획'의 수립 및 변경절차

기본계획의 수립은 시 · 도지사가 기본계획의 수립에 필요한 관광개발사업에 관한 요구서를 문화체육관광부장관에게 제출하면 문화체육관광부장관은 이를 종합 · 조정하여 기본계획을 수립하고 공고하여야 한다(동법 제50조 1항). 또 문화체육관광부장관은 수립된 기본계획을 확정하여 공고하려면 관계부처의 장과 협의하여야 한다. 확정된 기본계획을 변경하는 절차도 같다(동법 제50조 2항 · 3항).

문화체육관광부장관은 관계기관의 장에게 기본계획의 수립에 필요한 자료를 요구하거나 협조를 요청할 수 있고, 그 요구 또는 협조요청을 받은 관계기관의 장은 정당한 사유가 없으면 요청에 따라야 한다(동법 제50조 4항).

2) 권역별 관광개발계획의 수립

시 · 도지사(특별자치도지사는 제외)는 '기본계획'에 따라 구분된 권역을 대상으로 하여 권역별 관광개발계획(이하 "권역계획"이라 한다)을 수립하여야 한다. 다만, 둘 이상의 시 · 도에 걸치는 지역이 하나의 권역계획에 포함되는 경우에는 관계되는 시 · 도지사와의 협의에 따라 수립하되, 협의가 성립되지 아니한 경우에는 문화체육관광부장관이 지정하는 시 · 도지사가 수립하여야 한다(동법 제49조 제2항 및 제51조 제1항).

이 규정에 의한 '권역계획'으로는 제1차 관광개발기본계획(1992~2001년)에 따른 제1차권역계획(1992~1996년)과 제2차권역계획(1997~2001년) 및 제2차 관광개발기본계획(2002~2011년)에 따른 제3차권역계획(2002~2006년)과 제4차권역계획(2007~2011년)은 이미 완료되었으며, 현재에는 제3차 관광개발기본계획(2012~2021년)에 따른 제5차권역계획(2012~2016년)이 시행 중에 있다.

한편, 제주특별자치도의 경우 도지사가 도의회의 동의를 얻어 수립하는 '국제자유도시의 개발에 관한 종합계획'에는 "관광산업의 육성 및 관광자원의 이용 · 개발 및 보전에 관한 사항"을 포함시키고 있는데, 이 종합계획에 따라 제주권역의 관광개발사업을 시행하고 있기 때문에, 제주특별자치도에서는 "권역계획"을 따로 수립하지 아니한다.

(1) 권역계획의 수립권자 및 수립시기

권역계획은 시 · 도지사(특별자치도지사는 제외)가 매 5년마다 수립한다.

(2) 권역계획에 포함되어야 할 내용

1. 권역의 관광여건과 관광동향에 관한 사항
2. 권역의 관광 수요와 공급에 관한 사항
3. 관광자원의 보호 · 개발 · 이용 · 관리 등에 관한 사항
4. 관광지 및 관광단지의 조성 · 정비 · 보완 등에 관한 사항
5. 관광지 및 관광단지의 실적 평가에 관한 사항
6. 관광지 연계에 관한 사항
7. 관광사업의 추진에 관한 사항
8. 환경보전에 관한 사항
9. 그 밖에 그 권역의 관광자원의 개발, 관리 및 평가를 위하여 필요한 사항

(3) 권역계획의 수립 및 변경절차

① 권역계획은 그 지역을 관할하는 시 · 도지사(특별자치도지사는 제외)가 수립하여야 한다.

② 시 · 도지사(특별자치도지사는 제외)는 수립한 권역계획을 문화체육관광부장관의 조정과 관계 행정기관의 장과의 협의를 거쳐 확정하여야 한다. 이 경우 협의 요청을 받은 관계 행정기관의 장은 특별한 사유가 없는 한 그 요청을 받은 날부터 30일 이내에 의견을 제시하여야 한다.

③ 이상의 절차는 확정된 권역계획을 변경하는 경우에 준용한다. 다만, 대통령령으로 정하는 경미한 사항의 변경에 대하여는 관계부처의 장과의 협의를 갈음하여 문화체육관광부장관의 승인을 받아야 한다.

4-2 관광지등의 지정

1) 관광지등의 의의

여기서 '관광지등'이란 관광지 및 관광단지를 말한다.

(1) 관광지

관광지란 자연적 또는 문화적 관광자원을 갖추고 관광객을 위한 기본적인 편의시

설을 설치하는 지역으로서 「관광진흥법」에 따라 지정된 곳을 말한다. 그러므로 관광객이 이용하는 지역이라고 해서 무조건 관광지가 되는 것은 아니고, 「관광진흥법」에 의하여 관광지로 지정을 받지 않으면 관광지라고 할 수 없으며, 관광개발의 대상도 될 수 없다. 2013년 12월 말 기준으로 전국에 지정된 관광지는 총 225개소이다.[4)]

(2) 관광단지

관광단지란 관광객의 다양한 관광 및 휴양을 위하여 각종 관광시설을 종합적으로 개발하는 관광거점지역으로서 「관광진흥법」에 따라 지정된 곳을 말한다. 2013년 12월 말 기준으로 전국에 지정된 관광단지는 36개소이다.[5)]

2) 관광지등의 지정권자

관광지 및 관광단지(이하 "관광지등"이라 한다)는 시장 · 군수 · 구청장의 신청에 의하여 시 · 도지사가 지정한다. 다만, 특별자치도의 경우에는 특별자치도지사가 지정한다.

3) 관광지등의 지정절차

(1) 관광지등의 지정신청 등

관광지등의 지정 및 지정취소 또는 그 면적의 변경(이하 "지정등"이라 한다)을 신청하려는 자는 '관광지(관광단지)지정등신청서'에 구비서류를 첨부하여 특별시장 · 광역시장 · 도지사에게 제출하여야 한다. 특별자치도의 경우에는 '도조례'로 정하는 바에 따른다.

(2) 관광지등의 지정

① 시 · 도지사(특별자치도지사는 제외)는 '지정등'의 신청을 받은 경우에는 관광지등의 개발필요성, 타당성, 관광지 · 관광단지의 구분기준, 그리고 관광개발기본계획 및 권역별 관광개발계획에 적합한지 등을 종합적으로 검토하여야 한다.

② 시 · 도지사(특별자치도지사는 제외)가 관광지등을 지정하려면 사전에 문화체육관광부 장관 및 관계 행정기관의 장과 협의하여야 한다. 다만, 「국토의 계획 및 이용에 관한 법률」(이하 "국토계획법"이라 한다)에 따라 계획관리지역으로 결정 · 고시된 지역을 관광지등으로 지정하는 경우에는 협의하지 아니한다. 이 경

4) 문화체육관광부, 2013년 기준 관광동향에 관한 연차보고서, pp.127-128.
5) 문화체육관광부, 전게 2013년 기준 연차보고서, pp.129-132.

우에 협의요청을 받은 문화체육관광부장관 및 관계 행정기관의 장은 특별한 사유가 없는 한 그 요청을 받은 날부터 30일 이내에 의견을 제시하여야 한다.

제5절 관광특구의 지정

5-1 관광특구의 지정

1) 관광특구의 의의

관광특구는 외국인 관광객의 유치 촉진 등을 위하여 관광시설이 밀집된 지역에 대해 야간 영업시간 제한을 배제하는 등 관광활동을 촉진하고자 1993년에 도입된 제도이다. 「관광진흥법」은 제2조에서 관광특구란 외국인 관광객의 유치 촉진 등을 위하여 관광활동과 관련된 관계법령의 적용이 배제되거나 완화되고, 관광활동과 관련된 서비스 · 안내체계 및 홍보 등 관광여건을 집중적으로 조성할 필요가 있는 지역으로서 시장 · 군수 · 구청장의 신청(특별자치도의 경우는 제외한다)에 따라 시 · 도지사가 지정한 곳을 말한다.[6)]

2) 관광특구의 지정요건

(1) 관광특구의 지정신청자 및 지정권자

관광특구는 관광지등 또는 외국인 관광객이 주로 이용하는 지역 중에서 시장 · 군수 · 구청장의 신청(특별자치도의 경우는 제외한다)에 의하여 시 · 도지사가 지정한다.

1. 지정신청자 ― 시장 · 군수 · 구청장
2. 지정권자 ― 시 · 도지사

---

6) 우리나라 관광특구는 제주도, 경주시, 설악산, 유성, 해운대 등 5곳이 1994년 8월 31일 처음으로 지정된 이래, 2005년 12월 30일 충북 단양 · 매포읍 일원(2개읍 5개리)의 '단양관광특구'와 2006년 3월 22일 서울 광화문 빌딩에서 숭인동 네거리 간의 청계천쪽 전역(세종로, 신문로1가, 종로1~6가, 창신동 일부, 서린동, 관철동, 관수동, 장사동, 예지동 전역)의 '종로 · 청계관광특구'를 지정하였고, 2008년 5월 14일 부산광역시 중구 부평동, 광복동, 남포동 지역의 '용두산 · 자갈치관광특구'를 새로 지정하여 2013년 12월 말 기준으로 13개 시 · 도에 28곳이 지정되어 있다(문화체육관광부, 전게 2013년기준 연차보고서, pp.151-153).

(2) 관광특구의 지정요건

관광특구로 지정될 수 있는 지역은 다음과 같은 요건을 모두 갖춘 지역으로 한다.

1. 문화체육관광부장관이 고시하는 기준을 갖춘 통계전문기관의 통계결과 해당 지역의 최근 1년간 외국인 관광객 수가 10만명(서울특별시는 50만명) 이상일 것
2. 지정하고자 하는 지역 안에 관광안내시설, 공공편익시설, 숙박시설, 휴양·오락시설, 접객시설 및 상가시설 등이 갖추어져 있어 외국인 관광객의 관광수요를 충족시킬 수 있는 지역일 것
3. 임야·농지·공업용지 또는 택지 등 관광활동과 직접적인 관련성이 없는 토지가 관광특구 전체 면적의 10퍼센트를 초과하지 아니할 것
4. 위 1호부터 3호까지의 요건을 갖춘 지역이 서로 분리되어 있지 아니할 것

3) 관광특구의 지정절차

(1) 지정신청

관광특구의 지정·지정취소 또는 그 면적의 변경(이하 "지정등"이라 한다)을 신청하려는 시장·군수·구청장은 '관광특구지정등신청서'에 소정의 서류를 첨부하여 특별시장·광역시장·도지사에게 제출하여야 한다. 다만, 관광특구의 지정취소 또는 그 면적 변경의 경우에는 그 취소 또는 변경과 관계되지 아니하는 사항에 대한 서류는 이를 첨부하지 아니한다.

(2) 적합성 여부 등 검토

특별시장·광역시장·도지사는 관광특구 지정등의 신청을 받은 경우에는 관광특구로서의 개발필요성, 타당성, 관광특구의 지정요건 및 관광개발계획에 적합한지 등을 종합적으로 검토하여야 한다.

(3) 관계 행정기관의 장과의 협의

관광지나 관광단지의 지정에서처럼 시·도지사가 관광특구를 지정하려는 경우에는 관계 행정기관의 장과 협의를 하여야 한다.

5-2 관광특구의 진흥계획

1) 관광특구진흥계획의 수립 · 시행

(1) 관광특구진흥계획의 수립

특별자치도지사 · 특별자치시장 · 시장 · 군수 · 구청장은 관할구역 내 관광특구를 방문하는 외국인관광객의 유치 촉진 등을 위하여 관광특구진흥계획(이하 "진흥계획"이라 한다)을 수립하고 시행하여야 한다. 그리고 '진흥계획'을 수립하기 위하여 필요한 때에는 해당 시 · 군 · 구 주민의 의견을 들을 수 있다.

(2) '진흥계획'에 포함되어야 할 사항

특별자치도지사 · 특별자치시장 · 시장 · 군수 · 구청장은 다음 각 호의 사항이 포함된 '진흥계획'을 수립 · 시행한다.

1. 외국인 관광객을 위한 관광편의시설의 개선에 관한 사항
2. 특색 있고 다양한 축제, 행사, 그 밖에 홍보에 관한 사항
3. 관광객 유치를 위한 제도개선에 관한 사항
4. 관광특구를 중심으로 주변지역과 연계한 관광코스의 개발에 관한 사항
5. 그 밖에 관광질서 확립 및 관광서비스 개선 등 관광객 유치를 위하여 필요한 다음과 같은 사항
   가. 범죄예방 계획 및 바가지 요금 · 퇴폐행위 · 호객행위 근절대책
   나. 관광불편신고센터의 운영계획
   다. 관광특구 안의 접객시설 등 관련시설 종사원에 대한 교육계획
   라. 외국인 관광객을 위한 토산품 등 관광상품 개발 · 육성계획

(3) '진흥계획'의 타당성 검토

특별자치도지사 · 특별자치시장 · 시장 · 군수 · 구청장은 수립된 '진흥계획'에 대하여 5년마다 그 타당성 여부를 검토하고 진흥계획의 변경 등 필요한 조치를 하여야 한다.

2) 관광특구진흥계획의 집행상황 평가

(1) 관광특구에 대한 평가 등

문화체육관광부장관 및 시 · 도지사는 관광특구진흥계획의 집행상황을 평가하고, 우수한 관광특구에 대하여는 필요한 지원을 할 수 있다. 그리고 시 · 도지사는 관광특

구진흥계획의 집행상황에 대한 평가의 결과 관광특구지정요건에 맞지 아니하거나 추진실적이 미흡한 관광특구에 대하여는 관광특구의 지정취소 · 면적조정 · 개선권고 등 필요한 조치를 할 수 있다.

(2) 관광특구의 평가에 대한 조치 등

① 평가주기 및 평가방법 — 시 · 도지사는 진흥계획의 집행상황을 연 1회 평가하여야 하며, 평가시에는 관광관련 학계 · 기관 및 단체의 전문가와 지역주민, 관광관련 업계종사자가 포함된 평가단을 구성하여 평가하여야 한다.

② 평가결과 보고 — 시 · 도지사는 평가결과를 평가가 끝난 날부터 1개월 이내에 문화체육관광부장관에게 보고하여야 하며, 문화체육관광부장관은 시 · 도지사가 보고한 사항 외에 추가로 평가가 필요하다고 인정되면 진흥계획의 집행상황을 직접 평가할 수 있다.

③ 평가결과에 따른 지정취소 및 개선권고 — 시 · 도지사는 진흥계획의 집행상황에 대한 평가결과에 따라 다음 각 호의 구분에 따른 조치를 할 수 있다.

1. 관광특구의 지정요건에 3년 연속 미달하여 개선될 여지가 없다고 판단되는 경우에는 관광특구 지정취소
2. 진흥계획의 추진실적이 미흡한 관광특구로서 아래(제3호)의 규정에 따라 개선권고를 3회 이상 이행하지 아니한 경우에는 관광특구 지정취소
3. 진흥계획의 추진실적이 미흡한 관광특구에 대하여는 지정면적의 조정 또는 투자 및 사업계획 등의 개선 권고

5-3 관광특구에 대한 지원

1) 관광특구의 진흥을 위한 지원

국가나 지방자치단체는 관광특구를 방문하는 외국인관광객의 관광활동을 위한 편의증진 등 관광특구 진흥을 위하여 필요한 지원을 할 수 있다.

2) 관광진흥개발기금의 지원

문화체육관광부장관은 관광특구를 방문하는 관광객의 편리한 관광활동을 위하여 관광특구 안의 문화 · 체육 · 숙박 · 상가시설로서 관광객 유치를 위하여 특히 필요하다고 인정되는 시설에 대하여 「관광진흥개발기금법」에 따라 관광진흥개발기금을 대

여하거나 보조할 수 있다.

5-4 관광특구 내 영업시간 및 영업행위에 관한 특례

관광특구 안에서는 「식품위생법」 제43조에 따른 영업제한에 관한 규정을 적용하지 아니한다(관광진흥법 제74조). 즉 「식품위생법」은 제43조에서 시 · 도지사는 영업의 질서 또는 선량한 풍속을 유지하기 위하여 필요하다고 인정하는 경우에는 식품접객업자 및 그 종업원에 대하여 영업시간 및 영업행위에 관한 필요한 제한을 할 수 있도록 규정하고 있지만, 관광특구 안에서는 영업시간 및 영업행위에 관한 제한규정을 적용하지 않는다는 것이다.

제 8 장

국제관광

제8장 국제관광

제1절 국제관광의 의미

관광은 세계평화를 가져다주는 훌륭한 수단으로 사람들은 관광을 통해 다른 지역의 문물을 접하며 타 지역의 사람들과 소통하며 이해한다. 다시 말해 관광은 타 문화와 소통하는 중요한 수단이다. 문화란 무엇인가? 그리고 문화가 관광행동에 영향을 미치는 이유는 무엇인가?

1-1 국제관광과 문화

문화(culture)란 어떤 사회집단이 공유하는 신념·가치·태도·습관·전통·관습, 그리고 생활양식에 의한 복합적인 사회현상이다. 우리는 누구나 특정 사회의 문화에서 태어나 적응하며 친숙해 진다. 다시 말해 우리는 특정 사회의 문화 속에서 가족과 다양한 사회의 구성원들로부터 문화를 학습받으며 생활을 영위한다. 그러므로 문화는 관광행동에 가장 광범위하며 포괄적으로 영향을 미치는 요인이다.

문화는 개인의 욕구와 행동에 영향을 미치는 가장 근본적인 요소이다. 문화가 행동을 결정짓는 가장 근본적인 이유는 인간의 행동이 문화의 영향에서 비롯하여 개인의 행동적·심리적 특성으로 이어지기 때문이다. 문화는 어떤 사회가 공유하는 태도 및 생활양식이기 때문에 소속된 사회의 음식, 건물, 의복, 예술, 풍습, 전통과 같이 유·무형의 가치체계와 밀접하게 관계된다. 문화는 가장 광범위한 사회집단의 생활방식으로, 그 사회에서 수용하는 언어와 행동방식을 통해 사회적 교류에 영향을 미친다. 문화는 지속적이지만, 구체적인 문화는 시간의 경과에 따라 변화된다. 즉 시대적으로 두드러지게 나타나는 구체적인 문화는 시대적 환경에 따라 변화되지만, 본질적인 문화는 지속적이다. 즉 역사적으로 사회에 뿌리박힌 핵심적 문화는 쉽게 변하지 않고 지속적이다.

오늘날 세계화에 따라 해외에 진출하는 기업은 무엇보다 현지문화에 대한 이해가 중요하다. 이는 해외사업을 위해 기업은 자국의 문화뿐만 아니라 타국의 문화와 문화적 표현방식을 이해하고 제품 및 서비스 시스템을 구축해야 하기 때문이다.

1-2 국제관광과 국내관광

국제관광(international tourism)은 국경을 넘어 여행하는 사람들과 이들의 활동을 주도하는 정부 및 기업을 모두 포함한다. 오늘날 국제관광의 중요성은 단순히 사람뿐만 아니라 문화, 서비스, 금전, 노하우도 함께 이동한다는 데 있다. 역사적으로 국가적 왕래가 빈번하게 이루어지기 시작한 시기는 상거래의 발달과 밀접하게 관련된다. 즉 국제적 이동은 국가 간 상거래 및 영토 확장에서 비롯되었지만, 오늘날 국제적 이동에 의한 상호 교류가 매우 광범위하게 이루어지고 있다.

국제관광의 중요성이 부각되기 시작한 시기는 제2차 세계대전 이후이다. 즉 세계대전 후 국가 간 경제교류와 상호이해 증진의 필요에 따라 국제관광객이 증가하였고 국가 간 상거래 및 기업의 해외투자가 활발하게 이루어졌다. 전후 사람들은 생활수준의 향상, 교통시스템의 발달, 자동차보급의 확대와 함께 암울했던 전쟁의 시기에 억눌렸던 감정을 관광을 통해 해소하려고 하였다. 오늘날 세계화의 급진전은 국가 간 정치적 협력과 국제관광 활성화에 기여하고 있다. 즉 국제환경의 변화는 국가 간 협력과 사람들의 이동을 활성화시켜주고 있다.

관광은 크게 국내관광과 국제관광으로 구분된다. 또한 국제관광(international tourism)은 내국인의 해외여행인 아웃바운드 투어(out bound tour)와 외국인의 입국여행인 인바운드 투어(inbound tour)를 포함한다. 국제관광의 활성화와 함께 많은 국가들이 전략적 차원에서 인바운드 관광객을 유치하기 위해 많은 노력을 기울이고 있다. 이는 관광이 경제적 부가가치가 높은 국가적 전략산업으로 인식하기 때문이다.

오늘날 국제적 이동과 정보소통이 활발해지면서 국제관광의 중요성은 더욱 부각되고 있다. 국제관광은 국내관광(domestic tourism)과 구별되는 특별한 성격과 편익이 충분히 존재해야만 국제관광으로서의 의미가 부여된다. 국제관광에 특별한 의미를 부여하는 이유들 중 하나는 국가 간 환경의 격차이다. 환경의 격차는 첫째, 국가마다 나름대로의 문화적, 정치적, 경제적 전통과 제도이다. 국제관광은 당사국과의 관계를 위해 문화 및 제도에 대한 이해가 무엇보다 중요하다. 둘째, 국제관광은 화폐의 단위가 상이한 국가에서 이루어지는 관광경험이다. 다시 말해 국제관광은 환율의 변동에 따라 매우 유동적이다.

국제관광은 학문적으로 비교문화 또는 타국의 전통을 연구의 대상으로 삼는다. 그러므로 국제관광에 대한 연구는 이질적인 국제환경에서 발생하는 다양한 문제와 문화적 격차에 대한 이해에 도움을 줄 수 있어야 한다. 국제관광에 의한 문화의 교류는 국가 간 이해의 증진에 기여해 준다. 국제관광은 문화뿐만 아니라 정책, 외환, 경제, 정치와 밀접하게 연관되어 있다. 예를 들어 국제관광에 대한 정책적 환경에는 자국과 상대국의 정책과 국제적인 규제가 해당될 수 있다. 그러나 대부분의 국제관광은 자국의 경제적 관점에서 이루어지는 정책적 지원과 밀접하게 관계되어 있다. 특히 외화가득률이 높고 자원의 소비율과 수입 유발률이 낮은 관광산업의 육성을 위해 각국은 해외 관광객을 유치하기 위해 많은 노력을 기울이고 있으며, 이러한 국가에서 해외 관광객의 유입은 외화 획득원으로써 국민소득 증대에 기여하고 고용을 창출하기 위한 국가적 전략산업의 이유이기도 하다. 국가적 전략산업으로서 국제관광객의 관광소비는 국제수지 개선을 위해 바람직한 의미를 갖는다. 그러므로 국제관광객의 유치를 위해 이들의 관광소비와 경험을 면밀히 분석하는 것이 매우 중요하다.

1-3 국제관광의 유형

Wahab은 국제관광객을 그들의 활동유형에 따라 위락관광(recreational tourism), 문화관광(cultural tourism), 보건관광(health tourism), 스포츠관광(sporttourism), 회의관광(conference tourism)으로 구분하였다. 그리고 Smith는 Wahab의 5가지 유형에 역사관광(historical tourism), 인종/민족관광(ethnic tourism), 환경관광(environmental tourism)을 추가하여 8가지 활동유형으로 제시했다.

1) 인종관광

인종 또는 민족관광은 원시의 모습을 간직한 소수 민족의 생활상을 직접 체험 및 관찰하기 위한 여행으로, 이러한 관광객은 인도네시아나 태국의 고산족, 아프리카의 부족민, 인디언의 생활 등의 인종적 특징을 살펴보기 위해 오지를 관광한다.

2) 문화관광

문화관광은 이국의 문화를 체험하기 위한 여행으로, 이러한 관광객은 이국의 민속, 축제, 춤, 노래, 수공예, 가옥 등 민속적 전통과 생활을 체험하기 위해 타국을 여행한다.

3) 역사관광

역사관광은 로마, 이집트, 그리스, 브라질, 중국 등의 유서 깊은 역사를 탐방하기 위한 관광으로, 이러한 관광객은 과거 인류의 문명과 문화를 체험하기 위해 타국을 방문한다.

4) 환경관광

환경관광은 타 지역의 이질적인 자연 및 인문환경을 경험하기 위한 여행으로, 이러한 관광객은 일상적인 환경으로부터 변화를 추구하기 위해 갈라파고스, 북극, 나이아가라 등과 같이 경이로운 자연경관과 늪지환경이나 사파리와 같은 생태계를 관찰하기 위해 타국을 방문한다.

5) 스포츠 관광

스포츠 관광은 치료와 건강을 위한 관광으로, 이러한 관광객은 각종 위락활동을 포함한 스포츠를 즐기고 관전하며 골프, 스키, 낚시, 치료온천, 등반 등의 건강을 위해 타국을 방문한다.

6) 회의관광

회의관광은 컨벤션, 세미나, 전시 등에 참여하기 위한 관광으로, 이러한 관광객은 주로 사업목적을 위해 여행하는 부분 관광객이다.

1-4 한국관광지의 예

국제관광유형에 따른 한국 관광지의 전형적인 예는 다음과 같다.

1) 한국민속촌

한국민속촌의 설립목적은 조상의 얼이 담긴 전통적인 민속문화를 보존하고 전수하기 위한 야외민속 박물관으로서 자라나는 어린이들을 위한 현장학습장으로 활용하는 한편, 외국인 관광객을 유치하고 이들에게 한국의 민족문화를 알리기 위해 설립되었다.

한국민속촌은 사라져 가는 우리 조상의 슬기와 지혜가 스며 있는 전통생활모습을 총체적으로 재현하고 전시한 야외민속박물관으로 조성된 한국의 대표적인 민속관광지이다.

기성세대들은 한국민속촌에서 아늑한 고향의 정감과 향수를 느낄 수 있고, 자라나는 어린이와 청소년들은 우리 조상의 지혜와 슬기를 체험할 수 있으며, 외국인 관광객들은 한국의 전통문화를 보고 느낄 수 있는 국제관광지로, 전국 각지에서 옮겨온 전통가옥들과 토종 수목이 어울려져 있는 곳으로 150년 전 우리 선조들의 생활을 그대로 재현한 국내 최고의 민속공원이다.

① 설립배경

한국민속촌은 서울에서 남쪽으로 약 41 km, 경부고속도로 수원 IC에서 동남쪽으로 3km 가량 떨어진 곳에 있으며, 민족문화 자원을 보존하고 자라나는 2세들의 교육을 위한 학습장 및 내 외국인을 위한 전통문화의 소개 등을 설립의 취지로, 1973년 착공한 후 1974년에 완공되었다.

한국민속촌은 철저한 고증을 거쳐 한국의 전통문화를 재현한 건축물과 민속자료를 전시함으로써 국내는 물론 외국인 관광객들에게 전통생활 문화를 체험할 수 있게 조성하여 한국인의 의 · 식 · 주생활에 대한 발전과정을 조명하여 전통문화 휴양지로서, 그리고 교육적인 차원에 기여할 목적으로 설립하였다.

현재 한국민속촌의 경관지역은 전국에서 이전한 전통건축물들로 구성되어 있어, 전통생활을 재현하는 방송국과 영화사들의 영상물 제작 현장으로 영상문화 발전에 크게 기여하고 있다. 또한 한국민속촌은 국제행사를 통해 외국인 내방객 및 관광객들에게 호평을 받는 관광지이며, 지속적인 투자를 통해 완전한 우리의 전통문화를 재현 및 복원하여 전통문화의 영역별 개발과 무형문화재의 재창출을 위해 노력하고 있다.

② 역할

한국민속촌은 전통 민속문화자원의 보존 및 전수와 야외 민속박물관으로서 어린이와 청소년들을 위한 현장학습장으로 활용하는 한편, 관광지로서 외국인 관광객을 유치하고 이들에게 한국의 전통문화를 소개하고 있다. 이를 위해 한국민속촌은 민속문화의 지속적인 발굴과 연구를 하고 있으며, 관광산업이 국익에 미치는 영향을 감안해 간접적 외교활동의 역할을 수행하고 있으며, 유형의 문화뿐만 아니라 조상의 정신문화로써 전통의 가치관을 현대인에게 전파하고 있다.

한국민속촌은 지방별로 남부, 중부, 북부 및 도서 지방에 이르는 서민 가옥과 양반가옥을 이전 또는 복원해 놓았으며, 옛 지방행정기관이었던 관아를 비롯하여 교육기관이었던 서원과 서당, 의료기관이었던 한약방, 그리고 토속 종교 건축물이었던 사찰, 서낭당, 점술집 등을 이전 또는 복원하여 전시하고 있다.

민속촌은 특히 99칸 양반가를 비롯하여 제주민가 등 한국의 각종 담장과 굴뚝을 재현함으로써, 사라져 가는 조상들의 삶의 지혜와 함께 사대부 양반가와 평민의 담장과 굴뚝 하나하나에 조상들의 삶이 올올이 배어 있다. 뿐만 아니라, 흙돌담, 토담, 바자울, 와편 담장 등 각종 담장들이 발길 닿는 곳마다, 눈길이 머무는 곳마다 즐비하게 펼쳐져 있으며, 국내 민속 관련 자료 중 가장 많은 종류의 주거 형태를 관찰할 수 있다. 그 중에서 토석담과 옹기굴뚝의 조화는 일품이며, 울타리와 잘 어우러지는 나무굴뚝과 부엌 밖에 설치한 아궁이와 굴뚝이 소담한 풍경을 자아내고 있다.

한국민속촌은 한국의 민속적 생활을 종합적으로 재현한 사실적이며 흥미 있는 곳으로, 한국문화를 체험해 볼 수 있는 대표적인 공간이다.

2) 서울 인사동

인사동은 한국인의 삶, 역사, 문화가 생생하게 살아 있는 박물관으로 조선왕조(1392~1910) 때부터 600여년 동안 서울의 심장부에 자리하고 있다. 또한 인사동은 조선시대 최고 예술관청이었던 도화서가 있어 일찍이 예술로 명성을 떨칠 수 있는 기반이었으며, 당대 유명한 화가들이 이곳에서 예술작업을 펼쳤다. 인사동이라는 명칭의 유래를 살펴보면, 이 지역이 관인방, 견평방, 대사동계, 탑동계 등의 방계 명을 1914년 개명하면서 관인방의 인과 대사동의 사를 조합해서 인사동이라는 이름이 지어졌다.

① 조선시대의 인사동

서울은 조선시대에 한양이라고 불리었으며, 1394~1910년까지 조선의 수도였다. 현재의 서울은 한강의 남과 북으로 나뉘어 있지만, 조선시대에는 한강의 남쪽은 서울이 아니었다. 서울은 작은 청계천에 의해서 남과 북으로 나뉘었으며, 청계천의 남쪽은 남촌, 그리고 북쪽은 북촌이라고 불렸다. 풍수지리에 의하면 뒤에는 산이 있고 앞에는 강이 흐르고 있는 곳이 명당으로 알려져 북한산과 청계천 사이에 경복궁과 창덕궁이 조성되었다. 특히 인사동은 경복궁과 창덕궁 사이의 개천을 중심으로 조성된 마을로 예부터 충훈부, 의금부, 우정국 등 정부 부속기관들이 위치해 있었기 때문에 관리, 학자 등 역사적으로 유명한 인물들이 많이 거주했다.

② 근대의 인사동

1910년부터 일제강점기가 시작되어 양반들이 벼슬길에 오르지 못하게 되자 상류층이었던 북촌의 양반계층이 붕괴되었다. 이를 계기로 점차 상점화하기 시작한 점포들 중에는 일본인들에 의해 경영되던 골동품의 거리로 유명해지게 되었으며, 경복궁 자리에 조선총독부가 세워진 후 조선총독부와 가까이 위치한 인사동은 본인들이 한국의 고미술품들을 수집해가는 슬픈 역사도 함께 갖게 되었다. 서울의 중심지인 인사동에는 역사적 명소가 많으며,특히 3·1운동의 대표적 본거지로 독립운동의 발원지로서의 역사적 의미를 갖고 3·1운동 유적지인 태화관, 탑골공원, 승동교회, 천도교, 중앙대교당, 조선건국동맹 터, 독립선언문 등의 많은 유적지들이 산재해 있다.

③ 현대의 인사동

1960년대 후반기부터 인사동은 고미술, 화랑, 표구점, 지필묵 등이 주종을 이루면서 1970년경에 최초의 근대적인 상업적 화랑들이 모여들어 화랑가(街)를 형성하기 시작했다. 인사동이 작가, 예술인, 미술 애호가들의 장소가 되자 전통차와 전통음식 식당들이 형성되기 시작했다.

1987년에 인사전통문화보존회가 창립되었고, 2002년에 한국 최초의 문화지구로 지정되면서 인사동은 골동품점, 화랑, 공예품점, 지필방, 한국요리와 전통차, 식당 등이 모인 전통문화거리로 변모하였다. 매년 봄, 가을 인사동에서 개최하는 인사전통문화축제는 고미술·현대미술·공예품 전시와 국악공연 등 한국의 전통문화를 대표하는 다채로운 볼거리를 제공한다. 인사동은 차 없는 거리 및 전통문화 거리로 지정하여 살아 있는 박물관을 표방하고 있다.

3) 경복궁

경복궁의 주요 건물 위치는 궁 앞면의 광화문과 동·서쪽에 건춘(建春)과 영추(迎秋)의 큰 문, 북쪽에 신무문, 그리고 궁성 네 귀퉁이에 각루가 있다. 한편, 광화문 안에는 흥례문이 있고, 그 안에 개천(開川)의 어구(御溝)가 서쪽에서 동쪽으로 흘러나간다. 어구에 돌다리인 금천교(錦川橋)가 놓여 있으며, 다리를 건너면 근정문이 있고, 문을 들어서면 정전인 근정전이 이중으로 높이 쌓은 월대 위에 우뚝 솟아 있다.

근정전 뒤의 사정문을 들어서면 왕이 정사를 보던 사정전이 있고, 그 동·서쪽에 만춘전(萬春殿)과 천추전이 모두 남향으로 놓여 있다. 그리고 사정전 뒤 향오문(嚮五門)을 들어서면 정면에 연침(燕寢)인 강녕전이 있고 그 앞 동서 양쪽에 연생전·경성

전이 있다.

강녕전 뒤에는 양의문(兩儀門)과 문 안에 왕비가 거처하는 교태전이 있으며, 잇대어서 동쪽에 원길헌(元吉軒), 서쪽에 함광각(含光閣), 동북쪽에 건순각(健順閣)이 있다. 그 뒤로는 후원이 전개되어 소나무가 우거지고 연못·정자 등이 여기저기 자리잡고 있다. 홍례문으로부터 이곳까지에는 동서로 낭무(廊廡)가 각 건물을 둘러싸고 있다.

그밖에 궁 서쪽에 수정전이 있고 그 위에 경회루가 있는데, 수정전은 의정부 청사로 쓰였던 곳이며, 경회루는 임금과 신하들이 모여 잔치를 베풀던 곳이다. 또한 건춘문과 영추문 안에 수많은 건물들이 들어차 있었다. 현재 궁내에 남아 있는 주요 건물은 근정문·근정전·사정전·천추전·수정전·자경전·경회루·재수각·함화당·향원정·집옥재·선원전 등이며, 복원된 건물은 강녕전·자선당·태원전·광화문 등이다.

근정전(국보 제223호)은 조선왕조 정궁의 정전답게 중층의 정면 5칸, 측면 5칸의 장대한 건물로 건물의 양식은 조선 말기에 속하여 세부의 장식적 처리가 두드러진다. 근정문(보물 제812호)은 정면 3칸의 중층지붕 건물이며, 근정문 좌우로는 행각(行閣)이 연결되어 근정전을 둘러싸고 있다.

경회루(국보 제224호)는 정면 7칸, 측면 5칸의 장대한 누각 건물로, 하층은 네모진 돌기둥을 세우고 상층에는 사방에 난간을 두르고 나무기둥을 세웠다. 주변에는 네모난 큰 연못을 파고 우측면에 세 개의 돌다리를 놓았다. 현재 누각 건물로는 국내에서 제일 큰 규모에 속한다.

향원정은 육각형 평면을 한 정자로 연못의 한가운데에 있으며, 목조 구름다리가 연결되어 있다. 자경전(보물 제809호)은 침전건물의 하나인데, 이 건물에는 후원의 담장과 굴뚝에 묘사된 십장생(十長生) 무늬가 특히 주목된다(경복궁자경전십장생 굴뚝, 보물 제810호).

사정전 북쪽에 있는 아미산은 여러 단의 화계(花階)와 그 사이의 나무·괴석 등이 눈길을 끌며, 전체적으로는 사철의 변화에 따른 조화를 보여 주는 한국식 정원 모습을 간직하고 있고, 여기에도 봉황·귀면·당초문 등을 새긴 육각 화문(花文) 장식의 굴뚝(경복궁 아미산의 굴뚝, 보물 제811호)이 있다. 이밖에 18세기에 만든 바람의 방향과 강도를 측정하는 기기인 풍기대(風旗臺)가 보물로 지정되어 있다(보물 제847호).

국립중앙박물관이 경복궁에 있을 때에는 경천사십층석탑을 비롯한 국보·보물로 지정된 석조물들이 야외에 전시되어 있었으나, 용산에 새로 지어진 국립중앙박물관으로 대부분 옮겨져서 현재는 법천사지광국사현묘탑(法泉寺智光國師玄妙塔) 등 일부만

남아 있다.

경복궁이 자리잡은 위치는 도성의 북쪽 북악산 기슭으로 풍수지리설에 입각한 주산(主山)의 바로 아래이다. 궁의 전면으로 넓은 시가지가 전개되고 그 앞에 안산(案山)인 남산이 있으며 내수(內水)인 청계천과 외수(外水)인 한강이 흐르는 명당(明堂)터이다. 궁의 왼쪽으로 종묘가 있고 궁의 오른쪽에 사직단이 자리잡고 있는데, 이는 중국에서 고대부터 지켜져 오던 도성 건물배치의 기본형식인 좌묘우사(左廟右社)를 따른 것이다.

고종 때 중건된 궁의 형태는 전체적으로 장방형으로 되어 있으며 궁성의 둘레는 1만 여척으로, 시가지를 내려다보듯이 남면(南面)하였고 궁의 주요 건물들도 모두 남향으로 배치되어 있다. 건물의 배치는 앞부분과 뒷부분으로 나눌 수 있는데, 앞부분에는 정전과 편전들이 놓이고, 뒷부분에는 침전과 후원이 자리 잡고 있어 이른바 전조후침(前朝後寢)의 격식을 갖추고 있다. 이것은 조선시대의 다른 궁궐들이 정전과 침전을 좌우에 놓거나 배치에 있어 앞뒤의 관계가 불분명한 것과 대조를 이루는데, 경복궁이 조선조의 정궁이므로 특히 엄격한 규범을 나타내려 했던 것으로 풀이된다.

제2절 국제관광과 세계경제환경

세계화와 함께 세계경제에서 뚜렷하게 나타난 추세는 지역주의(regionalism)이다. 다시 말해 세계화의 진전과 더불어 국가 간 자원의 이동장벽이 점점 낮아지는 반면에 특정 국가 간의 상호의존도는 점점 높아지고 있다. 제2차 세계대전 후 동서진영의 정치적 양극화에 따라 국제경제는 서방의 시장경제와 사회주의의 계획경제로 양분되었지만, 1970년대 정치적으로 동서화해의 분위기가 조성됨에 따라 경제적으로 동서 간 대립이 크게 완화되었다.

한편, 이념의 대립을 대신하여 동일진영 내 분극화 현상이 대두되기 시작하였다. 이로 인해 서방경제는 투자진출 면에서 미국, 유럽연합, 일본이 주도적 역할을 담당하는 한편, 미국은 주로 라틴 아메리카 지역에서, 유럽 연합국은 아프리카 지역에서, 그리고 일본은 아시아지역에서 우위를 보였다.

사회주의 경세는 소련과 중국의 주도권 경쟁의 심화로, 소련은 헝가리 · 체코슬로바키아 · 폴란드 등 동구권의 국가들과 코메콘을 형성하여 경제적인 블록을, 중국은 인접한 아시아 국가를 세력권 안에 두려고 노력하면서 경제적 블록을 형성하였다. 한편, 1, 2차 석유파동을 계기로 개발도상국은 OPEC를 구성한 산유국과 비산유국으로 분리되었고, 국제경쟁에서 석유자원에 따라 개발도상국가의 지위가 결정되었다.

소련의 붕괴 후 군사적 양극체제는 막을 내리는 한편, 미국의 경제력 약화로 미국과 EC 및 일본의 3극체제가 등장하게 되었다. 유럽의 단일시장화에 의해 1999년 화폐가 통합되어 유럽의 단일경제권을 형성하였고, 미국은 북아메리카 자유무역지구(NAFTA)를 추진하였다. 경제통합(economic integration)의 역내 국가들은 상품, 생산요소, 사람의 이동뿐만 아니라 금융·운수·통신 등의 분야에 통합을 추진하게 된다. 경제통합은 당사국 간 관세장벽의 철폐로 교역량이 증가하는 교역창출 효과와 상품의 절대가격이 높더라도 서로 상품을 수입하는 교역전환 효과를 가져다준다.

2-1 관광과 정치적 환경

미래에 일어날 사상(events)의 예측은 거의 불가능하지만, 국제관광은 확실히 정치적 환경과 밀접하게 관련되어 있다. 정치적 위험(political risk)은 예측하기 어려운 정치적 변화가 국제관광에 큰 영향을 미치지만, 단순히 특정 국가의 정치적 불안이나 변화가 국제관광 전반에 큰 영향을 미치지 않기 때문에 정치적 환경이 국제관광에 긍정적 또는 부정적으로 영향을 미칠 때 비로소 관광에 대한 정치적 환경의 중요성이 대두된다. 한편, 국제관광에 대한 특정 국가의 정치적 변화로 국가가 특정 국가의 관광입국을 완화하거나 억제하는 경우로, 이는 경제적 동기나 문화적 교류에 국가의 안전과 관계될 수도 있다.

국제관광에 영향을 미치는 정치적 위험은 1960년 쿠바의 카스트로가 모든 사유재산을 국유화한 데에서 찾아볼 수 있지만, 외교적 관계에서도 발생할 수 있다. 또한 외국정부가 정치적 이유로 특정 산업이나 프로젝트에 제한적인 정책을 취할 때 관광산업이 정치적 압력의 표적이 될 수도 있다. 특히 정치적 변화의 원천이 되는 사항들 중에서 사회적 불안정이나 내란은 국제관광에 부정적인 영향을 미칠 수 있다.

2-2 관광과 문화적 환경

관광객은 타국에 도착하는 순간부터 새로운 문화를 접하게 된다. 뿐만 아니라 해외에서 관광기업을 운영하려고 할 때 이질문화권에서의 기업활동을 생각해야 한다. 그러므로 국제관광에서 문화적 차이의 중요성은 간과할 수 없는 기본적인 요소이다. 평상시에 사람들은 문화의 존재를 느끼지 않지만, 인간의 모든 행동은 특정 문화로부터 학습받기 때문에 국제관광에서 문화는 매우 중요한 의미를 내포한다. 일시적이지만 국제관광객은 이질문화권에서 이중문화(bi-cultural)에 순응해야 한다.

문화는 사회와 불가분의 관계에 있다. 즉 문화는 사회적으로 계승되는 학습으로써 독특한 언어, 지식, 행동의식, 규범으로 표출된다. 그러나 문화는 사회적으로 축적된 경험으로 특정 종족이나 민족이 오랫동안 시행착오를 반복하면서 이루어진 생활방식, 언어, 음식, 주거, 예술, 의례, 사회조직이다. 국제관광은 문화적 환경이 서로 다른 국가에서 이루어지기 때문에 문화에 대한 통찰이 없을 때 문화적 위험에 노출될 가능성이 매우 높다. 즉 국제관광객은 새로운 문화권에 순응함으로써 진정한 민간 외교관으로서의 역할을 수행할 수 있다.

국제관광은 불필요한 소비를 조장하거나 전통문화의 상업화를 초래할 수도 있으며, 문화적 환경은 국제관광객의 경험 전반에 영향을 미친다. 즉 상이한 문화에서 활동하는 국제관광객은 문화적 차이에 대한 인식의 결여에서 문화적 위험에 노출될 수 있으며, 타국의 문화적응에 큰 어려움을 겪으면서 심리적 불안인 문화충격(cultural shock)을 경험할 수 있어 현지인과의 사회적 단절을 초래하게 된다. 국제관광객에게 새로운 문화충격은 어느 정도 불가피하지만, 문화적응에서 가장 중요한 것은 자기중심적 기준에서 자기문화가 옳고 상대 문화가 그르다는 생각을 버리는 것이다. 자기문화 중심에서 불합리한 문화라고 생각하더라도 그것을 이해하였을 때 타국의 문화를 회피하려는 생각을 버리게 된다.

2-3 관광과 평화

관광은 평화로 가는 패스포트이다. 사람들은 세계를 알기 위해 타국을 여행하며 여행을 통해 타국에 대한 지식과 이해를 높인다. 이와 같은 관점에서 관광평화국제기구(International Institute for Peace Through Tourism)는 1986년 창립한 이래 관광을 통한 평화구축을 위한 세계회의와 세미나를 후원하였다. 이 기구는 1988년 평화를 위한 핵심적 원동력으로써 캐나다에서 관광을 주제로 창립총회를 개최하여 상호이해와 인정에 기여할 수 있는 방안을 모색하였다. 이 회의에서 관광이 살기 좋은 세계를 조성해 나갈 수 있는 잠재력을 확인하고 다음의 사항을 널리 알리도록 결의하였다.

- 열린 마음과 온화한 마음으로 여행한다.
- 마주치는 다양성을 감사히 받아들인다.

- 모든 생명을 지탱하는 자연환경을 경건한 마음으로 존중하고 보호한다.
- 발견한 모든 문화적 가치를 음미한다.
- 주민의 환영에 대해 존경심과 감사를 표시한다.
- 만나는 사람에게 우정의 손길을 내민다.
- 함께 하는 모든 여행 서비스를 지지하며 이에 따라 행동한다.
- 정신, 언어, 행동이 다른 사람들의 평화로운 세계여행을 고무하도록 한다.[1)]

제3절 국제관광 커뮤니케이션

3-1 국제관광의 촉진

대부분의 국가들은 관광의 경제적 효과에 초점을 맞추어 국가적 전략산업으로써 국제관광객을 유치하기 위해 심혈을 기울인다. 국제관광객의 촉진을 위한 커뮤니케이션 수단은 다음과 같다.

① 광고: 광고(advertising)란 광고주가 대가를 지급한 비인적(非人的) 매체를 통해 아이디어, 제품, 서비스를 촉진하는 수단이다.

② 판매촉진: 제품의 판매촉진(sales promotion)을 위해 단기적으로 이루어지는 커뮤니케이션 수단으로 쿠폰, 경연, 프리미엄의 제공을 통해 즉각적인 구매를 유도하는 방법이다. 그러나 판매촉진의 효과는 단기적이기 때문에 장기적으로 제품 선호도를 강화하기 위한 방법으로 적합하지 않다.

③ 홍보: 홍보(publicity)는 광고주가 광고비를 지급하지 않는 비인적 매체의 기사를 통해 제품의 수요를 촉진하는 방법으로, 신문이나 TV의 뉴스에서 호의적으로 전달될 때 큰 효과를 얻을 수 있다. 국제관광 송출국과의 커뮤니케이션을 통해 자국의 관광매력을 소구하는 커뮤니케이션 방법들 중에서 홍보(publicity)는 국가의 관광이미지 제고를 위해 가장 바람직한 방법이다. 이는 홍보가 뉴스형식의 내용으로 광고보다 진실성과 신뢰성이 높으며 많은 청중에게 접근이 용이해 공중관계의 확립에 효율적이기 때문이다. 이때 메시지는 판매지향적 커뮤니케이

1) Charles R., Goeidner, J. R., Brent Ritchie 저, 신철 · 민창기 · 허양회 옮김, 『관광학』, 시그마프레스, 2011. 2, pp.284-285.

션이 아니라 뉴스로서 대중에게 전달되어 청중의 경계심을 배제할 수 있지만 청취율이 낮은 단점도 있다.

④ 인적판매: 인적판매(personal selling)란 유망고객과 직접적인 대면을 통해 판매를 실현하는 방법이다. 이의 구체적인 커뮤니케이션 수단은 판매제안, 구매시점 디스플레이, 기념품증정, 전시, 인쇄물, 신문, 경연과 경품, 쿠폰(coupon) 제공 등이 있다.

커뮤니케이션은 인적 경로와 비인적 경로로 구분된다. 인적 커뮤니케이션 경로는 직접적인 의사소통으로 자신의 생각을 직접 전달하고 이에 대한 상대방의 반응을 파악하는 판매원 경로, 전문가 경로, 그리고 사회적 경로가 있다. 판매원 경로는 판매원으로 하여금 고객과 직접 접촉하는 커뮤니케이션이며, 전문가 경로는 전문지식을 가진 외부 인사를 통해 고객에게 필요한 정보를 전달하는 의사소통이다. 그리고 사회적 경로는 이웃, 친구, 가족, 친구에 의한 의사전달로 가장 설득력 있는 의사소통 경로이다. 특히 관광경험이 풍부한 사람으로부터 자문을 구할 때 인적 경로의 영향력은 절대적이다. 관광은 사회적 상징성이 크기 때문에 구전의 설득효과는 매우 강하다.

비인적인 커뮤니케이션 경로는 인적 접촉이나 피드백 없이 메시지를 전달하는 매체로써 신문이나 잡지 등의 인쇄매체, 라디오나 TV 등의 전파매체, 그리고 포스터 및 광고게시판 등의 전시매체를 들 수 있다. 이와 같은 매체는 불특정 다수의 청중을 대상으로 하는 대중매체와 특정의 청중을 대상으로 하는 선택적 매체가 있다.

커뮤니케이션의 분위기는 구매나 소비경향의 조성 또는 강화를 위한 환경으로, 고객에게 소구할 수 있는 환경을 제공하기 위해 설계된다. 한편 이벤트는 표적청중에게 원하는 메시지 전달을 위해 각종 행사를 고안하는 것이 중요하다. 가령 커뮤니케이션 수행 담당자의 주관으로 기자회견을 하거나 성대한 행사를 거행함으로써 의도한 촉진효과를 얻을 수 있다.

3-2 구전(口傳)

1) 구전의 본질

구전 커뮤니케이션(word-of-mouth communication)이란 어떤 문제에 대한 개인과 개인이나 개인과 집단과의 상호 의사소통을 말한다. 구전의 중요성은 문화적 가치관과 깊이 연관되어 있다는 데 있다. 다시 말해 집단의 규범에 뿌리 깊게 내재된 문화적 가치일수록 집단의 응집성과 구성원들 간의 커뮤니케이션이 활발하게 일어나며, 그것이 구성원 개인에게 미치는 영향력도 크다. 가령 유교적 가치가 깊이 뿌리박혀 있는 문화적 규범에 속한 한국인들은 유교적 가치에 근본을 둔 소비자 사회화를 소중하게 여긴다.

관광객들은 기업이 제공하는 제품 및 서비스의 가치를 판단하고 구매의사결정을 하며, 자신의 기대(expectation)에 대한 제품의 성과(performance)에 의해 기대충족을 경험한다. 즉 관광의사결정자는 제품 및 브랜드의 성과가 자신의 기대에 미치지 못하였을 때 불만족하는 반면, 기대에 충족하거나 그 이상일 때에 만족을 경험한다. 일반적으로 소비자들의 제품 및 서비스 브랜드에 대한 기대는 과거의 사용경험, 동료의 의견, 기업 및 판매자의 광고, 경쟁 브랜드의 경험 등에 의한 정보를 바탕으로 형성된다.

마케터는 자사의 제품 및 브랜드에 대한 긍정적인 구전효과를 고무시키기 위해 다음의 사항을 이해하여야 한다.

- 구전 커뮤니케이션의 중요성
- 구전 커뮤니케이션의 유형
- 구전 커뮤니케이션의 과정
- 구전 커뮤니케이션의 조건

2) 구전 커뮤니케이션의 원천

구매동기와 구매력이 뒷받침되었을 때 비로소 실수요자가 발생하며, 실수요자는 자신의 욕구충족을 위해 제품 및 서비스에 대한 정보를 필요로 한다. 일반적으로 일상적 구매의사결정일 경우에는 이미 학습된 경험에 의해 습관적 구매결정으로 나타날 수 있지만, 신제품이나 고가의 중요한 제품인 경우에는 추가적인 정보탐색을 위해 친구로부터 정보를 수집하거나 관련된 광고에 의도적으로 주의를 기울여 정보를 수집한다.

소비자의 정보탐색은 동기의 강도, 초기 정보의 양, 정보수집의 용이성, 추가정보의 가치 등에 의해 결정된다. 소비자의 정보탐색을 위한 정보원은 다음과 같다.

① 개인적 원천(personal sources): 가족, 친구, 이웃, 친지, 회원
② 상업적 원천(commercial sources): 광고, 판매원, 전시, 점포, TV, 인터넷
③ 공공 원천(public sources): 기사, 뉴스, 소비자평가 공공단체, 공사, 정부기관

고객은 자신이 구매할 제품 및 서비스에 대한 지각된 위험을 감소시키기 위해 다음과 같은 정보원을 모색한다.

- 신뢰할 수 있는 인적 원천
- 평판 있는 기업
- 보증 및 보증서의 확인
- 시설 방문
- 선(先) 경험자나 전문가
- 유형적 및 물적인 단서의 조사
- 대안의 비교를 위한 인터넷 활용

마케팅관리자는 소비자 정보원의 중요성과 특성을 이해하고 목표시장과 효율적으로 커뮤니케이션할 수 있어야 한다.

제품이 시장에 출시되었을 때, 소비자는 구매에 앞서 선(先) 경험의 소비자들로부터 구전 커뮤니케이션을 통해 제품 및 서비스에 대한 정보를 획득하며 때때로 이들로부터 의견을 구하는 경향이 있다. 이러한 경우에 직장동료, 친목회원, 동창과 같은 준거집단과의 커뮤니케이션이 소비자의 의사결정에 큰 영향을 미친다. 예를 들어 소비자들이 하이브리드 자동차 구매에 대한 지각된 위험으로서 충분히 검증되지 않은 성능일 때, 마케터는 연료비 절감에 의한 높은 경제성과 자원의 보존과 보호를 위해 충분히 검증된 성능의 보증을 강조함으로써 소비자를 설득하여야 한다.

혁신제품이나 신제품의 성공은 신속하게 소비자에게 소구하고 판매하는데 달려 있다. 고가의 상징적이며 사회적 제품에 대한 소비자들의 지각된 위험은 다차원적이기 때문에 세심한 커뮤니케이션 전략과 구전에 의한 호의성이 제품 및 서비스 지각에 매우 중요한 의미를 갖는다. 일반적으로 관광에 대한 소비자들의 지각된 위험은 재무, 시간, 성능, 감정, 사회적 위험과 같이 매우 다차원적이다.

3) 구전 커뮤니케이션의 중요성

Katz, Lazarsfeld의 연구에 의하면, 식품과 가정용품은 다른 어떤 정보원보다 구전 커뮤니케이션이 구매의사결정에 큰 영향을 미친다.[2] 이들이 소비자의 상표전환에 영향을 미치는 정보원을 비교분석한 결과 구전에 의한 효과가 라디오보다 2배, 인적판매

---

2) Elihu Katz and Paul F. Lazarsfeld, *Personal Influence*, Glencoe, III: The Free Press, 1955.

보다 4배, 신문 및 잡지보다 7배의 효과가 있음을 밝혔다.

서비스는 유형적 제품들과 달리 구매 이전에 오감을 통해 그 실체를 감지할 수 없을 뿐만 아니라, 사전 평가가 불가능하기 때문에 구매 전 지각된 위험이 높게 작용할 수 있다. 서비스 구매에 대한 소비자의 지각된 위험은 기대에 대한 성과의 불확실성에 의해 유발되기 때문에, 소비자들은 기업의 서비스 약속에 대한 확신을 위해 추가적 정보를 탐색한다.

기업의 서비스 약속은 기업의 이미지나 유형적 단서로써 소비자들에게 소구된다. 가령 호텔 정문에 롤스로이스와 같은 고급 승용차를 의도적으로 주차해 놓음으로써 호텔의 고품질 서비스 약속의 메시지를 전달한다. 더욱이 서비스의 약속은 그것을 전달해 주는 사람 · 고객 · 시간 · 장소에 따라 매우 유동적이기 때문에, 기업의 일방적인 광고로써 소비자들에게 확신을 심어주기 어렵다. 반면에 구전은 상호의사소통에 의해서 소비자들에게 구체적이며 사실적인 정보를 제공해 주기 때문에 매우 효과적인 서비스 의사소통 수단이다. 즉 의사결정에서 구전 커뮤니케이션은 소비자들의 서비스 및 제품의 평가와 선택에 큰 영향을 미친다.

일반적으로 고 관여 제품의 의사결정은 구전에 의한 영향이 크다. 소비자들은 다음의 상황과 조건에서 구전정보에 의존할 가능성이 크다.

- 타인에게 가시성이 높은 제품
- 복잡한 제품
- 객관적 평가기준에 의해 검증이 어려운 제품
- 지각된 위험이 높은 제품
- 친숙하지 않은 제품

제4절 촉진예산

국제관광 유치를 위한 촉진방법은 허용된 촉진자원의 범위 내에서 실행되므로, 총 촉진예산(total promotion budget)을 어떻게 책정할 것인지가 매우 중요하다. 촉진예산의 책정은 촉진대상이나 조직의 능력과 의지에 따라 다를 수 있지만, 보편적으로 적용하는 촉진예산의 책정은 다음과 같다.

1) 가용자원법

가용자원법(affordable method)은 자금사정을 고려해 촉진에 할당할 수 있는 금액만큼 촉진예산을 책정하는 방법이다. 그러나 이 방법은 단순히 자금사정만을 고려하였기 때문에 촉진에 의한 국제관광객의 유입에 미치는 영향을 간과하기 쉬운 단점이 있다.

2) 매출액비율법

매출액비율법(percentage of sales method)은 현재 또는 미래의 매출액이나 판매가격의 일정비율을 촉진예산으로 책정하는 방법이다.

3) 경쟁자기준법

경쟁자기준법(competitive-parity method)은 경쟁조직의 수준에 맞추어 촉진예산을 책정하는 방법으로, 이의 기본적 사고는 촉진예산에 몇 %나 할당할 것인지를 유사 조직의 촉진예산 수준을 파악한 이후 이에 준해 예산을 책정하는 방법이다.

4) 목표과업법

목표과업법(objective and task method)은 촉진목표와 그 목표에 필요한 과업을 선정한 후 과업별 추정비용을 산정하여 합산하는 예산책정 방법으로, 촉진비용과 실적과의 관계를 상세히 검토한 후 책정한다.

제5절 국제관광 커뮤니케이션 주제

해외 커뮤니케이션은 무엇보다 핵심적으로 무엇을 부각시켜 타 국민의 기억에 남게 할 것인지에 대한 주제선정에 있다. 즉 다양한 관광매력대상들 중에서 무엇을 상징적으로 소구할 것인지를 결정하는 것은 매우 중요하다. 예를 들어 파리의 에펠탑, 네덜란드의 풍차, 베니스의 곤도라, 스페인의 투우, 독일의 라인 강, 미국과 캐나다의 나이아가라 폭포와 같이 이미 세계적으로 잘 알려진 유명한 관광명소를 들 수 있다. 한국은 설악산, 제주도, 경주의 불국사 및 석굴암, 고궁과 같이 대표적인 자연과 문화유적지들이 산재해 있다.

1962년 국책으로 설립한 한국관광공사는 1974년 민영화로 전환하여 관광지의 조성과 함께 해외관광 유치를 위해 노력하는 대표적인 조직체이다. 한국관광공사는 국제관광객의 유치를 위해 도쿄, LA, 프랑크푸르트, 오사카, 뉴욕, 런던, 파리 등에 선전대행소를 두어 해외관광 커뮤니케이션을 위해 노력하고 있다.

국제관광객의 유치를 위한 커뮤니케이션은 종합적 유치계획을 바탕으로 커뮤니케이션의 일관성을 유지해야 하기 때문에 일관성의 유지를 위한 해외 커뮤니케이션의 일원화가 필요하다. 한국관광공사는 커뮤니케이션의 일원화를 위해 해외 선전대행소를 확대해 나가고 있다. 그러나 전략적 계획에 의한 커뮤니케이션은 과정과 성과를 측정하고 피드백의 과정을 반드시 거쳐야 한다.

국제관광객의 유치를 위한 각국의 노력은 다음과 같다.

국가	유치활동
일본	- 일본정부 관광국, 20~30대 여성 타깃으로 방일촉진캠페인 개최 - 일본 저가항공사 Peach Aviation, 홍콩-오사카 직항노선 취항 예정 - 산요, 규슈 양 신칸센, 방일 외국인 무제한 자유승차권 발매
싱가포르	- 싱가포르 그레이트세일 프로모션 - Tourist Privilege Card 프로모션 - 싱가포르 음식 인지도를 제고하기 위한 SPICE(Singapore International Culinary Exchange) 프로그램 가동 - 아·태지역 관광업계 리더들이 참여하는 아시아 메가 관광이벤트 Travel Rave 개최
말레이시아	- 조호바루에 아시아 최초 레고랜드 개장 예정 - 말레이시아 브랜드 이미지 TV광고 실시 - 말레이시아 관광 신문, 잡지 전면광고 실시
태국	- 타이 에어아시아, 방콕-홍콩 2012. 4 이후 매일 운항
대만	- MTR 광고 프로모션

자료원: 한국관광공사, 「관광시장동향」, 각국 NTO

한편, 국제관광객을 유치하기 위한 전략적 커뮤니케이션 노력의 예를 설명하면 다음과 같다.

1) 국제회의의 유치

세계화의 진전은 경제적 교류뿐만 아니라 문화교류와 국제친선을 강화시킨다. 오늘날 국제무대로 활동영역이 활발히 확대되는 것은 국가 간 협력이 긴밀하게 이루어지기 때문이다. 일반적으로 국제적 교류와 협력을 위한 국제회의는 세계 주요 도시의 컨벤션센터나 유명 휴양지 호텔에서 개최되고 있다. 그 예로 1981년 세계올림픽 조직위원회가 독일의 온천휴양지인 바덴바덴(Baden-Baden)에서 개최되었다. 도심 또는 유명 휴양지에서 개최되는 국제회의는 단체관광이나 가족관광의 호기인 한편, 회의참가객은 대부분 사회의 의견 선도자일 가능성이 높다. 그러나 국제회의를 유치하기 위해서는 정확한 국제회의시장을 조사하고 전략적 목표에 따라 정확하게 수요를 예측하고 이들의 참여를 유도해야 한다. 그러므로 국제회의를 유치하기 위한 커뮤니케이션은 먼저 국제회의 현황을 파악하고 서비스 약속을 제시해야 하며, 이를 위한 커뮤니케이션의 예산확보는 예상 고객과 서비스 약속을 이행할 수 있는 여건을 충분히 고려해야 한다.

2) 단체관광객의 유치

단체관광객의 유치는 규모의 경제성을 위해 매우 중요하다. 규모의 경제성에 의해 관광수용국은 커뮤니케이션의 목적을 효율적으로 달성할 수 있다. 특히 단체관광은 비수기(off-season)의 수요확보를 위한 훌륭한 대안이다. 현재 국경을 넘는 관광객의 대부분은 단체관광객이다. 해외학생 수학여행 역시 단체관광의 좋은 예이다.

3) 해외자매도시의 확대

최근 도시와 지방정부의 자치단체와 제휴를 통해 국제적인 상호교류와 친선을 도모하기 위한 지자체들이 증가하고 있다. 자매도시의 주목적은 문화·경제 교류, 인적교류, 그리고 국제관광의 촉진에 있다.

4) 국제관광 루트의 설정

지정학으로 국제관광객은 단일 국가를 선택하기보다 인접국가들을 방문할 수 있다. 예를 들어 극동방문 관광객은 일본, 대만, 홍콩, 싱가포르, 필리핀, 태국과 같은 나라를 경유함으로써 여행시간과 여행경험의 효율성을 최적화한다. 그러므로 관광루트는 국제관광객을 효율적으로 창출할 수 있는 좋은 대안인 수 있다. 이를 위해 이웃한 국가와 업무제휴를 통한 관광루트를 설정하여 공동 커뮤니케이션을 효율적으로 추진할 수 있다. 1966년 일본, 중국, 홍콩, 마카오, 필리핀, 태국, 그리고 한국은 동아시아 관광협회(EATA: East Asia Tourist Association)를 결성하여 도쿄에 본부를 두고 업무를 시작하였다. 이 협회의 공동과제는 동아시아 국제관광루트의 설정과 루트정비, 공동 선전, 동아시아 관광촉진, 국제관광객의 유치를 위한 공동세미나의 주기적 개최이다. 한편, 미국 샌프란시스코에 본부를 둔 태평양지역 24개국이 참가한 태평양지역관광협회(PATA: Pacific Area Tourism Association)는 태평양관광 루트설정과 함께 국제관광의 발전을 위해 노력하고 있다.

제6절 방한 관광시장의 분석

6-1 분석의 배경과 목적

방한 관광시장 분석의 배경은 관광이 세계에서 가장 크고 빠르게 성장하는 경제부문으로, 세계 각국은 외래 관광객의 유치를 위해 치열하게 경쟁하고 있기 때문이다.

세계관광기구(UNWTO)는 2013년 국제관광객 입국자 수가 2012년의 9억 9,600만명에서 약 4% 증가한 10억 3,500만명에 이를 것으로 추정하였다. 2012년 방한 외래객 수는 전년대비 13.7% 성장한 11,140,028명을 기록함으로써 한국은 1,000만명 외래 관광객 유치시대에 진입하였고, 관광수입은 전년대비 14.4% 증가한 US$1,273에 이른 것으로 잠정 집계하였다.

이라크전과 SARS 발생으로 전 세계적으로 관광이 침체되었던 2003년 이후 방한 외래객 수는 9년 연속 성장세에 있었으며, 2009년 이후 4년 연속 지속적인 두 자리 수 성장률을 나타내 향후 외래객 유치 전망을 밝게 하였다. 방한 쇼핑관광 매력, K-Pop과 한국 드라마 등의 한국문화 확산, 그리고 적극적인 방한관광 홍보와 프로모션 등에 힘입어 중국과 동남아 시장으로부터의 방한 관광객 확대에 기반한 한국관광이 높은 발전의 가능성을 보이고 있다.

불안정한 세계경제에 따른 불확실성 속에서 한국관광은 2012년에도 양호한 실적을 보였으나 급변하는 국내외 정세, 자연재해, 그리고 경제적 불확실성으로 불투명한 관광 시장을 주도할 수 있는 과학적이고 체계적인 시장전략 수립이 시급히 요구되는 시점에 놓여 있다.

이를 위해 주요 방한시장을 중심으로 관광통계와 방한 외래객의 실태조사 등 다양한 자료들을 종합 분석하여 한국 인바운드 관광시장의 현황을 파악하고, 중장기적인 방한시장의 흐름을 예측함으로써 방한 외래객의 유치증대 및 향후 관광 수용태세의 개선을 위한 과학적이고 합리적인 관광정책의 수립을 지원할 필요가 있다.[3]

6-2 국내외 관광시장 동향

2012년 국제관광객 입국자 수는 2011년 대비 약 4% 증가한 10억 3,500만명으로 추정되었고 불안정한 경제상황에서도 지속적으로 성장하고 있는 것으로 밝혀졌다.

〈표 8-1〉 세계 인바운드 규모

		관광객 수(백만 명)					점유율(%)	성장률(%)		
		2000	2005	2010	2011	2012	2012	10/09	11/10	12/11
전 세계		678	809	950	996	1,035	100	6.4	4.8	4.0
유럽	북유럽	47.8	62.4	63.8	64.8	65.1	6.3	1.8	1.6	0.5
	서유럽	139.7	141.7	154.3	161.1	166.5	16.1	3.9	4.4	3.3
	동/중부유럽	69.3	90.4	95.0	103.9	111.6	10.8	3.1	9.4	7.4
	남유럽	132.6	156.4	173.5	187.0	191.2	18.5	2.5	7.8	2.2
	소계	389.4	450.9	486.6	516.9	534.4	51.6	3.0	6.2	3.4
아시아/태평양	동북아시아	58.3	85.9	111.5	115.8	122.8	11.9	13.8	3.8	6.0
	동남아시아	36.1	48.5	70.0	77.3	84.6	8.2	12.5	10.4	9.4
	오세아니아	9.6	11.0	11.6	11.7	12.1	1.2	6.1	0.9	4.1
	남아시아	6.1	8.1	12.0	13.5	14.1	1.4	19.5	12.6	4.2
	소계	110.1	153.6	205.1	218.2	233.6	22.6	13.2	6.4	7.0
미주	북미	91.5	89.9	99.3	102.1	105.9	10.2	6.7	2.8	3.7
	카리브해	17.1	18.8	19.5	20.1	21.0	2.0	1.6	3.0	4.4
	중미	4.3	6.3	7.9	8.3	8.9	0.9	4.0	4.4	7.5
	남미	15.3	18.3	23.6	26.0	2.2	2.6	10.2	10.0	4.7
	소계	128.2	133.3	150.4	156.5	163.0	15.7	6.4	4.1	4.1
아프리카	북아프리카	10.2	13.9	18.8	17.1	18.5	1.8	6.7	-9.1	8.7
	사하라이남	16.0	20.9	31.1	32.4	34.0	3.3	10.1	3.9	5.2
	소계	26.2	34.8	49.9	49.4	52.6	5.1	8.8	-1.0	6.4
중동		24.1	36.3	58.2	54.9	52.0	5.0	11.6	-5.6	-5.4

*추정치
자료원: UNWTO, 「World Tourism Barometer」, April 2013.

3) 한국관광공사, "2012년 방한 관광시장 분석", 2012, p.3.

한편, 2012년 아시아/태평양 지역의 국제관광객 수는 전년대비 7%성장한 2억 3,360만명으로 〈표 8-2〉와 같이 잠정 집계되어 세계에서 가장 높은 성장률을 보였다.

2014년 현재 한국을 찾은 외국인 관광객이 1400만명을 넘어섰다. 문화체육관광부와 한국관광공사는 29일 오후 청주 국제공항에서 1400만명째 입국 관광객 환영행사를 열고, 사상 처음으로 방한 외국인 관광객 숫자가 1400만명을 넘어섰다고 밝혔다. 올해 외래 관광객 1400만명 돌파는 의미가 남다르다. 세월호 참사와 엔화 약세 등 2대 대형 악재를 극복하고 이룬 가시적인 성과인데다 인바운드(외래) 관광객 규모로는 세계 20위권 내에 진입한다는 관광 강국의 의미도 지니기 때문이다.

방한 외국인 관광객이 2012년 처음 1000만명을 넘어선 뒤 꾸준히 증가세를 보이고 있다는 점도 고무적이다. 2012년 1114만명을 기록한 데 이어 2013년에는 1217만명으로 늘어났고, 올해 다시 1400만명을 넘어섰다.

증가율도 눈에 띄게 늘고 있다. 외래 관광객의 1~11월 증가율을 보면 작년 같은 기간보다 16.6% 증가한 것으로 나타났다. 최근 10년 만에 가장 높은 성장세다.

이 기간 국적별로는 유커, 즉 중국인 관광객이 가장 많았다. 작년 같은 기간보다 40.9% 늘어난 571만명을 기록했고 연말까지는 610만명을 돌파할 것으로 보인다. 중국 다음은 일본(230만명)과 미국(77만명) 순이었다.

관광수입도 크게 늘어났다. 연말까지 올 한 해 관광수입은 176억달러로 전망된다. 작년 145억달러보다 21.4%나 증가한 숫자다. 특히 관광수지 적자는 22억달러 수준으로 크게 줄어들 것으로 보인다. 2009년 12억 7000만 달러를 기록한 이후 5년 만에 가장 낮은 수준이다.

1400만명 유치가 국내 경제에 미치는 생산유발 효과는 전 산업분야에 걸쳐 약 31조원으로 추산된다. 휴대폰 3700만대 또는 중형 자동차 47만대를 수출한 것과 맞먹는 효과다. 취업 유발 인원은 54만5000명으로 휴대폰 수출의 4.5배, 자동차 수출의 3.3배에 달해 관광산업의 일자리 창출 효과가 월등한 것으로 나타났다.

한국과 바로 이웃한 관광 경쟁국 일본은 엔저 효과를 등에 업고도 1218만명에 그쳐 2년 연속 한국에 밀렸다.[4)]

6-3 지역별 관광수입

2012년 세계 인바운드 관광수입은 전년대비 3% 증가한 US$ 1조 750억으로 추정되

---

4) 자료원: 매일경제, 2014.12.30.

었다. 그리고 지역별로는 〈표 8-2〉와 같이 유럽이 세계 관광수입의 43%를, 그리고 아시아/태평양 지역은 30%를 차지하였다.

〈표 8-2〉 세계 관광수입 규모

		성장률(%)			US$(10억)		유로(10억)		비중(%)
		10/09	11/10	12**/11	2011	2012**	2011	2012**	2012
전 세계		5.5	4.8	4.1	1,042	1,075	749	837	100
유럽	북유럽	3.3	3.4	5.0	69.8	72.3	50.1	56.3	6.7
	서유럽	1.3	4.3	3.0	161.6	157.0	116.1	122.2	14.6
	동·중부유럽	−2.9	7.8	5.3	56.0	57.0	40.2	44.4	5.3
	남유럽	−1.2	6.0	−0.3	178.9	171.1	128.5	133.2	15.9
	소계	1.0	5.2	2.3	466.3	457.4	355.0	356.0	42.5
아시아/태평양	동북아시아	21.4	8.8	7.4	149.6	165.5	107.5	128.8	15.4
	동남아시아	15.4	12.5	6.4	84.4	91.4	60.6	71.2	8.5
	오세아니아	−2.9	−5.5	−0.7	41.0	41.7	29.4	32.4	3.9
		16.3	12.1	5.2	23.7	24.2	17.0	18.8	2.2
	소계	15.5	7.9	5.8	298.7	322.8	214.6	251.2	30.0
미주	북미	6.0	6.3	7.9	144.8	158.6	104.0	123.5	14.8
	카리브해	1.6	−0.9	2.4	23.5	24.6	16.9	19.1	2.3
	중미	1.1	0.7	8.9	7.1	8.0	5.1	6.2	0.7
	남미	−1.6	6.2	3.6	23.0	23.6	16.5	18.4	2.2
	소계	4.4	5.2	6.8	198.4	214.8	142.5	167.2	20.0
아프리카	북아프리카	0.2	−5.5	2.4	9.6	9.4	6.9	7.3	0.9
	사하라이남	3.3	5.6	6.4	23.3	24.3	16.8	18.9	2.3
	소계	2.2	2.1	5.2	32.9	33.6	23.7	26.2	3.1
중동		17.2	−14.4	−2.2	46.2	46.7	33.2	36.3	4.3

*현지화(local currencies) 불변가격(constant prices) 성장률
**추정치
자료원: UNWTO, 「World Tourism Barometer」, April 2013.

6-4 관광지출

2012년 아웃바운드 지출액은 2011년의 US$ 1조 420억에서 1조 750억으로 증가한 것으로 추정되었다. 〈표 8-3〉과 같이 중국은 2009년 프랑스를 앞서 아웃바운드 지출액이 세계 4위를 차지하였으며, 2010년과 2011년에는 영국을 제치고 세계 3위를 차지하였다.

〈표 8-3〉 세계 주요국의 관광지출 현황(2010~2012*)

	2012*		2011		2010	
	국가	지출	국가	지출	국기	지출
1	중국	102.0	독일	85.9	독일	78.1
2	독일	83.8	미국	78.7	미국	75.5
3	미국	83.7	중국	72.6	중국	54.9
4	영국	52.3	영국	51.0	영국	50.0
5	러시아	42.8	프랑스	44.1	프랑스	39.9
6	프랑스	37.2	캐나다	33.3	캐나다	29.6
7	캐나다	35.2	러시아	32.9	일본	27.9
8	일본	27.9	이탈리아	28.7	이탈리아	27.1
9	호주	27.6	일본	27.2	러시아	26.7
10	이탈리아	26.2	호주	26.7	호주	22.2
11	싱가포르	22.4	벨기에	22.1	사우디아라비아	21.1
12	브라질	22.2	싱가포르	21.4	네덜란드	19.6
13	벨기에	21.7	브라질	21.3	벨기에	18.9
14	홍콩	20.5	네덜란드	20.5	한국	18.8
15	네덜란드	20.2	한국	19.9	싱가포르	18.7
16	한국	20.1	홍콩	19.2	홍콩	17.5
17	사우디아라비아	17.0	사우디아라비아	18.2	스페인	16.8
18	노르웨이	16.9	스페인	17.3	브라질	16.4
19	스웨덴	16.1	노르웨이	16.1	노르웨이	13.5
20	스페인	15.3	스웨덴	15.8	스웨덴	13.2
21	스위스	14.4	스위스	14.0	아랍에미리트	11.8
22	아랍에미리트	-	인도	13.7	스위스	11.2
23	인도	12.3	아랍에미리트	13.2	인도	10.5
24	말레이시아	12.0	말레이시아	10.8	오스트리아	10.2
25	대만	10.6	오스트리아	10.5	이란	9.7
26	오스트리아	10.1	대만	10.1	대만	9.4
27	이란	-	이란	9.8	덴마크	9.0
28	덴마크	9.4	덴마크	9.8	폴란드	8.6
29	쿠웨이트	9.0	폴란드	8.5	말레이시아	7.9
30	폴란드	8.7	쿠웨이트	8.4	아일랜드	7.1

*추정치

제 9 장

결과적 요소: 관광의 영향

제9장 결과적 요소: 관광의 영향

제1절 관광영향의 의미

관광의 결과로서 관광의 영향을 평가하는 것은 관광의 산출효과를 위해 매우 중요한 문제이다. 관광은 국가와 지역사회의 경제적·비경제적 편익과 비용의 산출효과를 가져다준다. 이러한 편익과 비용의 산출효과는 경제적 관점, 사회적 관점, 물리적/자연적 환경의 세 가지 관점에서 파악할 수 있다.

관광의 이상적 목표는 지속가능한 관광에 있으며, 지속가능한 관광은 현재뿐만 아니라 미래의 생산성, 지속성, 그리고 재생을 위한 자연환경의 수용력 범위에서 이루어져야 한다. 그러므로 관광의 영향은 수용력과 관련된 자연적·물리적 환경뿐만 아니라 개인과 사회의 관습과 생활방식의 관점에서, 공정한 경제적 혜택의 관점에서, 그리고 관광수용 지역사회와 관광객의 욕구의 관점에서 그 의미를 분석하여야 한다. 그리고 관광의 영향에 대한 관광정책은 삶의 질, 일자리 창출, 경제발전, 생활환경의 개선, 상호이해의 증진, 그리고 평화의 관점에서 이루어져야 한다.

제2절 경제적 효과

관광객의 지출은 관광수용 국가와 지역의 소득과 세수(稅收)의 증가, 그리고 고용의 창출에 긍정적인 영향을 미친다. 이는 여러 연구에서 관광의 승수효과와 유발효과가 제조산업에 비해 월등히 높다는 사실이 뒷받침하고 있다. 부(富)란 필요·욕구를 채워주는 어떤 것으로, 부의 창출은 금전적·비금전적 부를 창출하는 시스템에 의해 이루어진다. 오늘날 많은 국가들이 부의 창출 시스템으로써 관광의 중요성을 강조하는 한편, 관광객을 유치하기 위해 정부차원에서 전략적인 노력을 기울이고 있다. 특히 관광자원이 풍부하지만 기술적으로 낙후된 국가들은 해외 관광객(in-bound tourists)을 유치함으로써 외화획득, 세수증대, 그리고 고용을 창출하고 있다.

관광객의 소비로써 유발되는 경제적 효과는 크게 직접효과와 간접효과로 구분된다. 유발효과란 관광객의 지출로 인해 발생되는 직·간접적인 파급효과를 말한다. 예를 들어 관광지출이 임금으로 지급되어 가계소득에 영향을 미치는 한편, 가계소득이 소비를 자극하고 재순환의 과정에서 생산을 촉진하고 소득과 고용을 창출하는 파급효과를 가져다준다.

① 직접효과: 관광객의 소비로 유입된 돈이 지역의 관광산업, 고용창출, 세수 증대에 영향을 미친다.

② 간접효과: 관광로 지출되는 금전이 2차적으로 의료나 컨벤션 등 관광관련 산업을 발전시켜 국가 및 지역경제 발전과 고용창출에 긍정적인 영향을 미친다. 관광객의 지출은 직접적으로 호텔의 수입에 영향을 미치는 한편, 호텔에 납품하는 관련 기업에 영향을 미친다.

2-1 국제수지개선의 효과

관광의 발전은 경제적으로 국제수지의 개선, 관광산업의 발전, 고용의 증대, 국민소득의 증대를 가져다준다. 특히 국제관광은 외화획득의 수단으로 국제수지 개선과 밀접하게 관계된다. 오늘날 수출입은 국가경제의 사활이 걸린 중요한 문제로, 국제관광객의 지출은 제조상품의 수출과 마찬가지로 국가의 수입으로 계산된다. 특히 관광은 기존의 관광매력의 자원을 활용함으로써 국제수지 개선에 기여할 수 있는 중요한 수단이다.

일국의 국제수지표란 일정기간 거주자와 비거주자 사이에 발생한 모든 경제적 거래의 체계적인 기록을 말한다. 여기서 일정기간이란 통상 1년을 기준으로 하며, 국제수지표는 연도별 또는 분기별로 작성하며, 거주자와 비거주자의 기준은 법률상의 국적보다 이익의 중심'에 의해 구별되는 것으로, 자국인이라도 이익의 중심이 타국의 경제권에 속한 경우에는 비거주자로 간주된다. 그리고 모든 경제적 거래는 모든 형태의 거래로 재화, 용역, 자본, 국제간의 증여 등 일절의 거래를 의미한다.

관광수지는 무역외 수지 가운데 서비스 용역의 수입과 지출에 포함된다. 예를 들어 외국인이 자국에서 서비스를 이용하거나 선박 및 항공기를 이용할 때 지급하는 금액이 이에 해당된다. 이와 같은 관광수입은 국제수지 개선, 고용증대, 지역발전에 크게 기여한다. 한편, 관광의 활성화는 교통, 숙박, 위락, 그리고 사회하부구조와 밀접하게 관련된다. 특히 자연관광자원이 풍부한 낙후지역의 고용증가와 세수증가는 낙후지역의 재정자립도에 크게 기여한다. 지역의 재정기반이 튼튼할 때 공공시설의 투자가 가능하여 지역민의 생활환경을 개선해 나갈 수 있다.

관광객의 소비로 인해 국가나 지역경제에 긍정적인 영향을 미치지만, 내국인의 해외관광 지출이 외국인의 국내관광 지출보다 많을 경우에는 국제수지개선에 부정적일 수 있다. 1992년 WTO(세계관광기구) 통계에 의하면, 연간 관광수입이 100억 달러를 초과한 국가들은 미국(487억 달러), 호주(191억 달러), 이탈리아(184억 달러), 오스트리아(130억 달러), 영국(126억 달러), 프랑스(113억 달러)로 전체 국제관광수지의 약 70%를 차지하였다. 2012년 한국의 관광수입은 140억 2000 달러이며, 지출은 200억 1000달러였다.

2-2 국민 생산과 소득의 효과

관광객의 유입으로써 관광산업이 발전하게 되며, 관광산업의 발전은 서비스 생산의 파급과정에서 소득과 고용을 창출한다. 그리고 관광기업이 외부로부터 자금 및 재료의 조달에서 경제적인 파급효과를 가져다준다. 한편, 국민생산에 미치는 관광의 유발효과는 관광소비가 생산과 소득에 미치는 순환적 영향에서 나타나며, 특히 높은 승수효과와 외화가득률 때문에 관광의 경제적 파급효과가 매우 높다.

1) 순환생산 및 소득의 효과

이는 관광객의 소비가 생산과 소득의 순환과정에 유입되어 발생하는 효과이다. 다시 말해 관광수입은 순환생산과 소득의 증가요인인 반면에, 관광지출은 감소 또는 누출요인이다. 관광지출로 인한 소득은 관광산업의 수입과 고용의 과정에서 순환소득의 증가를 가져다준다.

① 승수효과

승수효과(multiplier effect)란 독립적 지출이 증가하면 소득은 그 이상의 배수로 증가하는 것을 의미한다. 즉 승수효과는 지출의 독립적 증가가 배수의 소득증가를 가져다 주는 효과로, 이는 소득의 증가와 지출의 독립적 증가율을 의미한다. 즉 관광객의 지출이 금전의 순환과정에서 소득과 고용의 승수효과를 낳는다. 관광의 승수효과는 산업구조나 기술의 발달 정도에 따라 다르게 나타나지만, 연구에 의하면 최초로 지출한 관광소비 금액이 1년간 3.2~4.3배의 증가로 나타난다.[1] 이는 처음 1달러의 지출이 1년 동안에 3.2~4.3달러의 소득증가에 기여했음을 의미한다.

② 외화가득률

이는 상품 및 용역수출의 외화획득 공헌도를 의미하는 것으로, 수출로써 얻는 소득 중에서 수입 원자재 및 원재료를 위한 지출을 공제한 나머지 부분이 총소득에서 차지하는 비율이다. 그러므로 순수한 자국의 자재 및 재료만을 사용한 제품으로 외화를 획득하였다면, 그 제품의 외화가득률은 100%이다. 일반적으로 상품수출의 외채금리, 수입원재료, 수입기자재, 그리고 운송비를 공제한 순수 외화가득률은 63% 내외이지만, 관광은 해외선전 및 판촉비, 원자재, 식재료 수입을 위한 지출비율이 10% 미만으로 전통적 제품보다 매우 높다. 한국의 관광외화가득률은 1970년대에 90%를 상회하였고, 1980년대에 약 80%로 나타났다. 80년대 80%로 낮아진 이유는 대규모 관광단지 개발과 호텔신축으로 자본재 수입의 증가와 함께 숙박 및 식음료 부문에서 해외 의존도가 높은 공산품을 많이 사용하였기 때문이다.

2) 지역개발과 고용창출

관광수용지역은 관광객의 유입이 증가할수록 관광지를 중심으로 각종 편의시설과 사회기반시설을 확충함으로써 지역개발이 활성화되고 고용이 창출된다. 관광시설의 확충과 현대화는 토지, 시설, 자재, 자금의 투입으로써 고용을 창출하고 여타의 산업에 파급적인 영향을 미치며, 관광기업에 유입된 관광소비액은 재투자와 임금으로 지급되는 지역의 경제순환에 의해 파급적인 영향을 미친다.

관광산업은 노동집약산업(labour Intensive Industry)으로, 표준화된 대량생산이 불가능할 뿐만 아니라 일대일 맞춤식의 고객 서비스를 전달해 주어야 한다. 따라서 관광산업은 전통적인 산업보다 많은 노동력을 필요로 하며, 지출과 소득의 순환과정에서 여타 산업에 파급되어 보다 많은 일자리를 창출해 준다. 관광산업의 고용효과는 직접

---

1) "The Economic Impact of Foreign Spending in the US.". Washington, DC: US. Travel Dater Center, September 1989.

고용, 간접고용, 유발고용에 있다. 직접고용은 관광소비로부터 직접 유발되는 숙박이나 요식업에서의 고용이며, 간접고용은 관광산업에 원재료나 반제품을 공급하는 농수산업이나 가공업의 고용이다. 그리고 유발고용은 관광소비로부터 유발되는 고용이다.

각종 관광편의시설, 서비스, 조경, 사회 하부구조 등은 관광객뿐만 아니라 지역민의 생활환경과 산업발전에 긍정적인 영향을 미친다. 관광은 기존에 존재하는 자원의 부가가치(added value)로써 관광소비를 자극할 수 있을 뿐만 아니라 사람중심의 노동집약적인 산업이다. 부가가치란 생산자가 생산과정에서 부가한 가치로, 생산액에서 원재료에 소요된 금액과 설비의 감가상각을 공제한 금액이다. 일반적으로 관광산업의 부가가치율은 0.57~0.73으로 전통적인 산업의 평균부가가치율인 0.427을 크게 상회한다.

3) 부정적 효과

노동집약적 관광산업이 지역의 노동력을 흡수하지 못할 때 지역의 고용창출과 소득의 효과는 부정적일 수 있다. 일반적으로 농어촌이나 도시외곽 지역의 관광기업 고용기여도는 낮을 뿐만 아니라 기업에 유입된 수입이 대도시로 유출될 가능성이 높다. 또한 이들 지역의 관광수요는 계절적 편재가 심하기 때문에 임시고용과 낮은 임금수준으로 지역경제에 기대만큼 기여하지 못할 수도 있다.

만약 국가 또는 지역의 경제가 관광산업중심이라면, 경제불황으로 인한 관광산업의 불안정은 국가나 지역경제에 위기를 가져다줄 가능성이 높을 것이다. 이와 같은 경우에 관광산업은 다른 산업과 구조적으로 균형을 이루는 것이 바람직하다. 수출입의 비교우위와 산업구조는 시간이 지나면서 바뀔 수 있기 때문에, 국가 또는 지역의 생산요소는 비교우위 산업으로 이동해야 한다. 그러므로 관광산업의 비중이 지나치게 높을 때 1, 2차산업의 불황이 3차산업인 관광산업에 큰 타격을 입힐 수 있다. 관광은 기본적인 생활이 보장된 이후에 고려되는 문제이다. 그러므로 관광산업의 비중이 과도하게 높을 때 산업구조전반에 불안정을 초래할 수도 있다.

관광은 계절적 편재가 심하기 때문에 비수기와 성수기의 고용 불안정을 초래하는 한편 물가상승을 부추길 수 있다. 일반적으로 휴가철 관광지역의 물가는 일시적으로 상승하게 된다. 물가상승은 관광객이 현지 가격에 대해 지식이 없거나 가격 수용적인 태도를 취할 때 발생하지만, 이는 결과적으로 관광수용 지역사회의 물가상승으로 이어질 수 있다.

관광의 경제적 효과를 요약하면 [그림 9-1]과 같다.

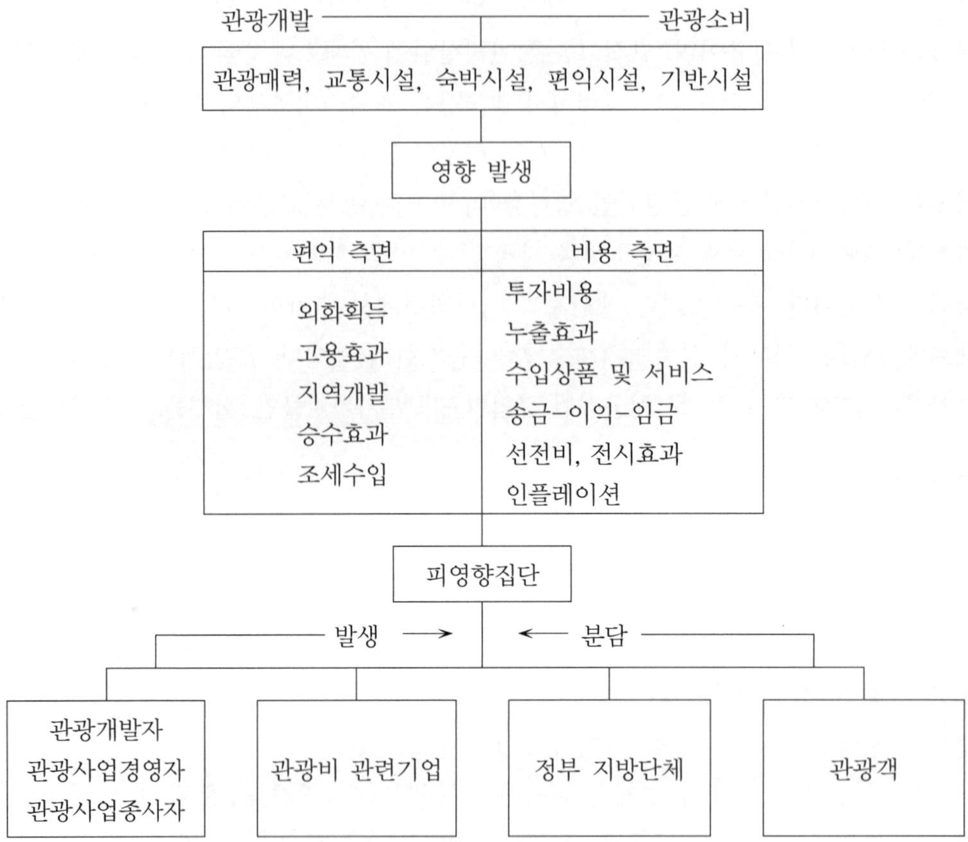

[그림 9-1] 관광의 경제적 효과

2-3 경제적 효과의 최적화

경제는 최소의 투입(비용)으로 최대의 편익산출을 기본원리로 한다. 이와 같은 관점에서 쾌락경험을 추구하는 관광객과 이들에게 관광서비스를 제공하는 지역 및 관광사업자는 모두 경제적인 비용과 편익의 실리추구 당사자이다. 그러므로 관광의 경제적 효과는 관광객과 관광서비스 제공자의 최적화 관점에서 바라보아야 한다. 관광수요와 공급의 최적화는 지속적이며 안정적인 관광을 위한 바람직한 방향이다.

경제적 최적화를 위해 관광은 다음과 같은 문제를 심사숙고해야 한다.

① 관광경험의 질과 관광수요의 양

② 관광사업자의 경제적 이익

③ 관광수용지역사회의 경제적 편익

단기적인 이익의 관점에서 관광사업의 목표에 접근할 때 과도한 개발이나 고압적 판매에 의한 부정적인 결과를 초래할 수 있다. 관광객의 과도한 요구는 과도한 개발로 이어져 돌이킬 수 없는 환경파괴를 초래하거나 환경보호단체나 다른 목적의 자원 사용자와 충돌을 야기할 수 있다. 경제적 관점에서 최적화는 균형적 관점에서 관광개발, 관광사업, 그리고 관광객을 바라보아야 한다.

제3절 문화적 효과

3-1 사회 · 문화적 관광의 의미

관광은 경제적 영향뿐만 아니라 사회 · 문화적인 영향을 미치는 동시에 사회 · 문화는 관광 전반의 성격을 결정짓는 가장 광범위한 요소로 구성원들의 일과 여가를 포함한 생활전반에 근본적인 영향을 미친다. 관광은 자신이 속하지 않은 다른 지역 사회 구성원들의 삶의 방식, 가치, 사고와 같은 이질문화를 경험하는 활동으로 문화적 상호작용을 통해 상호 이해와 존중을 일깨워준다. 그러므로 문화는 관광객을 유인하는 매력적인 관광자원이다. 국가나 지역은 문화교류와 평화를 위한 정책적 수단으로 관광을 촉진하기 위해 노력한다.

그러나 관광이 사회적 상호작용에서 반드시 긍정적인 결과만을 가져다주는 것은 아니며, 그것은 관광객과 지역민과의 노출 정도, 체류기간, 관광객의 태도, 지역민의 환대정신에 따라 다르게 나타날 수 있다. 계절적으로 편재된 관광수요에 의해 성수기에는 적정수용력을 초과한 과중한 이용으로써 지역주민의 생활에 불편을 초래할 수도 있다. 또한 관광객의 경험은 지역민의 환대에 영향을 받을 수 있기 때문에 관광객에 대한 지역민의 호의성과 환대정신이 사회문화에 긍정적인 영향을 미칠 수 있다.

관광의 사회문화적 영향은 다음의 차원에서 발생할 수 있다.

① 지역사회구조에 대한 영향: 주민의 수, 성과 연령구조, 가족의 규모, 인구이동
② 직업구조에 대한 영향: 계절노동의 증감, 남녀 노동수요의 변화
③ 가치관에 대한 영향: 정치, 사회, 종교, 그리고 도덕적 가치관의 변화
④ 표현에 대한 영향: 의사소통 및 언어사용 방식의 변화
⑤ 생활방식에 대한 영향: 예술, 관습, 일상생활의 변화
⑥ 소비패턴에 대한 영향: 소비의 양과 질의 변화

3-2 관광의 사회·문화적 영향

Murphy(1981)[2]는 관광체류의 기간과 관광개발의 형태에 따라 관광의 사회·문화적 영향이 다를 수 있음을 가정하였다. 예를 들어 관광객의 사회와 관광수용지역 사회의 발전 정도에 따른 문화적 격차가 클수록 두 지역 간 사회적 갈등을 야기할 가능성은 높다. Murphy의 가정처럼 관광객에 대한 지역사회의 태도는 체류시간과 밀접한 관계가 있겠지만 근본적으로 체류시간보다 양자의 문화적 격차에 의한 갈등이 관광객에 대한 지역주민의 부정적인 태도에 영향을 미칠 것이다. 그러나 지역주민이 자기 문화에 자긍심을 지닐 때 관광객에 대해 보다 호의적일 가능성은 높다. 지역주민이 자신이 속한 사회에 대해 자긍심을 갖는다면 관광객에게 보다 호의적인 태도로 응대할 것이다.

인종과 지역에 따른 사회발전의 차이가 인종과 지역 간 문화교류에 영향을 미치는 것과 마찬가지로 관광에 의한 지역 간 상호작용은 전통적 사회구조에 어떠한 형태로든 영향을 미친다. 이는 관광으로 인한 산업 및 고용구조와 소득수준의 변화가 사회구조에 영향을 미치는 것과 같다.

〈표 9-1〉은 관광의 사회적 영향의 요약이다.

〈표 9-1〉 관광의 사회적 영향

긍정적 영향	• 사회구조의 변화: 1차산업에서 3차산업인 서비스 관광으로 발전하면서 지역사회 고용의 다양화, 소득격차의 해소로 경제·사회적 위치의 상승 • 가족생활의 현대화: 여성의 지위향상, 현실적인 자녀에 대한 관심과 가치관의 변화 • 지역민의 세계관 확대: 사회적 편견의 해소, 윤리적 가치기준에 대한 분별력
부정적 영향	• 지역주민 가치관의 분극화: 보수적 태도와 개방적 태도 • 윤리의식의 붕괴: 이혼의 증가, 성 개방 • 소비지향적 성향: 알코올 중독, 사치, 남용

국가나 지역사회는 기본적 신념·가치·규범을 공유하는 한편, 동일한 인생경험이나 환경에서 가치를 공유하는 하위문화(subculture)로 구성되어 있다. 지역사회는 관광객과 교류하면서 이질문화를 이해하게 된다. 그러므로 관광의 활성화는 자기 중심사

2) Murphy, P. E., "Community Attitudes to Tourism : A Comparative Analysis", *International Journal of Tourism Management*, 1981. 3, pp.189-195.

회에서 다른 문화와 가까이하는 우리 중심사회로 변화하여 개방적 가치관에 영향을 미칠 수 있다. Rohtman(1978)은 관광수용사회가 관광객과 지속적인 교류를 통해 관광의 편익을 향유하는 것으로 인식할 때 관광객에게 호의적인 반응을 보인다는 사실을 발견하였다.[3] 반면에 지역 간 기술의 격차가 클수록 사회적 갈등을 야기할 가능성은 높아지는 반면, 기술적으로 앞선 사람들은 자기 문화의 우월성과 자긍심에 의해 관광객과의 교류에 대해 매우 긍정적인 태도를 갖는다.[4]

관광의 문화적 영향은 〈표 9-2〉와 같다.

〈표 9-2〉 관광의 문화적 영향

긍정적 효과	부정적 효과
1. 지역문화의 발전(민속예술, 박물관) 2. 역사적 문화유산의 보존의식 증대 3. 현대문화의 유입, 상호이해의 증진	1. 토착문화의 소멸 2. 문화의 상업화 3. 비인간화

관광의 문화적 교류는 타 지역에 대한 이해를 증진시킴으로써 지역 간 갈등을 완화하는 반면에 고유한 전통문화에 부정적인 영향을 미칠 수 있다. 관광은 이질문화에 좀더 개방적이며 친밀관계를 가져다주는 반면에 편견과 불신을 초래할 수도 있다. 예를 들어 구소련의 Gorbachev시대에 미국과 관광교류가 원활해지면서 이념적 대립이 완화되기 시작하였다.

[그림 9-2]는 1985년 미·소 간 관광교류가 활발하게 이루어졌음을 나타낸다. 미·소 간 관광교류가 활발해진 결과 상호 이념적 불신이 사라진 한편 세계평화에 큰 영향을 미쳤다.

3) Rothman, R. A., "Residents and Transients: Community Reaction to Seasonal Visitors", *Journal of Research*, 1978, 6(3): 8-3.

4) British Tourism Authority: The Canadian Travel Marketing Research Newsletter, 1978, 7(Winter).

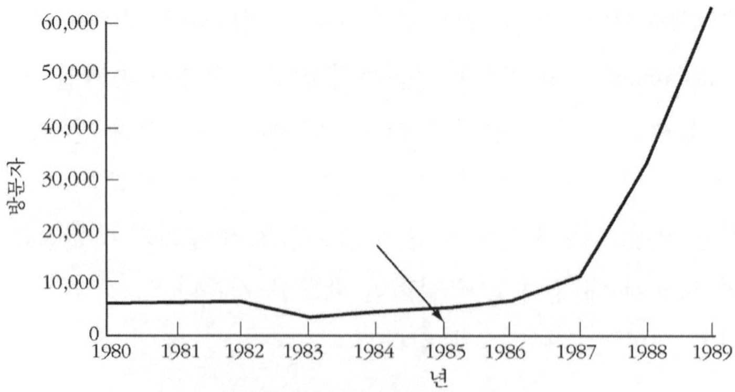

자료원: international tourism policy, David

[그림 9-2]

3-3 긍정적인 사회 · 문화적 영향을 위한 대안

자신이 속한 사회에 대해 어떤 사람은 전통성을 옹호하는 보수적 태도를 취하는 반면, 어떤 사람은 사회변혁을 위한 개혁적 태도를 갖거나 기존의 사회제도를 탈피하려는 회피적 태도를 취한다.

관광의 바람직한 사회 · 문화적 영향을 위한 몇 가지 대안을 제시하면 다음과 같다.

① 관광객의 태도: 로마에 가면 로마의 법에 따르는 관광객의 태도는 지역주민과 원만한 상호작용을 가능하게 해준다. 상호작용은 상대적이기 때문에 관광객이 손님으로서가 아니라 주인으로서 행세할 때 문화적 갈등과 지역민의 반감을 유발할 수도 있다. 일반적으로 관광객은 자기중심 문화에서 상대방의 문화를 이해하려는 경향이 있다. 그러나 관광의 본질이 이질 문화의 경험이라면, 관광은 문화의 상호주의 관점에서 상대방의 문화를 존중해 줌으로써 바람직한 목적을 달성할 수 있다. 건전한 관광은 상호존중의 공정관광(fair tourism)으로부터 나온다.

② 환대정신: 관광은 다른 국가나 지역의 문화를 경험하기 위한 여행이다. 그러므로 지역주민의 환대정신은 관광경험의 질에 결정적인 영향을 미친다. 타 지역의 문화를 경험할 때 지역주민의 환대는 관광경험과 문화적 상호작용을 위한 훌륭한 매개수단이다.

③ 문화콘텐츠: 관광객은 지역의 고유한 문화콘텐츠를 이해하고 경험하기 위해 타 지역으로 여행하는 사람이다. 그러므로 관광지역의 문화유산 해설은 관광경험의 깊이를 위해 매우 중요하다. 지역주민은 지역의 문화적, 역사적, 자연적 유산에 대해 진정한 해설가일 수 있다. 관광코스와 함께 콘텐츠의 개발은 관광경험

의 질에 긍정적인 영향을 미치는 중요한 요소로, 지역의 행사는 행사의 주제가 되는 콘텐츠의 개발로써 지역사회와 관광객 모두에게 매력적인 행사로 조직화할 수 있다. 예술을 비롯한 다양한 문화 축제는 지역의 자원과 콘텐츠를 타 지역에 알리는 한편 많은 관광객 유치에 큰 도움을 줄 수 있다.

④ 행사의 핵심주제: 최근 지역마다 연극, 음악, 토산품, 풍물놀이 등 다양한 축제를 통해 지역을 알리기 위해 노력하고 있다. 이때 행사의 핵심 주제를 무엇으로 하며 그것을 어떻게 연출할 것인지가 매우 중요하다. 지역의 이벤트는 다양한 유형의 활동들과 결합하여 관광의 매력을 더해 줄 수 있다. 이와 같이 지역의 문화를 관광객에게 소구하고 지역민의 단합을 위해 계획된 행사의 핵심주제가 다양한 활동들과 결합하여 행사의 효과를 극대화하는 것이 중요하다. 관광객은 일련의 경험과정에서 관광의 핵심과 주변을 이해하게 된다.

제4절 자연에 대한 영향

4-1 자연과 생활

대부분의 지역민은 관광개발 이전과 초기에 소규모 촌락사회에서 전통적·보수적인 생활을 영위해왔지만, 그 이후에 관광객의 유입과 함께 좀더 개방적이며 소비지향적인 생활로 변한다. 이들은 자연순응적 또는 자연조화적 관계에서 도전적이며 정복적인 관계를 지향하는 생활태도를 갖게 됨으로써 기술과 생산성에 집중한다. 반면 최근 심각한 자연의 파괴가 생존에 대한 위기의식을 불러일으킨다. 관광은 자연환경과 불가분의 관계에 있다.

Meadowses는 성장의 한계(Limits of Growth) 라는 저서에서 재환원이 불가능한 지구는 마치 연료가 떨어진 우주선과 같음을 경고하였다.[5] 경제성장에 대한 인간의 열망은 자연자원의 개발에 대한 관심을 고조시키고 있다. 그러나 Racket Carson은 무언의 반동(Silent Spring)이라는 저서에서 산업 활동에 의한 수질, 토양, 대기오염의 심각성을 크게 우려했다.[6]

5) Meadowses, For More Information on Observational Research, see TULL and HAWKINS, Marketing Research, pp.325-333.

6) Rachel Carson, For More Information on Experimental Research, see SEYMOUR BANKS Experimentation

자원은 무한자원, 재생 가능한 유한자원, 그리고 재생 불능한 유한자원으로 구분할 수 있다. 무한자원은 당장 자원부족의 문제가 뒤따르지는 않지만 장기적으로 위험에 놓인 자원이다. 재생가능자원은 삼림, 식량 등 현명한 이용이 필요한 자원이다. 그리고 재생 불가능한 자원은 석유나 석탄과 같은 광물자원으로, 그것의 고갈이 인간생활에 심각한 문제를 야기하는 자원이다.

기술이 인류운명에 가장 큰 변화를 가져다준 것은 확실하다. 즉 기술의 발전이 인류에게 안락한 생활을 안겨준 반면 원자폭탄처럼 공포와 위협을 함께 가져다주었다.

4-2 자연과 관광

관광은 자연환경과 불가분의 관계에 놓여 있다. 많은 사람들이 관광을 굴뚝 없는 무공해산업으로 인식하지만, 관광개발 및 활동은 어떤 형태로든 자연환경에 부정적인 영향을 미친다. 자연에 대한 인간의 이용은 마치 합성세제가 깨끗한 의복에 대한 인간의 욕구를 충족시켜 주지만 수질을 오염시키는 결과를 초래하는 것과 같은 양면성을 지닌 것과 같다. 관광은 자연친화적인 개발과 이용을 통해 환경의 파괴를 최소화하고 생활환경을 개선시켜 주는 바람직한 측면도 있지만, 관광객의 과도한 이용과 지역주민의 요구에 의한 과도한 개발은 자연환경에 부정적인 영향을 미치는 것은 사실이다. 특히 산골짜기, 목초지, 사막의 오아시스, 해안 및 도서지역과 같은 한계자원(marginal resources)의 과도한 개발과 이용은 파급적으로 생태계 전반에 부정적인 영향을 미친다. 이는 인구과밀지역의 생태적 안정이 한계지역의 안정에 달려 있기 때문이다.

1) 개발과 관광

관광은 개발에 따라 칭찬이나 비난을 받기도 한다. 그러나 종종 자연지역을 완전히 다른 환경으로 변화시킴으로써 관광개발이 사회적인 비난을 받기도 한다. 자연지역의 관광개발에 대한 칭찬과 비난은 그것에 대한 이해관계에 따라 다르지만, 불가피한 개발이라면 장기적인 관점에서 신중하게 개발이 계획되어야 한다. 우리는 개발로 인한 환경의 변화가 변형된 지역에서의 생태학적 교란이 압도적으로 발생하고 있음을 경험하고 있다.

자연환경에 대한 관광의 부정적인 사례들 대부분은 개발도상국에서 찾아볼 수 있

---

in Marketing, New York : McGraw-Hill, 1965.

지만 선진국도 예외는 아니다. 특히 소규모 농어촌 지역은 복잡한 교통, 리조트 시설, 관광객과의 상호작용에 의해 점점 본래의 모습이 크게 변형된다. 지역의 관광을 지배하는 대중적인 관광이 타 지역 지향이라는 사실과 관광객이 지출한 돈이 그 지역에 머물거나 수입을 발생시키지도 않는다는 사실로 지역민들의 비난을 받기도 한다.

대중관광을 주도하는 호텔이나 메가 리조트는 흔히 지역의 생산품 대신에 타 지역의 상품을 이용하며 대도시 자본가에 의해 소유될 뿐이며, 자연의 생태계는 대중관광으로 인해 서서히 변형된다. 대부분의 보호지역이나 생태관광 대상지역을 원시상태대로 유지하기 위해 관광에 의한 영향을 평가하고 관리할 수 있는 전문 인력도 충분하지 않다.

2) 대안관광과 자연

관광은 오염, 자연경관, 생태계에 부정적인 영향을 미치지만 이러한 영향을 극복할 수 있는 대안의 모색은 지속가능한 관광을 위해 매우 중요한 문제이다. 이는 자연친화적 토지이용을 계획하는 데에서 출발해야 한다. 관광은 자연환경과 전통문화를 보호하는 한편, 지역주민의 생활환경을 개선하고 국토의 균형발전에 기여하는 바람직한 대안일 수도 있다.

오늘날 환경문제는 인류가 해결해야 할 최우선적인 과제이다. 이를 위해 환경보호가 경제개발에 방해가 되고 국제경쟁력을 약화시킨다는 전통적인 관념에서 벗어나 기술과 지식을 활용한 환경친화적 관광개발의 관점에서 접근해야 한다. WECD(World Commission on Environment and Development)[7]에 의하면, 지속가능한 개발(sustainable development)은 후세의 욕구를 충족시킬 수 있는 능력과 여건을 저해하지 않으면서 현세대의 욕구를 충족시키는 개발이다. 그러므로 지속가능한 관광(sustainable tourism)은 일부 새로운 방식의 지속가능한 개발이다.

대안관광(alternative tourism)은 지속가능한 개발의 대안으로써 훼손되지 않은 자연과 주민의 요구를 고려한 관광으로써 관광의 모든 범위를 포함한 용어로 적절한 개발, 생태관광, 책임질 수 있는 관리, 소규모 농가, 그리고 녹색관광을 강조한다. 이와 같은 관광접근은 대중관광의 부정적 영향을 극복할 수 있는 바람직한 대안이다.[8]

Dernoi(1981)은 대안관광의 이점을 다음과 같이 제시했다.[9]

---

7) WECD, *Our Common Future*, Oxford : Oxford University Press, 1987.

8) David Fennell 저, 서태양 · 이귀옥 역, *Ecotourism an Introduction,* 기문사, 2002, pp.26-28.

9) Dernoi, L. A., "Alternative tourism: towards a new style in North South relations", *Tourism Management,*

① 개인 또는 가족의 혜택: 민박은 가족에게 직접적인 수입을 가져다주는 채널로, 경영기술을 습득할 수 있다.

② 지역사회의 혜택: 대안관광은 막대한 공공 하부구조를 위한 비용을 사용하지 않으면서 생활수준을 향상시키고 지역민에게 직접적인 수입을 발생시킬 수 있다.

③ 관광수입유출의 방지: 대안관광은 사회적 긴장을 막는데 도움을 주며 지역의 전통을 보전할 수 있다.

④ 관광객의 혜택: 대안관광은 비용을 의식하는 여행자나 지역주민과 밀접한 상호작용을 선호하는 관광객에게 이상적이다.

⑤ 국제 관계의 혜택: 대안관광은 국제적, 그리고 지역과 지역의 문화교류와 상호이해를 촉진시킬 수 있다.

1981, 2: 253-264.

제 10 장

통제: 관광정책

제10장 통제: 관광정책

제1절 정책의 개념

정책이란 어떤 문제 또는 관심사를 해결하기 위해서, 또는 어떤 바람직한 상태를 실현하기 위해서 행위자나 행위집단이 의도적으로 추구하는 일련의 행동[1]으로, 관심의 사건이나 문제를 다루는 행위자가 실행하고자 하는 목적지향적 의사결정 과정이다.[2]

이와 같은 정책개념에 대한 다양한 정의는 다음과 같이 요약할 수 있다.[3]

① 정책은 전체사회에 대한 권위 있는 배분이다.
② 정책은 어떤 목적이나 가치를 지향하는 일반적 패턴의 의사결정 또는 행위이다.
③ 정책은 공공문제 해결을 위한 정부의 활동이다.

위와 같은 행위의 주체가 정부 및 공공기관인 경우에 이를 공공정책이라고 한다. 공공정책의 특징은 다음과 같다.

- 정책은 행동의 주체가 정부나 공공기관이기 때문에 정치성과 권력성을 띠며 사회 전체의 공익을 표방함으로써 정당성을 갖는다.
- 정책은 명시적 또는 묵시적 목표와 의도를 지녀야 한다. 그리고 목표는 정책을 통해 이루고자 하는 바람직한 상태라는 점에서 미래성과 방향성을 갖는다.
- 정책은 사회적으로 바람직한 상태를 위한 수단을 핵심으로 한다.

1) 김찬동, 『행정학 입문』, 1995, p.53.
2) E. Anderson Uames Public, *Policy Making*, Holt : Rinehart and Wiston, 1999, p.3.
3) 권순, 『관광정책론』, 백산출판사, 1998, pp.24-30.

• 공공정책은 대개 국민에게 서로 다른 영향을 미친다. 즉 정책에 따라 정책에 혜택을 받는 사람들이 있는가 하면, 이로 인해 부담을 지는 사람들도 있기 때문에 국민의 이해가 대립되는 경우가 많다.
• 정책은 의도적인 행동이다.
• 정책은 일련의 행동으로 1회성의 선택을 위한 의사결정과 달리 공익을 표방하는 공식적인 의사결정이다.

제2절 관광정책

관광정책은 관광분야의 관심사항과 문제에 대한 처방을 다루는 일련의 과정이다. 이는 관광정책 결정자가 수행하는 목표지향적 의사결정과정으로 공익, 문화적 규범, 그리고 관광의 본질적 가치를 토대로 수용 가능한 의도적 의사결정을 의미한다.

관광정책의 개념구성은 [그림 10-1]과 같다.[4)]

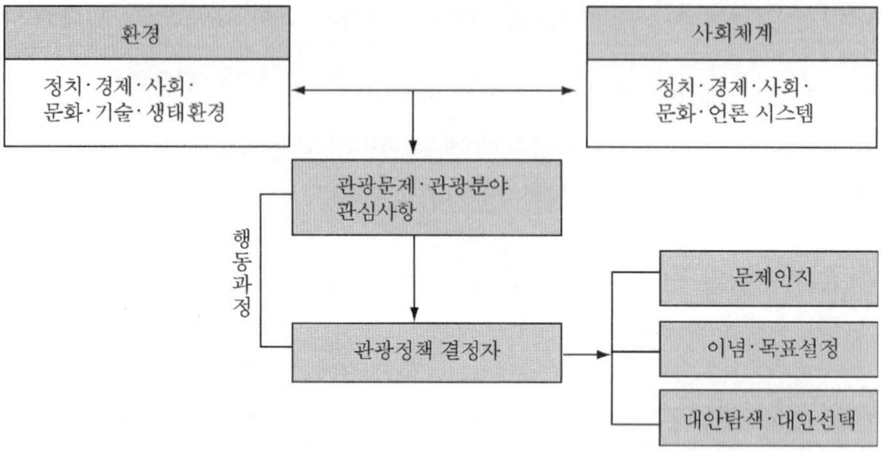

[그림 10-1]

정부의 관광정책(tourism policy)은 포괄적이고 최종적이어야 한다. 즉 어떤 조직이든 조직을 형성하기 위해서는 일차적으로 조직과 정보시스템을 구축하고, 이에 파생되는 정보를 처리하기 위해 인사, 재정, 통제, 마케팅, 생산 등의 중추적 기능을 수행

4) 이장춘, 『관광정책학』, 3판, 대왕사, 2001. 2, p.80.

해야 하기 때문에, 중추적 기능을 수행하기 위한 정책은 포괄적이고 최종적이어야 한다. 즉 포괄적이며 최종적이란 조직의 중추적 기능을 기반으로 조직, 재무, 인사, 마케팅과 같은 조직의 다양한 활동들을 포괄적으로 통제하고 조정할 수 있는 조직의 최종적 기능이어야 함을 의미한다. 정부나 공공기관의 관광정책은 재무나 마케팅과 같은 특정 영역의 전문적 역할이 아니라, 조직의 기초와 중추적 기능 사이에 발생할 수 있는 마찰과 갈등을 전체적 차원에서 해결하며, 균형을 유지할 수 있도록 조정함으로써 정책의 목표를 달성할 수 있도록 포괄적인 관점에서 최종적이어야 한다.

조직의 기능들 사이에 이해관계가 상충하거나 역할이 모호할 때 갈등을 유발할 수 있기 때문에, 정책은 이러한 문제를 조정하기 위한 중심축으로서 정책의 명확한 방향과 일관성을 유지해야 한다. 예를 들어 정부조직의 환경부와 개발부 간 관광개발에 대한 입장 차로 이해 마찰이 발생할 때, 이를 조정하여 포괄적인 관점에서 관련된 모든 자료들을 종합적으로 검토한 후에 최종적으로 결정해야 한다. 그러므로 관광정책은 문제의 전반을 종합적으로 이해하고 검토한 후에 포괄적이며 최종적으로 이루어져야 한다.

2-1 관광정책의 목표

관광은 사회의 전반적인 변화의 압력으로부터 영향을 받아 발생하는 사회적 현상이다. 그러므로 관광정책은 사회의 전반적인 변화를 면밀히 분석하여 문화적 규범을 토대로 미래지향적 목표를 달성할 수 있도록 계획해야 한다. 이와 같은 미래지향적인 목표와 목표달성을 위한 정책의 예산 및 조직화는 이성적인 전략적 사고를 필요로 한다. 전략의 개념에는 정책(목표의 설정)과 그 하위개념인 협의의 전략(자원의 배분)을 포함하며, 이에 따른 관리는 목표와 전략을 가장 효과적으로 달성하기 위한 조직 활동의 통제를 의미한다.

관광은 일부 국가 및 지방정부의 전략산업이다. 전략산업으로서 관광의 미래는 크게 두 가지로 요약된다. 첫째는 국제관광의 발전과 함께 관광산업의 경쟁이 더욱 치열해지고 있으며, 둘째는 관광발전과 함께 생태계에 미치는 영향에 대한 관심의 고조이다. 그러나 본질적으로 관광자원은 공공재이기 때문에 관광정책은 공익성과 사익성을 명확히 구별할 필요가 있다. 정부의 관광정책은 공익성에 우선한 국민의 정서와 건강, 국토의 균형발전, 사회의 보편적 복지, 관광자원의 보호, 관광수용지역의 권익, 그리고 문화교류의 진흥에 그 목적이 있다.

정부의 관광정책은 관광개발과 대중관광에 따른 사회적 압력을 조정하기 위해, 다음의 [그림 10-2]와 같이 경쟁성(competitive)과 지속가능성(sustainable)의 관점에서 균형을 이루어야 한다.

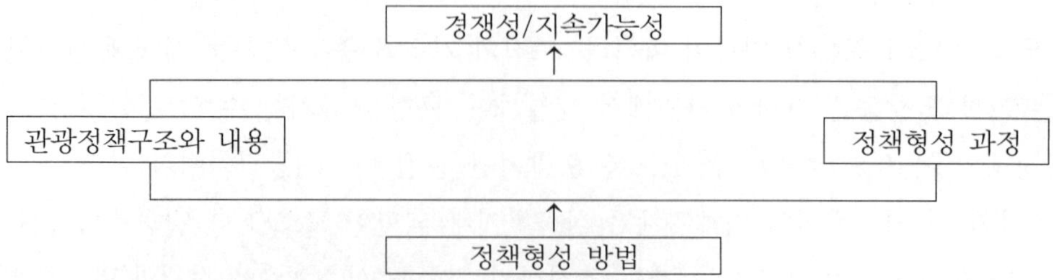

[그림 10-2] 관광정책의 목표

관광수용지역사회는 관광으로써 경제적 · 사회적 편익을 누릴 수 있지만, 이러한 편익의 향유는 기본적으로 관광객의 경험충족을 통해 지속가능하다. 그러므로 관광정책은 관광객과 관광수용지역사회의 관점에서 지속가능성의 최적화를 모색해야 한다.

이는 다음과 같은 관광정책에서 이루어질 수 있다.

① 바람직한 관리를 위한 장기적인 규범과 규칙
② 관광객의 건전한 활동과 지켜야 할 윤리
③ 관광편익을 향유하는 이해관계집단의 목표와 행동의 지침
④ 지속가능한 관광을 위한 사회적 합의
⑤ 공공성과 경제성을 위한 방향 제시와 관리

2-2 관광정책의 방향과 철학

정부의 관광정책은 공익성에 우선한 거시적인 전략적 접근이다. 이와 같은 관광정책의 기본방향은 다음과 같다.

① 국민의 정서, 보건, 복지 증진
② 국토의 균형 발전
③ 자원의 보호 및 보존
④ 관광객과 지역민의 편익 보호
⑤ 문화교류
⑥ 고용창출

이와 같은 거시적 관점에서의 관광정책은 다음의 [그림 10-3]과 같이 정책의 철학과 비전을 토대로 정부수준에서 규칙의 제정자, 지원자, 규제자로서의 역할을 수행하기 위해 이루어진다.

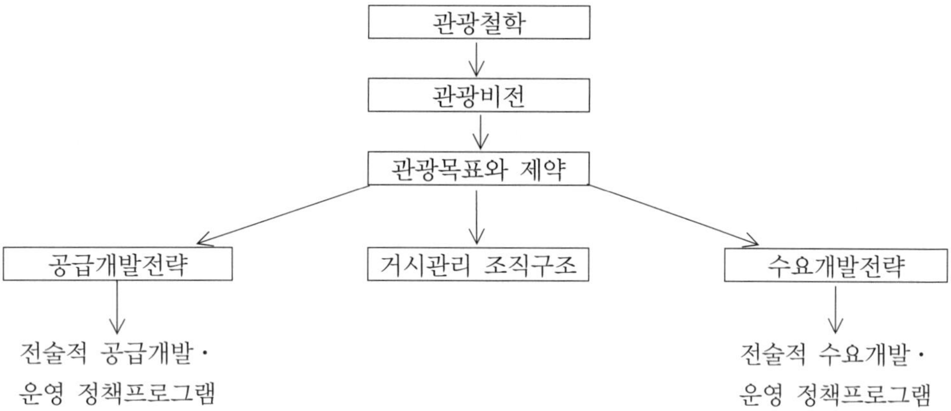

[그림 10-3]

한편, 관광수용지역에 대한 정부의 관광정책영역은 다음과 같다.

① 관광수용지역의 전반적인 사회·경제 개발방침과 규칙
② 관광지의 유형과 역할, 경제적 타당성, 산업구조
③ 교통 시스템과 사회 하부구조
④ 인적 자원의 관리
⑤ 자원의 활용과 보존

이와 같은 영역의 관광정책은 부문별로 교통정책, 문화정책, 관광산업정책으로 세분화할 수 있으며, 국가적 기준에 따라 대외 정책과 대내 정책으로 구분할 수 있다. 대내 정책에는 지역적 기준에 따라 전국적 정책, 지방적 정책, 국지적 정책이 있다. 또한 정책수단에 따라 커뮤니케이션 정책, 교육정책, 정보정책 등이 있다.

제2차 세계대전 직후의 환경변화와 경제적으로 안정된 1990년대 환경변화의 양상은 과거와 비교할 때 확실히 자연, 사회, 정치적 환경변화의 속도가 훨씬 빠르게 진행되고 있다. 이와 같은 환경변화에 따른 관광정책 역시 시대적 양상을 반영해야 한다. 1980년 세계관광회의(WTC: World Tourism Conference)에서 채택된 필리핀 마닐라선언[5]은 관광의 역할과 본질을 잘 나타내주고 있다. 이 선언문에 의하면, 관광은 모든 국가의 기본적인 활동이다. 그러므로 관광수용국은 외래 관광객의 이용 가능한 시설에 대한 공사조직의 협동적 관리를 지원하는 한편, 관광종사원의 교육을 지속적으로 관리해 나가야 한다.

2-3 대외정책: 국제관광정책

관광객은 관광수용국가의 문화적 가치와 규범을 존중하는 한편, 국가는 이동의 자유를 보장해 주고 여행의 규제를 최소화하는 동시에 신속한 여권발급과 관광객의 안전을 보호해 주어야 한다.

국가적 전략산업으로서 관광산업의 육성을 위한 대외정책은 경제적 관점뿐만 아니라 관광으로 인한 다각적 영향을 평가하여 수립해야 한다. 관광은 경제적 효과가 큰 반면에, 수요의 시간적 편재가 심하고 문화의 상업화나 자연관광자원의 손상을 초래할 수 있다. 그러므로 정부의 관광정책은 관광의 가치와 목적, 그리고 사회적 현상의 관점에서 합리적인 정책을 수립해야 한다.

외부자본에 의한 관광개발이 지역의 경제에 반드시 유리한 것으로 단정할 수 없으며, 경제적·기술적 관점에서 자원의 활용과 보호에 대한 상충적 문제로부터 사회적 갈등을 야기할 수도 있다. 그러므로 국제관광정책은 외래관광객과 관광수용지역 모두가 만족할 수 있도록 다양한 문제들을 장기적 관점에서 검토한 후 신중하게 수립해야 한다.

제3절 정치와 관광

국가적인 전략산업으로써 관광정책은 국가경제와 깊이 연관된 정치적 비전과 수단일 수 있다. 관광에 대한 국가적 정책은 기본적으로 관광의 경제적 효과에 있기 때문에 특히 해외 관광객의 유치정책에 특별한 관심을 기울이게 된다. 예를 들어 일시적 방문객의 비자를 면제해 주거나 출입국 절차를 간소화함으로써 보다 많은 인바운드 관광객을 유치하기 위한 국가의 정책이다.

정치·경제·사회적 환경은 관광에 대한 정부의 지원과 규제에 영향을 미치는 중

5) WTO, "Manila Declaration on World Tourism", From the World Conference Held at Manila, Philippines from 27 September to 10 October, 1980, pp.193-206.

요한 요인이다. 국가는 정치적 목적에서 특정국의 관광입국을 억제하거나 특정국으로의 여행을 제한하는 한편, 정치적인 이유로 출입국 심사를 강화하거나 이민을 엄격히 통제하기도 한다. 외국 노동력의 유입에 대한 사회적 압력이 정치적 관심사로 대두되기도 한다. 마찬가지로 외국인의 입국을 완화하는 정책은 정치적 목적일 수 있다. 이와 같이 경제·사회·문화적 관점에서 이루어지는 관광정책은 정치외교적 의미를 함축한다. 이는 타 문화와 상호작용의 기회가 증가하면서 관광이 상호이해의 증진을 위한 국가적인 중요한 수단이기 때문이기도 하다.

1972년 미국과 중국이 맺은 상하이 조약은 미국인들의 중국여행을 촉진하는 계기가 되었고 상호 불신과 대결을 완화시켜 주었다. 1989년 베를린 장벽이 무너진 후 이념대립의 냉전시대가 종식된 한편, 관광과 교역이 활발하게 이루어져 국제협력에 큰 진전을 가져다주었다. 관광을 마치 부르주아의 관습처럼 여겼던 쿠바는 30년의 긴 공백 기간을 깨고 사회주의 체제를 유지하면서 해외 관광객을 유치하기 위한 정치적 영향을 미치고 있다.

국가에 이바지하는 관광의 경제적 편익은 관광정책에 영향을 미치는 핵심 요소이다. 특히 국가가 관광송출국의 경제에 크게 의존할 때, 송출국과의 외교정책에서 관광의 중요성은 더욱 부각되며, 경제발전을 위한 외화획득이 절실할수록 현실적으로 정부의 경제정책에 큰 영향을 미친다. 관광과 관련된 정치적 협정의 대표적인 예는 1975년 헬싱키 회의이다. 이 회의에서는 인간의 기본권으로서 이동을 위한 국제적 안전과 협력에 관해 논의하였다. 자유로운 이동의 권리를 보장하기 위해 헬싱키 회의는 개인 및 단체의 자유로운 여행을 위해 서류의 간소화, 정보의 교환, 관광자원의 보호를 위해 국제적으로 협력하기로 하였다.

1980년 구소련의 아프가니스탄 침공 이후, 카터 대통령은 대외정책 수단으로 모스크바 올림픽 경기의 참가를 거부함으로써 경기기간 소련을 찾은 미국 여행객이 75% 이상 감소하였고, 1984년 소련과 동구권의 국가들이 로스앤젤레스에서 개최된 올림픽 경기에 참가를 거부함으로써 과거와 유사한 결과를 보였다. 스포츠와 관광은 국가 간 정치적 상황이 좋지 않을 때 상호이해의 증진을 위한 대중외교의 수단으로 작용한다. 1985년 미국과 소련은 상호유대의 수단으로써 관광촉진을 위한 직항로를 재개했고, 1990년 무역의 부가조항으로 관광협정을 조인하였다. 미국은 대외정책을 위해 관광을 강조하는 한편, 인성발달, 건강, 교육, 문화교류를 위해 상무성 관광청에 국제관광 교류를 위한 광범위한 협상권을 부여하고, 나아가 국제관광의 장벽을 낮추기 위해 정책적인 노력을 기울이고 있다. 이를 위해 관광정책심의회(Tourism Policy Council)에서는 관광정책과 정책적 계획을 조정하고 있다.

제4절 한국의 관광정책

4-1 1960~1980년대의 관광정책

한국은 1950년대 전쟁으로 피폐화된 국토를 복구하기 위해 온 힘을 기울여야 했기 때문에 미처 관광에 관심을 기울일 여유가 없었지만, 1965년 한·일 국교정상화를 계기로 일본인 관광객을 유치하기 위해 정부의 행정기구를 확충하고 법령을 제정하였다. 이에 앞서 1961년 8월 22일 「관광진흥법」을 제정하여 관광사업의 보호와 규제를 통해 외화획득을 위한 관광산업의 기반조성에 역점을 두었다. 1962년 한국관광공사의 전신인 국제관광공사를 설립했으며, 1963년 교통부에 관광을 전담하는 관광국을 두는 한편, 관광사업자들의 권익을 대변하기기 위한 '대한관광협회'가 설립되었다.

1970년대 정치적 안정을 바탕으로 경제성장과 사회기반시설이 확충됨으로써 관광이 크게 활성화되기 시작했다. 정부는 관광수요 증대에 대처하기 위해서 1972년 12월 「관광진흥개발기금법」을 제정하여 제도금융으로 관광기금을 설치·운영하도록 하였고, 1975년 4월에는 「관광단지개발촉진법」이 제정되어 경주보문관광단지와 제주중문관광단지 등과 같은 국제수준의 관광단지 개발을 촉진하여 관광사업발전의 기반을 조성하였다. 또한 국내관광시장의 다변화와 해외시장의 확대를 위해서 정부는 외래관광객을 유치하기 위한 해외홍보 정책을 강화하는 한편, 관광기반시설의 확충을 위한 금융지원과 국민관광을 위한 「관광기본법」 및 「관광단지개발촉진법」을 제정하였다.

1980년대 한국은 관광발전에 획기적인 전기를 마련하였다. 1986년 아시안게임과 1988년 올림픽 경기개최를 위한 관광시설의 확충과 정비, 국제관광객유치를 위한 해외광고, 외국 언론인 초청, 관광단지 조성, 야영장 개발을 비롯해 안보관광에 역점을 두는 한편, 건전한 국민관광을 육성하기 위한 정책에 노력을 기울였으며, 1989년에는 획기적인 해외여행 자유화조치와 함께 내국인의 건전한 해외관광을 위해 정책적 노력을 기울였다.

1960년대부터 1980년대까지의 관광정책을 요약하면 〈표 10-1〉과 같다.

〈표 10-1〉 1960년대부터 1980년대의 관광정책

구분	'60년대	'70년대	'80년대
기본방향	외화획득을 전제한 초기관광 산업발전을 위한 기반 구축	국제관광 일변도에서 국민관광발전의 병행	국제·국민관광의 조화와 발전 추구
정책명분	관광산업의 효용성, 외화획득을 통한 국제수지의 개선	국민복지 차원의 관광인식	복지행정의 실현 및 국제수지의 개선
정책환경	국민관광기반이 없는 상태에서 국제관광 추진 (한·일국교정상화)	경제개발의 수행에 따른 국민소득의 증대	아주대회 및 올림픽 효과의 관광부문 확산
구체적 시책내용	관광행정기구 및 법 정비	관광행정체제 완비(관광기본법 제정 등)	국제관광 진흥의 가속화('86아시아게임 및 '88서울올림픽)
	관광수용시설의 확충과 운영의 개선	관광지 및 관광단지의 개발(설악동, 보문 및 중문단지)	국민관광 진흥(숙박시설과 휴식공간의 확충 및 해외여행의 자유화)
	관광 전문 인력의 육성 및 관광자원의 개발	해외시장의 확대	국제관광 진흥정책(관광유인정책, 국제협력 강화)
	국제관광 진흥(한국관광공사 창립)	국민관광 진흥(대단위 국민관광지 개발, 관광코스 개발)	관광환경 개선(관광진흥법의 개정)

4-2 1990년대 이후의 관광정책

1990년대 한국은 근로자들의 근무시간 단축과 함께 유급휴가 증가가 뚜렷하게 나타났으며 교육수준의 향상, 통신기술의 혁신, 무역의 자유화, 세계화의 진전 등 사회·경제적 환경이 급속히 호전되기 시작하였다. 이와 같은 환경의 변화는 1990년대 이후의 관광정책에 큰 영향을 미쳤다. 또한 관광객의 지급능력 향상, 관광욕구의 다양화, 개성화가 국제관광 활성화에 큰 영향을 미쳤다.

1990년대 국제관광에 영향을 미친 정치적 환경변화는 동유럽과 소비에트연방의 정치적인 변화, EC 통합화, 무역자유화, 환경보호에 대한 관심의 고조, 그리고 항공의 자유화를 들 수 있다. 혁신적인 기술의 발전은 관광서비스 향상에 크게 기여했으며, 특히 항공기술에 의한 이동시간의 단축과 컴퓨터 예약시스템의 발전은 국제관광 활성화에 큰 영향을 미쳤다. 컴퓨터 예약시스템은 정보처리, 저렴한 여행, 커뮤니케이션에 의해 관광의 활성화에 크게 기여했다.

1990년대 관광산업의 경쟁은 더욱 치열해졌다. 특히 무역자유주의를 근본으로 하는 시장개방에 따라 국가 간 관광산업의 치열한 경쟁이 심화되기 시작하였다. 1986년의 우루과이 라운드(UR) 출범은 1990년대 관광산업의 경쟁을 더욱 가속화시키는 계기가 되었다. UR의 서비스 교역협상은 무역의 중요성이 증대되는데 따른 서비스 교역문제를 다루기 위해 서비스 부문의 국제교역질서 확립과 서비스 무역의 자유화를 위한 다자간 규범을 마련하는데 목적을 두고 있다.

1990년대 관광정책은 환경파괴의 가속화에 따른 녹색관광(green tourism)의 부각과 관련된다. 즉 관광개발이 어떤 형태로든 자연환경에 손상을 입히기 때문에 관광정책은 자연환경의 보호와 이용의 양립성에 중점을 두었다.

〈표 10-2〉 1990년대의 관광정책

주요 관광정책	전흥세부시책
외국인 관광객 유치 및 홍보	• 관광유치단 해외파견, 관광유람선 유치, 외국 언론인 초청 • 주한 미군가족 유치, 일본 고교 수학 여행지 • 해외광고, 선전·홍보물 제작 및 배포
관광수용시설의 확충 및 정비	• 관광호텔, 휴양콘도미니엄, 가족호텔, 유스호스텔
관광자원 개발(관광휴양지역 및 관광지 지정)	• 다양한 관광지개발(국민관광지 조성, 시범야영지 건설, 안보관광개발) • 관광단지 개발(남원관광단지)
관광서비스수준 제고	• 관광종사원 서비스교육 • 관광담당공무원 현장교육(국내교육, 해외교육) • 산학협동 현장실습 실시
건전한 국민관광 진흥	• 관광목적 해외여행의 연령제한 폐지 • 국민해외여행 건전화 유도(해외여행자에 대한 교양교육 강화, 매체를 이용한 홍보, 해외여행 안내책자 발간 및 배포, 해외여행 관광안내 코너설치 및 운용) • 여행업계의 거래질서 확립(여행업계 지도점검 및 여행사 행정처분 강화)
국제교류·협력증진	• 한·일 관광진흥협의회를 통한 국제협력 증대 • 국제회의 참가 및 유지 • 관광전시 박람회 참가
올림픽 개최국으로서 이미지 강화	• 각종 세계대회의 국내개최 유도

관광정책은 관광개발과 환경에 대한 정부정책의 일원화로써 양자 간의 이해관계를 조정하고 관광지의 부정적인 영향을 최소화하기 위한 환경보호에 중점을 두고 환경영향의 평가, 균형개발, 문화관광, 건전관광, 수용력, 종합적 토지이용에 특별한 노력을 기울였다.

4-3 2000년대의 관광정책

1) 지속가능한 관광

2000년대 환경파괴로 인한 지구온난화 현상의 심각성이 대두되면서, 정부는 자연환경을 보호하기 위한 정책을 강조하였다. 사람들은 관광자원 역시 유한자원이기 때문에 보호하지 않으면 그 가치를 상실하게 된다는 것을 깨닫기 시작하였다. 지속가능한 관광에 대한 사람들의 관심이 고조됨에 따라 정부는 그 대안관광으로써 생태관광, 농어촌 그린관광, 문화관광을 정책적으로 적극 지원하였다. 특히 자연중심의 관광지는 수용력을 초과한 일시적인 관광객의 집중으로 자연의 손상과 관광경험의 질적 저하가 불가피하게 야기되기 때문에, 수용력을 초과하기 이전에 지속가능한 관광을 위해 적정한 수요관리가 이루어져야 한다.

2) 지역민의 협력과 참여

관광정책은 관광시장의 욕구뿐만 아니라 이들을 수용하는 지역민의 욕구를 반영하여야 한다. 즉 관광정책은 관광객과 지역민 모두 관광의 편익을 지속적으로 향유할 수 있어야 한다. 관광정책은 관광객뿐만 아니라 지역민의 생활향상과 이들의 고유한 문화를 지켜나갈 수 있도록 하여야 하기 때문에 지역민의 협력과 참여는 매우 중요한 문제이다.

3) 관광의 사회적 책임

관광은 경제발전에 기여할 뿐만 아니라 상호이해, 사회복지, 갈등해소에 긍정적인 영향을 미치지만, 관광의 부정적인 영향도 간과할 수 없는 문제이다. 관광의 사회적 책임이란 관광의 사회적 공헌을 의미한다. 그러므로 관광진흥을 위한 정부의 정책은 관광기업과 관광객이 사회의 일원으로써 사회에 공헌할 수 있도록 유도하기 위해 관광객, 관광산업, 그리고 관광수용지역사회가 사회적 책임을 다할 수 있게 정책적 계몽활동을 지속해야 나가야 한다. 한편 관광의 사회적 책임은 관광객의 교육수준과 자연보호 및 건전한 관광소비와 밀접하게 관련되어 있기 때문에 정부의 관광정책은 사회적 책임으로써 공정관광과 건전관광을 통한 경제적 편익을 위한 지원과 규제가 적절히 병행하여야 한다.

4) 지역문화의 고유성

세계화의 빠른 진전은 사람들의 생활방식 · 제품 · 식품 · 건축 등 생활 전반에 동질화를 가속화시키고 있지만, 관광객은 본질적으로 새로운 환경에서 새로운 문화를 경험하기 위해 다른 지역으로 여행하는 사람이다. 이들은 타 지역의 고유한 문화를 체험하기 위해 금전과 시간을 지급하지만 세계화와 함께 문화의 동질화는 문화의 상업화를 더욱 부추기고 있다. 따라서 정부는 지역의 고유한 문화를 보호하기 위해 정책적 노력을 기울이고 있다.

5) 환대정신과 교육

관광객의 경험만족은 지역민의 환대와 종사원의 서비스 전달능력에 의해 크게 영향을 받는다. 그러므로 관광경험의 질적 향상을 위한 환대정신과 인적 능력은 지역민과 종사원의 교육과 밀접하게 관계된다. 관광산업은 노동집약적이지만 종사원의 이직률이 높고 계절적인 고용의 편재가 심하기 때문에, 높은 수준의 서비스를 일관성 있게 제공하기 위한 정책적 지원은 매우 중요한 문제이다.

제5절 관광정책과 유관 국제조직

국제관광에 대한 국가차원의 정책은 주로 자국의 경제적 이해득실에 따른 규제 및 촉진과 관계된다. 이는 마치 무역의 관세장벽과 같이 자국의 입장이나 상황에 따라 자국민의 여행허가를 정책적으로 강화하거나 외환소지 한도를 엄격히 규제하는 것과 같다. 국가는 귀국 관광객의 면세품 구입을 엄격히 통제하거나 해외여행 전에 일정한 금액을 일정기간 은행에 예치하도록 하는 정책을 사용하며, 환전 시 세금을 부과하거나 출국세를 징수한다. 또한 특정 관광시설물에 자국민의 입장을 금지하거나 자국의 관광산업을 보호하기 위해 영업허가를 엄격히 규제함으로써 외국 기업의 시장진입을 저지하는 한편, 외화소지의 제한을 통해 자국민의 해외여행을 제한함으로써 외화유출을 차단하는 정책을 시행할 수 있다. 이와 같은 문제들의 해결을 위해 국제수준의 정책적 협력이 필요하다.

우리나라는 세계관광의 흐름을 파악하고 이에 능동적으로 대처하고자 각종 관광관련 국제기구에 가입하여 활발한 활동을 전개하며 협력관계를 유지하고 있는데, 그 중에서 대표적인 것이 세계관광기구(UNWTO), 경제협력개발기구(OECD), 아시아태평양경제협력체(APEC), 아세안+3(ASEAN+3), 아시아태평양관광협회(PATA), 미주여행업협회(ASTA), 국제회의전문가협회(ICCA) 등이다.[6)]

1) UNWTO(세계관광기구)

세계 각국의 정부기관이 회원으로 가입되어 있는 정부간 관광기구인 세계관광기구(UN World Tourism Organization: UNWTO)[7)]는 국제관광연맹(IUOTO: International Union of Official Travel Organization)이 1975년에 정부간 관광협력기구로 개편되어 설립된 기구이다. 현재 세계 154개국 정부기관이 정회원으로, 350개 관광유관기관이 찬조회원으로 가입되어 있으며, 격년제로 개최되는 총회와 6개 지역위원회를 비롯하여 각종 회의 및 세미나를 개최하고 있다. 본부는 스페인의 마드리드에 두고 있다.

UNWTO는 공신력을 가진 각종 통계자료 발간을 비롯하여 교육, 조사, 연구, 관광편의 촉진, 관광지 개발, 관광자료 제공 등에 역점을 두고 활동하고 있으며, 관광분야에서 UN 및 전문기구와 협력하는 중심역할을 수행하고 있다.

우리나라는 IUOTO의 회원이었던 교통부(현재는 문화체육관광부)가 1975년 자동적으로 정회원으로 가입하였고, 한국관광공사는 1977년 찬조회원으로 가입했다. 북한은 1987년 9월 제7차 총회에서 정회원으로 가입하였다.

2) OECD(경제협력개발기구)

OECD(Organization of Economic Cooperation and Development; 경제협력개발기구)는 유럽경제협력기구를 모체로 하여 1961년 선진 20개국을 회원국으로 설립되었다. 회원국의 경제성장 도모, 자유무역 확대, 개발도상국 원조 등을 주요 임무로 하고 있으며, 현재 30개 회원국으로 구성되어 있고, 프랑스 파리에 본부를 두고 있다.

---

6) 문화체육관광부, 2012년 기준 관광동향에 관한 연차보고서, pp.79-89.

7) 세계관광기구(World Tourism Organization: WTO)는 1975년 설립된 이래 줄곧 WTO라는 명칭을 사용하고 있었으나, 1975년 1월 1일 세계무역기구(World Trade Organization: WTO)가 출범함에 따라 두 기구간에 혼란이 빈번하게 발생하게 되었다. 이에 따라 유엔총회는 이러한 혼란을 피하고 유엔전문기구로서 세계관광기구의 위상을 높이기 위해 2006년 1월부터 WTO라는 명칭을 UNWTO라는 명칭으로 변경하게 된 것이다.

조직구성은 의사결정기구인 이사회, 보좌기구인 집행위원회 및 특별집행위원회를 두고 있으며, 실질적 활동을 수행하는 26개의 분야별 위원회가 있다. 이 중에서 관광위원회는 관광분야에 대한 각국의 정책연구 및 관광진흥정책연구 등을 주요 기능으로 하고 있으며, 위원회 산하에 통계작업반을 두고 있다.

우리나라는 1994년 6월 관광위원회에 대한 옵서버 참가자격이 부여되어 1995년부터 관광위원회 회의 및 통계실무작업반회의에 참가하여 주요 선진국의 관광정책 및 통계기법 등을 습득하고 있으며, 1996년도부터는 정회원으로 활동 중이다.

3) APEC(아시아 · 태평양경제협력체)

APEC(Asia Pacific Economic Cooperation; 아시아태평양경제협력체)은 1989년 호주의 캔버라에서 제1차 각료회의를 개최함으로써 발족하였으며, 정상회의를 개최하는 등 역내 경제협력관계 강화의 구심점이 되고 있다.

APEC은 11개 실무그룹(Working Group)을 두고 있는데, 관광실무그룹회의는 1991년 하와이에서 회의를 가진 이후 역내 관광발전을 저해하는 각종 제한조치의 완화, 환경적으로 지속가능한 관광개발 등의 주제를 수행하고 있으며, 2005년 5월까지 총 26회 개최되었다.

우리나라는 1998년 제주도에서 제12차 APEC 관광실무그룹회의를, 2004년 5월 경남 진주에서 제24차 APEC 관광실무회의를 개최하였으며, 2005년 5월에는 부산에서 제4차 관광포럼 및 제26차 APEC 관광실무그룹회의를 성공적으로 치렀으며 한국관광홍보 및 APEC 내 관광외교 강화에 기여했다. 제26차 회의에서는 2005 APEC 정상회의 국가로서 수임하게 된 TWG 의장직을 성공적으로 수행했으며, 정상회의 개최국으로서 주도적으로 추진 중인 '재난관리대응(Emergency Preparedness) 관련' 이슈를 회원국에 주지시키고 APEC 차원의 결속과 협력방안을 도출해내는 등 역내 관광분야 리더십을 발휘하는 계기가 되었다.

4) PATA(아시아 · 태평양관광협회)

PATA(Pacific Asia Travel Association; 아시아 · 태평양관광협회)는 아시아 · 태평양지역의 관광진흥활동, 지역발전 도모 및 구미관광객 유치를 위한 마케팅활동을 목적으로 1951년에 설립되었다. 태국 방콕에 본부를 두고 있으며 북미, 태평양, 유럽, 중국, 중동에 각각 지역본부가 있다.

주요 활동으로는 연차총회 및 관광교역전 개최, 관광자원 보호활동, 회원들을 위한 마케팅 개발 및 교육사업, 각종 정보자료 발간사업 등이 있다. 현재 73개국 1,000여개 관광기관 및 업체가 회원으로 가입되어 있으며, 전 세계에 39개 지부가 결성되어 있다.

우리나라에서는 문화체육관광부, 한국관광공사 등 총 34개 관광관련 기관 및 업체가 PATA 본부회원으로 가입되어 있으며, 매년 연차총회 및 교역전에 참가하여 세계 여행업계 동향을 파악하고 한국관광 홍보 및 판촉상담활동을 전개하고 있다. PATA 한국지부에는 총 120개 기관 및 업체가 회원으로 가입되어 있으며, 지부총회 개최, 관광전 참여, 관광정보 제공 등의 활동을 하고 있다.

5) ASEAN(동남아연합)

아세안은 1966년 8월 제3차 ASA(Association of Southeast Asia: 동남아연합) 외무장관 회의에서 ASA의 재편 필요성이 제기되어, 1967년 말리크 인도네시아 외무장관이 태국 측과 아세안 창립선언 초안을 마련하였다. 1967년 8월 인도네시아, 태국, 말레이시아, 필리핀, 싱가포르 5개국 외무장관회담을 개최, 아세안 창립선언을 통하여 결성되었다.

아세안은 창립 당시 5개국으로 구성되었으나, 1975년 월남전 종결을 계기로 동남아 평화 및 자유·중립지대 구상과 '동남아 우호협력조약'의 대상범위를 인도차이나반도 3개국(베트남, 캄보디아, 라오스) 및 미얀마를 포함한 지역으로 확대하는 구상이 대두되었고, 이후 브루나이(1984년), 베트남(1995년), 라오스와 미얀마(1997년), 캄보디아(1998년)가 차례로 가입하여 현재는 총 10개국의 회원국으로 구성되어 있다.

아세안은 1993년 아세안 자유무역지대(AFTA: ASEAN Free Trade Area)를 결성함으로써 국제적인 교섭력이 한층 강화되기 시작했다. 역내 무역활성화와 공동산업 프로젝트 등을 통해 산업경쟁력 역시 커질 것으로 예상되어 세계시장에서 차지하는 비중이 점점 커질 전망이다.

또한 21세기 세계 관광목적지로 아시아·태평양 지역의 중요성이 커지면서 한·중·일과 아세안의 관광협력을 논의하는 '한·중·일+아세안' 회의가 개최되었고, 이를 통해 우리나라 및 주변국과 아세안 지역의 관광협력 방안 논의가 활발히 진행 중이기도 하다. 특히 2005년 5월 26일에는 강원도 속초에서 제7차 ASEAN+3NTO(한·중·일+아세안)회의가 개최되어, 우리나라와 아세안 국가와의 관광협력 체계를 한층 더 공고히 하였고, 아세안에서 한국의 위상을 제고한 것으로 평가받았다.

6) ASTA(미주여행업협회)

미주지역 여행업자의 권익보호와 전문성 제고를 목적으로 1931년에 설립된 ASTA(American Society of Travel Agents; 미주여행업협회)는 미주지역이라는 거대한 시장을 배경으로 세계 140개국 2만여 회원을 거느린 세계 최대의 여행업협회이다.

회원들의 전문성 제고와 판촉기회를 확대하기 위하여 연례행사로 연차총회 및 트레이드쇼, 크루즈페스트 등을 실시하여 각국 NTO와 관광업계의 판촉활동의 장을 마련하고 업계동향에 대한 세미나 개최 등 유익한 교육프로그램을 제공한다.

1973년 한국관광공사가 준회원으로 가입되었으며, 1979년 ASTA 한국지부가 설립되어 운영되고 있다. 우리나라는 미주시장 개척의 기반을 다지기 위하여 동 기구 내 홍보활동을 지속적으로 추진해 오고 있으며, 매년 연차총회 및 트레이드쇼에 업계와 공동으로 한국대표단을 파견하여 판촉 및 정보수집활동을 전개하고 있다. 1983년에는 총회 및 교역전을 서울에 유치하여 대형 국제회의 개최능력을 전 세계에 홍보한 바 있다. 또한 2007년 ASTA 제주 총회(3.25~29, ICC제주)를 성공적으로 개최하면서 미주관광시장에 대한 동북아 관광거점 확보 기틀을 마련하였고, 회의 개최지인 제주도의 국제관광 이미지가 제고되었다는 평가를 받고 있다.

7) WTTC(세계여행관광협의회)

WTTC(World Travel and Tourism Council)은 전 세계관광 관련 가장 유명한 100여개 업계 리더들이 회원으로 가입되어 있는 대표적인 관광 관련 민간기구이다. 1990년에 설립되었으며 영국 런던에 본부를 두고 있다. 주요 활동은 관광 잠재력이 큰 지역에 대한 관광자문 제공 및 협력사업 전개, "Tourism For Tomorrow Awards" 주관, 세계관광정상회의(Global Travel and Tourism Council) 개최 등이다. 특히 매년 5월 개최되는 관광정상회의는 개최국의 대통령, 국무총리를 비롯 각국의 관광장관, 호텔 및 항공사 CEO 등이 대거 참석하여 관광현안을 논의하는 권위 있는 회의로 정평이 나 있다. 세계 관광산업과 관련된 모든 이슈를 다루며, 고용인원 2.4억명, 세계 GNP의 9.2%를 차지하는 관광산업에 대한 인식을 높이기 위한 활동을 하고 있다. 한국관광공사는 지난 2006년부터 정상회의에 참가하여 세계관광 인사와의 네트워킹 및 최신 관광 트렌드 습득에 힘쓰고 있다. 2013년 9월 WTTC 아시아 지역총회를 서울에서 개최하였다.

제 11 장

관광산업의 이해

제 11 장 관광산업의 이해

제1절 관광산업의 정의

관광산업은 관광기업의 집합을, 그리고 관광기업은 관광욕구와 구매력이 있는 시장에 관광서비스를 제공하는 조직적인 단위사업체들을 의미한다. 그러므로 관광산업은 관광소비자에게 관광서비스를 전달하는 단위조직들을 모두 포함한다. 관광시장에 대한 욕구와 기대는 매우 다양하기 때문에 관광산업은 다양한 서비스를 전달하는 다양한 기업들로 구성된 복합적인 산업이다.

기업은 생산의 주체로서 제품 및 서비스를 소비자에게 제공하는 조직체이며, 산업은 전통적으로 동일한 제품을 생산하는 단위 기업들의 집합을 의미한다. 그러나 관광산업은 동일한 서비스를 제공하는 단위 기업들의 집합이라기보다 동일한 관광욕구에 영합하는 단위 기업들의 시스템으로 파악할 수 있다. 관광산업의 대표적인 단위 기업으로서 호텔(hotel), 식당(restaurant), 여행사(travel agency), 교통업(transportations)은 이질적인 서비스를 제공하는 관광조직체이다. 다시 말해 관광산업은 일상거주지를 벗어나 쾌락을 추구하는 관광욕구에 영합하기 위해 서비스를 제공하는 이질적인 다양한 단위 조직체들의 집합이다.

1-1 관광산업과 환대산업

이질적인 단위 기업들의 복합적인 산업의 관점에서, 관광을 단일 산업으로 바라보기는 어렵다. 산업이란 동일제품을 생산하는데 관여하는 단위 기업들의 집합을 의미하지만 관광산업은 집을 떠난 고객에게 제품 및 서비스를 제공하는 이질적인 기업들의 시스템으로 이루어져 있기 때문에 관광산업을 여행산업(travel industry), 음식산업

(food service industry), 숙박산업(lodging industry), 환대산업(hospitality industry)과 같이 다양하게 정의하고 있다.

Ninenmeier는 관광산업을 여행과 숙박 및 식음료 서비스로 구분하여 [그림 11-1]과 같이 환대산업(hospitality industry)으로 정의하였다.[1] 환대산업이란 영리를 목적으로 찾아온 손님(고객)에게 숙식서비스를 제공해 주는 단위 기업들의 집합을 의미한다.

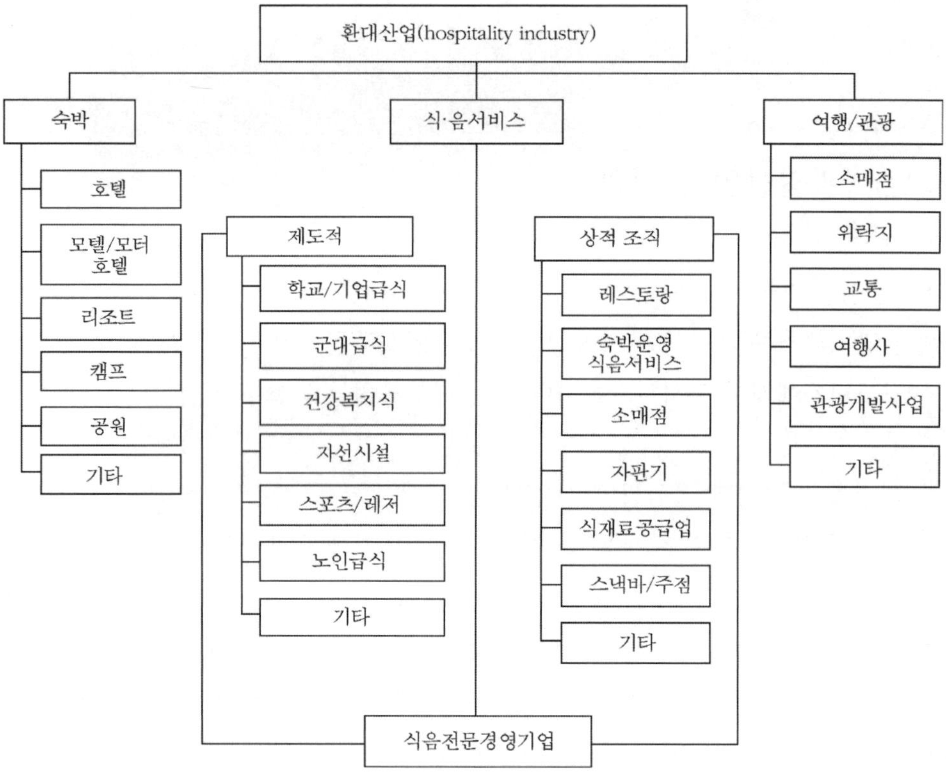

[그림 11-1] 환대산업

일부 경제학자나 통계학자들은 복합적인 관광을 포괄하여 하나의 산업으로 정의할 수 없다고 주장한다. 레스토랑을 식품점과 같은 범주의 소매업 조직으로 간주하지만 외식업은 영리목적의 레스토랑과 병원, 대학, 사회복지시설의 외식과 같이 비영리조직으로 구성되며, 숙박 및 음식업은 건강, 법률, 보험과 같은 서비스조직의 일부이다.

일과성의 관광경험은 이질적인 서비스를 제공하는 다양한 조직들이 관여된 전체

1) Ninenmeier, Jack D., Managing Foodservice Operations: A System Approach for Healthcare and Institutions, West Lafauette, Ind Dietary Managers Association and Restaurant, Hotel, and Institute and Management Institute, 1985.

시스템에서 파악할 수 있다. 이와 같은 관점에서 Mill(1992)은 관광은 산업으로 간주하기보다 전반적인 관광시스템으로 파악해야 한다고 주장한다.[2)]

1-2 관광서비스 시스템

관광객에게 제품 및 서비스를 제공해 주는 조직은 점점 더 세분화되고 있다. 이러한 단위 조직들은 크게 민간자본에 의한 영리목적의 사기업과 공공의 이익을 위해 정부의 자본으로 영위하는 비영리조직의 공기업으로 구분된다. 공기업이란 정부의 공공단체가 출자하여 경영을 책임지는 공공성의 비영리 조직체로, 이러한 조직들은 기본적으로 공공의 이익증진을 목적으로 사회적 책임을 강조한다. 이에 반해 사기업은 기본적으로 영리를 목적으로 종업원, 채권자, 주주 등의 이해관계자 집단의 경제적 목적을 강조하는 한편, 사회의 윤리적 책임을 통한 이익으로써 장기적인 성장과 존속을 추구한다.

현대사회는 권력이 다양한 집단에 분산되어 사회균형을 이루는 다원화 사회(pluralistic society)이다. 다원화 사회에서 공공기관과 사기업은 상호 의존적인 형태로써 서로의 고유한 기능을 원활히 수행하기 위해 상호이해에 대한 조정과 협력적 관계를 확립해 나가야 한다. 이와 함께 기업은 소비자, 노동자, 이해관계집단의 욕구를 충족시켜 줌으로써 존속 및 성장해 나갈 수 있다.

관광자원은 국민의 복지와 건강을 가져다주는 공공재로서의 기능을 수행한다. 그러므로 관광기업은 공공의 복지 서비스를 제공함으로써 사회적 책임을 수행하는 한편, 시장의 욕구충족을 통해 이윤을 추구함으로써 성장해 나갈 수 있다. 관광기업은 일과성의 관광경험을 충족시켜 줌으로써 이해관계자(stake holders)의 욕구를 충족시켜 줌으로써 성장해 나갈 수 있다.

Gee, Chuck, Makens, Choy(1989)는 관광사업을 관광욕구에 영합하는 공·사 조직의 시스템으로 설명하고 있다. 관광서비스 시스템이란 다양한 단위 조직들이 상호 연계되어 각각의 기능을 수행함으로써 관광경험에 영향을 미치는 서비스 전달체계를 의미한다.

관광시스템의 3가지 범주는 [그림 11-2]와 같다.[3)]

---

2) Mill, Robert Charles, *The Tourism System: An Introductory Text*, Englewood Cliffs, NJ: Prentice Hall Inc., 1992.

3) Gee, Chuck Y., James C. Makens and Dexter J. Choy, *The Travel Industry*, New York, NY: Nr, 1989.

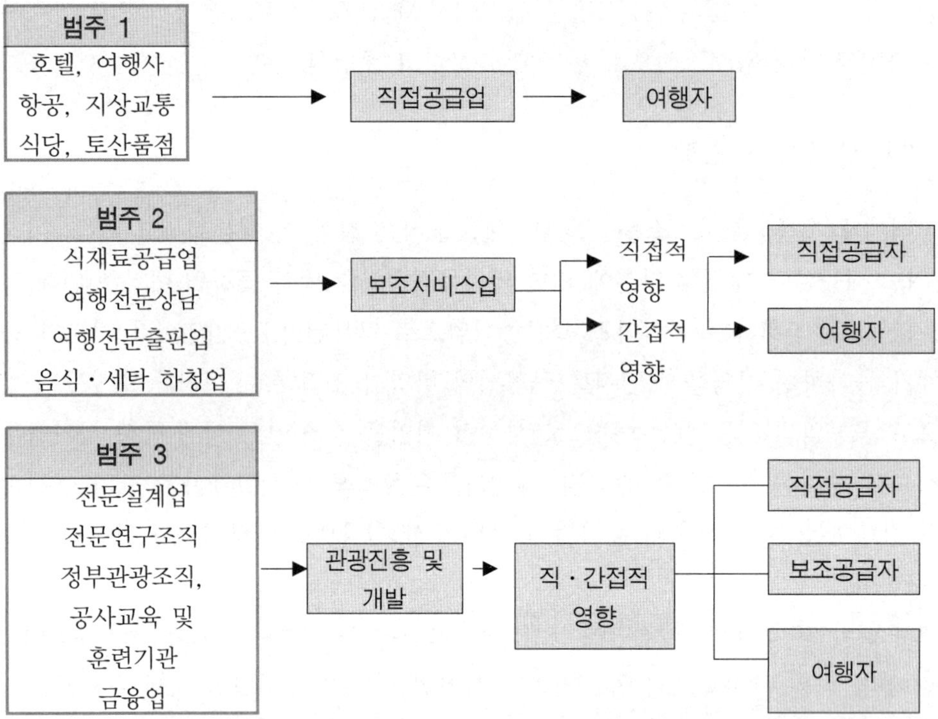

[그림 11-2] 관광서비스 시스템

관광서비스 시스템은 관광객에게 관광의 편익을 직접적으로 제공해 주는 직접공급업자, 직접 공급업자를 보조하는 조직체들, 그리고 관광진흥과 개발에 관여하는 조직체들인 세 범주의 시스템으로 구성된다.

1) 직접공급업체

이들은 관광객에게 관광의 편익을 직접적으로 제공하는 항공업, 숙박업, 지상교통업, 여행업, 식음료업, 토산품업 등으로 상호 밀접한 연계로 관광서비스를 전달해 주는 조직체이다.

2) 2차공급업체

이들은 직접적인 1차 관광서비스를 보조해 주는 2차공급업체로 여행출판업, 호텔 컨설턴트업, 여행시장조사 전문업 등이다. 예를 들어 호텔은 식재료를 공급해 주는 업체, 세탁 및 청소를 대행해 주는 업체 등의 2차적인 보조 서비스업체와의 협력적인 시스템으로 구성된다. 이러한 범주에 속한 조직들은 관광객과 직접적인 접촉 대신에 직접 공급업체들과 협력적인 관계로써 고객서비스를 간접적으로 지원해 주는 단위 조직체이다.

3) 관광진흥 및 개발조직

이들 조직은 관광직업훈련원, 정부의 관광진흥 및 관광개발 조직, 금융업 등으로 구성되며, 주로 정부가 주관하여 공공의 이익을 위한 서비스 기능을 수행하는 제3의 범주에 속한 조직체이다.

이와 같은 범주의 관광조직들은 총체적인 관광경험의 충족을 위해 상호 협력적인 시스템으로써 관광서비스 전달기능을 수행한다. 그러므로 시스템의 관점에서 관광산업은 관광객의 욕구충족을 위해 각각의 서비스 기능을 수행하는 단위 조직체들의 시스템으로 조직화된 단위 기업들의 집합으로 파악할 수 있다.

관광기업은 찾아온 손님(고객)을 환대하는 서비스 전달 조직체이다. 그러므로 관광산업은 환대산업(hospitality industry)이다. 환대산업은 최종 고객인 여행객에게 숙박, 오락, 음식 등의 서비스를 제공하는 단위 조직체들의 집합으로서 숙박과 식당업이 산업의 중심을 이룬다.

제2절 환대기업 경영

경영(management)이란 돈, 사람, 기술, 시간과 같은 값진 자원이 투입되는 일을 시도할 때 그 결과에 책임을 져야 할 사람이 성과를 높이기 위해 계획을 수립하고 조직을 짜며 지휘와 통제를 반복해 나가는 일련의 활동과정이다.[4] 즉 경영이란 조직의 성과를 높이기 위해 계획, 조직, 지휘, 통제하는 일련의 과정이다.

모든 유기체들은 환경에 적응함으로써 생존해 나갈 수 있다. 환대기업 역시 유기체와 마찬가지로 환경에 적응함으로써 생존하는 개방시스템의 특징을 갖는다. 기업이 당면하게 되는 환경에는 기술, 정치, 자연, 사회, 법률적인 거시적 환경요인들이 있으며 소비자, 경쟁업체, 주주, 협력업체 등과 같은 이해관계집단들이 있다.

4) 서성무 · 이지우, 『경영학의 이해』, 형설출판사, 2007, pp.23-24.

2-1 기업환경

모든 기업은 기회와 위협을 가하는 거시적 환경 내에서 운영되는 개방시스템(open system)의 조직체이다. 그러므로 기업은 통제 불가능한 거시적 환경요인을 감시하고 이에 적절히 대응해 나가야 한다. 기업은 통제 불가능한 환경뿐만 아니라 개별기업과 영향을 주고받는 환경으로써 소비자, 경쟁자, 주주 등 이해당사자 조직 및 집단이 경쟁적이며 협력적인 동반자 관계에 놓여 있다.

[그림 11-3]은 기업환경에 영향을 미치는 거시적 환경요소이다.

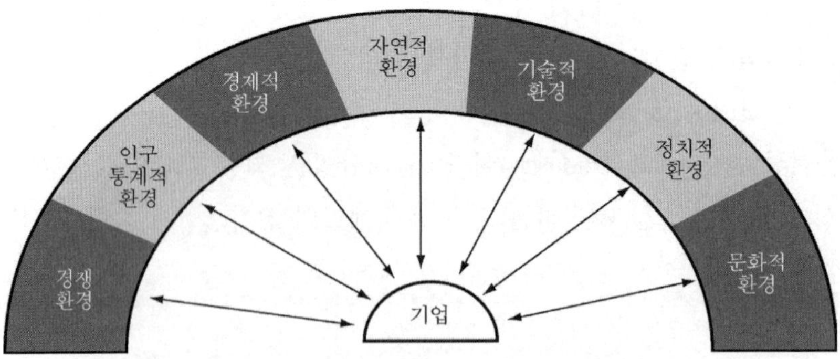

[그림 11-3] 기업환경에 영향을 미치는 거시적 환경요소

1) 사회 · 문화적 환경

오늘날 건강과 복지를 중시하는 사람들이 증가하고 있으며, 이러한 추세는 특히 30세 이하의 젊은 여성과 상류층에서 두드러지게 나타난다.[5] 주5일 근무제와 더불어 도시의 많은 근로자들이 가족과 함께 주말 휴가를 즐기기 위해 위락여행을 떠난다.

사회학자인 Riesman(1953)은 사회적 특성을 근거로 사회의 유형을 전통지향(tradition oriented), 내부지향(inner oriented), 타인지향(other oriented) 사회로 제시했다.[6] 전통지향형은 중세부터 최근까지 가장 많이 나타나는 행동적 특징으로, 강력한 종교적 신념을 바탕으로 엄격한 규율에 따라 사회환경에 적응하기 위해 무엇을 해야 하며 무엇을 하지 않아야 하는지를 결정하는 사회이다. 그리고 내부지향형 사회는

---

5) Octavio Diaz, "Fickle Fads," *Miami Herald*, October 8, 1978.
6) Riesman, David, *The Lonely Crowd*, New York: Double day Anchor Books, 1953.

18~19세기 종교의 힘이 약화되면서 나타난 사회로, 개인의 권리와 업적에 가치를 부여하고 현실에서 자신을 위해 취해야 할 행동을 결정하는 사회이다. 한편, 타인지향형 사회는 현대사회의 특징으로, 사회의 문화적 주류에 따르려는 사회이다.

2) 자연환경

현대의 물질적 풍요는 한편으로 금전만능주의, 인간성의 상실, 자원의 고갈, 그리고 환경오염을 심화시켰다. 자원의 고갈은 유가상승을 부추기며, 유가상승은 여행을 억제시키며, 환경오염은 삶의 질을 저하시킨다. 환경파괴는 생태계 파괴와 함께 인간의 생존을 위협한다. 현대인들은 자연과 함께하는 건강한 삶을 갈망한다.

오늘날 자연환경의 보호와 함께 자연친화적이며 지속가능한 관광에 대한 관심이 강조되고 있다. 지속가능한 관광의 대안으로써 생태관광(ecotourism), 문화관광(cultural tourism), 녹색관광(green tourism)에 대한 사회적 동조화가 어느 때보다 고조되고 있다. 건강을 위해 많은 사람들이 조깅, 골프, 승마, 스포츠 댄스 등의 헬스클럽에 가입하고 있다. 건강한 삶의 추구는 의 · 식 · 주뿐만 아니라 관광 전반에 큰 영향을 미치고 있다. 오늘날 많은 사람들이 심신의 건강을 위해서 관광에 높은 관심을 기울이고 있다.

3) 기술적 환경

기술의 발전은 더욱 가속화되고 있다. 오늘날 아날로그에서 디지털 시대로 기술이 진화되면서 과거에는 존재하지 않았던 휴대폰, 제트기, 각종 위락용품, 로봇, GPS 등의 혁신적인 제품들이 인간의 생활을 더 없이 편리하게 해주고 있다. 컴퓨터를 이용한 호텔의 수익관리시스템은 수요에 따라 가격을 적절히 조절함으로써 수익의 최적화에 이바지하고 있다. 인터넷은 환대산업 경영에 큰 영향을 미치고 있다. 인터넷은 환대산업의 주요 유통경로의 역할을 하며 관광객에게 필요한 정보를 제공해 준다. 기술의 변화는 자연, 프라이버시, 편리성, 정보처리뿐만 아니라 테마공원, 호텔, 운송 시스템에 큰 영향을 미치고 있다. 관광산업의 경영자는 기술적 환경의 변화를 이해하고 예측해야 하며, 특히 혁신기술에 신속히 반응하고 대응해 나가야 한다.

4) 정치적 환경

정치적 환경은 기업경영에 큰 영향을 미치는 대외요소이다. 정부는 환대조직의 소방에서부터 식품취급에 이르기까지 조사와 규제에 관여하며, 환경보호단체는 관광자원의 무분별한 개발을 억제하는 압력을 행사한다. 오늘날 소비와 제품이 복잡해지면서 정부의 규제는 지속적으로 증가하며 강화되고 있다.

사업에 영향을 미치는 법률과 규제는 세 가지 관점에서 이루어진다. 첫째는 불공정한 경쟁으로부터 기업을 보호하기 위해서이다. 둘째는 부당한 사업의 폐해로부터 소비자를 보호하기 위해서이다. 셋째는 기업의 부당한 행위로부터 사회의 이익을 보호하기 위해서이다. 기업의 활동이 항상 생활의 질에 긍정적인 영향을 미치는 것만은 아니다. 그러므로 정부는 기업의 오염물 배출, 불합리한 유통, 위해한 제품, 위법한 시설 등을 사전에 방지함으로써 사회적 이익을 보호하기 위해 노력해야 한다. 이와 같이 정부는 기업의 윤리와 사회적 책임을 강조한다. 기업은 장기적인 관점에서 사회의 문화적 규범과 윤리를 바탕으로 사회에 공헌해야 한다.

5) 인구통계학적 환경

인구통계학적 변화는 기업의 활동과 밀접하게 관계된다. 즉 기업은 인구통계학적 추세, 가족구조의 변화, 지리적 인구이동, 인종의 다양성 등을 추적하며 이에 적절히 대응할 수 있어야 한다. 20세기 이후 인간의 평균수명은 과거보다 약 22년 연장되었다. 지금까지 인간의 예상수명이 꾸준히 높아지고 있는 반면에, 출생률은 오히려 현저한 하락추세를 보이고 있어 전체인구 중 노인이 차지하는 비율은 점점 높아지고 있다.

UN은 65세 인구비율이 4~7%에 이르면 고령화 사회로, 7% 이상이면 고령사회로 규정하고 있다. 1997년 한국 보건사회 연구의 보고서는 노인인구의 급증, 성비의 불균형, 저출산, 생산연령인구의 둔화가 두드러져, 2030년에는 65세 이상의 노인인구비율이 19.3%에 이를 것으로 예측하고 있다.

노인인구의 증가와 함께 여가 및 위락산업은 새로운 사업의 기회를 맞이할 수도 있다. 미국은 1950년대부터 민간기업의 주도로 실버산업이 등장하였으며, 1970년대 말부터 헬스 케어 복지산업이 본격적으로 성장하기 시작하였다. 일본은 1963년 노인복지법의 시행과 더불어 민간 업체의 실버산업 진입이 본격화되었다. 고령화 사회의 진입과 더불어 실버산업의 성장 가능성은 여가와 위락사업을 위한 좋은 기회일 수 있다.

오늘날 전통적인 가족 중심에서 핵가족 중심사회로 전환되면서 가족규모가 작아지는 동시에 출생률이 크게 저하되었다. 맞벌이 부부의 증가가 가정의 생활수준을 향상시켜 주었지만, 일하는 여성인구의 증가가 맞벌이 부부의 자녀양육을 더욱 어렵게 만들었다. 그러나 직업여성이 증가하면서 맞벌이 부부는 가처분소득의 증가로써 문화비 지출, 여가 및 위락, 그리고 고품질의 서비스에 관심을 기울일 수 있게 되었다. 최근 문화비 지출의 증가와 함께 젊은 부부는 가족휴가에 높은 관심을 기울이고 있다.

6) 세계의 문화적 환경

1990년대 들어 국제무역의 중요성이 부각되면서 기업은 필수적으로 자국의 문화뿐만 아니라 타국의 문화에도 높은 관심을 기울이기 시작했다. 이는 비교문화적 요인들이 기업의 국제경쟁에 기초적 요인으로 작용하고 있기 때문이다.

켈로그는 건강과 영양가의 강조가 비단 미국만의 현상이 아니라는 사실을 이해하였으며, 이를 바탕으로 해외에서 건강에 대한 소구를 통해 아침식사 습관을 변화시킴으로써 포장된 시리얼 수요의 증가를 예측할 수 있었다. 거버(Gerber)는 브라질에서 가족적 가치관의 강조가 어린이용 가공식품을 거부하게 만드는 근본적 이유라는 사실을 확인하였다. 그러나 처음에 거버(Gerber)는 브라질의 어머니들이 자녀를 위한 음식을 직접 조리한다는 사실을 간파하지 못하였다. 이와 같이 비교문화 영향(cross-cultural influences)의 중요성은 문화적 차이가 소비자행동에 차별적인 특징으로 나타난다는 사실에 있다.

어느 국민도 문화적 가치관을 동일한 수준으로 형성하지 않는다. 가령 미국 사회에서 안락과 현실적인 삶의 중요성에 대한 가치관이 보편적으로 수용되고 있지만, 이러한 가치관이 모든 국가에서 공유하지는 않는다.

2-2 직접적인 과업환경

기업경영에 직접적인 영향을 미치는 과업환경 요인들에는 경쟁기업, 노동조합, 재료의 공급업자, 금융기관이 있으며, 이들은 모두 기업의 이해관계자집단에 해당된다. 그러므로 기업은 고객뿐만 아니라 이해관계자집단을 만족시켜 주어야 한다. 재료의 공급업체와의 협상력(bargaining power)은 기업의 경쟁력과 밀접한 관계를 갖는다.

1) 소비자환경

오늘날의 시장은 소비자·구매자 중심의 시장이다. 이는 제품 및 브랜드의 선택폭이 넓어지면서 소비자가 시장을 주도하는 소비자중심시장을 형성하였기 때문이다. 그러므로 경영자에게 가장 중요한 집단은 고객이다. 이를 위해 기업은 품질에 비해 원가를 현저히 낮춘 생산을 통해 가격경쟁력을 가짐으로써 유통업체나 고객과의 협상력을 높일 수 있고, 기술의 혁신으로 신제품에 대한 소비자의 호의적인 반응을 이끌어 낼 수도 있다. 다양한 시장에서 다양한 관광욕구에 영합하기 위해 제품 및 서비스의 차별화를 통해 경쟁력을 강화하는 것은 기업이 급변하는 소비자환경에 적절히 대응할 수 있는 훌륭한 대안이다.

2) 공급업자

기업의 경쟁력은 재료의 공급업자와 상호 협력적인 관계를 구축하는 것과 밀접하게 관련된다. 만약 기업이 특정 공급업자에게만 전적으로 의존한다면, 공급경쟁의 이점을 활용하지 못할 뿐만 아니라 재료의 안정적 공급이 위협받을 수 있을 것이다. 예를 들어 식당이 신선한 식재료를 안정적으로 확보하지 못한다면, 품질의 일관성은 물론 가격 및 품질의 경쟁력을 상실할 수 있다.

3) 노동단체

사람 중심의 환대기업에서 사람(고객 및 종사원)의 관리는 가장 중요한 경영부문이다. 대부분의 환대기업 경영자들은 종사원의 선발과 교육 및 훈련의 중요성을 인식하고 있지만, 단기적인 수율관리를 위해 종사원의 중요성을 경시함으로써 그들로부터 불만과 함께 고객에게 실패된 서비스 전달을 야기하곤 한다. 특히 연중무휴의 교대근무로 이루어지는 환대기업에서 노동단체의 불만과 반발은 조직 전반에 큰 손실을 초래할 수 있다. 노동조합(labor union)이 단체교섭을 통해 임금과 작업조건을 조정하기 위한 시도에서 파업을 할 때 기업을 일시적으로 위험에 빠뜨릴 수도 있다.

4) 금융기관 및 주주

기업경영에서 자금의 확보는 가장 중요한 문제들 중 하나지만, 환대기업에 대한 정부의 금융정책은 제조업에 비해 불리하게 작용하곤 한다. 그러므로 환대기업의 경영자는 자금조달을 위해 금융기관과 긴밀한 협력관계를 유지해야 한다.

한편, 주주는 소유주의 위치에서 주주총회를 통해 기업의 활동에 큰 영향을 미친다. 오늘날 자본이 고도로 분산되면서 기업경영에 직접 참여하기보다 배당이익을 목적으로 투자한 주주들이 증가하고 있다. 기업은 제품의 효율적인 생산과 공급을 통해 성장과 발전을 도모하는 한편, 수익창출을 통해 주주에게 적정한 이익을 배당해 주어야 한다.

이와 같이 기업에 직접적인 영향을 미치는 환경을 주시해야 하는 이유는 환경으로부터 기회와 위협을 발견하고 경쟁우위의 효율적인 경영을 위해서이다. 환경의 변화는 기업에게 기회와 위협을 동시에 제공해 주기 때문에 경영자는 위험의 회피와 기회의 극대화를 위한 관리계획을 수립하고 실행해 나가야 한다. 기업의 환경변화에 대응하기 위한 관리계획은 기회와 위협의 요인들을 정확히 파악하고 적절한 전략을 수립하며 목표를 달성하기 위한 조직을 구성하고 실행의 성과를 분석하여 차후의 전략을 수립하기 위해서 반드시 필요하다.

제3절 계획의 수립

조직이란 조직공통의 목표를 향해 주어진 과업을 지속적으로 수정 및 조정해 나가는 사람의 집단이다. 그러므로 조직의 경영자는 목표를 명확히 정하고 이를 달성할 수 있는 구체적인 대안을 마련해야 한다. 이를 위한 조직의 계획은 미래에 달성해야 할 목표를 정하고 이를 달성하기 위한 절차와 방법을 내용으로 한다.

기업의 관리란 일련의 관리과정을 수행할 수 있는 목표를 정하고 이를 실행해 나가기 위한 계획, 조직, 충원, 통제와 같은 일련의 과정이다. 그러므로 관리계획은 목표와 변화 지향적이어야 한다. 그리고 관리계획은 과업수행을 위한 우선순위에 따라 기업 및 부서별 달성해야 할 순차적 과업을 함축해야 한다.

계획의 수립은 마치 다음과 같은 비행시스템과 같다.

① 비행사는 비행기가 이륙할 때 어디에 위치해 있는지 알고 있는가?
② 비행사는 이륙할 때 어디로 갈지 알고 있는가?
③ 비행사는 정확한 비행스케줄을 갖고 있는가?
④ 비행사는 노선을 체크하며 필요할 때 비행계획을 조정하는가?
⑤ 비행사는 도달하는 비행과정을 정확하게 평가하는가?

단계	환대기업	비행
1. 현재 우리는 어디에 있는가?	현재의 상황	현재 공항의 위치
2. 어디로 가려고 하는가?	바람직한 미래의 상황	목적지 공항의 상황
3. 어떻게 도달할 것인가?	경영 계획	비행계획
4. 도달을 어떻게 확신하는가?	계획의 감독과 조정	비행계획의 감독과 조정
5. 도달은 어떻게 확인하는가?	계획의 결과에 대한 평가와 측정	비행계획의 평가와 운항일지 작성

제4절 목표에 의한 관리

환대기업의 경영에서 목표에 의한 관리(MBO: management by objective)는 매우 중요한 문제이다. 즉 기업은 목표를 명확히 정하고 이를 달성하기 위한 계획을 수립해야 한다. 이를 위해 경영자는 직원이 달성해야 할 목표를 함께 논의하여 결정하는 것이 바람직하다. 뿐만 아니라 경영자는 직원들이 일을 수행해 나가는 과정에서 정기적으로 커뮤니케이션의 기회를 갖고 사후에 그 성과를 검토해야 한다. 효과적인 조직의 목표는 모든 구성원들이 목표달성을 위해 체계적이고 일관성 있게 일을 수행하도록 지침을 제공해 준다.

만약 조직의 공식적인 목표가 없다면, 조직의 구성원들은 자신이 무엇을 성취하기 위해 노력해야 하는지를 알지 못하여 조직의 효율성을 크게 저하시킬 것이다. 훌륭한 목표는 구성원들의 행동을 합리적으로 조정·통합하여 목표지향적인 활동을 통해 일의 효과를 극대화하는 데 있다.

MBO의 단계는 구체적으로 다음과 같다.[7)]

① 1단계: 중요한 성과지표를 직원의 구체적인 목표달성 날짜까지 명시하며 작성한다.
② 2단계: 경영자는 직원이 제출한 내용을 검토한 후 함께 조정을 한 후 성과지표를 확정한다.
③ 3단계: 경영자와 직원이 정기적으로 만나 진행상활을 검토하고 필요한 경우에 목표달성의 일자나 성과지표를 수정한다.
④ 4단계: 계획을 완성한 직원은 스스로 성과를 평가해서 보고서를 작성한다. 이때 목표치와 실적 간의 차이에 대한 설명이 있어야 한다.
⑤ 5단계: 직원이 제출한 자기평가 보고서를 검토한 후 경영자는 직원과 함께 향후 대책을 논의한다.
⑥ 6단계: 다음 기간의 목표를 1단계에서 다시 설정한다.

MBO를 실행할 때 목표는 계획기간과 함께 구체적으로 명시한다. 가령 1년 후 매출액 증가 15%의 달성처럼 명확한 명시이다. 성과를 측정할 수 없고 기간도 명시되는 않은 목표는 직원에게 동기부여를 할 수 없다. 목표는 통제과정에서 성과를 측정·비교하여 구성원 간 논의를 위한 합리적 기준을 제공해주며 동기부여를 해주고 기업의

7) 서정무·이지우, 『경영학의 이해』, 형설출판사, 2007. 2, pp.105-145.

성공에 기여함을 깨닫게 해 준다.

MBO 목적은 구성원의 효율적 운용과 통합으로 전체의 효율적 운용을 기하는데 있다. MBO 시스템의 기본은 관리자와 직원이 합심해 목표를 설정하고 측정 가능한 기대효과를 위해 개인의 책임영역을 명확히 하며 상사와 부하 공동으로 작업의 진척과정을 정기적으로 점검하고 지속적으로 성과를 평가하는 것이다.

제5절 통제

통제(controling)란 경영자가 책임져야 할 일이 바람직한 상태로 진행되고 있는지를 확인하고 필요한 시정조치를 취해 나감으로써 목표를 달성하려는 일련의 과정이다. 이와 같은 통제가 필요한 이유는 변화에 신속한 대응, 업무의 개선, 그리고 분권화에 있다. 분권화의 이유는 부하에게 권한을 위임할 때 감독할 장치가 필요하기 때문이다.

5-1 통제의 과정

통제과정은 세 단계를 거친다.

첫 번째 단계는 현황에 대한 구체적인 정보를 입수하는 일이다. 경영자는 관찰이나 부하들로부터의 구두나 서면 보고서를 통해 현황정보를 입수하게 된다. 그러나 가장 구체적인 정보는 통제를 엄격하게 실시하기 위해 숫자로 측정하는 시스템을 갖추어야 한다.

두 번째 단계는 현황을 측정한 다음의 평가로 계획과 현실과의 차이를 분별하여 사안이 중요할수록 허용할 수 있는 차이의 범위를 줄이는 것이다.

세 번째 단계는 시정조치이다. 이는 목표치와 실적치 간의 차이를 줄이기 위한 대책을 마련하고 실천에 옮기는 것이다. 이를 위해 담당자에 대한 보상제도가 불충분한지, 급작스런 환경변화 때문인지, 목표수준이 지나치게 비현실적인지를 다양한 관점에서 검토해보고 적절한 대책을 마련해야 한다.

5-2 사전 · 동시 · 사후 통제

통제기능은 사전통제, 동시통제, 사후통제로 구분된다.

1) 사전통제(feed-forward controls)

사전통제는 일을 시작하기 전에 준비상황을 점검하고 재료나 직원의 교육상태를 점검하여 문제를 사전에 예방하기 위한 통제이다.

2) 동시통제(concurrent controls)

동시통제는 일을 수행해 나가는 도중에 실시하는 통제로, 예를 들어 작업 중 따라야 할 매뉴얼을 만들고 현장에서 감독과 지도를 위한 통제이다.

3) 사후통제(post action controls)

사후통제는 일이 끝난 이후의 성과를 측정해서 목표치와 비교한 후 미래에 더 나은 성과를 내기 위한 통제이다.

효과적인 통제시스템이 갖추어야 할 요건은 다음과 같다.

- 제공하는 정보가 정확해야 한다.
- 시의적절한 정보가 제공되어야 한다.
- 경제적이고 유연해야 한다.
- 합리적인 기준을 제시해야 한다.
- 중요한 업무에 치중해야 한다.
- 예외적인 사항이 바로 눈에 띄게 해야 한다.
- 여러 가지 기준을 제시해야 한다(한 가지 기준으로 사람이나 실적을 평가하는 일은 피해야 한다).
- 시정조치를 제시해야 한다.

제6절 조직과 직무의 설계

조직설계(organizational design)란 조직을 구성하는 기본요소인 구성원과 과업들을 체계적으로 배열시킴으로써 조직구조(organizational structure)를 결정하는 과정으로, 조직 전체나 부서 또는 작업집단의 구조적 형태를 선택하여 짜임새를 갖추는 일련의 과정이다.

6-1 조직화의 원칙

조직화의 원칙은 다음과 같다.

1) 명령일원화의 원칙

조직활동을 능률적으로 수행하기 위해서는 조직의 규율이나 질서를 유지하여야 하기 때문에 명령통일의 원칙이 있어야 한다. 예를 들어 스태프(staff)의 기능이 라인(line)에게 조언과 권고하는데 그치며 라인에게 명령할 수 없는 것은 명령일원화의 원칙에 바탕을 두고 있다.

2) 권한위양(權限委讓)의 원칙

이는 상사가 부하에게 직무를 위임(delegation)할 때 그 직무수행에 관한 일정한 권한을 부여하는 것을 의미한다. 한 사람의 능력에는 한계가 있으므로 조직이 대규모화되면 사무량이 증대 및 복잡화되어 직무위양이라는 과정을 통해 하위자도 독자적인 판단으로 직무를 수행할 수 있게 된다.

3) 기능화의 원칙

이는 사람중심이 아니라 경영목적의 달성을 위한 과업을 중심으로 조직이 구성되어야 하는 원칙이다. 경영조직은 무엇보다 기능체계를 바탕으로 형성되어야 하며, 이러한 원칙에 의해 합리화된 제도가 직계 시스템(job class system)이다.

4) 감독한계의 원칙

감독한계 원칙이란 한 사람의 상사가 직접 지휘・감독할 수 있는 부하의 수에 일정한 한계가 있어야 한다는 것이다. 한 사람이 많은 부하를 거느리면 불충분한 감독이 이루어지기 쉽고, 적은 부하를 거느리면 지나친 감독으로 부하의 창의성과 자주성의 발휘를 방해하게 된다.

5) 계층단축화의 원칙

이는 최고경영층부터 작업자에 이르는 상하의 계층이 길게 되면, 그 만큼 상하 의사소통이 어려워지고 명령이나 정보도 신속히 전달될 수 없을 뿐만 아니라, 중간관리자의 수도 많아져 인건비 역시 증가하기 때문이다.

6) 전문화의 원칙

조직의 각 성원은 될 수 있으면 단일의 특화된 업무를 전문적으로 담당함으로써 경영활동의 능률이 증가할 수 있다. 조직의 의사결정 권한이 어떻게 나누어졌는지에 따라 분권화의 정도는 달라진다. 즉 권한이 경영자와 소수 사람에게 집중되면 집권화의 조직설계가 강조되지만, 기업의 규모와 직원의 자율성 욕구와 환경변화가 심해질수록 분권화의 조직이 요구된다.

경영계층의 수와 관리의 폭은 분권화의 정도에 따라 달라진다. 권한이 하부로 배분되어 분권화가 되면 일선 근로자들에 의해 일상적인 의사결정이 이루어지는 한편, 경영자는 비일상적인 의사결정과 함께 부하 직원을 지원해 주는 역할만을 수행하게 된다.

6-2 직무설계

서로 다른 직무의 특성은 직무의 다양성(job breath)과 재량권(job depth)에 의해 결정된다. 어떤 직무담당자는 하루에 한두 가지 과업만 반복적으로 수행하는 반면에, 어떤 직무담당자는 내용이 다른 여러 종류의 과업들을 수행한다. 직무의 다양성이란 직무에 서로 다른 종류의 과업들을 포함하는 정도를 말한다.

직무담당자가 직무를 수행할 때 갖는 재량권 또는 의사결정권 역시 직무의 차이를 나타내는 중요한 특성이다. 어떤 직무는 많은 재량권이 부여되어 담당자 스스로 결정할 수 있는 영역이 크지만, 정해진 절차나 방법에 따라 기계적으로 일해야 하는 극히 제한적 재량권만을 행사하는 직무도 있다.

직무설계의 원칙은 다음과 같다.

1) 직무단순화와 직무전문화

직무단순화는 구성원들에게 일을 분배하는 기본적인 원칙으로 오랫동안 사용해 왔다. 직무단순화는 한정된 부분만을 맡아 처리함으로써 필요한 기능을 빠르고 쉽게 습득하여 과업을 능숙히 처리할 수 있지만, 각각의 직원이 조직전체의 일 중에서 일부만 책임짐으로써 일에 대한 만족과 주인의식이 낮아 소외감을 느끼기 쉽다. 오늘날 교육과 경제적 수준이 향상됨으로써 근로자들은 일의 의미와 보람을 기대한다. 그러므로 기업은 직무의 단순화나 전문화가 갖는 단점을 해소하고 장점을 살릴 수 있는 새로운 직무설계원칙이 필요하다.

2) 직무확대와 직무충실화

직무단순화의 단점을 극복하기 위해서 직무확대(job enlargement)가 시도된다. 그러나 추가적으로 다른 종류의 과업을 주었을 때에 처음에는 흥미와 의욕을 높여 주는 반면에 그 효과가 지속적이지 않다. 이와 같은 이유는 과업의 종류가 늘었을 뿐 여전히 단순한 과업들로 재량권이 제한되기 때문이다. 종사원들의 근로의욕과 직무만족을 더 높은 수준으로 향상시키기 위해서는 과업의 다양성과 함께 업무수행에 관련된 재량권을 높여 주어야 한다. 이와 같은 직무설계원칙이 직무충실화(job enrichment)이다.

6-3 조직의 구조

가장 기본적이고 널리 활용되는 조직구조 형태는 기능조직, 사업부조직, 그리고 팀조직이다.

1) 기능조직(functional organization)

이 조직은 기능적으로 서로 관련이 있거나 동일한 직무를 한데 모아 각 담당자들이 같은 부서에서 일하게 하는 조직으로, 조직의 성장단계에서 흔히 이루어진다. 기능조직은 생산부, 인사부, 판매부와 같은 기능별 조직으로써 일을 효율적으로 처리할 수 있지만, 부서 사이의 의사소통이나 조정에 어려움이 발생할 수 있을 뿐만 아니라 조직의 규모가 커질수록 문제에 대한 반응이 느려질 수 있고 책임의 소재가 불분명할 수 있다.

2) 사업부조직(divisional organization)

조직은 경영규모의 확대, 기술혁신, 제품의 다양화, 판매경쟁의 격화에 의한 경영의 합리화 요청에 따라 집권적 조직에서 분권적 조직구조로써 고객이 만족할 수 있는 양질의 제품을 신속히 제공해 주기 위해 사업부조직을 꾀할 수 있다. 사업부조직은 분권적 조직의 대표적 형태이다. 사업부는 일반적으로 제품, 지역 또는 고객별로 부문화한 사업부를 두고 독자적인 이익의 책임을 부담하는 이익책임의 단위인 독립채산 관리단위 또는 포괄적 업무권한을 갖는 자주적 경영의 단위이다.

3) 팀조직

경영의 불확실성이 높아지면 팀조직이나 행렬조직(matrix organization)으로써 유연한 책임제로 나아가야 한다. 행렬조직은 복잡한 문제해결에 필요한 여러 분야의 전문적인 기능을 함께 모을 수 있는 효과적인 방법이다. 즉 한 프로젝트를 수행하는데 필요한 기능을 갖춘 종업원들을 함께 모아둠으로써 상호조정의 필요성이 줄어들며, 서로의 이해가 증진되고, 주인의식이 높아지며, 다양한 기능을 습득할 수 있고, 인적 자원을 효율적으로 활용할 수 있다.

최근 프로젝트별로 모였다 해체되고 두 명의 상급자를 갖게 됨으로써 발생하는 행렬조직의 문제의 해결과 유연성의 유지를 위해 팀조직(team organization)이 널리 활용되고 있다. 팀조직이란 두 명의 상급자로부터 명령을 받는 이중의 고통을 차단하고 각각의 구성원들이 팀의 책임자에게만 지시와 명령을 받는 조직구조이다. 팀조직은 서로 다른 기능을 보유한 종업원들로 구성되어 제품의 개발 또는 판매를 총괄적으로 책임지는 기능조직이나 사업부조직에서 발생하기 쉬운 부서이기주의나 편협으로부터 벗어나 조직 전체의 목표달성에 관심을 기울이게 만드는 효과가 있다.

제7절 종사원의 동기부여

조직구성원이 맡은 일을 얼마나 잘 할 수 있는지는 여러 가지 요인에 의해 영향을 받는다. 그것은 우선 맡은 일을 처리할 만한 능력을 갖추어야 하고 적절한 장비나 재료를 잘 갖추어야 한다. 그러나 아무리 능력이 뛰어나고 좋은 장비와 재료를 갖추고 있어도 종사원이 열심히 일하려는 의욕이 없다면 좋은 성과를 기대할 수 없다.

7-1 종사원관리의 중요성

사람 중심의 환대기업에서 환대서비스의 차별화는 내부고객(internal customers)인 종사원에 의한 서비스 전달이 무엇보다 중요하다. 환대기업의 경쟁력은 유능한 접점 종사원(encounter staff)에 의한 서비스 전달능력에 달려 있다. 환대기업이 종사원을 내부고객으로 간주하는 것은 이들이 서비스 접점에서 고객만족과 품질을 결정짓는 결정의 순간(MOT: Moment of Truth)인 서비스 접점(serve encounter)에 있기 때문이다. 즉 환대기업의 품질은 서비스 접점에서 이루어지는 종사원의 능력에서 결정된다.

커뮤니케이션과 IT 기술의 발달은 고객과 서비스 제공자 사이의 소통방식에 큰 영향을 미치고 있다. 예를 들어 인터넷을 이용한 항공의 무인자동 발권시스템(KIOSK)은 승객의 기대와 행동을 크게 변화시켰다. 이와 같은 서비스 전달은 기술과 서비스 기업에 따라 매우 다양하다. 예를 들어 고객과 항공기내 직원의 상호작용은 식음료 제공과 같은 형식적 서비스에 제한되지만, 소통기술의 발전에 따라 세세한 부분으로 더욱 확대되고 있다.

기술이 서비스 접점에 미치는 영향에는 다음의 5가지 방식(mode)이 있다.

① 무기술 서비스 접점(technology-free service encounter)

이는 서비스 제공자와 고객 간에 물리적으로 긴밀한 접촉과 상호작용이 있는 방식으로, 미용실 같은 전통적인 하이터치(high-touch) 서비스가 대표적이다. 법률상담, 컨설팅, 정신치료와 같은 전문적 서비스를 포함한 대부분의 개인적 서비스가 이 범주에 속한다.

② 일방 기술형 서비스 접점(technology-assisted service encounter)

이는 고객과의 접점 서비스 질을 향상시키기 위해 서비스 제공자만 기술을 사용하는 방식이다. 이러한 방식의 서비스 접점은 항공사가 체크인 서비스에 컴퓨터 터미널을 사용하는 것과 같으며, 전형적으로 헬스 케어 서비스가 이에 해당된다.

③ 기술 도움형 서비스 점점(technology-facilitated service encounter)

이는 고객 및 서비스 제공자 모두가 동일한 기술에 접촉이 가능한 서비스이다. 예를 들어 재무분석가가 개인용 컴퓨터의 파이낸셜 모델을 사용하여 고객과 상담할 때 서로 다른 위험 일람표에 대한 예상수익을 예시하는 서비스 방식이다.

④ 기술 연결형 서비스 접점 technology-mediated service encounter)

이는 고객과 서비스 제공자 간에 직접적인 접촉이 없는 서비스 전달방식이다. 예를 들어 식당의 예약은 고객과의 의견교환을 위해 주로 전화기를 사용한다. 이러한 유형의 전형은 사용이 편리한 GPS(Global Positioning Satellite) 시스템이다.

⑤ 기술 생성형 서비스(technology-generated service encounter)

이 방식에서 서비스 제공자는 직접 서비스를 전달하는 기술로 대체된다. 예를 들어 은행의 ATM 서비스, 공항의 무인발권 시스템, 그리고 웹 기반의 정보서비스가 전형적이다.

7-2 종사원 동기부여의 중요성

조직구성원의 행동은 개인행동의 종합 그 이상(以上)이다. 이는 조직 내에서 개인의 행동이 혼자 있을 때와 사뭇 다르다는 것을 의미한다. 즉 집단의 행동 및 능력은 단순히 개인을 합해 놓은 그 이상인 동시에 개인의 행동은 조직의 구조와 문화에 의해 영향을 받는다.

조직이란 조직의 공동목표를 위해 이해관계를 함께하는 사람들의 체계적인 구조로서 형성된 집단이다. 다시 말해 조직은 공동의 목표를 수행하기 위해 함께하는 개인의 사회적 구성체로서 협동적인 단체이다. 그러므로 기업은 공동의 목표수행을 위해서 구성원에게 동기를 부여함으로써 조직의 성과를 향상시켜 나갈 수 있다. 조직목표를 위한 구성원의 성과란 생산성의 향상뿐만 아니라 외부 고객만족, 훌륭한 서비스 전달, 구성원 간 생산적 협력으로 나타날 수 있다.

환대기업의 훌륭한 서비스 품질은 내부 종사원의 서비스 전달능력에서 결정된다. 이와 같은 관점에서 훌륭한 서비스 전달을 위한 종사원의 동기부여(motivation)는 환대기업의 품질관리를 위해 매우 중요하다.

7-3 동기부여의 의미

동기부여 또는 동기유발(motivation)이란 움직임을 뜻하는 라틴어 'movere'에서 유래된 말이다.

동기부여는 외면적 행동(outward behavior)의 관점에서 다음과 같이 요약할 수 있다.

- 동기부여된 사람은 자발성이 향상되어 그렇지 않은 사람보다 직무수행에서 더 많은 노력을 기울인다.
- 자발성은 욕구를 충족시켜 줄 수 있는 행동의 능력에 의해 조건화된다. 욕구란 신체적 또는 심리적 결핍상태로, 결핍상태는 어떤 행동의 결과에 매력을 갖도록 만든다. 욕구의 미충족은 긴장상태를 유발하고 긴장상태는 내부적으로 충동(목표지향적 경향)을 촉진한다.
- 충동은 목적추구를 위한 탐색행동을 유발하며 탐색행동을 통해 목표가 달성되면 욕구충족에 의해 긴장상태가 완화된다.
- 동기부여된 종사원은 긴장상태에서 긴장을 제거하기 위해 행동에 가담한다. 이때 긴장상태가 크면 클수록 긴장상태를 제거하기 위해 더 많은 활동을 필요로 한다.

7-4 초기 동기부여 이론

초기의 이론들은 현재 타당성에서 의문이지만, 종사원의 동기부여를 설명하기 위해 현재까지 활용되고 있는 1950년대의 이론들은 욕구계층 이론(hierarchy of needs theory), XY 이론(theory X and theory Y), 동기유발-위생요인 이론(motivation-hygiene theory)을 들 수 있다.

1) 욕구계층 이론

매슬로(Maslow)의 욕구계층 이론에 의하면, 높은 계층의 욕구충족은 개인의 내면으로부터, 그리고 낮은 계층의 욕구는 개인의 외면(금전, 고용계약, 종신재직)으로부터 나온다. 이 이론에 의하면 경제적 풍요시기에 종신고용계약에 있는 종사원들은 낮은 계층의 욕구를 상당한 정도로 충족시킨다.

매슬로의 이론은 논리적이며 이해하기 쉽지만, 이론의 타당성이 검증되지는 않았다. 즉 욕구의 구조가 계층적으로 조직화되어 있다거나 어떤 특정 욕구가 상당한 정도로 충족되고 나면 다음 단계의 욕구가 활성화된다는 실증적 증거를 입증하지는 못하였다. 그럼에도 불구하고 그의 욕구계층 이론은 현재까지 널리 알려져 있으며 경영자가 종업원의 동기부여 지침으로 의심 없이 사용하고 있다.

2) XY 이론

맥그리거[8]는 인간의 기본적인 동기로 부정적 관점에서의 X이론과 긍정적인 관점에서의 Y이론을 제시하였다. 그는 인간성에 대한 관리의 가정에 기초하여 종사원의 행동을 XY 동기이론으로 설명하였다.

- X이론: 종사원은 근본적으로 일하기 싫어하기 때문에 조직의 목표달성을 위해서 엄격히 통제해야 한다. 종사원은 본질적으로 책임지기 싫어하고 지휘받기를 좋아하며 야망이 없고 안정을 추구한다.
- Y이론 :종사원은 책임을 수용하며 맡고 싶어 한다. 이들은 작업의 조건만 잘 정비되면 일을 놀이나 쉬는 것처럼 자연스럽게 받아들이며 자기통제와 창의성을 갖고 훌륭한 의사결정을 내린다.

Maslow의 이론에 의하면, X이론은 낮은 계층의 욕구가 종사원을 지배하는 것으로

8) Douglass McGregor, *The Human Side of Enterprise*, New York: Mcgraw-Hill, 1960.

가정하며, Y이론은 높은 계층의 욕구가 지배하는 것으로 가정한 것으로 볼 수 있지만, 이러한 가정에 대한 타당성을 입증할 만한 실증적 증거는 발견하지 못하였다.

3) 동기유발-위생요인 이론

허쯔버그[9]는 특정인을 대상으로 자신의 직무에서 가장 즐겁고 만족한 상황과 가장 불쾌하고 불만족한 상황을 면접 조사한 결과 통계적으로 유의한 차이가 있음을 밝혔다. 그의 연구에 의하면 어떤 특성들은 직무만족과 관련된 반면, 어떤 특성들은 직무불만족과 관련되었다. 즉 성취, 인정, 일 자체, 책임, 승진 등의 내적 요인들(intrinsic factors)은 직무만족과 관련된 반면에 회사의 정책, 관리방식, 감독방식, 대인관계, 작업환경 같은 외적 요인들(extrinsic factors)은 불만족과 관련된 것으로 나타났다.

그는 조사를 바탕으로 전통적 개념에서 만족의 반대 개념은 불만족이 아니라는 결론을 내렸다. 즉 만족의 반대는 만족이 아니며, 불만족의 반대는 불만족이 아니다. 그러므로 불만족 요인을 제거한다고 해서 그 직무가 반드시 만족한 것은 아니기 때문에 만족을 낳는 요인들과 불만족을 낳는 요인들은 서로 분리된 별개의 요인이다. 그러므로 직무 불만족을 낳는 요인들을 제거하면 작업에 평화를 가져올 수 있지만 반드시 동기유발을 할 수 없고 단지 종사원을 유화(宥和)시켜줄 뿐이다. 그는 대인관계, 작업환경, 임금을 '위생요인(hygiene factors)'이라고 칭하였다.

이 이론에 따르면 종사원들은 위생요인이 적절할 때 불만족하지 않지만, 위생요인이 종사원을 만족시켜줄 수는 없다. 그러므로 경영자가 종사원의 동기부여를 원한다면 성취나 책임 같은 동기유발요인(motivators)을 고려해야 한다.

7-5 현대의 동기이론

1) Alderfer의 ERG이론

알더퍼[10]는 매슬로의 욕구위계이론을 기초로 존재(Existence), 관계(Relatedness), 성장(Growth)의 욕구로 구분한 ERG이론을 제시하였다.

- 존재의 욕구는 생리적 욕구와 안전의 욕구이다.
- 관계 욕구는 사회적 욕구와 존경의 욕구이다.

---

9) F. Herzberg, B. Mausner, and B. Snyderman, *The Motivation to Work*, New York: John Wiley, 1959.
10) C. P. Alderfer, *Human Needs in Organizational Settings*, New York, NY : Free Press, 1972.

- 성장 욕구는 존경욕구와 자아실현의 욕구이다.

그의 욕구분류는 계층적 개념이 아니라 욕구의 구체성 정도에 따른 것으로 순서와는 무관하며 채우지 못한 만큼 그 욕구는 증대하는 것으로 간주했다. 또한 욕구를 모두 채우면 상위의 욕구가 증대하고 그렇지 않으면 하위의 욕구가 증대하는 것으로 보는 한편 사람마다, 그리고 성격과 문화에 따라 세 가지 욕구가 다른 것으로 보았다.

이 이론에 의하면, 관리자는 종사원에게 도전의식이 생기도록 과업을 설계하고 성장욕구를 충족시킬 기회를 마련해 주는 한편, 조직 내 분위기나 상사의 리더십 때문에 인간적 욕구충족이 어려울 경우에 물질에 대한 존재욕구만 증대하기 때문에 인간관계의 개선에 노력을 기울여야 한다.

2) McClelland의 세 가지 이론

맥클레란드[11)]와 그의 동료는 다음과 같이 작업상황에 관련된 3가지 주요 동기(motives) 또는 욕구(needs)를 제시하였다.

- 성취욕구(need for achievement/nAch.): 탁월성의 추구, 표준이상의 성취, 성공을 위한 노력과 관련된 욕구
- 권력욕구(need for power/nPow.): 타인으로 하여금 자신이 원하는 대로 행동하도록 영향을 미치고 싶은 욕구
- 친교욕구(need for affiliation/nAff.): 우호적이고 친밀한 대인관계를 갖고 싶어 하는 욕구

어떤 사람은 성공에 대한 강렬한 충동을 갖지만 성공 자체보다 개인의 성취를 위해 분투한다. 이와 같은 성취욕구는 이전에 하였던 것보다 더 능률적으로 성취하고 싶은 욕망으로, 이러한 사람들은 자신의 업적에 대해 신속하고 명백한 피드백으로 업적이 개선되고 있는지를 쉽게 인식할 수 있는 상황을 추구하며 성공과 실패에 대한 책임을 수용하고 일의 성과나 결과에 대한 원인을 우연에 돌리거나 타인에게 전가하지 않는다. 중요한 사실은 이들이 매우 쉽거나 어려운 과업을 회피한다는 데 있다. 그러므로 이들에게 성공과 실패의 확률이 반반일 때 성취감과 노력에 대한 만족을 경험할 기회

---

11) David C. McClelland, *The Achieving Society*, New York: Van Nostrand Reinhold, 1961; John W. Atkinson and Joel O. Raynor, *Motivation and Achievement*, Washington, D.C.: Winston, 1974; and David C. McClelland, *Power: The Inner Experience*, New York: Irvington, 1975.

는 극대화된다. 성취욕구의 특징은 개인적 책임성, 과업지향성, 성취가능성에 대한 자신감, 정력적이며 혁신적인 활동, 그리고 미래지향성이다.

권력욕구는 타인에게 영향력을 행사하여 타인을 통제하고 싶어하는 욕망으로, 이러한 사람들은 어떤 일을 담당하는 것을 즐기며 경쟁적이고 지위지향적인 상황을 선호한다. 이들은 효과적인 업적보다 타인에 대한 영향력을 행사하거나 명성을 얻는데 더 많은 관심을 기울인다.

한편, 친교욕구는 타인의 사랑을 받고 타인에 의해 수용되는 것을 원하는 욕구이다. 그러므로 친교욕구가 강한 사람들은 우정을 얻기 위해 노력하며 경쟁적 상황보다 협동적 상황을 더 선호하는 한편 깊은 상호이해에 바탕을 둔 관계의 형성을 원한다.

3) 목표설정 이론

목표설정 이론(goal setting theory)은 계획 또는 목표로 나타나는 의도나 의지(intentions)가 작업동기유발의 원천이 된다는 이론이다.[12) 즉 구체적인 목표(specific goals)가 업적증진으로 이어지며, 어려운 목표(difficult goals)가 수용될 때에 쉬운 목표보다 더 높은 업적을 낳기 때문에 구체적이고 어려운 목표가 쉬운 목표보다 높은 업적을 낳는다.

구체적이고 어려운 목표는 일반적이며 최선을 다하라는 방식의 목표보다 높은 성과를 낳는다. 이는 목표(목표의 명확성, 난이도, 도전성, 동료와의 경쟁) 그 자체의 구체성이 내부자극으로 작용하기 때문이다. 즉 능력이나 목표수용 요인들이 일정하다면, 그 목표가 좀더 어려울수록 업적수준은 그만큼 높아진다. 쉬운 목표가 보다 쉽게 수용될 것이라는 가정은 지극히 논리적이지만, 종사원이 일단 어려운 과업을 수용하면 그 목표가 달성될 때까지 높은 수준의 노력을 기울이려고 한다.

현실적으로 구체적이고 도전적인 목표가 우수한 동기유발의 원천이라는 사실이 입증되고 있다. 이에 따라 종사원을 목표설정 과정에 참가시키는 것이 항상 바람직한 것으로 결론지을 수 없지만, 보다 도전적이고 어려운 목표에 저항이 따른다는 점을 고려할 때, 참여에 의한 목표설정은 할당에 의한 목표보다 더 바람직하다. 성취욕구에 의한 동기유발은 적절한 도전목표에 의해 촉진되는 반면, 목표설정 이론에서 동기유발은 어려운 목표에 의해 극대화된다. 그러나 이러한 결과는 목표설정이론이 일반적인 사람들을 대상으로 연구한 반면, 성취욕구에 의한 동기유발에 대한 결론은 성취

12) E. A. Locke, "Toward a Theory of Task Motivation and Incentives", *Organizational Behavior and Human Performance*, May 1968, pp.157-189.

욕구가 높은 사람만을 대상으로 연구하였기 때문이다.

목표설정 이론의 결론은 목표를 수용하거나 목표달성을 위해 전념하는 사람들에게 적용되는 것으로, 어려운 목표가 수용될 경우에만 높은 업적으로 이어질 수 있다.

4) 강화이론

강화이론(reinforcement theory)은 목표설정 이론과 대조적인 이론이다. 즉 목표설정 이론은 인지적 접근법(cognitive approach)으로, 개인의 목적이 개인의 행동을 유도하는 것으로 보는 반면, 강화이론은 행동주의적 접근법(behavioristic approach)으로 강화가 행동을 조건화하는 것으로 본다. 강화이론에서는 행동이 외부적/환경적 이유에 의해 좌우되는 한편, 내면적인 인지적 사건은 관심의 대상이 아닌 것으로 보기 때문에, 결국 행동을 통제하는 것은 강화물(reinforcers)이다. 강화물은 어떤 반응(행동)에 곧바로 뒤따라 나타나는 결과로써 행동의 반복가능성을 높여준다.

그러나 강화이론은 개인의 내면상태를 무시하고 어떤 행동을 하였을 때 개인에게 나타나는 것에만 관심을 집중한다. 강화물은 행동을 결정짓고 어떻게 학습하는지를 설명할 수 있기 때문에 동기유발이론으로 볼 수 없지만, 결과의 법칙과 강화의 개념은 동기유발을 설명하는 수단으로 널리 활용되고 있다.

사람들은 강화된 과업에서 보다 높은 수준의 노력을 기울인다.[13] 그러나 강화가 동기유발의 정도를 설명하는 유일한 수단은 아니며 목표, 성취동기의 수준, 보상의 공정성, 그리고 기대가 동기유발에 영향을 미치는 요인들이다.

5) 공정성이론

사람들은 항상 타인과 비교하며 생활한다. 사람들은 대학졸업 평균임금에 못 미치는 월급이라도 비슷한 수준의 다른 동료와 비교한 후 그 같은 액수를 문제삼지 않는다. 이는 사람들이 비교임금의 공정성에 집중하기 때문이다. 어떤 종사원이 자신의 직무에 투입(inputs)과 산출(outcome)의 비율을 타인의 그것과 비교하여 불공정성을 지각할 때, 불공정성의 지각이 그가 쏟는 노력의 정도에 영향을 미치게 된다.[14]

종사원들은 직무상황에서 직무에 투입한 것과 비교하여 무엇을 얻어내고 있는지를 지각하게 되고, 그 이후에 투입과 산출의 비율을 비교대상의 그것과 비교하여 그 비

13) Fred Luthans and Robert Kreitner, *Organizational Behavior Modification,* Glenview, III: Scott, Foresman, 1975.

14) J. Stacey Adams, "Inequity in Social Exchanges," in *Advances in Experimental Social Psychology*, Vol. 2, edited by Leonard Berkowitz, New York: Academic Press, 1965, pp.267-300.

율이 동등하다고 지각하면 공정의 상태(state of equity)가 존재하는 것으로 간주하고 자신의 정당성이 실현된 느낌을 갖는 반면, 불공평하다고 생각하면 불공정성(inequity)이 존재하는 것으로 간주한다.

조직의 정의(justice)를 실현하기 위해서는 3가지 공정성 요소인 절차적 공정성, 관계적 상호작용 공정성, 그리고 분배적 공정성에 의한 동기부여가 필요하다. 분배적 공정성은 보상의 공정성을, 절차적 공정성은 보상결정과정의 공정성을, 그리고 관계적 공정성은 구성원들의 평등한 인간적 대우를 의미한다.

6) 기대이론

기대이론(expectancy theory)은 수단성이론(instrumentality theory) 또는 기대유의성이론(expectancy-valence theory)이라고 하며, 동기유발을 가장 포괄적으로 설명해 주는 이론이다.[15)]

기대이론은 다음의 3가지 변인(variables)을 포함한다.

- 행동의 결과에 대한 매력: 직무상에서 받을 수 있는 잠재적 보상에 대해 개인이 느끼는 중요성.
- 업적과 보상간의 연결: 어떤 특정 수준의 업적(performance)을 올린다면, 그것을 보상의 획득으로 이어질 것으로 믿는 정도.
- 노력과 업적간의 연결: 일정한 노력을 기울인다면, 그것이 일정한 수준의 업적을 올릴 수 있을 것이라는 가능성의 인식.

기대이론에 의하면 업무수행을 위한 동기유발의 강도로서 노력의 수준은 자신이 시도하는 것을 달성할 수 있을지를 믿는 정도에 달려 있다. 그리고 자신의 업적목표를 달성하면, 그 업적에 대해 적절한 보상을 받을 수 있을지에 대한 기대가 차후의 업적을 위한 동기를 유발한다. 만약 어떤 종사원이 조직에 의해 보상을 받게 되면, 그 보상이 자신의 목표를 충족시켜줄 수 있을지에 대한 지각과 기대가 보상의 문제로 대두 된다. 즉 기대이론은 행동의 결과로서 보상을 강조한다.

---

15) Victor H. Vroom, *Work and Motivation*, New York: John Wiley, 1964.

제 12 장

서비스 경영

제12장 서비스 경영

제1절 서비스의 정의

사람들은 일반적으로 서비스를 봉사나 타인에 대한 단순한 응대로 간주하여 음식 준비나 승무원의 안내를 떠올리지만, 서비스 경제사회로 급속히 성장하면서 금융, 보험, 부동산, 관광, 교육, 도소매업 등과 같이 다양한 서비스 부문으로 발전하여 서비스의 기능과 역할이 매우 광범위하게 파급되었다.

서비스의 사전적 정의는 행위, 과정, 그리고 성과이다. 행위(deeds)는 돈을 맡기거나 여행을 하는 것과 같이 생활주변에서 흔히 발생하며, 이러한 행위는 행위의 과정(processes)을 거쳐 성과(performance)로 종결된다. 서비스는 소비자 스스로 수행하기 어려운 가치와 편익을 제공해주는 모든 활동으로, 사람 또는 기계와의 상호작용을 통해 소비자에게 만족을 제공해 준다. 다시 말해 서비스란 개인과 서비스의 상호관계에서 개인의 문제를 해결해주는 무형의 활동이다.

서비스에 영향을 미치는 사회적 요인들은 인구의 고령화, 맞벌이 가정의 증가, 독신자의 증가, 여가시간의 증대, 생활의 질에 대한 관심의 고조 등이다. 노인인구가 증가하고 이들의 활발한 활동이 이루어지면서 대중교통, 건강, 관광서비스 등에 대한 노인수요가 증가하고 있다. 독신자가 증가하면서 음식배달 서비스 시장이 확대되고, 생활의 질에 대한 관심이 고조되면서 관광, 위락, 천연소재, 시간활용에 대한 서비스가 확대되고 있다. 정보의 발달로 디지털 커뮤니케이션 시스템에 의해 안방에서 세계의 뉴스를 검색할 수 있게 되면서 가정이 생활의 안식처로 자리잡는 데 일조하고 있다.

제2절 제품의 유형성 스펙트럼

전통적으로 제품은 유형재만을 의미하지만, 오늘날 어떠한 제품도 완전한 유형재는 찾아보기 어렵다. 반면 서비스재는 무형재를 의미하지만, 오늘날 어떠한 서비스도 완전한 무형재는 존재하지 않는다. 가령 자동차는 유형재이지만 임대나 사후 서비스를 제공하며, 호텔이나 패스트푸드의 서비스는 물리적 촉진제품을 기반으로 서비스를 제공한다. 그러므로 제품이란 넓은 의미에서 욕구충족을 위한 모든 교환가치의 대상으로 간주할 있다. 이와 같은 의미에서 제품은 물적인 유형 제품과 비가시적인 무형의 서비스를 모두 포함한다. 즉 협의의 전통적 제품은 교환으로써 소유권을 이전받는 유형재인 반면에, 서비스재는 사용 및 이용에 대한 지급으로 구별된다.

Shostack(1977)은 유형성 스펙트럼(tangibility spectrum)의 개념으로써 제품을 다음의 [그림 12-1]과 같이 설명하였다.

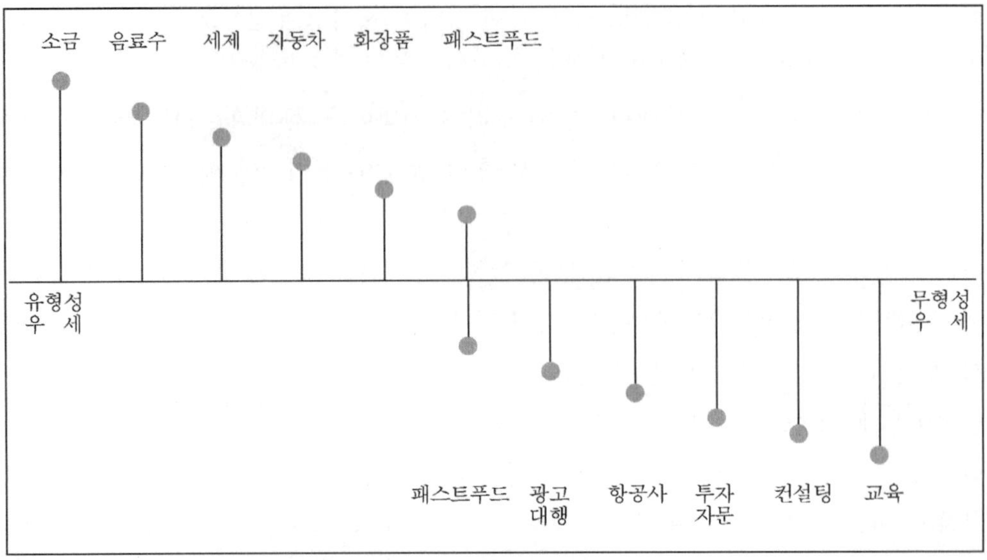

자료원: Shostack. G. Lynn(1977), Breaking Free from Product Marketing, Journal of Marketing, 41, April, p.77.

[그림 12-1] 유형성 스펙트럼

[그림 12-1]과 같이 제품은 유형성이 우세한 끝에서 무형성이 우세한 다른 한 끝 사이의 스펙트럼으로 구성되어 있다.

제3절 서비스의 특성

무형의 서비스 제품은 유형 제품과 달리 다음과 같이 서비스 고유의 특성을 내포한다.

1) 무형성(intangibility)

무형성은 가장 대표적인 서비스의 특성이다. 즉 서비스는 일정한 형태가 없으며 눈에 보이지 않는 무형성의 특성을 갖는다. 그렇지만 대부분의 서비스는 제공할 때 유형적 단서를 사용한다. 소비자가 의복, 피아노, 자동차 등 물리적 제품의 소유로써 제품의 가치를 경험할 때 물리적 제품의 서비스 요소를 내포한다. 서비스의 무형성은 소비자가 서비스 이용을 위해 대안을 평가할 때 사전평가를 불가능하게 만든다. 무형의 서비스는 진열할 수 없고 구매 전 눈으로 확인할 수도 없기 때문에 구매 전 품질에 대해 이용자가 오감을 통해 확신할 수 없다.

무형성에 따른 서비스 관리의 문제점은 다음과 같다.

- 저장이 불가능하다.
- 특허로 보호할 수 없고 모방이 용이하다.
- 진열할 수 없고 커뮤니케이션이 어렵다.
- 가격설정의 기준이 애매모호하다.
- 표본의 제시가 어렵다.

이와 같은 무형성에 따른 문제해결방안은 다음과 같다.

- 유형적 단서(tangibility cues)를 강조한다.
- 인적 원천(personal sources)의 활용을 강조한다.
- 구전 커뮤니케이션을 강조한다.
- 종사원의 대면 서비스 능력을 강조한다.
- 무소유로부터의 편익을 강조한다.
- 구매 후 지속적인 커뮤니케이션을 강조한다.

2) 소멸성(perishability)

소멸성은 미래의 수요에 대비해 저장할 수 없기 때문에 재고관리가 불가능함을 의미한다. 즉 판매되지 않은 서비스를 향후 판매를 위해 창고에 보관해 두고 필요할 때

판매할 수 없기 때문에, 당일 판매되지 않은 객실이나 좌석의 재판매기회를 영원히 상실함으로써 손실로 처리된다. 예를 들어 수요가 공급을 초과하였을 때 비행기 탑승을 원하는 모든 고객에게 티켓을 판매할 수 없기 때문에 잠재적 매출의 기회를 영원히 상실하게 된다.

서비스의 소멸성에 따른 문제점은 다음과 같다.

- 저장하거나 재판매할 수 없다.
- 수요와 공급을 맞추기 어렵다.

이와 같은 소멸성의 문제는 다음과 같은 방안을 통해 해소해 나갈 수 있다.

- 수요와 공급의 동시조절을 통해 수요의 변동을 극복한다.
- 수요 감퇴기에 가격인하나 촉진활동을 강화해 수요변동에 적절히 대비한다.

서비스는 재고가 불가능할 뿐만 아니라 수요에 비탄력적이기 때문에 성수기의 수요초과에 대처하기 어렵고 비수기의 수요 관리를 어렵게 만든다. 즉 서비스는 수요에 대한 공급의 유연성이 없기 때문에 사전에 정확한 수요예측을 통해 수요를 적절히 통제해야 한다. 예를 들어 특정 관광지에 과도한 수요발생을 통제하기 위해 입장료를 올리거나 수요를 일시적으로 축소하는 방안을 모색할 수 있으며 노동력의 유연성을 통해 수요를 적절히 관리해 나갈 수 있다.

3) 가변성/이질성(variability)

서비스의 가변성은 서비스 품질을 일정한 수준으로 유지할 수 없어 일관성 있는 서비스 표준화의 설계 및 제공을 어렵게 만든다. 대부분의 서비스는 서비스 전달자와 고객의 상호작용에 의존하기 때문에 상황에 따라 매우 가변적이며, 가변성에 의한 서비스의 표준화가 어려워 대량생산의 이점보다 일대일 대응 맞춤서비스가 매우 중요하며, 일대일 대응서비스는 현장 종사원에 크게 의존하기 때문에 접객 종사원의 서비스 전달능력과 서비스 접점 상황 및 환경이 매우 중요하다. 이와 같은 가변적 요인들의 작용은 일관된 서비스의 제공을 어렵게 만드는 한편, 서비스 전달자가 다양한 고객과 상황에 따라 개별화된 일대일 서비스를 제공하는 데 어려움이 따른다.

이러한 문제를 극복하기 위해 기업은 다음과 같은 방안을 고려할 수 있다.

- 서비스 표준의 설계와 수행
- 고객의 기대관리와 서비스 패키지의 개발

- 품질관리 시스템의 확립
- 일대일 맞춤화 서비스(customization)의 제고

4) 비분리성(simultaneity)

서비스의 비분리성이란 생산과 소비의 동시성으로 인해 반드시 고객의 주문이 있어야 비로소 판매할 수 있음을 의미한다. 즉 서비스는 주문과 동시에 생산이 이루어지기 때문에 생산과 소비를 분리할 수 없는 비분리성의 특성을 갖는다. 이는 고객과 서비스 제공자의 상호작용에 의한 과정 · 행위 · 성과의 중요성을 의미한다. 그러므로 비분리성 정도가 높은 서비스일수록 인적관리는 더욱 중요시되며, 훌륭한 서비스를 전달할 수 있는 종사원의 확보와 훈련이 고객의 문제해결을 위해 반드시 필요하다.

서비스의 비분리성에 따른 경영의 문제점은 다음과 같다.

- 서비스 제공자는 반드시 서비스 제공 장소에 있어야 한다.
- 서비스 생산과정에 고객의 참여가 필수적이다.
- 서비스 품질의 표준화가 어렵다.

비분리성에 따른 문제의 해결방안은 다음과 같다.

- 서비스 전달능력을 갖춘 종사원의 선발과 교육이 중요하다.
- 물적 지원은 물론 자동화시스템이 중요하다.
- 서비스 단계에 따라 세심한 고객관리가 중요하다.
- 고객의 대기행렬 관리가 중요하다.
- 복수 입지전략이 중요하다.

이와 같은 서비스 특성으로 인한 전통적 제품과의 차이를 요약하면 다음과 같다.

제품	서비스
유형성	무형성
동질성	이질성
분리성(생산과 소비자가 분리)	동시성 · 비분리성(생산과 소비자가 동시에 발생)
재고 · 보관가능	소멸성
물건	인력의 행위 또는 과정
소유권의 이전가능	소유권 이전의 불가능
주요 제품가치는 공장에서 생산	주요 서비스 가치는 구매자와 판매자의 상호작용에서 생성

전통적인 제품과 서비스는 생산과 소비의 전환과정(conversion process)에서 [그림 12-2]와 같은 차이를 보인다.

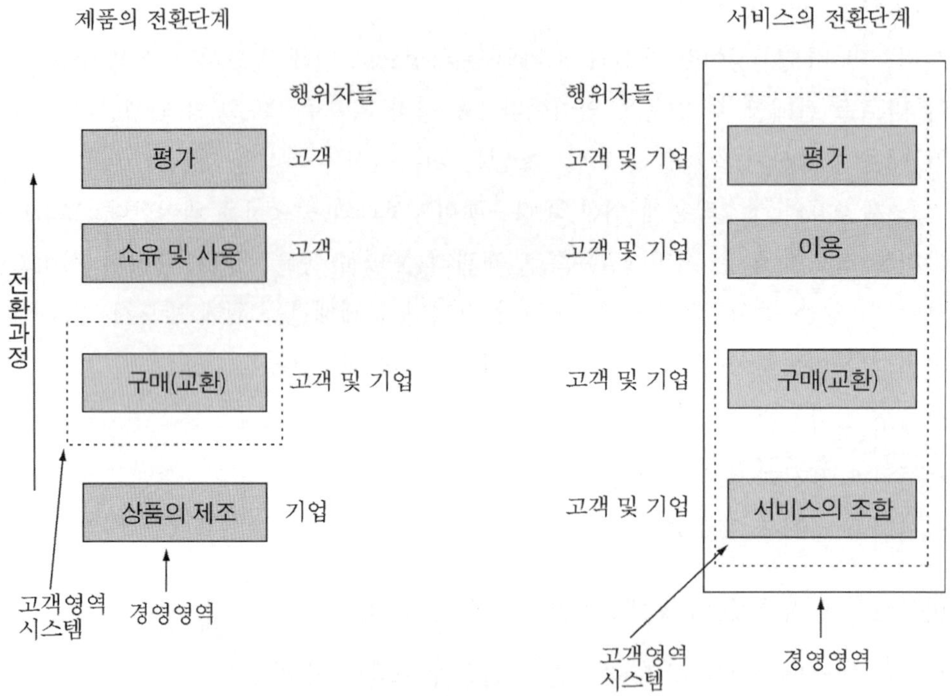

[그림 12-2] 제품과 서비스의 전환과정

전통적인 제품은 생산, 유통, 구매, 그리고 고객의 평가단계를 거치는 과정에서 고객이 기업과 간접적으로 접촉하지만, 서비스는 서비스 생산(서비스 조합)에서 제품의 평가에 이르기까지 모든 과정에 고객이 직접 기업에 참여하기 때문에 현장에서 고객에 대한 문제해결능력이 품질수준을 결정하는데 결정적인 영향을 미친다.

제4절 서비스 패키지

관광객은 지역의 경관을 감상하고 향토 음식을 먹으며 토산품을 구매한다. 이들은 특정 식당에서 음식의 맛과 식당의 훌륭한 분위기에 만족하며 여행의 즐거움을 경험한다. 고객의 관점에서 이와 같은 일과성의 경험은 포괄적인 서비스 패키지(service package)이다. 서비스를 제공하는 기업의 서비스 패키지는 특정 환경에서 고객에게 하나의 제품으로 일괄 제공하는 서비스 조합(묶음)이다.

서비스 패키지는 다음의 5가지 요소로 구성된다.

① 지원설비: 서비스 제공을 위해 반드시 갖추어야만 하는 식당설비, 호텔, 골프장, 항공기 등 물리적 설비이다.

② 보조용품: 구매자들에 의해 소비 및 구매되는 물품 또는 기업이 고객에게 제공하는 제품으로서 음식, 건강클럽, 자동차부품, 의료보험, 법적 서류 등이 이에 해당된다.

③ 정보: 서비스의 일대일 고객화를 가능하게 해주는 정보로, 가령 환자의 진료기록, 호텔의 여유 객실, 자동차임대 정보, 위치정보 시스템 등이다.

④ 명시적 서비스: 감각에 의해 직접적으로 인식할 수 있는 서비스로서 서비스의 본질 또는 핵심적 특성을 구성하는 서비스이다. 예를 들어 통증 완화, 안락한 의자, 쾌적한 온도, 종사원의 친절성 등이 이에 해당된다.

⑤ 묵시적 서비스: 고객이 암묵적으로 느끼는 심리적 혜택이나 서비스의 외관적 특색으로 호텔의 등급, 특별회원권, 호텔의 사생활보호, 여행의 안전 등이다.

이와 같은 서비스 패키지의 구성요소들은 고객이 서비스 패키지로써 경험하기 때문에 고객의 서비스 인식 및 평가에 기초가 된다. 그러므로 서비스 경영자는 고객이 원하는 서비스 패키지에 총체적인 경험을 일관성 있게 제공해 주는 것이 무엇보다 중요하다. 호텔의 경우 지원설비는 건물이며, 보조용품은 TV, 수건, 비누 등이다. 그리고 빈 객실에 대한 정보는 예약을 위해 사용된다. 또한 명시적 서비스는 청결한 객실과 편안한 침대이며, 묵시적 서비스는 주차의 편리성 및 직원의 친절성이다.

제5절 서비스의 분류

Lovelock은 서비스기업의 전략적 차원에서 다음과 같이 서비스를 분류하였다.[1)]

1) Christopher H. Lovelock, "Classifying Services to Gain Strategic Marketing Insights", *Journal of Marketing*, Vol. 47, Summer 1983, pp.12, 920.

5-1 서비스행위의 특성

서비스는 서비스의 직접적인 수혜자가 사람 또는 사물인지, 그리고 서비스행위의 본질이 무엇인지에 따라 구분할 수 있다. 즉 서비스의 유형적 특성에 따라 운송과 같이 유형적으로 행해지는 서비스, 세탁과 같이 고객의 자산에 대해 유형적으로 행해지는 서비스, 오락과 같이 고객의 마음에 무형적으로 행해지는 서비스, 금융과 같이 고객의 자산에 대해 행해지는 서비스로 [그림 12-3]과 같이 구분된다.

서비스 행위의 본질 \ 서비스 직접 수혜대상	사람	사물
유형	**신체에 대한 직접 서비스** • 건강 • 교통 • 미용 • 레스토랑 • 이용원	**유형제품에 대한 직접 서비스** • 화물운송 • 설비유지 및 보수 • 세탁 • 애완동물 센터
무형	**정신에 대한 직접 서비스** • 교육 • 방송 • 정보서비스 • 영화 • 박물관	**무형자산에 대한 직접 서비스** • 은행 • 법률 • 회계 • 증권 • 보험

[그림 12-3]

5-2 서비스조직과 고객의 관계

대부분의 서비스는 제공자와 직접 거래하기 때문에 기업은 고객과 장기적인 관계를 구축할 수 있는 좋은 기회를 갖게 된다. 그러므로 고객에 대해 잘 아는 서비스 기업일수록 동종 업계에서 경쟁의 우위성을 확보할 수 있다. 서비스 기업은 고객의 이름과 이들이 선호하는 서비스 및 구매의 행태를 데이터베이스로 저장함으로써 고객의 욕구를 충족시켜 줄 수 있고, 고객은 서비스 제공자의 우수고객이 되어 연간 고정가격으로 원하는 서비스를 제공받음으로써 특별한 혜택을 누릴 수 있다.

[그림 12-4]는 서비스 제공의 성, 그리고 서비스 조직과 고객의 관계형태에 따른 서비스의 분류이다.

서비스 조직과 고객 간의 관계형태

서비스 제공의 성격	회원관계	정형화된 관계 없음
지속적 서비스 제공	• 보험 • 전화신청 • 전력서비스 • 은행	• 라디오 방송국 • 방범 • 등대 • 고속도로
간헐적 거래	• 장거리전화 • 영화관 시즌티켓 • 지하철 정기권 • 할인점 • 항공사 상용고객 프로그램	• 유료 고속도로 • 유료전화 • 영화관 • 대중교통수단 • 레스토랑

[그림 12-4]

5-3 고객화와 서비스 접점

서비스는 서비스 전달과정에 고객이 직접 참여하기 때문에 서비스 제공자는 현장에서 고객을 만족시킬 수 있는 기회를 갖는다. [그림 12-5]는 개별 고객화의 정도와 서비스 종사원의 재량권 및 서비스 접점의 정도에서 고객화의 정도가 이루어진다는 것을 나타내고 있다.

고객화 정도

서비스 접점의 정도	높음	낮음
높음	• 수술 • 택시 • 고급 식당	• 대규모 교육 • 건강 예방 프로그램 • 패밀리 레스토랑
낮음	• 전화 • 호텔 • 소매금융 • 카페테리아	• 공공교통 • 영화관 • 스포츠 관람 • 기업형 음식제공업

[그림 12-5]

5-4 서비스 수요와 공급의 특성

서비스의 시간소멸적인 생산은 서비스 경영자가 해결하기 어려운 문제들 중 하나이다. 이러한 문제해결의 대안으로써 경영자는 수요변동의 특성이 무엇이며, 수요에 대한 예측 가능한 사이클을 갖는지, 수요변동의 원인이 습관이나 선호도에 기여하는지, 그리고 공급량을 변화시킬 수 있는 기회가 무엇인지에 대하여 심사숙고해야 한다.

[그림 12-6]은 수요변동의 폭과 서비스 공급의 정도에 따른 서비스 조직의 분류이다.

서비스 공급의 정도 \ 수요변동 폭	넓다	좁다
성수기 수요에 맞춰 제공됨	• 전기 • 전화 • 산부인과 • 경찰서	• 보험 • 법률 • 은행 • 세탁
정상수요에 맞춰 제공됨	• 회계 및 조세 • 여객 운송 • 호텔	• 패스트푸드점 • 영화관 • 주유소

[그림 12-6]

5-5 서비스 전달 방법

여러 곳에 지점을 운영하는 서비스 기업은 서비스 품질의 일관성에 초점을 맞추어야 한다. 오늘날 통신의 발달은 고객에게 편리한 의사소통 서비스를 제공해 주고 있다. 기업은 고객과 판매 및 거래를 위한 의사소통을 효율적으로 실행할 수 있으며, 기업의 통신 네트워크는 장소 및 거리에 구애받지 않고 고객의 욕구에 적중할 수 있는 서비스를 제공할 수 있고, 고객과 종업원의 물리적 상호작용을 크게 축소할 수도 있다.

[그림 12-7]은 지리적 요소와 고객과의 상호작용 정도에 따른 서비스 분류이다.

고객과 서비스 조직의 상호작용 \ 서비스 시설의 이용가능성	단일시설	복수시설
고객이 서비스 조직에게로 가는 경우	• 극장 • 이발소	• 버스 • 패스트푸드 체인점
서비스 조직이 고객에게 가는 경우	• 해충박멸 서비스 • 콜택시	• 우편배달 • 자동차 보험회사 긴급출동 서비스
고객과 서비스 조직의 상호거래 경우(우편 또는 전자통신)	• 신용카드회사 • 지역TV 방송국	• 전국방송네트워크 • 전화회사

[그림 12-7]

제6절 서비스 품질

서비스 품질이란 고객의 관점에서 결함이 없는 서비스 전달 또는 기대에 대한 성과의 충족도를 의미한다. 서비스의 기대 충족도는 서비스의 행위, 과정, 성과의 기대에 대해 경험 후 평가된 서비스의 품질수준이다. 고객은 기대와 같거나 기대를 상회할 때 만족을 느낀다. 그리고 고객의 기대수준은 서비스 기업의 커뮤니케이션, 단서, 욕구, 구전(口傳), 과거경험, 상황적 조건에 의해 형성된다.

6-1 서비스 품질의 차원

서비스 품질이란 고객의 관점에서 결함이 없는 서비스를 의미한다. 서비스 품질은 크게 과정품질(process quality)과 기술적 품질(technical quality)로 구분된다. 과정품질이란 서비스제공의 절차, 방법, 접객태도와 관계되며, 기술적 품질은 서비스 기대에 대한 성과(결과)이다. 고객의 서비스 품질 평가는 서비스수준을 결정짓는 다양한 요인들 중 고객이 중시하는 서비스의 핵심적 차원들에 대한 평가로 이루어진다. PZB의 제시에 의하면, 서비스 품질 차원에는 유형성(물리적 요소), 신뢰성(약속한 서비스의 정확한 수행), 반응성(고객을 도와주고 즉각적인 서비스를 제공해 주려는 의지), 공감성(고객의 감정이입 및 이해와 커뮤니케이션의 용이성), 확신성(지식, 공손함, 신뢰성, 안정성)인 5가지가 있다.[2)]

① 신뢰성: 약속한 서비스를 정확하게 수행할 수 있는 능력으로, 고객의 기대에 대해 적시에 동일한 방법으로 일관성 있는 서비스를 전달하는 능력이다.

② 유형성: 시설, 장비, 인력 등 물리적 환경으로, 서비스 제공자의 관심과 배려를 나타내 주는 유형적 증거이다.

③ 반응성: 고객을 돕고 신속하게 서비스를 전달하는 기업의 대응 서비스로, 만약 실패된 서비스일 경우에 이를 신속하게 회복시켜 줄 수 있는 능력이다.

④ 공감성: 고객을 배려하고 개별적으로 관심을 기울이는 서비스 제공자의 태도로, 고객의 입장에서 생각하는 감정이입 능력이다.

⑤ 확신성: 고객에게 환신을 심어주는 능력으로, 고객에게 정중하고 존경을 나타내

---

2) Parasuraman A., Valarie A. Zeithaml and Leonard L. Berry, "SERVQUAL: Multiple-Its Scale for Measuring Consumer Perception of Service Quality," *Journal & Retailing*, Spring 1988, pp.38-40.

고 진심으로 최선을 다하는 기업의 의사소통 능력이다.

6-2 서비스 품질평가의 범위

서비스 품질은 종합적 관점에서 기업의 서비스 시스템 범위에서 이루어진다.

1) 내용(contents)

이는 표준절차에 따라 서비스가 수행되는지에 대한 측정이다. 예를 들어 호텔은 서비스 매뉴얼에 따라 전달하고 이를 준수하고 있는지에 대해 동료나 감독자로부터 평가를 받는다.

2) 과정(process)

이는 서비스 전달과정이 고객에게 순서에 따라 정확하고 합리적으로 전달하는지에 대해 종사원들 간 모니터링을 하는 것으로, 서비스 전달 활동에 대한 점검표를 작성하여 이것을 기준으로 평가한다.

3) 구조(structure)

이는 물리적 시설 및 조직의 구조가 서비스에 적합한지에 대한 평가이다. 서비스의 보조설비는 서비스 품질의 구조적 차원 품질의 일부에 지나지 않기 때문에 인적 자질과 조직구조가 품질차원에서 중요하다. 이때 물리적 시설과 설비의 적합성은 기준과 비교하여 품질수준을 측정할 수 있으며 서비스 기업의 조직, 고용, 승진, 보상 등의 구조가 품질을 통제하는데 얼마나 효과적인지를 자체평가하거나 동료들 간 평가로 측정할 수 있다.

4) 결과(outcome)

이는 서비스 품질에 의해 기존의 상태가 어떻게 변화되었는지에 대한 관점으로, 고객이 최종 결과에 얼마나 만족하는지에 대한 평가이다. 고객의 불만에 대한 정보의 수집은 서비스의 결과품질에 대한 가장 효과적인 측정수단이다. 이와 대조적으로 성과에 대한 서비스 제공자의 만족수준 역시 결과의 관점에서 품질측정을 위한 중요한 평가대상이다

5) 영향(impacts)

이는 서비스의 장기적인 효과가 무엇인지의 관점에서 이루어지는 측정이다. 가령

호텔에서 고객의 안락한 생활은 호텔의 서비스 제공에 따른 영향이다. 마찬가지로 관광지 지역주민의 소비수준은 지역의 경제상황과 관광객의 소비에 따른 영향으로 바라볼 수 있다.

제7절 서비스 프로세스 관리

서비스 품질관리는 서비스 전달 프로세스 통제시스템에 의해 계획된 기준에 따라 편차를 조정하고 피드백하는 일련의 통제과정이다. 호텔의 온도조절 장치는 피드백 통제의 전형적 예에 해당된다. 즉 호텔의 객실 온도조절 창치는 설정한 온도에 도달할 때까지 통제되어 계속 가동한다.

관광기업은 서비스목표를 설정하고 시스템의 성과측정을 위한 척도를 기준으로 고객의 요청을 충족시켜 주기 위해 노력한다. 이때 고객이 만족하지 않으면 무엇이 그것의 이유인지를 밝혀내어 수정 및 보완하는 노력을 기울여야 한다. 그러나 서비스 시스템을 효과적으로 관리하는 것은 서비스의 무형적 특성으로 인해 매우 어려운 일이며, 서비스의 과정과 성과를 관찰하는 것 역시 생산과 소비의 동시성으로 인해 부정확할 가능성이 높다.

서비스 품질에 대한 고객의 인지수준을 정확하게 측정하는 것은 미래의 손실을 예방하기에 너무 늦을지도 모른다. 그러나 서비스 프로세스 관리는 합리적이며 훌륭한 서비스의 전달을 위해 반드시 필요하다.

7-1 접점관리

서비스 품질관리를 위해 경영자는 서비스 시스템, 접점 종사원, 그리고 고객의 요구를 관찰 및 평가함으로써 문제를 대략적으로 파악하고 해결책을 찾을 수 있다. 특히 서비스 품질수준은 서비스 전달자와 고객이 상호작용하는 진실(결정)의 순간(MOT: Moment of Truth)인 서비스 접점(service encounter)에서 고객의 반응과 태로를 평가함으로써 파악할 수 있다. 대개 고객이 서비스 생산과정에 적극 참여할수록 기업 및 종사원과 상호작용이 원활하게 이루어지기 때문에, 서비스 접점은 고객의 서비스 품질 평가에 결정적인 영향을 미치는 진실의 순간에 해당된다.

1) 종사원 관리

일반적으로 서비스종사원은 고객의 요구를 충족시켜 주기 위한 노력에서 발생하는 스트레스를 경감하기 위해 서비스 접점의 범위를 제한하려고 한다. 그러나 현장 종사원이 자율적 지위와 권한을 가질 때, 그들 스스로 고객에 대해 상당한 통제권을 갖는 것으로 인식할 수 있다. 한편, 고객은 서비스 제공자가 전문적 지식을 갖고 있는 사람으로 인식할 때 종사원의 판단을 신뢰하게 된다.

맥도날드는 효율적인 서비스 전달에 있어서 전형적인 모델이다. 맥도날드는 전통적인 대량생산의 철학을 고수함으로써 현장제조 방식에도 불구하고 많은 고객들에게 일관된 패스트푸드 서비스를 성공적으로 제공해 왔다. 맥도날드는 서비스 설계와 절차를 통해 현장 종사원의 재량권을 제한한다. 반면에 메리어트 호텔은 종사원에게 권한을 위임해 주는 전형적인 모델이다. 이러한 서비스기업들은 모두 종사원의 훌륭한 서비스 전달을 강조하여 종사원을 감시하거나 규제하기보다 권한위임, 지원, 최신 기술의 적용, 선발과 교육을 중시하는 한편 성과에 대한 보상과 상향식 의사소통을 통해 현장 종사원의 견해를 존중해 준다. 이러한 서비스기업들은 문제가 발생하였을 때 현장 종사원의 문제해결을 중시하며 서비스 접점의 품질을 위해 특별한 노력을 기울인다.

2) 고객 관리

고객에게 서비스 이용은 자신의 중요한 문제해결을 위한 목적지향적인 의사결정이다. 고객의 특별한 문제는 이성적 또는 감성적인 해결을 요할 수 있다. 예를 들어 셀프 주유소나 저가의 숙소를 이용할 때, 고객의 의사결정은 이성적이며 합리적인 반면, 고급의 호텔이나 식당을 이용할 때 감각적(감정적) 경험을 위한 의사결정이 지배적이다.

서비스 품질에 대한 고객의 기대는 다음과 같이 4가지 유형으로 구분할 수 있다.[3)]

(1) 절약형 고객

이러한 유형의 사람들은 시간·노력·금전적 가치를 극대화하는 한편 때때로 변덕스런 고객이다. 만약 서비스 기업이 이러한 고객을 잃는다면, 그것은 잠재적 경제위험의 초기 신호이다.

---

3) Gregory P., "City Shoppers and Urban Identification: Observations on the Social Psychology of City Life", *American Journal of Sociology*, July 1954, pp.36-43.

(2) 도덕적 고객

이러한 유형의 사람들은 사회적으로 신뢰할 수 있는 기업을 이용하는 것이 도덕적 의무라고 생각한다. 맥도날드 하우스 프로그램은 소비자들에게 맥도날드사가 입원한 어린이 환자 가정을 위해 사회적 의무를 충실히 수행한다는 도덕적 이미지를 심어주는 데 큰 역할을 하였다.

(3) 개별화 추구고객

이러한 유형의 사람들은 자신의 서비스 경험에서 대인관계의 만족을 추구한다. 그러므로 패밀리 레스토랑은 고객의 이름을 기억해 줌으로써 그들에게 귀중한 손님이라는 인상을 강하게 심어줄 수 있다.

(4) 편의성 추구 고객

이러한 유형의 사람들은 인적서비스에 비교적 무관심한 반면에 서비스의 편의성을 추구한다. 그러므로 서비스기업은 고객이 추구하는 편의성을 강조함으로써 이들을 유인할 수 있다. 예를 들어 가정 배달서비스를 제공해 주는 슈퍼마켓은 이러한 고객에게 매력적이다.

7-2 공동생산자로서의 고객[4)]

서비스 제공자와 고객은 서비스 접점의 상호작용과정에서 각각 일정한 역할을 수행한다. 예를 들어 어떤 식당은 고객이 진열된 식재료를 직접 선택하여 요리를 주문받을 때, 고객은 서비스 전달과정에서 종사원의 역할을 부분적으로 수행하며 공동생산자로서의 협력적 역할을 수행한다. 호텔의 고객은 사회적 규범에 따르며 서비스 전달의 각본에 따라 자신의 역할을 수행한다. 그러므로 서비스를 변경할 때 고객의 행동을 합리적으로 수정할 필요가 있다면, 기업은 고객에게 새로운 역할을 교육할 필요가 있다. 예를 들어 개인용 컴퓨터의 윈도우 운영시스템을 모든 사람들이 수용한 것은 모든 응용프로그램들이 동일한 인터페이스를 공유하기 때문이다.

4) M. R. Bateson, Surprenant, J. A. Czepiel, and E. G. Gutman, "A Role Theory Perspective on Dyadic Interactions: Service Encounter", *Journal of Marketing*, Vol. 49, Winter 1985, pp.99-111.

7-3 서비스역량의 관리

1) 노동생산성의 제고

노동생산성의 제고는 호텔, 음식점, 자동차 수리와 같이 노동집약적 서비스조직에 특히 효과적이다. 즉 이들 기업 종사원의 생산성은 품질우위로써 고객만족을 이끌어낼 수 있는 훌륭한 수단이다. 처음부터 약속한 서비스의 훌륭한 전달은 고객의 불만족에 뒤따르는 비용을 감소시켜 주는 한편 고객만족에 의한 재방문의 가능성을 높여준다. 따라서 이직률이 낮은 서비스기업은 고객에게 좀더 안정적인 서비스를 제공해줄 수 있다.

2) 서비스시설 및 장비 투자

서비스 역량의 제고는 보다 훌륭한 시설과 효율적인 장비에 투자함으로써 이루어질 수 있다. 가령 세탁소나 청소용역 회사는 좋은 장비를 갖춤으로써 우수한 서비스를 제공할 수 있다. 대부분의 서비스기업에서 컴퓨터 및 정보통신 장비는 서비스 전달의 효율성과 신속성을 위해 매우 중요한 요소이다. 컴퓨터는 호텔, 항공사, 여행사의 고객관리와 서비스 전달 시스템의 핵심수단이다.

3) 과업의 자동화

대부분의 서비스기업에서 자동화는 서비스 역량의 증대와 밀접하게 관련된다. 가령 은행의 ATM 서비스는 업무의 효율화와 비용의 절감, 그리고 서비스 전달의 일관성을 유지하기 위해서 매우 중요하다. 비용의 효율성이나 기술 서비스 품질에 중점을 둔 서비스기업은 자동화 시스템을 통해 비용을 절감하는 한편 과업을 효율적으로 수행해 나갈 수 있다. 자동화시스템 기술은 보다 일관된 수준의 서비스 품질을 전달하기 위해서 매우 중요한 요소이다.

4) 고객접촉과 고객지원 기능의 분리

서비스의 효율성은 고객과의 접촉기능을 고객지원 기능과 분리함으로써 향상시킬 수 있다. 고객과 직접적인 접촉을 하지 않아도 서비스 전달이 가능한 기업은 고객 지원 전담부서에서 고객서비스를 수행할 수 있지만, 고객접촉 부문과 고객지원 부문을 물리적으로 격리해 놓음으로써 고객서비스를 효율적으로 수행해 나갈 수 있다. 경우에 따라 셀프서비스의 범위를 확대하는 것도 서비스 전달을 위한 훌륭한 대안일 수 있으며, 서비스활동의 일부를 고객에게 넘겨줌으로써 생산성을 높이는 한편 서비스의 역량을 극대화할 수 있다. 셀프서비스는 다른 고객을 방해하지 않으면서 종업원의 수를 최소화할 수 있는 장점을 갖고 있다.

5) 아웃소싱의 활용

아웃소싱(outsourcing)은 제3의 기관과 계약을 맺어 작업의 일부 또는 전부를 맡기는 외주(外注)이다. 항공사와 유람선회사는 서비스의 생산성과 비용의 절감을 위해 아웃소싱으로써 필요한 인력을 조달한다. 그리고 여행사는 항공사와 유람선회사를 대신해 티켓을 판매함으로써 항공사나 유람선회사는 자사의 티켓을 여행사를 통해 효율적으로 판매할 수 있으며, 고객은 여행사를 통해 항공사나 유람선의 가격 및 스케줄을 비교하여 합리적인 구매결정을 할 수 있다. 생산성과 인력관리의 문제해결을 위해 서비스기업은 자신이 수행할 업무의 일부를 아웃소싱을 통해 효율적으로 해결할 수 있다. 그리고 신용카드사나 유통회사들은 부실채권을 채권추심전문기관에 아웃소싱하여 문제를 해결할 수 있다.

7-4 비수기 수요의 관리

수요관리는 저장이 불가능한 서비스기업의 수익관리를 위해 매우 중요하다. 이를 위해 가령 리조트호텔은 비수기에 사업 및 전문가집단의 연수공간으로 활용할 것을 모색함으로써 새로운 수요원천을 찾을 수 있으며, 산악의 스키리조트는 여름철에 등산객의 집결지로 활용할 수도 있다. 또한 서비스기업은 비수기의 수요창출을 위해서 할인가격을 제시하고 멤버십 카드를 발급하여 회원들에게 추가적 편익을 제공해 줄 수 있다.

휴가 관광지의 호텔은 비수기뿐만 아니라 성수기의 초과수요에 대한 관리도 매우 중요하다. 백화점은 혼잡을 피할 수 있는 시간대를 고객에게 알려주고 늦은 시간에 찾아온 고객에게 신선채소를 저렴한 가격으로 판매한다. 일부 서비스기업은 일정한 고객유지를 위해 쿠폰을 제공한다. 음식점은 혼잡한 시간대에 대기 중인 고객들을 커피라운지로 안내하여 수익을 모색하며, 영화관은 팝콘과 청량음료를 판매하고 로비에서 비디오 게임을 제공함으로써 고객을 효율적으로 관리할 수 있다.

성수기의 초과예약(over-booking)은 서비스를 사전판매함으로써 발생하는 문제를 해결하기 위한 방안으로, 이때 실제의 초과수요를 동일한 설비의 이용을 다른 시간대로 옮기거나 동일한 조건의 다른 설비로 이전시킬 수 있어야 한다. 전국적인 예약시스템을 갖고 있는 호텔체인은 고객이 처음에 원했던 예약이 불가능할 때 체인관계에 있는 인근의 호텔을 이용할 수 있도록 처리할 수 있다. 노 쇼우(no-show)로 인한 빈 좌석이나 객실에 대비하여, 항공사나 호텔은 초과예약을 받지만, 과도한 초과예약은 예약고객을 거절해야 하는 위험한 상황에 직면할 수도 있다.

7-5 대기행렬 관리

서비스의 대기는 고객에게 불가피한 문제일 수 있기 때문에 서비스기업의 대기행렬 관리는 고객만족을 위해 매우 중요하다. 서비스는 소비와 생산이 동시에 발생하기 때문에 기업이 수요의 변동에 대처하는 것이 매우 어려운 반면, 고객은 항상 무작위로 도착하고 현장에서 가능한 서비스를 즉시 요구한다. 그러므로 서비스 설비가 이미 최고치로 가동되고 있더라도 고객은 도착하였을 때 참을성 있게 기다려야 한다.

고객의 관점에서 기다림은 실제 대기시간보다 더 중요하며 길게 느껴질 수 있다. 기다림의 경제적 가치는 공급자의 입장에서 비용인 반면 소비자의 입장에서는 현금이다. 기다림의 경제심리학에 의하면,[5] 고객은 대기시간에 대한 기대이상의 서비스를 받았을 때 만족하는 한편, 타인에게 의도적으로 구전함으로써 기업은 서비스의 긍정적인 트리클다운(trickle-down: 하향침투) 효과를 볼 수 있지만, 그렇지 못하였을 때에는 반대의 부정적인 트리클 다운 효과를 초래할 가능성이 높다.

즐겁고 생산적인 고객의 대기를 위해 서비스 기업은 다음과 같은 사항을 고려해야 한다.

① 고객의 공허한 감정을 완화시켜준다.

아무 할 일 없이 무의미하게 기다리는 대기시간은 고객을 무기력하고 불편하게 만드는 근본이기 때문에 기업은 고객의 대기시간을 의미 있는 시간으로 채워줄 수 있어야 한다. 예를 들어 호텔은 승강기 옆에 거울을 설치함으로써 고객이 자신의 외양을 살펴보도록 하거나 항공사의 탑승 대기실은 대기시간을 이용해 명화나 명곡을 감상하도록 할 수 있다. 진료소에서 사람들이 대기시간을 보내는 방법은 다양하다. 서비

5) David Maister, "The Psychology of Waiting Lines", in J. A. Czepied, M. R. Solomon, and C. F. Surprenament(eds.), *The Service Encounter*, Lezington, Mass : Lezington Press, 1985, pp.113-123.

스기업은 고객의 대기시간 관리를 위해 잡지책, TV, 포스터, 예술작품, 건강 및 오락 활동, 뉴스 등을 통해 주의를 돌리게 할 수 있다.

② 서비스 시작을 알려준다.

대기시간의 관리는 기다리는 시간을 길게 느끼지 않도록 하기 위해 필요하다. 이를 위해 고객에게 서비스 시작을 미리 알려주는 것도 하나의 방법이다. 가령 식당은 식사를 위해 앉아서 기다리는 고객에게 물과 메뉴판을 주고, 병원은 환자에게 혈압이나 체온을 재어 시작의 일부로 인식하도록 한다. 고객은 서비스가 일단 시작되었다고 인식하면 기다리는 지루함이 상당히 감소된다. 일반적으로 고객은 기다림보다 서비스가 시작되었다고 생각할 때 편안하게 기다린다.

③ 순서를 알려준다.

불확실한 대기는 고객을 걱정하게 만들며 때로는 분노하게 한다. 만약 뒤늦게 도착한 고객이 먼저 서비스를 제공받는다면 고객의 기다림은 분노로 변할 것이다. 그러므로 먼저 도착한 고객이 먼저 서비스를 받도록 번호표를 나누어주는 것도 서비스기업의 대기행렬 관리를 위한 좋은 방법일 수 있다. 고객은 번호표를 받음으로써 자신이 얼마를 더 기다려야 할지를 짐작할 수 있고 불공정한 기다림의 가능성에 대한 우려를 덜어낼 수 있다. 그러나 모든 서비스가 순번으로써 대기시간을 통제할 수 있는 것은 아니다. 경찰, 소방서, 병원 등의 서비스는 시급히 해결해야 할 문제의 우선순위가 불가피하다.

제 13 장

관광마케팅

제13장 관광마케팅

제1절 관광시스템과 마케팅

Mill(1992)은 [그림 13-1]과 같이 관광시스템을 출발지, 여행(이동), 목적지, 그리고 마케팅의 4가지 요소로 설명하고 있다.

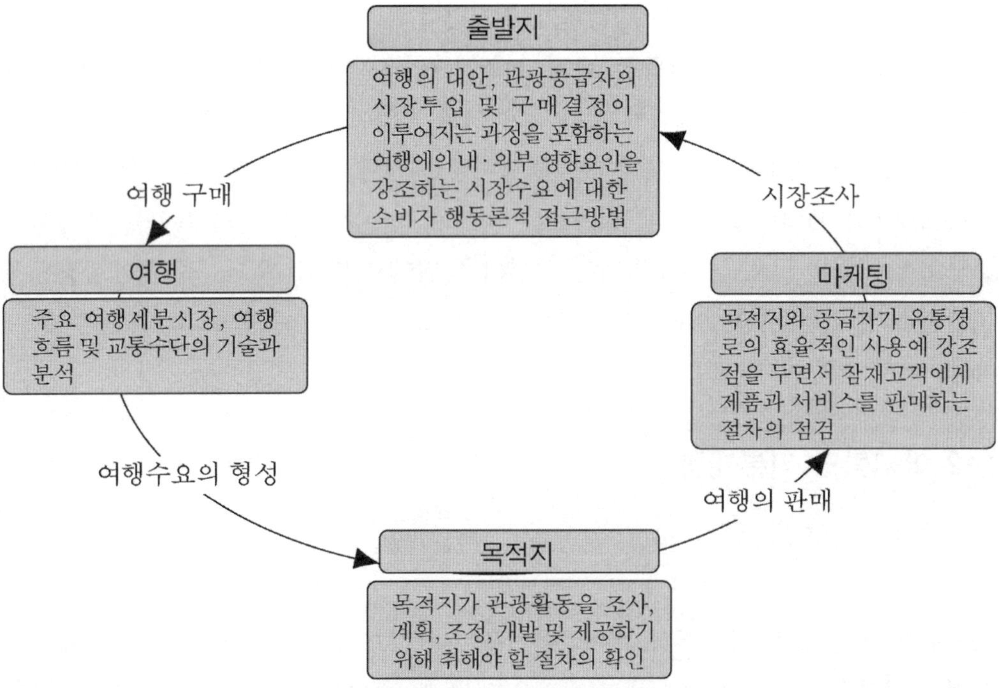

자료원: Robert Christie Mill, The Tourism System: An Introductory Text, Englewood Cliffs, NJ: Prentice-Hall, 1992, p.10.

[그림 13-1]

[그림 13-1]에서, 첫 번째 차원인 출발지는 관광을 위해 언제, 어디서, 어떻게, 무엇을, 왜 여행을 하는지, 그리고 관광의 욕구 해소방안은 무엇인지를 결정짓는 의사결정과 관련된다. 두 번째 차원의 여행은 문화, 사회, 그리고 개인적 특성에 따라 나타나는 관광수요시장의 특징과 행태를 나타내 준다. 세 번째 차원의 목적지는 관광객의 욕구충족과 관련된다. 그리고 네 번째 차원은 관광객과 목적지를 연결해 주는 마케팅 활동이다.

1-1 마케팅의 의미

기업은 다양한 형태의 고객을 대상으로 활동을 수행한다. 이때 소비재를 생산/판매하는 기업의 고객은 개인소비자이며, 산업재를 생산/판매하는 기업의 고객은 산업구매자(industrial buyers)로서 다른 기업이다. 그러나 모든 기업은 나름대로 추구하는 목적이 있다. 이와 같은 기업의 목적이 이익의 극대화, 사회봉사, 성장, 그 어디에 있든지, 그것은 시장의 고객들에 의해 구매됨으로써 달성할 수 있다. 이러한 관점에서 기업의 목적은 결국 판매(selling)를 통해 달성할 수 있지만, 기업이 제품을 판매하고자 하는 시장에는 대부분의 경우 경쟁자가 존재한다.

한편, 고객은 자신의 욕구(품질, 특징, 가격 등에 대한)를 보다 잘 충족시켜 주는 기업의 제품 및 서비스를 구매하게 된다. 그러므로 기업이 시장에서 경쟁기업에 대처하기 위해서는 고객의 욕구를 파악하여 경쟁기업보다 더 잘 충족시킬 수 있어야 한다.

마케팅이란 기업이 고객에게 제품 및 서비스를 판매하여 고객의 욕구를 충족시켜줌으로써 기업의 목적을 달성하려는 일련의 행위라고 할 수 있다. 즉 마케팅활동은 고객이 모여 있는 시장을 대상으로 이루어진다. 그러므로 마케팅의 기본개념은 욕구, 제품, 교환, 시장이다.

1-2 마케팅의 기본개념

마케팅은 소비자의 욕구 파악, 시장조사, 제품개발, 가격결정, 유통을 모두 포함한다. 그러므로 판매는 마케팅의 일부 기능에 지나지 않는다. 만약 마케터가 소비자의 욕구파악, 제품개발, 가격결정, 유통, 촉진을 효과적으로 수행하지 못한다면, 제품의 판매는 어려울 것이다. 디즈니랜드에 많은 관람객이 모이는 이유는 간단히 말해 기업이 그들의 욕구를 훌륭하게 충족시켜주기 때문이다. 드러커(Peter Drucker)는 마케팅의 목적이란 과도한 판매활동을 방지하는 것이라고 하였다. 즉 기업의 마케팅활동은 고객을 잘 알고 이해함으로써 고객의 욕구에 맞는 제품과 서비스를 개발하고 팔릴 수 있는 상품이 되도록 하는 데 그 목적이 있다.[1)]

마케팅이란 교환과정을 통해 소비자의 욕구를 충족시키기 위한 인간의 활동이다. 그러므로 가장 기본적인 마케팅 개념은 인간의 욕구와 관련된다.

1) 욕구(needs/wants)

마케팅행위의 출발은 인간의 욕구이다. 예를 들어 허기(본원적 욕구)를 해소하기 위한 방법으로 밥 또는 국수에 대한 욕구(구체적 욕구)가 발생하며, 이러한 욕구가 수요를 발생시킨다. 수요(demands)란 욕구가 구매력과 구매의지가 뒷받침되었을 때 발생한다. 즉 욕구와 구매력이 있을 때 비로소 특정 제품의 구매의사결정이 이루어진다.

2) 제품(product)

사람들은 제품을 소비·사용함으로써 자신의 욕구를 충족시킨다. 그러므로 넓은 의미에서 제품이란 인간의 욕구를 충족시킬 수 있는 유·무형의 모든 것으로 사람, 장소, 지식, 조직, 아이디어를 모두 포함한다. 소비자들은 제품이 자신에게 가져다 줄 편익(benefits) 때문에 특정 제품을 구매한다.

3) 교환(exchange)

마케터(marketers)는 소비자의 욕구를 충족시켜 줄 수 있는 제품의 판매를 통해 기업의 목적에 공헌할 수 있다. 교환이란 교환의 당사자가 무엇인가를 상대방에게 제공하고 자신이 원하는 무엇인가를 획득하는 일련의 행위이다. 교환의 당사자들은 교환 이전에 비해 자신이 추구하는 효용성(utility)을 증대시킬 수 있다. 즉 생산이 가치를 창조하듯 교환 역시 가치창조과정(value creating process)이다.

4) 시장(Market)

기업의 관점에서 시장이란 자사 제품에 의해 욕구가 충족되는 구매력이 있는 소비자들의 집합이다. 그러나 시장에는 같은 소비자들을 대상으로 여러 기업들이 경쟁하기 때문에, 기업은 경쟁사보다 소비자의 욕구를 더 훌륭히 충족시켜 주어야 한다. 이러한 노력의 구심점이 마케팅이다. 즉 마케팅이란 수요창출행위 또는 시장창출행위이다.

---

1) Peter F. Drucker, "Management: Task, Responsibility, Practice", New York: Harper & Row, 1973, pp.64-65.

제2절 마케팅관리 철학

기업의 마케팅활동은 기업뿐만 아니라, 소비자와 사회에 영향을 미친다. 그러므로 오늘날 마케팅관리는 고객의 욕구충족을 통한 이익과 사회적 공헌에 목적을 두고 있다. 역사적으로 마케팅관리 철학은 수요와 공급에 의해 기업 중심에서 고객과 사회지향 중심으로 발전해 왔다.

1) 기업중심관리 철학

과거 대부분의 기업은 기업중심의 철학을 바탕으로 마케팅관리를 수행하였다. 그러나 기업은 기업의 이익뿐만 아니라 소비자와 다양한 이해자 집단들의 욕구를 충족시켜 줌으로써 목적을 달성할 수 있어야 한다. 기업중심 관리 철학이란 기업의 이윤에 우선한 생산과 판매지향적인 마케팅관리이다.

(1) 생산지향 마케팅(product oriented marketing)

생산지향 관리철학은 수요에 비해 공급이 부족하여 제품의 구매가 어려운 환경에서 이루어지는 기업중심의 마케팅관리이다. 즉 생산만하면 판매할 수 있었던 시기에 기업은 생산성과 함께 적절한 가격 및 효율적인 유통에 중점을 두었다. 그러나 생산성의 향상과 경쟁사의 등장에 의해 공급이 증대되면서 생산지향에서 판매지향 관리철학에 중점을 두게 되었다.

(2) 판매지향 마케팅(sales oriented marketing)

기업의 판매지향 철학이란 기업이 생산의 효율성과 함께 대량판매에 진력하지 않으면 자사의 제품을 처분할 수 없기 때문에 가능한 판매수단을 이용하여 판매목표를 달성하기 위한 기업중심관리 철학을 의미한다.

생산 및 판매지향 관리철학은 기업의 내부 중심적 사고를 바탕으로 생산성의 향상과 더불어 강력한 유통 및 촉진을 통해 판매를 극대화하기 위한 기업중심의 관리 철학이다. 오늘날에도 이와 같은 생산과 판매지향에서 나타나는 기업의 신호들은 다음과 같다.[2]

- 계획은 단기적이며 장기적 계획의 가치를 무시한다.

---

2) Morrison, Alastair M., *Hospitality and Travel Marketing,* 2nd ed., Delmar Publishers, 1996, pp.14-15.

- 시장의 심각한 문제에 직면했을 때에만 마케팅의 중요성을 인식한다.
- 변화를 거부한다.
- 현재의 사업이 미래에도 지속적으로 보장될 것으로 생각한다.
- 최상의 품질은 자동적으로 성공을 가져다 줄 것으로 믿음으로써 쥐덫의 오류(mousetrap fallacy)를 범한다.
- 고객의 욕구충족에 우선하지 않을 뿐만 아니라 고객의 욕구를 잘 알고 있다고 주관적으로 생각한다.
- 고객욕구에 앞서 제품 및 서비스 특징의 촉진(promotions)에 역점을 둔다.
- 고객의 욕구(needs)보다 생산과 판매에 역점을 둔다.
- 조직 내 부서(department)가 고립됨으로써 타 부서와 협력적 관계를 유지하지 않고 긴급한 문제가 발생했을 때에만 비로소 상호 협력의 필요성을 인식한다.
- 부서관리자들은 자신의 영역만을 과잉 방어하고 보호한다.

(3) 마케팅관리 철학

마케팅관리 철학은 치열한 경쟁환경 속에서 기업의 존속 및 성장을 위해 반드시 요구된다. 즉 오늘날 치열한 경쟁환경 속에서 기업은 표적시장을 선정하고 이들의 욕구를 충족시켜 주어야 한다. 마케팅관리 철학은 표적시장의 욕구를 정확히 식별하여 고객지향(customer orientation)의 소비자중심 마케팅관리를 말한다.

마케팅관리 철학은 장기적인 마케팅관리계획의 수립을 필요로 한다. 미래지향적인 마케팅 개념의 특징은 다음과 같다.

- 고객지향적인 소비자중심 관리철학에 의해 고객의 욕구충족에 우선한 장기계획을 수립한다.
- 기업의 외부 환경으로부터 기회와 위협, 그리고 경쟁환경으로부터 강점과 약점을 발견하기 위해 마케팅환경을 주기적이며 지속적으로 관찰한다.
- 기업의 모든 부서가 마케팅관리 철학에 따라 고객과의 사회적 관계를 지속한다.

마케팅 개념은 표적시장의 욕구에서 출발한다. 환대산업에서 고객의 욕구충족이란 외부(표적고객)에서 내부(기업 종사원)에 이르는 고객만족을 의미한다.

기업은 고객의 욕구를 식별하여 그들을 만족시켜 주는 한편, 사회복지증진에 기여할 수 있어야 한다. 그러므로 소비자중심의 마케팅 개념은 궁극적으로 사회복지에 공헌할 수 있는 사회적 마케팅 개념(societal marketing concept)의 철학을 필요로 한다.

이는 기업이 적절한 가격에 소비자가 원하는 제품을 판매함으로써 고객을 만족시켜 주더라도 장기적 관점에서 사회에 부정적인 영향을 가져다줄 때 결국 시장으로부터 외면당하게 됨을 의미한다. 자연관광자원의 무분별한 개발은 한계자원을 파괴하며 허용능력의 한계를 초과한 과다한 이용에 의해 오염의 증가와 함께 전통문화의 상업화를 초래할 수 있다. 고객지향 마케팅 관리철학은 궁극적으로 사회지향적 마케팅(societal marketing concept)을 의미한다.

제3절 마케팅관리

설명한 바와 같이 마케팅 개념은 고객의 욕구를 파악하고 경쟁우위의 제품 및 서비스를 제공하기 위해 기업의 다양한 활동들을 마케팅 중심으로 통합하는 마케팅관리 철학에 있다. 오늘날 소비자의 욕구는 점점 다양해지고 있기 때문에, 기업은 표적시장을 올바르게 선정하여 이들의 욕구를 충족시켜 줄 수 있는 제품의 경쟁력이 무엇보다 중요하다. 이를 위해 기업은 마케팅정보를 수집하고 분석하여 이에 적합한 제품 및 서비스를 제공할 뿐만 아니라 고객의 변화와 가치의 이동에 따라 시의적절한 혁신이 이루어질 수 있도록 관리해 나가야 한다.

[그림 13-2]는 기업의 목적과 소비자의 욕구를 연결시켜 주는 단계적인 마케팅관리 과정을 나타낸다. 마케팅관리(marketing management)란 마케팅절차와 행위를 위해 계획(planning), 조사(research), 실행(implementation), 통제(control), 평가(evaluation)하는 일련의 관리과정을 의미한다.

마케팅관리는 표적시장의 욕구충족과 기업목표의 달성을 가져다주는 교환의 증대와 함께 창조적 마케팅활동에 필요한 자료의 수집과 분석을 통해 제품, 가격, 유통, 그리고 촉진계획을 수립하고 수행의 성과를 평가하며 통제하는 일련의 관리과정이다. 제품, 가격, 유통, 촉진은 표적시장에서 목적을 달성하기 위한 핵심적인 마케팅관리 수단들(marketing tools)로, 이는 통제 가능한 마케팅믹스(marketing mix) 요소이다. 말하자면 마케팅관리란 마케팅목적을 달성하기 위해 통제 가능한 마케팅믹스 요소들을 통제 불가능한(uncontrollable) 외부 마케팅환경에 적절히 대응하기 위한 체계적인 관리과정이다.

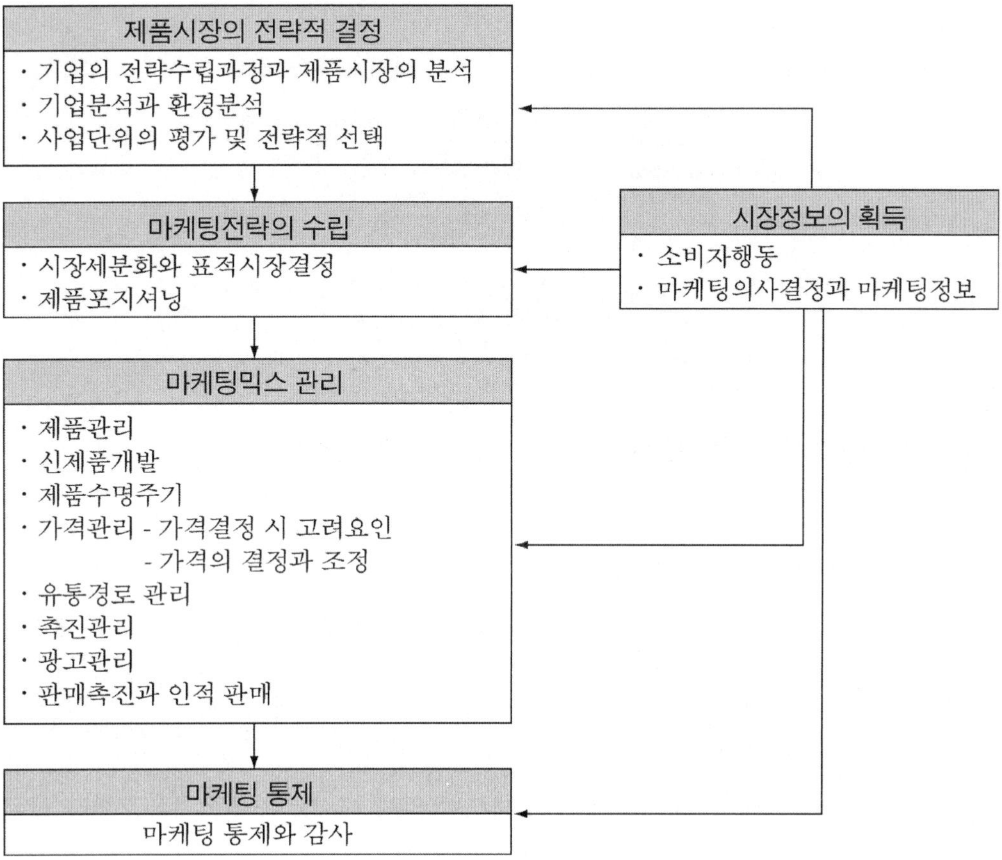

자료원: 안광호 · 이학신 · 현용진, 마케팅, 시장전략적 접근, 법문사, 1994, p.12.

[그림 13-2] 마케팅관리

제4절 환대산업 마케팅의 세 부문

환대 서비스 마케팅 개념의 초석은 고객을 위한 서비스 약속의 이행에 있다.[3] 환대서비스의 특징은 서비스 제공자가 약속한 서비스를 고객에게 전달하는 과정에 [그림 13-3]과 같이 3가지 수준의 마케팅활동을 필요로 한다.

---

3) Bitner, Mary Jo, "Building Services Relationship: It's All About Promises", *Journal of Academy of Marketing Science*, 23(4) : 246-251.

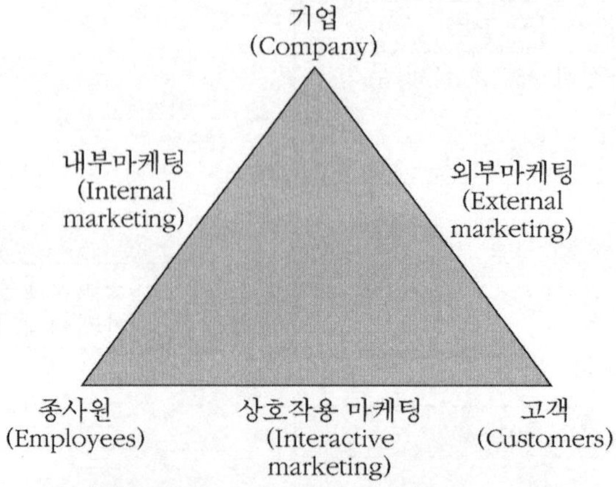

[그림 13-3] 환대 서비스 마케팅의 삼각형

1) 외부마케팅(external marketing)

외부 마케팅은 기업 외부의 소비자들을 대상으로 이루어지는 전통적인 마케팅이다. 그러므로 관광서비스조직의 외부 마케팅이란 외부의 목표 소비자들에게 서비스 약속을 정하고 약속한 서비스를 인식시키기 위한 일련의 커뮤니케이션 활동이다. 약속한 서비스에 대한 커뮤니케이션은 기업의 서비스 품질보증을 고객에게 명확하게 인식시키는 데 있다.

2) 내부마케팅(internal marketing)

시장의 기대와 욕구의 충족을 위한 서비스 약속을 가능하게 만들기 위한 외부 마케팅은 외부 고객에게 내부 종사원의 구체화된 서비스 전달을 위해 내부 종사원의 서비스 전달 능력, 동기부여, 직무몰입을 위한 관리활동이다. 즉 내부 마케팅이란 조직 내부의 서비스 종사원들이 기업이 약속한 서비스를 가능하게 하기 위해 고객서비스 전달 능력과 준비를 갖추도록 지원하고 이들을 만족시켜 주기 위한 마케팅관리철학이다.

기업이 고객에게 서비스 약속을 정하는 것은 쉽지만, 그것을 가능하게 만드는 종사원의 능력을 육성하고 그들을 만족시켜 주는 것은 어려운 문제이다. 그럼에도 불구하고 환대기업은 훌륭한 서비스 전달을 위해 먼저 내부 종사원을 만족시켜 주고, 만족한 종사원이 외부 고객을 만족시켜 줄 수 있어야 한다. 즉 환대기업은 외부 마케팅(external marketing)에 앞서 고객에게 훌륭한 서비스를 전달할 수 있도록 종사원을 만족시켜 주어야 한다.

3) 상호작용 마케팅(interactive marketing)

고객과 종사원 간의 상호작용 마케팅은 서비스 품질관리와 고객만족을 위해 매우 중요하다. 기업의 서비스 약속은 종사원뿐만 아니라 장비나 컴퓨터와 같은 기계적 서비스에 의해서 이루어지지만, 훌륭한 서비스 전달은 결국 종사원과 고객과의 상호작용에서 결정된다. 기업과 고객의 상호작용에 의한 서비스의 생산과 소비의 동시성은 종사원과 고객과의 서비스 접점(service encounter)인 결정의 순간(MOT: Moment of truth)에서 이루어지는 상호작용을 의미한다. 그러므로 상호작용 마케팅의 의미는 기업과 고객과의 상호작용에 의한 약속 지키기에 있다.

제5절 관계마케팅

물적인 제품인 경우에, 소비자들은 필요할 때 자신이 원하는 점포를 찾아가거나 온라인을 통해 구매하기 때문에 제조업자와 공식적인 관계를 형성하지 않지만, 환대서비스는 원하는 장소를 고객이 직접 찾아가 서비스 공급자와 상호작용을 하며 정서적 관계를 맺기 때문에, 관계마케팅은 고객의 유지와 창출을 위해 매우 중요하다. 가령 건강 클럽, 등산, 각종 취미 클럽, 여행 동호인 등은 회원관계로써 지속적인 유대관계를 형성하기 위해 노력한다. 환대 서비스기업이 회원제로 운영할 때, 기업은 고객에 대한 상세한 정보를 바탕으로 적절한 가격에 필요한 서비스를 제공할 수 있다. 회원제는 일반적으로 서비스 제공자에 대한 고객의 충성도를 강화시켜 준다. 예를 들어 항공사의 상용고객(우대)프로그램(frequency-stay program)은 고객의 충성도를 유지하기 위한 전략이다.

환대산업은 사람과 사람의 감성적 교류에 의한 공급자로서 유통과정에 있는 서비스 전달자이다. 그러므로 환대기업은 사람(종사원)과 사람(고객)과의 장기적이며 우호적인 관계에 의한 신뢰형성을 통해 장기적인 성장을 도모해 나갈 수 있다. 다시 말해 사람과 사람의 상호작용에 의한 개별화 서비스는 관계마케팅(relationship marketing)의 중요성을 의미한다. 관계마케팅이란 상호 보완적인 파트너(재료의 공급업자 및 유통업자)뿐만 아니라 최종 소비자와의 지속적인 관계를 유지함으로써 성장을 도모하는 마케팅전략이다. 또한 관계마케팅은 제품 및 브랜드를 특정 시점에서 목표 소비자들에게 소구하기 앞서 유망고객과 지속적이며 우호적인 관계를 통해 얻을 수 있는 이점을 극대화하기 위한 전략이다.

제6절 시장세분화

6-1 시장세분화의 의미

환대서비스 시장을 구성하는 소비자들의 욕구는 매우 다양하지만, 마케팅 개념을 실현하기 위해서는 고객의 욕구에 따라 일대일 맞춤서비스를 제공해 주어야 한다. 그러나 불특정 다수의 잠재시장을 대상으로 제품을 개발하는 대부분의 기업에서 맞춤식 서비스를 제공하는 것은 현실적으로 불가능하고 개인마다 욕구가 다르기 때문에 다수 소비자들의 욕구에 유사성을 전제로 세분화전략이 요구된다. 시장세분화(marketing segmentation)란 제품에 대한 전체시장을 어떤 기준으로 나누는 것으로, 이는 기업의 자극에 대해 유사하게 반응하는 세분시장으로 나눌 수 있음을 전제한다. 기업은 시장을 세분화하여 투입하는 마케팅믹스에 유사한 반응을 보이는 동질적인 시장을 찾아 효율적으로 소구할 수 있는 마케팅전략을 구사할 필요가 있다.

6-2 시장세분화의 기준

시장세분화의 기준은 대체로 개인적 특성과 제품관련 특성으로 나누어 생각할 수 있다. 개인적 특성은 지리적 변수, 인구통계학적 변수, 개성과 라이프스타일 변수가 해당되며, 제품관련 변수는 추구하는 편익, 특정 제품의 사용 및 소비의 양, 그리고 사용 상황을 들 수 있다.

지리적 세분화는 거주지를 중심으로 도, 시, 군으로 세분화한 시장을 말한다. 예를 들어 휴양지는 기후에 따라 전국을 세분화하여 휴양지의 특성을 설명할 수 있다. 인구통계학적 변수는 연령이나 직업에 따라 차별화된 시장을 나누는 기준으로, 기업은 인구통계학적 시장의 차별적 욕구에 초점을 맞추어 제품을 차별화할 수 있다. 예를 들어 특정 기업이 노년층의 특성에 따라 서비스를 차별화하는 것과 같다. 소득수준은 소비활동에 큰 영향을 미치는 변수이다. 예를 들어 고소득층의 관광객은 저소득층의 관광객보다 높은 품질의 서비스를 구매할 것이다.

사회계층은 구매행동에 영향을 미치는 주요 변수이다. 가령 동일한 사회계층에 속한 관광객들의 행동은 종종 유사하게 나타난다. 라이프스타일은 개인의 행위, 관심, 의견으로 취미나 여가생활의 특징을 설명할 수 있는 훌륭한 기준이다. 제품의 소비량에 따라 세장을 세분화할 수도 있다. 가령 호텔은 대량소비자, 보통소비자, 소량소비자로 구분할 수 있을 것이다. 일반적으로 20%의 다량 소비자가 전체 소비량의 80%를 차지한다.

6-3 표적시장의 선정

시장세분화를 통해 제품시장은 다수의 세분시장으로 나누어지므로, 마케터는 다수의 세분시장들 중에서 하나 또는 그 이상의 시장을 표적시장으로 선정할 수 있다. 표적시장의 결정은 세분시장의 규모, 성장성, 경쟁력, 기업의 목적과 자원, 그리고 접근의 용이성을 고려해야 한다.

세분시장의 성장성은 잠재고객의 규모를 나타내기 때문에, 다른 조건이 같다면 세분시장의 크기가 클수록 바람직하다. 그러나 시장의 상황은 지속적으로 변하므로 현재의 규모뿐만 아니라 미래의 성장 가능성을 심사숙고해야 한다. 기업의 목적과 자원은 표적시장에 적합해야 한다. 시장의 경쟁성이 매력적이라 하더라도 자사의 목적과 자원의 능력이 이와 배치되었을 때 표적시장으로 부적합하다. 접근의 용이성이란 유통, 운송, 커뮤니케이션이 용이해야 함을 의미한다.

제7절 포지셔닝(Positioning)

제품 포지션(product position)이란 소비자가 특정 제품에 대해 어떤 특징을 지닌 것으로 정의하는 방식으로, 소비자의 마음속에 차지하는 경쟁제품에 대한 상대적인 위치이다. 기업은 장소 및 브랜드 포지셔닝 전략을 통해 특정 제품 및 서비스를 경쟁 브랜드에 비해 차별적인 특징을 갖도록 제품의 개념을 정하고 이에 따라 자사의 브랜드를 소비자의 지각에 유리하게 위치시키는 노력을 기울여야 한다.

제품의 포지셔닝은 사용방법에 따라 다음과 같이 몇 가지 유형으로 구분할 수 있다.

① 속성에 의한 포지셔닝

이는 제품의 속성, 특징, 편익과 관련짓는 위치화로써 비교적 흔히 사용하는 방법이다. 고객이 추구하는 편익은 제품구매의 이유가 되기 때문에 속성에 의한 포지셔닝은 제품 차별화에 중요한 단서일 수 있다. 가령 건강식은 건강추구 소비자들에게 음식의 특별한 편익을 제공해 준다.

② 이미지 포지셔닝

이는 제품의 추상적인 편익으로써 소구하는 포지셔닝이다. 관광객은 목적지의 추상적인 이미지로써 그곳의 잠재적인 관광매력의 제공능력을 평가한다. 항공사의 비즈니스 좌석은 자아 이미지를 향상시키고자 하는 고객의 소비심리에 소구하는 상징성을 갖고 있다. 그러나 이미지 포지셔닝은 제품의 특징을 모호하게 받아들이는데 따르는 어려움이 있다.

③ 사용상황 또는 사용목적에 의한 포지셔닝

이는 제품이 절절히 사용될 수 있는 상황을 묘사하여 포지션하는 방법이다. 가령 사람들은 여름휴가를 보내기 위해 해안 관광지를 찾는다.

④ 제품 사용자에 의한 포지셔닝

이는 제품의 사용집단이나 사용계층에 포지션하는 것으로, 예를 들어 호텔이 실버계층의 특별한 사용을 위해 특정의 서비스를 두드러지게 나타내 주는 것과 같다.

⑤ 경쟁제품에 의한 포지셔닝

이는 소비자의 마음속에 자리 잡고 있는 경쟁제품과 명시적 또는 묵시적으로 자사제품의 편익을 부각시키는 방법이다.

제8절 마케팅믹스 관리

설명한 바와 같이 제품의 포지션은 해당 제품에 대해 소비자가 갖는 지각, 인상, 느낌의 복합체로, 기업은 제품 및 브랜드를 소비자들의 지각 속에 적절히 위치시키기 위해서 제품개발, 제품 믹스결정, 그리고 촉진활동을 위해 지속적인 노력을 기울여야 한다.

8-1 제품믹스

제품이란 소비자의 욕구를 충족시켜 줄 수 있는 것으로 관심, 취득, 사용 또는 소비의 대상이 되는 물적 제품, 서비스, 사람, 장소, 조직, 아이디어 등의 모든 것이 해당된다. 그러므로 마케터는 소비자의 관점에서 제품을 정의하고, 그들이 원하는 제품 및 서비스를 제공해 주어야 한다.

1) 제품의 구성요소

제품은 핵심제품(core product), 유형제품(tangible product), 그리고 확장제품(augmented product)으로 구성된다.

(1) 핵심제품

핵심제품이란 소비자가 그 제품으로부터 원하는 편익으로, 가령 호텔 이용객이 그 호텔의 핵심제품으로써 편안한 잠자리를 원하는 것과 같다.

(2) 유형제품

유형제품이란 소비자가 그 제품으로부터 추구하는 편익을 물리적 속성들로써 구체화한 것으로, 이러한 속성들의 집합으로 유형화한 제품을 말한다.

(3) 확장제품

확장제품이란 유형제품에 신용조건 및 품질보증과 같은 서비스를 부가한 제품을 말하는 것으로, 결국 소비자들은 확장제품을 구매하는 것으로 볼 수 있다.

2) 환대서비스 품질

환대서비스 품질은 서비스 전달과정에서 종사원의 행위에서 결정된다. 그러므로 환대기업은 유형제품의 판매만으로 경쟁적 위치를 지속적으로 유지해 나갈 수 없다. 환대서비스는 고객과 종사원의 상호작용에 의한 서비스품질을 말하는 것으로, 물적 제품은 사람 서비스를 보조해 주는 제품에 지나지 않는다.[4)]

환대서비스는 〈표 13-1〉과 같이 전통적인 물적 제품과 차이를 보인다.

---

4) Englier, P. and Langeard, E., "Service as Systems: Marketing Implications", *Marketing Consumer Services: New Insights*, Mass: Marketing Science Institute, 1977, pp.85-103.

〈표 13-1〉 환대서비스와 물적 제품과의 기본적 차이

기본적 특성	물재	서비스
단위의 정의	정확하다.	보편성(일반성)에 의한다.
측정	객관적이다.	주관적이다.
창출	제조에 의한다.	전달과정에서 이루어진다.
분배	생산과 분리된다.	생산과 동시에 일어난다.
의사소통	가시적일 수 있다.	비가시적이다.
가격설정	비용에 근거한다.	제한적 비용에 근거한다.
생산의 융통성	제한적이다.	광범위하다.
시간의 간격	연중 발생한다.	동시적으로 발생한다.
전달	일관적이다.	변동적이다.
저장	연중 가능하다.	시간적 격차가 불가능하다.
소비자의 지각	가시적, 표준적이다.	소비시점의 평가에 의한다.
마케팅	전통적, 외부 마케팅 중시한다.	비전통적 내부 마케팅 중시한다.

3) 관광패키지

관광패키지는 관광산업에 특별한 상품개념으로, 패키지 거래(package deal)는 여행사나 호텔이 패키지상품에 포함된 개별 상품가격의 총합산보다 낮은 가격으로써 일괄 판매하는 수단이다. 환대산업에서 제공하는 대부분의 패키지는 패키지 거래의 형태로 조성하여 보완적인 여러 서비스를 단일가격의 상품으로 조합하여 판매한다. 패키지 제품은 고객의 관점에서 편의성, 경제성, 비용의 예측, 그리고 특정 관심사를 충족시켜 주는 한편, 참가기업의 관점에서는 비수기의 수요창출, 특정 목표시장의 소구, 사업예측의 용이성, 재방문 유도, 그리고 고객만족의 증가를 가져다준다.

4) 환대서비스의 차별화

환대기업은 경쟁자로부터 자사의 서비스를 차별화할 필요가 있다. 제품차별화에는 물리적 특성에 따른 차별화, 서비스에 따른 차별화, 직원에 따른 차별화, 입지에 따른 차별화, 그리고 이미지에 따른 차별화 방법들이 있다.

8-2 가격믹스

가격이란 제품 및 서비스에 부과하는 금액을 말한다. 즉 가격은 소비자가 제품 및

서비스를 소유 또는 이용함으로써 얻는 편익(benefits)과 교환하는 모든 가치의 총체이다. 가격을 적절하게 결정하기 위해서는 먼저 명확한 가격결정 목표계획을 수립해야 한다. 그리고 가격계획은 가격목표수립, 가격결정방법 선정, 그리고 가격결정의 성공여부를 측정 및 평가하는 순서의 단계를 거쳐야 한다. 기업의 가격결정에 영향을 미치는 요인에는 내부요인과 외부요인이 있다.

1) 내부요인

가격결정에 영향을 미치는 내부요인에는 마케팅목표, 마케팅믹스전략, 비용, 그리고 조직에서 고려하는 사항이 있다.

① 마케팅목표

기업이 목표가 되는 시장을 선택하여 주의 깊게 포지셔닝 한다면, 가격을 포함한 마케팅믹스전략은 보다 정확하게 수행할 수 있다. 또한 기업의 목표가 명확할수록 가격의 결정은 용이하다. 기업의 목표에는 생존, 단기이익의 극대화, 시장점유율의 확대, 품질 주도권 등이 있다.

② 마케팅믹스전략

가격은 기업이 마케팅목표를 달성하기 위해 사용하는 마케팅믹스 요소들 중 하나이다. 즉 가격은 일관되고 효과적인 마케팅 프로그램을 수립하기 위해 제품설계, 유통, 그리고 촉진의 결정과 적절히 조정되어야 한다. 가령 시설의 쾌적한 상태를 유지하기 위한 개보수 비용과 촉진믹스를 위한 호텔의 의사결정 또한 가격에 영향을 미치기 때문이다.

③ 비용

비용(cost)은 기업이 제품에 부과할 수 있는 가격의 최저점이다. 그러므로 기업은 생산・유통・촉진에 소요되는 비용을 커버할 수 있는 가격을 설정해야 한다. 만약 기업이 제품을 생산하고 판매하는데 경쟁사보다 비용이 많이 든다면 가격을 높이거나 이익을 낮추어야 한다. 비용에는 고정비와 변동비가 있다. 고정비는 생산과 판매수준에 관계없이 드는 비용이며, 변동비는 생산수준과 직결되어 함께 변하는 비용이다.

④ 조직 내 고려사항

이는 조직 내의 누가 어떻게 가격을 결정하는지와 관련하여 고려해야 할 사항들이다. 소규모 환대조직은 대부분 마케팅 부서에서 가격을 결정하는 것이 아니라 최고경영자가 결정하지만 대규모의 환대기업은 가격결정요인을 분석하고 가격에 영향을 미치는 다른 부서와 조정을 통해 수익관리부가 가격을 결정한다.

2) 외부요인

가격에 영향을 미치는 외부요인에는 시장수요의 특성, 경쟁, 그리고 기타의 외부환경 요인들이 있다.

① 시장과 수요

가격의 하한선은 비용에 의해 결정되며, 가격의 상한선은 시장과 수요에 의해 결정된다. 이때 소비자, 그리고 여행 도매업자 및 판매업자 같은 중간구매자가 제품의 편익과 가격 사이의 균형을 잡는 역할을 한다. 그러므로 가격결정 이전에 마케팅 담당자는 제품에 대한 수요와 가격과의 관계를 충분히 이해하고 있어야 한다.

최종적으로 제품의 가격이 적절한지를 결정짓는 것은 소비자이다. 그러므로 가격결정을 위해 마케터는 소비자가 가격을 어떻게 지각하며 구매의사결정을 어떻게 하는지를 고려해야 한다. 제품을 구입할 때 소비자는 자신이 지불할 가치(화폐)와 자신이 얻게 되는 가치 있는 것(제품의 소유 또는 사용으로부터 얻는 편익)을 거래의 당사자와 교환한다.

가격과 수요와의 관계를 분석하는 것은 가격결정을 위해 매우 중요하다. 왜냐하면 기업에서 결정한 가격에 의해 수요의 수준이 결정되기 때문이다. 일반적으로 수요와 가격은 서로 상반된 관계에 놓여 있다. 즉 가격이 상승하면 수요는 하락하고 가격이 하락하면 수요는 증가하며, 특히 환대산업에서 수요의 가격탄력성은 크다.

② 기타 외부요인들

가격결정에 미치는 외부환경 요인들은 인플레이션, 금리, 경기상태 등이다. 예를 들어 경기후퇴 시 많은 레스토랑은 가격을 인하의 압력으로 종래와 같은 메뉴를 제공할 수 없거나 생존을 위한 유지 자체마저 위협받는다. 경제적 환경뿐만 아니라 대부분의 환경 영역은 가격에 영향을 미친다. 가령 기업이 정보의 새로운 규제에 직면할 때 비용의 증가로 이어질 수 있으며, 환경단체의 압력으로 농약살충을 엄격히 제한할 때 식재료 가격은 상승압력을 받게 된다.

8-3 유통믹스

유통시스템은 기업의 순환시스템으로 고객의 안정된 흐름을 제공해 준다. 오늘날 글로벌 시장 및 전자유통 기술은 특히 소멸성 상품유통의 혁신과 경쟁을 강화시키고 있다. 외부의 유통경로는 서로 다른 기업들이 공통의 목표를 달성하기 위해 결합된 시스템이다. 일반적으로 환대기업의 유통네트워크는 계약에 의한 협정과 독립적인 조직체 사이에 유연하게 조직화된 제휴로써 구성된다.

1) 유통경로의 설계

기업은 유통믹스에 앞서 표적시장의 소비자들이 유통경로 구성원으로부터 제공받고 싶어하는 서비스수준을 명확히 파악해야 한다. 유통경로 조직이 소비자에게 제공할 수 있는 서비스는 입지의 편의성, 최소 구매단위의 양과 범위, 제품의 다양성, 대기시간 등이 있다.

2) 유통경로 목표의 설정

마케터는 경로 서비스에 대한 고객의 욕구를 분석하고 유통경로 목표를 설정해야 한다. 자사제품을 유통시킨다는 것은 결국 기업의 목표달성을 위한 것이므로, 유통경로 설계자는 유통경로 목표를 설정할 때 소비자들이 원하는 서비스수준과 아울러 기업의 목표(투자수익률, 시장점유율, 매출액 성장률 등)를 충분히 고려해야 한다.

3) 경로 커버리지와 구조의 결정

마케터는 유통경로 목표를 달성하기 위해 어느 위치에, 얼마나 많은 점포들이 필요하며, 각 점포는 어느 정도의 경로 서비스를 제공해야 하는지를 결정해야 한다. 경로 또는 시장 커버리지 또는 유통집중도(distribution intensity)는 특정 지역에서 자사 제품을 취급하는 점포의 수를 의미한다. 기업이 선택할 수 있는 경로 커버리지 전략에는 집중적 유통, 선택적 유통 및 전속적 유통이 있다.

집중적 유통은 가능하다면 많은 점포들이 자사제품을 취급하도록 하는 경로전략으로, 고객이 자주 구매하며 구매할 때 최소의 노력을 원하는 제품 및 서비스인 경우에 집중적인 유통전략을 선택하는 경우가 많다. 일정한 지역에서 한 점포가 자사제품을 독점적으로 취급하도록 하는 전략은 전속적인 유통구조이다. 이는 유통업자들 간의 경쟁을 배제함으로써 기업과 유통업자 간의 긴밀한 유대(partnership)를 강화시켜 나갈 수 있으며, 타사의 상표와 효과적인 경쟁이 이루어질 수 있도록 유도할 수 있는 장점이 있다. 선택적 유통은 집중적 유통과 전속적 유통의 중간형태의 경로 커버리지 전략으로, 특정지역 내에서 자사제품을 적극적으로 취급하고 싶어하는 중간상들 중에서 일정한 자격을 갖춘 소수의 중간상들에게 자사제품을 취급하도록 하는 전략이다. 기업이 이러한 유형의 경로 커버리지 전략을 선택하는 이유는 고객에게 중요한 각각의 점포가 어느 정도의 경로 서비스를 제공해야 할지를 결정짓기 위해서이다.

전통적 마케팅 믹스요소로서 4Ps인 제품(product), 유통경로(place), 촉진(promotion), 가격(price)이지만, 관광서비스 마케팅은 무엇보다 사람과 구전광고의 중요성을 강조하여 감정적 소구(emotional appeals), 서비스 개념의 커뮤니케이션, 서비스 전달 시스템을 중시하기 때문에 전통적인 4Ps 이상의 믹스 요소들을 강조한다.[5] 관광서비스는 사람에 의한 상호작용 서비스로써 접점종사원이 고객에게 서비스를 전달하는 사업이므로 유통경로를 설계할 때 목표시장에 도달하기 위한 전반적인 서비스 전달시스템을 고려하는 것이 중요하다.

4) 경로조직(channel organization)

최근 같은 경로수준에 있는 기업들이 자본, 생산, 마케팅 기능을 결합하여 각 기업의 경쟁우위를 공유하려고 한다. 이와 같은 경우에 수직적 마케팅 시스템은 전통적 유통 시스템의 대안으로 경로구성원들의 활동을 효과적으로 관리할 수 있는 장점이 있다.

전통적 유통경로는 단일 또는 그 이상의 독립적 도소매업자로 구성되어 각각의 이익을 최대로 거두기 위해 노력함으로써 경로구성원들 간에 갈등을 유발할 수도 있다. 이와는 달리 수직적 마케팅 시스템은 통일된 시스템으로서 활동하는 생산자, 도매업자 및 소매업자로 구성된다. 수직적 마케팅 시스템은 중앙본부에서 계획된 프로그램에 의해 경로 구성원들을 전문적으로 관리 및 통제하는 네트워크 형태의 경로조직으로, 생산에서 소비까지의 마케팅 흐름을 통합 및 조정하여 규모의 경제를 달성할 수 있도록 설계된 유통경로 형태이다.

8-4 촉진믹스

기업이 소비자의 욕구에 맞는 제품을 개발하고 그것을 적당한 가격으로 소비자가

5) Morrison, Atlastair M., *Hospitality and Travel Marketing*, Delmar Publishers I Inc., 1989, pp.37-41.

쉽게 접근할 수 있는 유통경로로써 시장에 투입하더라도, 소비자에게 제품을 알리고 권유하여 구매를 자극하는 촉진활동이 이루어지지 않으면 최종적인 판매가 제대로 이루어질 수 없다.

1) 촉진수단(promotion tools)

커뮤니케이션 채널은 기업의 촉진활동 수단으로, 기업의 촉진수단에는 광고, 인적판매, PR, 판매촉진이 있다.

광고(advertising)는 특정 광고주(sponsor)가 대가를 지급하고 제품, 서비스, 아이디어 등을 비인적 매체(nonpersonal media)를 통해 시장에 널리 알리고 구매를 자극하는 모든 형태의 촉진활동으로 TV, 라디오, 신문, 잡지 등의 매체를 이용한 촉진이다. 인적판매(personal selling)는 판매자가 예상구매자와 직접 만나 정보를 전달하는 것으로 산업재 마케팅에서 가장 많이 사용하는 촉진형태이다. PR(public relations)은 기업이 소비자가 속해 있는 지역사회나 단체 등과 긍정적인 관계를 개발하여 자사제품을 촉진하는 것으로 홍보(publicity)가 전형적인 형태이다. 홍보는 언론을 이용하여 자사의 활동을 알리는 것으로, 기업의 신제품 개발이나 사회기여활동을 신문기사나 뉴스로 보도하는 것을 말한다. 그리고 판매촉진(sales promotion)은 소비자와 유통업자의 수요를 자극하는 인적판매, 광고, 홍보 이외의 모든 촉진활동이다.

2) 구전

선경험자(先經驗者)의 구전은 환대서비스 경험에 대한 소비자의 기대에 큰 영향을 미친다. 즉 환대 서비스는 무형의 특성으로 인해 사전시험이 불가능하기 때문에 경험자의 호의적인 구전정보가 소비자 의사결정에 긍정적인 영향을 미치는 반면, 환대 서비스 품질의 비일관성에 의한 부정적인 구전은 소비자 의사결정에 좀더 부정적으로 영향을 미친다. 환대서비스 품질의 일관성은 서비스 전달 시스템에 의한 관련 부문들의 상호협력적인 시스템으로부터 이루어진다. 한편, 고객의 서비스 경험은 일과성의 경험으로, 관련된 서비스 부문들에 대한 총체적 평가이기 때문에 서비스 전달 시스템에서 어느 한 부문의 오류는 전반적인 서비스 전달에 부정적인 영향을 미친다. 일반적으로 고객은 서비스 과정의 특정부문에 대한 불만족을 바탕으로 타인에게 부정적으로 구전하는 경향이 있다.

한편, 환대서비스는 쾌락경험 품질이므로 이용자는 이성보다 감정적 의사결정에 치우칠 가능성이 높기 때문에, 환대기업은 소비자의 감정에 소구하기 위한 커뮤니케이션을 강조하는 경향이 있다.

3) 촉진전략의 과정

촉진전략의 첫 번째 단계는 상황분석이다. 상황분석의 주요내용은 표적시장의 특징과 표적시장에 포지셔닝할 수 있는 자사제품과 경쟁제품의 개념(concept), 경쟁능력의 차이, 경쟁환경 등에 대한 촉진의 내용과 방법의 결정이다. 특히 표적시장의 특징을 분석하는 일은 가장 중요한 마케팅과업들 중 하나이다.

촉진전략의 두 번째 단계는 목표의 수립이다. 촉진관리의 목표는 상황분석의 결과에 기초하여 전체적인 마케팅목표와 조화를 이루도록 결정해야 한다. 그리고 촉진관리의 목표는 구체적이며 계량적이어야 한다. 가령 표적시장 소비자의 제품인지도를 현재 보다 3개월 후 10% 향상시킨다와 같은 목표를 수립하는 것과 같다.

촉진전략의 세 번째 단계는 촉진예산의 결정이다. 촉진예산의 결정방법에는 비용과 수익에 따른 예산방법, 투자수익률에 따른 예산방법, 매출액비율에 따른 예산방법, 경쟁자에 대항한 예산방법, 시장점유율기준에 따른 예산방법, 가용자금이용에 근거한 예산방법, 그리고 목표과업에 따른 예산방법이 있다.

촉진전략의 마지막 단계는 평가와 통제이다. 이는 매출의 증대나 커뮤니케이션의 효과의 창출과 같이 설정된 촉진목표가 효율적으로 도달하였는지를 평가하고 문제가 있다면 문제의 이유를 진단 및 수정하여 다음의 촉진전략에 반영하기 위한 활동이다.

제9절 마케팅전략

전략(Strategy)은 장기목표를 설정하여 목표도달을 위한 일련의 활동을 수행하며 활동에 필요한 자원을 분배하는 활동이다. 즉 전략이란 미래의 관점서 현재의 제약에도 불구하고 장차 도달해야만 할 것을 목표로 삼는다.

환대서비스의 전달은 유기적으로 관련된 단위 부문들이나 조직들이 연계되어 전체로서의 기능을 수행함으로써 이루어진다. 왜냐하면 관광목적지는 다양한 시설, 사회하부구조, 교통 등 유기적인 관계로써 고객에게 전반적인 관광경험을 제공하기 때문이다. 그러므로 환대서비스 품질경험에서 관련된 부문이나 조직의 상호 협력적 관계에 의한 시너지효과(synergy effect)는 성공전략을 위해 매우 중요하다.

환대산업의 마케터는 전략수립을 위해 다음과 같은 분석을 수행해야 한다.

1) 시장분석

복잡한 기업환경은 기업이 바람직한 어떤 목표로 나아가야 할 대안을 모색하기 위한 전략적 접근을 필요로 하기 때문에, 환대기업은 환경의 변화 속에서 마케팅의 기회와 위협을 발견해야 한다. 환대기업이 새로운 사업을 계획할 때 시장분석(market analysis)은 사업의 장래성을 파악하기 위해 반드시 필요한 분석이다. 기업의 활동이 복잡해질수록 성공을 위한 시장분석은 매우 중요하다. 시장분석에는 소비자, 경쟁자, 정치・사회・문화적 환경 등의 환경분석은 물론, 잠재시장의 규모 분석, 시장잠재력 분석, 경쟁자의 강점과 약점을 분석하기 위한 주요 경쟁자분석, 입지와 지역사회에 대한 분석, 고객욕구 충족을 위한 서비스 분석이 있다.

2) 환경분석

기업이 외부환경을 통제할 수는 없지만 외부 환경요인들은 기업이 나가야 할 방향, 그리고 기회와 위협을 제시해 준다. 환경분석은 급변하는 경쟁・경제・정치・법률・문화적 환경을 분석함으로써 마케팅의 기회와 위협에 대한 정보를 얻기 위한 분석이다.

3) 시장잠재력 분석

기업은 시장진입을 위해 시장의 잠재력을 분석해야 한다. 이러한 분석을 통해 기업은 자사가 만족시켜 줄 수 있는 수요자가 충분한지를 파악할 수 있다. 시장잠재력의 분석은 새로운 서비스 개념에 대한 목표시장의 규모를 파악하기 위해 매우 중요하다. 시장의 규모는 자사의 서비스전달을 위해 무엇을, 언제, 어떻게, 얼마나 제공해야 할지를 결정하는데 있어서 매우 중요한 기본적인 정보이다.

4) 경쟁자분석

경쟁자 분석은 주로 표적시장에서 경쟁자의 시장점유율에 대한 분석을 위해 이루어진다. 특히 관광조직은 광역적 지역을 대상으로 하기 때문에 분산된 경쟁자의 강점과 약점을 파악하기 위한 세밀한 분석으로써 경쟁자분석은 사업의 전략적 접근을 위해 중요한 자료로 활용할 수 있다.

5) 위치와 지역사회 분석

환대기업의 위치・입지는 입지의존적인 환대사업의 성공을 위해 가장 중요한 요소이다. 다시 말해 입지 또는 위치 분석은 숙박 및 레스토랑 사업의 성공을 위해 반드시 필요한 분석이다. 입지평가의 기준은 사업의 형태에 따라 다양하다. 예를 들어 대도시의 호텔은 비즈니스 센터(business center)에 근접해있지만, 모텔(motel)은 고속도로 진입이 유리한 도로변에 인접해 있고, 리조트 호텔은 사람이 많이 모이는 휴양지에 위치해 있다. 레스토랑은 이용이 편리한 위치에 있는 것만으로도 경쟁의 우위성을 확보할 수 있다. 입지의존적인 환대기업은 소비자 이용이 편리한 위치에 있을수록 성공의 가능성이 높다. 위치는 접근성뿐만 아니라 가시성이 있어야 한다. 예를 들어 패스푸드점은 접근성과 가시성에 의해 많은 고객들이 찾을 수 있는 편리한 위치에 있다.

6) 서비스분석

환대산업에서 차별화된 개별화 서비스는 고객만족을 위해 가장 기본적인 요소이다. 그러므로 서비스 시스템과 품질의 분석은 반드시 이루어져야 한다. 고객이 원하는 패스트푸드점과 고급식당의 테이블 서비스(table-service)는 명확히 구별되는 것처럼, 고객이 원하는 서비스 형태는 서비스 시스템과 품질수준을 위해 매우 중요하다. 서비스분석은 시설 규모, 좌석 수, 로비, 주방의 크기, 동선 등을 결정짓기 위한 중요한 정보를 제공해줄 수 있다.

제 14 장 숙박업

제14장 숙박업

제1절 숙박업의 의미

숙박업은 숙박을 위한 일정한 시설을 갖추고 고객에게 잠자리를 제공함으로써 이윤을 추구하는 조직체로 환대산업에서 가장 중심적인 위치를 차지하고 있다. 우리는 집을 떠나 특정 장소에서 체류할 때 숙식을 필요로 한다. 오늘날 숙식을 제공하는 대표적인 숙박업은 호텔이다. 호텔은 많은 고용을 창출하며 외부의 재료공급업자, 유통업자, 건축업자의 고용에도 파급적인 영향을 미친다. 호텔은 숙박뿐만 아니라 외식, 회의, 오락, 건강, 예식 등의 다양한 서비스를 제공하고 있다.

1) 세계적 호텔체인

오늘날 국제화의 진전으로 세계적인 도시와 휴양지에는 유명한 호텔체인들(hotel chains)의 주도를 위한 경쟁이 치열하게 전개되고 있다.

〈표 14-1〉은 세계적인 호텔체인이다.

〈표 14-1〉 세계적 호텔체인

기업순위	국적	호텔 룸 수	호텔 수
1. Holiday Inns, Inc.	U.S.A.	311,697	1,759
2. The Sheraton Corp.	U.S.A.	113,000	430
3. Ramada Inns	U.S.A.	94,000	616
4. Hilton Hotels Corp.	U.S.A.	77,437	221
5. Trust House Forte	England	73,324	805
6. Balkantourist	England	61,207	658

기업순위	국적	호텔 룸 수	호텔 수
7. Howard Johnson Co.	U.S.A.	60,600	520
8. Quality International	U.S.A.	51,170	423
9. Club Mediterranee	France	45,921	167
10. Days Inns of America	U.S.A.	45,726	315
11. Novotel SIEH	France	45,029	353
12. Marriott Corporation	U.S.A.	41,909	102
13. Myatt Hotels Corporation	U.S.A.	36,000	65
14. Motel 6. Inc.	U.S.A.	34,960	325
15. Hilton International Co.	U.S.A.	31,949	86
16. Intercontinental Hotels	U.S.A.	31,900	85
17. Intourist	U.S.S.R.	30,243	101
18. Westin	U.S.A	24,652	50
19. Hotel Agrupados S.A.	Spain	18,669	36
20. Rodeway Inns	U.S.A	18,321	151
21. Meridien	France	16,623	41
22. CEDOK	Czechoslovakia	14,000	132
23. Crest Hotels	England	13,545	106
24. Grand Metropolitan	England	12,975	67
25. Hyatt International	U.S.A.	12,877	38

* 자료원: Hotel and Restaurants International 16, No. 3. June 1982, pp.64-66.

2) 호텔의 형태

숙박업의 유형은 Hotel, Motel, Motor Hotel, Motor Lodge, Inn 등과 같이 다양하다. 그렇지만 대표적 형태의 숙박업은 호텔과 모텔이다. 모텔은 호텔에 비해 제한적인 서비스를 제공하는 호텔로 일반적으로 벨 데스크 서비스(bell desk service)와 주차 서비스(parking service)를 제공하지 않는다. 오늘날 모텔은 호텔과의 경쟁으로 인해 호텔은 모텔의 장점을, 그리고 모텔은 호텔의 장점을 취함으로써 모텔은 호텔과, 호텔은 모텔과 점점 유사해지고 있다. 그러나 호텔과 모텔은 운영방법, 규모, 위치, 그리고 이미지에서 각기 다른 확실한 차이를 보인다.

모텔(motel) 또는 모터호텔(motor hotel)은 주로 자동자 여행객이 저렴한 가격으로 여행 중에 이용할 수 있도록 교외의 도로 주변에 위치한 호텔이다.

한편, Inn은 여관에 해당되는 서양의 고전적 숙박형태이지만, 세계적 호텔체인 중 하나인 Holiday Inn은 Inn이라는 용어를 사용함으로써 고객에게 따뜻하고 친절한 서비스를 제공하는 고전적인 이미지를 강조한 호텔이다.

호텔은 현대적이며 쾌적한 숙박 서비스를 제공해 주는 이미지를 갖는 현대적인 서양식의 고급 숙사이다. 호텔은 고객에게 제공하는 서비스 범위에 따라 제한된 서비스(limited service)와 풀 서비스(full service) 호텔로 구분된다. 제한된 서비스를 제공하는 전형적인 호텔은 최소한의 서비스를 제공하는 모텔과 구별되지만, 중저가 호텔 또는 저가호텔(budget hotel) 역시 식음료를 제공하지 않는 실비호텔이다.

호텔은 규모와 시설에 따라 유럽은 별(star)로, 미국은 별 또는 다이아몬드로, 한국은 무궁화로 등급을 표시하고 있다. 우리나라 호텔업의 등급은 특1등급, 특2등급, 1등급, 2등급, 3등급으로 구분하고 있다(관광진흥법시행령 제22조 1항). 문화체육관광부장관(제주특별자치도는 도지사)은 관광숙박시설 이용자의 편의를 돕고 숙박시설 및 서비스의 수준을 유지·관리하기 위하여 호텔업에 대한 등급을 정할 수 있는데, 이러한 등급결정권은 일정한 요건을 갖춘 법인에 위탁하도록 하고 있다(관광진흥법 제19조 및 제80조 3항 2호). 다만, 제주특별자치도는 도지사가 호텔등급을 결정하고, 등급에 관한 필요한 사항은 도조례(道條例)로 정할 수 있다(제주특별법 제171조의 2). 등급결정을 하는 경우에 평가요소는 ① 서비스상태, ② 건축·설비·주차시설, ③ 전기·통신시설, ④ 소방·안전상태, ⑤ 소비자만족도 등이다.

호텔은 목표고객에 따라 상용호텔, 리조트호텔, 카지노호텔, 컨벤션호텔, 공항호텔, 모텔로 구분된다. 상용호텔(commercial hotel)은 상용여행객(business traveler)을 목표고객으로 운영하는 호텔이다.

리조트호텔(resort hotel)은 해변이나 경치가 아름다운 경관지나 온천지에 위치하여 관광객에게 휴식과 휴양을 위한 숙식 및 위락 서비스를 제공하는 호텔이다. 카지노호텔(casino hotel)은 일종의 리조트 호텔로써 카지노, 쇼, 놀이, 오락서비스를 제공하는 호텔이다. 컨벤션호텔(convention hotel)은 단체 모임, 회의, 세미나를 개최할 수 있도록 설계되어 동시통역 장비를 비롯해 각종 회의에 필요한 다양한 설비들을 갖추어 놓은 호텔이다. 공항호텔(airport hotel)은 공항 주변에 위치한 호텔로 여행객들에게 숙식, 리무진, 회의 서비스를 제공하는 호텔로, 주요 고객은 상용여행객, 통과여행객, 항공승무원들이다.

주거호텔(residential hotel)은 장기 체재고객에게 장기간의 숙식서비스를 제공하는 호텔로 침실과 거실을 갖춘 스위트호텔(suite hotel)이다. 한편, 호텔은 경영형태에 따라 개별경영호텔과 체인호텔로 구분할 수도 있지만, 외형상 특별하게 드러나는 특징은 거의 찾아보기 어렵다.

제2절 호텔의 발전

여행이 활발해지면서 이미 오래전에 이윤을 추구하기 위한 숙사가 생겨났지만, 현대적 숙사로서 호텔은 19세기 초 프랑스를 중심으로 베르사유 궁전에서 상류층이 즐겼던 호화롭고 세련된 상류사회에 초점을 맞추어 화려한 건물, 장식, 고급의 요리, 고급의 가구 등을 갖추어놓은 호텔로, 중세의 Inn과는 전혀 다른 새로운 개념의 세련된 서비스로써 상류사회의 사교중심으로 발전된 숙사이다. 프랑스의 이와 같은 호텔개념은 그 후 유럽과 미국으로 전파되면서 여행객을 위한 고급의 숙사로 발전해 나갔다.

1800년대 미국의 호텔들은 시민의 궁전이라 불릴 만큼 화려했다. 당시 프랑스, 유럽, 그리고 미국의 대도시 호텔들은 도시를 대표하는 화려하고 훌륭한 건축물로서 호화호텔(grand hotel)의 시대를 열었다. 대표적인 호텔로 1855년 나폴레옹 3세의 제안에 의해 호텔 드 루브르(Hotel du Lourvre), 1874년 카이저 호프(Kaiser Hof), 그리고 1876년 프랑크푸르트 호프(Frankfurter Hof)가 영업을 시작했다.

2-1 그랜드호텔 시대

19세기 중엽에서 20세기 초의 그랜드호텔 시대는 상류계층을 위한 사교중심의 시설을 목적으로 건립된 호화시설과 최고 서비스를 제공하는 호텔로 특징된다. 호텔의 소유주들은 호텔을 소유한 것만으로도 자신의 사회적 명성을 상징적으로 나타낼 수 있었기 때문에 단순히 수익만을 목표로 하지 않았다.

파리에서 호텔을 운영하여 명성을 떨쳤던 스위스의 리츠(Riz)는 그랜드호텔 시대의 대표적인 호텔경영자다. 그의 호텔경영철학은 '손님은 항상 옳다'는 것으로, 그의 이러한 경영철학은 오늘날의 호텔경영에도 변함없이 지속되고 있다. Riz로 대표되는 그랜드호텔 시대의 특징은 귀족 중심의 사교장으로, 오늘날 일반인을 위한 대중적인 숙박업으로서의 사회적 역할과는 거리가 멀었다. 이 시기에 유럽과 미국은 호텔 건축

붐의 절정을 이루었을 뿐만 아니라 호텔의 건축양식, 시설, 구조가 화려한 최신의 현대적인 호텔이었다.

2-3 상용호텔의 등장

19세기의 호텔건설 붐은 19세기 말에 이르러 점차 누그러지기 시작했다. 대부분의 호텔경영자들은 최신의 아이디어와 서비스 편익을 현재의 호텔에 충분히 반영한 것으로 생각했다.

19세기 말 미국은 우아하고 사치스러운 많은 호텔들을 건립했지만, 이와 함께 기차역사 부근에 하숙형태의 실비숙사들이 들어서, 고급 호텔을 이용할 수 없는 대부분의 여행객들은 여러 가지 불편에도 불구하고 실비의 숙박시설을 이용했다.

20세기에 들어서 미국은 과거와 다른 큰 변화를 맞이했다. 미국은 경제규모가 확대되어짐에 따라 사업목적의 상용여행객이 현저하게 증가하였을 뿐만 아니라 교통수단의 획기적인 발달로 일반 여행객들이 크게 증가하였다. 이러한 변화에 따라 미국은 일반 여행객들을 위한 적합한 숙박서비스 시설의 공급을 필요로 하였다.

이와 같은 외부환경의 변화는 호텔경영자들로 하여금 다음과 같은 의문을 제기하게 하였다.

① 상용여행객에게 적합한 숙박시설의 개념은 무엇인가?
② 이제까지와는 전혀 다른 개념의 숙박서비스 시설이 필요한가?
③ 중산층의 여행객에게 어떤 숙박서비스가 적합한가?
④ 새로운 개념의 숙박경영이 필요한가?
⑤ 일반 여행객이 쉽게 이용하며 편익을 보장받을 수 있는 호텔의 적정가격은 어느 수준인가?

스타틀러(Ellsword Statler)는 이와 같은 시대적 요구를 정확히 간파하고 혁신적인 기술을 적용한 신개념의 호텔로써 업계에 큰 변화를 불러일으켰다. 그는 1908년 미국 최초로 객실 300에 욕실을 완비한 Buffalo Statler 호텔을 건립하여 숙박업계의 새로운 이정표를 제시하였다. 스타틀러는 오늘날 까지 현대 상용호텔(commercial hotel)의 창시자로 칭송받고 있다. 그는 새로운 개념의 호텔건축에서부터 문 옆의 전등스위치, 개인 욕실, 비상방하 문 등의 혁신적인 신기술을 적용하였고, 고객중심주의 경영철학을 바탕으로 중산층 상용여행객들의 지급능력에 맞는 가격으로 숙박시설을 이용할 수 있게 하였다. 그는 “1달러 50센트에 욕실 딸린 객실(a room and a bath for a dollar and a half)”이라는 파격적인 가격의 광고로써 자신의 호텔사업을 크게 성공시켰다. 이와 같이 저렴한 가격의 호텔에도 불구하고 크게 성공할 수 있었던 배경은 그의 탁월한 경영철학, 신경영기법, 혁신적인 기술의 적용이었다. 그는 현재의 성공에 만족하지 않고 지속적인 노력으로 호텔업계에 혁신을 불러일으킨 훌륭한 기업가정신의 소유자였다.

스타틀러가 창안한 신개념의 상용호텔은 그랜드 호텔시대와 달리 사업목적의 여행객들이 쉽게 이용할 수 있었기 때문에 대중호텔의 시대를 열었다는 데에 큰 의미를 부여할 수 있다. 그의 상용호텔은 혁신적인 기술을 적용함으로써 이익을 실현하였을 뿐만 아니라 현대호텔경영의 초석으로 작용하는 한편 호텔의 사회적 책임에도 크게 기여했다. 기업이란 고객만족을 통한 이익으로써 종업원, 주주, 채권자 등 이해관계자 집단의 욕구를 실현시켜 주어야 하기 때문에, 이익은 기업의 가장 근본적인 목표이다. 그는 당시의 환경변화를 정확히 읽고 분석하여 실비의 고품질 서비스로써 이익을 실현한 탁월한 사업가였다.

2-4 모텔(Motel)

1950년대 초, 미국의 호텔업계에 나타난 두드러진 특징은 자동차 여행자들의 증가와 함께 등장한 Motel과 Motor Hotel이다. 승용차 보급과 도로의 발달로 여행객들이 크게 증가하게 된 이면에는 ‘형식으로부터의 탈피’라는 미국인들의 생활방식이 자리 잡고 있었다. 이들은 승용차를 이용해 가족과 함께 주말여행을 즐겼다. 이러한 여행의 추세와 함께 사타난 새로운 형태의 숙사가 모텔과 모터호텔이다.

새로운 형태의 미국 여행객들은 기존의 호텔이용에 익숙하지 않았다. 이러한 여행객들은 보다 쉽게 접근할 수 있으며 편안하게 쉴 수 있는 저가의 숙박시설을 원했다. 이때 등장한 모텔은 주로 고속도로 변에 위치하여 승용차 여행객들이 저렴한 가격으로 쉽게 이용할 수 있었다. 모텔은 정장을 하고 호텔의 로비를 가로질러 객실에 이르는 불편함이 없을 뿐만 아니라 객실 앞에 쉽게 주차할 수 있도록 설계하였다. 모텔은 자동차 여행객들이 쉽게 이용할 수 있도록 설계한 새로운 형태의 숙사이다. 모텔은 최신의 청결한 객실과 가구, 카펫, TV, 수영장, 그리고 객실 가까운 곳에 주차할 수 있는 주차공간을 갖추어 놓음으로써 여행객들이 편리하게 이용할 수 있다.

모텔의 등장 초기에 호텔경영자들 대부분은 모텔의 경쟁력을 대수롭지 않게 여겼을 뿐만 아니라 모텔이 일시적인 유행에 그칠 것으로 간주하였다. 그렇지만 일부 호텔 경영자들은 모텔을 호텔의 새로운 경쟁자로 바라보는 한편 장차 호텔의 발전과 성장에 기여할 새로운 숙박 형태로 바라보았다. 이들은 만약 모텔의 경쟁력을 저지할 수 없다면 모텔과 제휴하거나 모텔에 진출해야 한다고 생각했다. 이들은 모텔이 새로운 개념의 숙박형태라는 사실을 깨닫고 모텔의 성장 잠재력을 주시하는 한편 모텔의 장점을 호텔에 도입하기 위한 노력을 기울였다.

모텔이 규모가 큰 모터호텔로 발전해가면서 결국 호텔과 경쟁하게 되었다. 점차 모텔과 모터호텔은 서비스, 건축, 시설에서 점점 호텔과 구별하기 어렵게 변모하였다. 대부분 고층으로 설계된 당시의 호텔들은 다양한 제품 구색과 고품질의 서비스를 제공하였지만, 모텔 역시 호텔에 맞서 점차 고층화되었고 호텔의 일반적인 서비스를 제공하면서 호텔과 경쟁하게 되었다.

50~60년대는 모텔의 성장으로 특징지을 수 있다면, 1970년대에 특징적으로 나타난 새로운 형태의 숙박시설은 버젯 모텔(Budget motel)의 등장이다. 버젯 모텔은 저렴한 비용으로 표준규모의 객실, 2인용 침대, 목욕시설, 냉・난방시설을 갖춘 객실과 함께 무료 주차시설을 이용할 수 있는 실비의 모텔이다. 버젯 모텔의 성공비결은 원가절감을 위한 노력에 있다고 할 수 있다. 버젯 모텔은 벨맨(bellman)과 연회장이 없고 객실서비스(room service)를 하지 않으며 식당을 운영하지 않는다. 또한 버젯 모텔은 전화와 TV 이용에 추가요금을 부과하는 한편 로비의 규모를 줄이고, 수영장을 소규모로 만들며, 객실 외부에 출입구와 복도를 만들고, 조립식 건축으로 건축비를 최소화하였다.

모텔과 호텔의 경쟁이 치열해지면서 처음의 '미국호텔협회(The American Hotel Association)'는 그 후 '미국 호텔과 모텔협회(The American Hotel and Motel Association)'라는 명칭으로 바뀌었다.

2-5 유스호스텔(Youth Hostel)

유스호스텔(Youth Hostel)은 청소년을 위한 숙박시설로, 영리를 목적으로 하는 호텔 및 모텔과 달리 청소년을 위한 실비의 숙박시설로서 일종에 사회적 숙박시설이다. 유스호스텔은 청소년의 건전한 여행경험, 심신수련, 견문확대, 건강한 심신함양에 기여할 수 있도록 식당, 집회장, 도서관, 음악감상실, 운동장 등의 시설을 갖추어 놓는다. 유스호스텔은 남녀의 객실을 엄격히 구부하고, 식당은 셀프 서비스(self service)를 원칙으로 하며, 자취설비, 각종 운동기구, 등산장비 등을 갖추어 놓고 청소년을 위한 건전한 프로그램과 지도 및 교육 서비스를 제공하기도 한다. 유스호스텔은 세계에 널리 퍼져 있으며 저렴하며 간소하고 청결함을 특징으로 청소년의 건전관광에 일조하고 있다.

유스호스텔은 1909년 독일의 리하르트 쉬르만(Richard Schirmann)이 방학 중 도시의 학생들에게 대자연에서 건강한 생활을 체험할 수 있도록 시골의 학교를 숙사로 활용한 데에서 비롯되었다. 1932년에는 국제 유스호스텔연맹이 창설되었고 회원등록제로서 회원증 소지자에게 모든 국가의 유스호스텔을 저가로 이용할 수 있도록 하였다. 유스호스텔은 반드시 준수해야 할 이용규칙을 두고 있다. 예를 들어 지정된 장소에서의 흡연, 오후 10시의 취침, 스스로의 침구정리 등이다.

2-6 콘도미니엄 리조트(Condominium Resorts)

콘도미니엄은 남부 유럽, 미국, 푸에르토리코에서 시작된 소유결합의 숙사이다. 1973년 미국은 자연경관이 뛰어난 휴양지에 500여개 이상의 콘도미니엄을 운영하였다. Condominium은 소유결합의 공동숙사를 의미하는 것으로, 각 개인이 일정한 객실을 소유하며 운영 및 관리는 공동부담으로 전문 경영자에게 위임한다. 콘도미니엄 리조트는 특정 기업이 온천장이나 레크리에이션 센터와 함께 공동의 소유권으로써 관리되고 있다.

제3절 호텔의 조직

호텔의 조직은 업무의 기능에 따른 부문별 조직으로 크게 객실과 식당 · 커피숍(coffee shop) · 칵테일 라운지(cocktail lounge) 등의 식음료부문, 그리고 기념품 판매, 오락실 등의 부대사업 부문으로 나누어져 있으며, 대부분 관리와 손익을 관리하는 분권관리와 부문관리의 형태를 띤다.

3-1 부문조직

호텔의 경영층은 최고, 중간, 하위 경영층 또는 부문별 경영층으로 구분할 수 있다. 부문 경영층은 전반경영층으로부터 위양된 권한과 책임의 범위에서 전반경영층에 의한 전체의 목표를 달성하기 위해 구체적인 부문활동을 분담하여 관리한다. 이와 같은 부문 조직은 수평적(횡적)으로 분화한 조직이다. 이에 반해 최고, 중간, 그리고 하위층과 같은 조직구조는 수직적(종적)인 계층조직이다. 부문별 조직구조는 업무를 여러 기준에 따라 분할한 조직단위로 전문화함으로써 경영의 능률과 수익을 향상시키는데 목적을 두고 있다. 점점 기업의 활동영역이 넓어지고 수행해야 할 업무가 다양화되면서 권한위양이 필요한 지역별 · 제품별 · 고객별 부문조직 구조를 형성하게 된다.

1) 기능별 부문조직

기능별 부문조직(functional departmental organization)은 기업활동의 기능적 분화를 바탕으로 형성된 조직구조로, 관리기능이 구매, 제조, 판매로 1차적 분화를 한 후, 2차적으로 구매, 제조, 판매, 인사, 경리, 총무로 분화하고, 3차적으로 기획, 조사, 통제로 더욱 세분화된다. 이와 같은 조직의 부문별 경영자는 전문화의 이익실현을 위해 전문지식과 능력을 최대로 발휘할 수 있도록 함으로써 부문활동의 능률화를 꾀할 수 있다.

각각의 부문들은 상호의존적인 업무를 협력적으로 수행해야 한다. 그러므로 부문경영자가 자신이 책임지고 있는 부문의 능률만을 중심으로 경영할 때 기업활동을 전체적으로 조정하기 어려울 수 있다. 이때 조정은 전반 경영자가 담당해야 하기 때문에 전반 경영자의 부담이 커질 수 있어 집권적 관리조직의 성격을 띠게 된다.

2) 제품별 사업부문조직

제품별 부문조직(product/commodity departmental organization)은 제품유형에 따라 형성된 조직이다. 기업이 다각화함으로써 다루는 제품 수가 증가하면, 한 사람의 부문경영자가 모든 제품을 효율적으로 관리할 수 없게 된다. 제품별 부문경영은 전문지식과 경험을 충분히 살려 효율적으로 운영할 수 있지만, 취급하는 제품의 종류가 많거나 모든 제품을 일괄적으로 취급하는 기업은 이러한 조직구조를 도입하기 어렵다.

3) 지역별 사업부문조직

지역별 부문조직은 기업의 활동범위가 광범위할 때 지역별로 분할하여 관리하는 조직이다. 여러 곳에 기업의 지점이 산재해 있는 경우에 각각의 수행기능을 하나로 묶어 본사가 지역별 단위로 지역의 관리자에게 맡겨 지역의 상황에 따라 운영하도록 함으로써 부문별 관리자가 지역사정에 따라 신속한 의사결정을 내릴 수 있고 업무를 효율적으로 조정 및 통제할 수 있다.

3-2 호텔의 조직

호텔의 규모와 구성원들의 자율성 욕구가 커지고 환경변화가 심화될수록 분권화가 요구된다. 이러한 요구에 따라 권한이 골고루 나누어져 분권화가 되면 의사결정이 빠르게 이루어질 뿐만 아니라 필요한 정보를 적절히 활용함으로써 정확한 의사결정이 가능해진다. 또한 분권화의 정도에 따라 경영자 계층의 수와 관리의 폭은 달라진다. 권한이 아래로 배분되면 일상적 의사결정이 종사원들에 의해 이루어지는 한편, 경영자들은 단지 비일상적인 의사결정과 부하직원을 지원하는 역할을 하게 된다. 이렇게 되면 집권화되었을 때보다 적은 수의 경영자가 필요할 뿐만 아니라 경영자 계층의 수도 줄어든다.

호텔의 최고경영계층은 대표이사, 이사, 업장관리 총지배인으로 구성된다. 그리고 기능적 부서화로서 [그림 14-1]과 같이 총무부, 경리부, 관리부, 구매부, 기술부 등으로 구성된다. 기능적 부서화란 많은 일을 효과적으로 관리하고 통합하기 위해 서로 관련이 있는 업무활동이 함께 이루어지도록 집단화하여 동일한 경영자의 감독을 받게 하는 것을 말한다.

일반적으로 호텔은 [그림 14-1]과 같이 조직되어 있다.

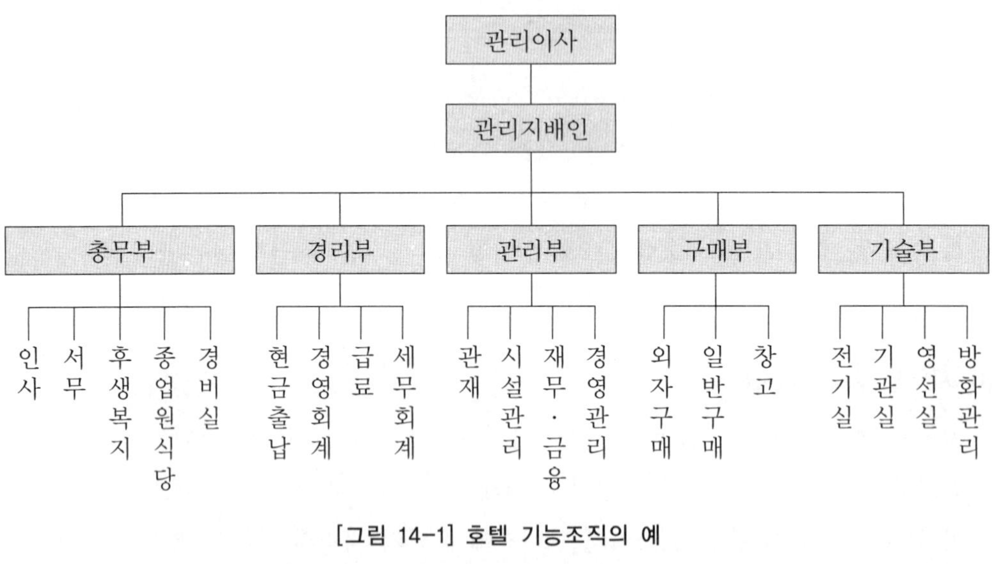

[그림 14-1] 호텔 기능조직의 예

한편, 호텔은 사업부의 부서화로 객실부, 식음료부, 부대사업부 등 [그림 14-2]와 같이 구성되어 부문별 책임지배인이 감독한다. 사업부 조직은 제품, 고객, 시장이 다양해져 활동영역이 넓어지면 기능조직으로는 고객이 만족할 수 있는 양질의 제품 및 서비스를 신속히 제공할 수 없게 된다. 그러므로 이러한 문제를 해결하기 위해 호텔은 특정 소비자, 제품 또는 지역을 중심으로 필요한 기능이나 부서를 한데 묶어 활동하게 하는 사업부조직을 형성한다. 사업부조직은 독립적으로 운영되는 사업부를 중심으로 조직을 구성하여 운영의 유연성을 갖추기 위한 목적에서 [그림 14-2]와 [그림 14-3]과 같이 이루어진다.

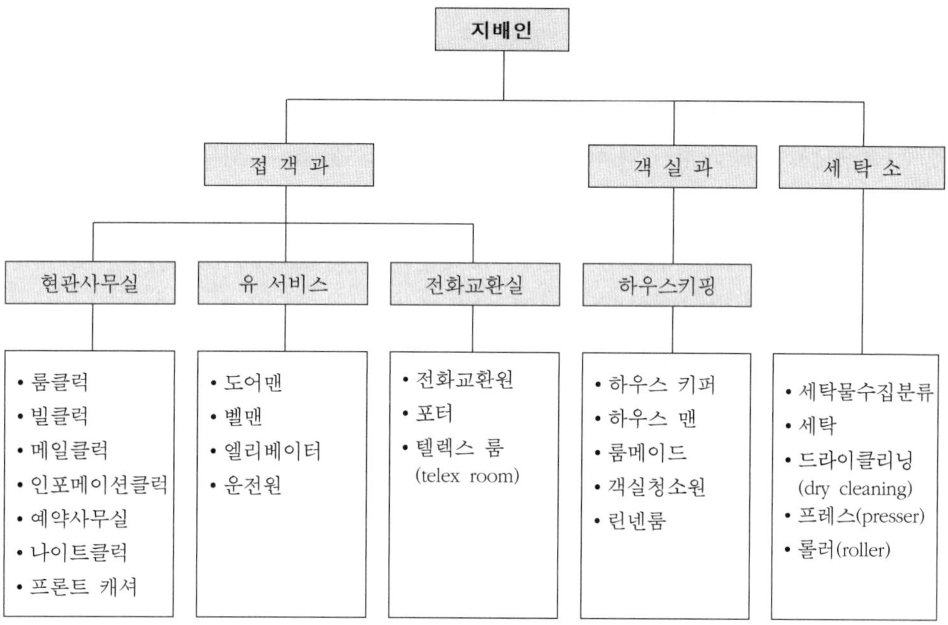

[그림 14-2] 호텔사업부 조직의 예(객실부문)

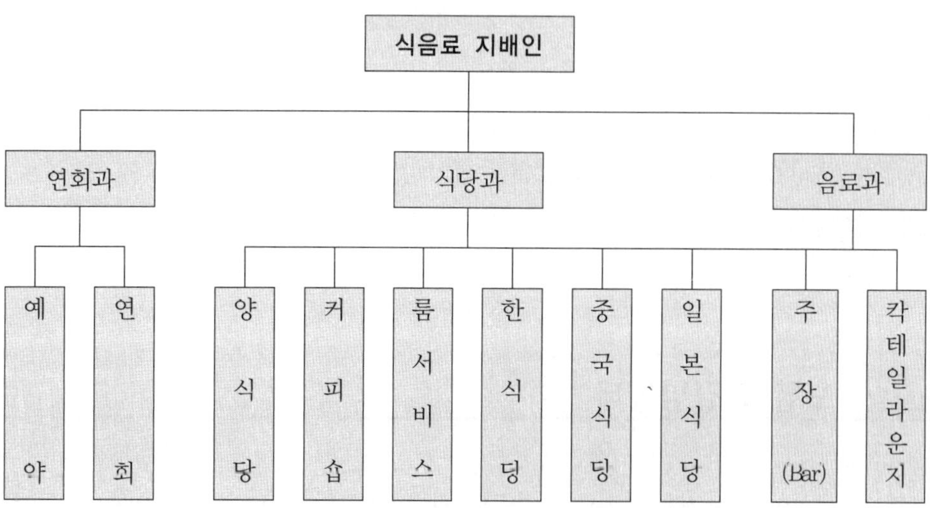

[그림 14-3] 호텔 사업부조직의 예(식음료부문)

3-3 객실부문

객실부문은 프론트오피스(front office), 하우스키핑(housekeeping), 그리고 안전관리(security)로 구성된다. 프론트오피스는 객실서비스의 핵심으로 예약, 영접, 수하물 처리, 등록, 체크아웃 등의 업무를 수행한다. 하우스키핑은 객실의 청결유지뿐만 아니라 호텔 공공부문의 유지관리, 린넨류, 세탁물 처리를 담당한다. 그리고 안전관리는 고객의 안전을 보호하기 위해 외부침입이나 화재예방 등의 업무를 수행한다.

한편, 객실은 시설, 규모, 위치에 따라 다음과 같이 분류된다.

① 싱글룸(single room): 1인 1실의 방으로 king size의 single bed를 갖춘 객실이다.

② 더블룸(double room): 2인 1실의 방으로 하나의 double bed를 갖추어 놓은 객실이다. 경우에 따라 싱글룸이 더블룸으로 대체되기도 한다.

③ 트윈룸(twin room): 2인 1실의 방으로 하나의 객실에 single bed 2개를 갖추어 친구와 함께 이용할 수 있도록 설계한 객실이다.

④ 스튜디오 룸(studio room): 주로 비즈니스 목적의 고객을 위해 설계한 객실로 사업에 필요한 집기들을 갖추어 놓은 객실이다. 침대는 낮에 사업목적의 거실용으로 활용할 수 있게 변형하고, 밤에는 취침을 위해 침대로 사용할 수 있도록 하는 다목적용의 객실이다.

⑤ 스위트룸(suite room): 가장 고가의 객실로서 별도의 거실과 침실을 갖추어놓고 소규모의 바를 구비해 놓기도 한다. 여러 개의 침실과 거실을 갖춘 최고급의 스위트룸도 있다.

그 밖에 Efficiency Unit는 객실에 주방도구가 갖추어진 Kitchenette 객실, 그리고 회의를 개최할 때 사교를 위해 칵테일을 제공할 수 있는 Hospitality Room 또는 Hospitality Suite가 있다. 그리고 휴양지 호텔의 경우에 밖의 경치가 잘 보이는 Outside Room과 그렇지 않은 Inside Room이 있다.

제4절 호텔의 경영형태

호텔의 경영형태는 기본적으로 소유직영과 연쇄경영(chain management)으로 나누어진다. 소유직영은 개별경영 형태를 말하며 연쇄경영은 두 개 이상의 호텔이 하나의 집단으로써 긴밀한 관계를 유지하며 운영하는 호텔집단으로, 프랜차이즈(franchise)나 경영계약(management contract)의 형태에 의해 운영된다.

4-1 소유직영

기업가란 기업에 자본을 제공한 출자자인 동시에 자본의 운용을 위해 직접 경영에 가담하여 손실의 위험을 부담하며 이익을 얻는 당사자이다. 이들은 생산적인 요소들을 결합하여 활동을 조직화하며 지휘·통제하는 의사결정자로 손익의 책임을 지는 당사자이기도 하다. 일반적으로 개인기업은 소유와 경영이 일치하는 소유경영자로서 초기에 소규모 형태로 출발하여 출자와 경영의 기능을 수행한다. 이와 같은 소유경영의 기업은 후에 소유와 경영의 분리로, 기업가는 출자의 기능만을 수행하는 출자자로서 투자 주주가 되어 전문경영자에게 경영의 지배권을 위임하게 된다.

초기의 개별 호텔경영은 대부분 소유직영의 형태로써 운영된 소규모의 호텔로써 대부분 소유와 경영이 분리되어 있지 않았지만, 이들 중 일부 호텔은 소유 경영자가 경영권의 일부를 위임한 전문경영자와 함께 운영하였다. 이러한 경영형태는 전문경영자가 경영의 지배권을 갖는 중간단계의 호텔 경영이다. 소유경영 호텔의 장점은 독립적이기 때문에 환경변화에 신속하게 대처할 수 있는 융통성의 발휘뿐만 아니라 손익의 책임을 기업가인 자신에게 돌릴 수 있다.

소규모 시장을 대상으로 운영하는 소규모 호텔인 경우에는 소유직영이 효율적일 수 있지만, 기업가의 능력에만 의존함으로써 경영의 현대화가 어렵고, 사회적 신뢰 및 이미지를 얻기 어려우며, 기업 확장이 어렵고, 신용이 낮아 고용 및 재정확보에 어려움이 따를 수 있는 단점을 갖는다.

한편, 개인호텔은 경영계약(management contract)에 의해 타인에게 경영을 위임하기도 한다. 경영계약이란 타인이 소유한 호텔의 경영권을 위탁받지만 소유권을 이양받지 않은 수탁경영을 말한다. 그러므로 수탁경영자는 주주의 이익을 대표하는 사람이다. 수탁경영자는 그 동안 쌓아 온 경영노하우로써 경영성과의 일정비율을 이익분배의 형식으로 위탁자와 공유하는 한편, 위탁자는 수탁자의 노하우를 통해 경영성과를 높일 수 있으며 호텔의 입지를 단단히 구축해 나갈 수 있다. 경영계약에 의해 위딕자는 건축, 설비, 토지비용을 부담하고 소유권의 혜택을 누리는 한편, 수탁자는 호텔의 경영권을 행사하며 경영의 성과를 책임지게 된다.

힐튼에 의해 창안된 호텔의 경영계약은 경영의 노하우에 대한 성과의 일정비율을 분배하는 방식으로 단기간에 세계적인 호텔체인망을 구축할 수 있다. Hilton Hotel International은 위탁받은 호텔의 건축, 시설, 각종 비품에 대한 컨설팅은 물론 개업 초기의 운전자금 일부를 분담하기도 한다. 그러나 힐튼의 계약상 주된 의무는 경영의 책임과 자본의 조달로, 호텔의 건설·설비·토지는 소유권자인 위탁자가 부담하며, 수탁자는 경영성과에 책임지고 요금·식재료의 공급·채용·임금 결정에 대한 권한을 행사한다.

연쇄경영의 이점은 수탁호텔의 명성, 국제적 예약시스템, 전문화된 마케팅을 활용할 수 있으며, 고도화된 전문경영자의 지식을 활용할 수 있다는 데 있다. 그렇지만 전문 경영자와 소유자의 의사소통 문제는 물론 소유자의 경영철학이 배제될 수도 있다.

4-2 연쇄경영

호텔의 연쇄경영(chain management)은 호텔의 입지적 배후시장의 한계를 극복하기 위한 기업확장의 대안으로 도입된 경영방식으로, 체인을 통해 다수의 독립적 호텔을 효율적으로 경영할 수 있는 장점을 갖는다. 연쇄경영의 대표적인 호텔은 스타틀러(Statler), 힐튼(Hilton), 쉐라톤(Sheraton) 호텔들이 있다. 이들 호텔체인은 입지적 한계에서 벗어나 수요가 유망한 배후시장의 개별호텔을 매입하거나 제휴를 통해 신속하게 시장을 확장하는 한편, 가입한 개별호텔은 환경변화에 유연하게 대처하며 자본의 결합을 통해 시장확대를 도모할 수 있다. 체인호텔은 가맹호텔과 합동으로 복수입지의 호텔을 확장해 나갈 수 있다. 호텔은 높은 고정자본의 투입과 입지중심의 지역적 한계로 보다 넓은 지역에서 시장을 지배하기 어렵기 때문에 체인(chain)을 통해 시장확대를 도모해 나갈 수 있다.

연쇄호텔의 성공은 다수의 호텔들을 공동으로 관리하고 통제함으로써 경영의 효율성을 높일 수 있을 때 가능하다. 대도시의 체인본부는 계약된 독립호텔과 공동으로 구매하고 판매함으로써 비용과 판매의 우위성을 확보할 수 있다. 연쇄호텔은 공동판매 시스템, 일정수준의 품질, 고객정보의 공유, 판매의 효율성을 통해 비용을 절감하고 고객의 신뢰와 호텔의 이미지를 제고시킬 수 있다. 그리고 연쇄호텔의 체인본부는 가맹한 독립적 호텔들의 경영성과를 높일 수 있는 경쟁우위의 능력을 통해 시장확대를 도모해 나갈 수 있다.

한편, 독립호텔은 경쟁력 제고를 위해 세 가지 방법 중에서 하나를 택할 수 있다. 즉 독립호텔은 비용을 절감하거나 요금을 올리는 방법을 고려할 수 있지만, 이러한 방법은 장기적으로 가격경쟁력에 문제를 야기할 수 있다. 또한 독립적 호텔은 소유주의 재정적 능력이 있는 경우에 더 많은 자본을 투하하여 서비스 질을 높일 수 있다. 그러나 이러한 호텔은 투하자본의 회수에 어려움이 따르기 때문에 최종적으로 더 늦기 전에 손실을 최소화하기 위한 방안으로 매각을 고려할 수도 있다.

체인호텔은 다른 지역에 신축을 하지 않고서도 시장을 확대해 나갈 수 있으며, 다음의 사항과 같이 집단적인 협동체계를 구축함으로써 불필요한 낭비를 최소화하는 한편 효율적으로 경영할 수 있다.

① 구매: 식자재, 가구, 집기 등 물품의 대량 구매로 비용을 절감할 수 있다.
② 인사: 기술, 재료조달, 건축설계, 판매촉진 등의 전문가를 능률적으로 활용할 수 있다.
③ 판매촉진: 체인본부의 전문화된 광고를 통해 광고효과를 극대화할 수 있다. 광고비용은 가맹호텔의 규모에 따라 일정비율로 분담함으로써 판촉비용을 절감하는 한편 비용의 효율성을 극대화할 수 있다.
④ 예약: 효율적 예약시스템을 통해 적시에 신속한 예약서비스를 제공할 수 있어 고객의 신뢰를 강화할 수 있다.
⑤ 자금조달: 필요한 운전자금을 조달하는데 유리하다.

1950년대 미국의 호텔체인경영은 크게 리퍼럴(referral association)과 프랜차이징(franchising)으로 발전해 나갔다.

1) 리퍼럴 연합(referral association)

리퍼럴 연합(referral association)은 독립호텔이 리퍼럴 연합의 회원으로 가입하여 독자적인 경영권을 행사하는 한편 연쇄경영의 이점을 누리는 비영리 조직이다. 회원 호텔들은 동업자로서의 협조와 연합상표의 상징성을 통해 시장관리에 도움을 받을 수 있다. 리퍼럴 조직은 조직의 독자적인 예약시스템을 통해 회원의 예약, 편의시설, 인적 서비스의 일정한 수준을 유지할 수 있도록 정기적으로 점검하는 한편 수준미달 호텔의 회원자격을 박탈하고 공동의 촉진을 위해 판매객실 수와 영업일 수를 근거로 광고비를 공동으로 분담한다. 세계적인 리퍼럴 연합에는 Best Eastern, Quality Courts, Master

Hosts 등이 있다.

2) 프랜차이징

프랜차이징 협약(franchising agreement)은 1950년 대 Howard Johnson이 식당경영에서 성공한 경험을 호텔에 도입하면서 시작되었다. 프랜차이징이란 프랜차이저(franchiser: 영업본부)가 프랜차이지(franchisee: 가맹호텔)에 상표사용권을 허가해 주고 경영방법의 전수로써 가맹호텔의 운영권을 지속적으로 지원해 주는 국제적 기술계약방식이다. 가맹호텔의 소유권은 독립되어 있으며, 본부는 프랜차이징에 따른 수수료를 받고 가맹자의 운영에 필요한 물품을 공급해 주기도 한다.

프랜차이징은 라이센싱(licensing)의 한 형태지만, 프랜차이징 산하의 가맹회사들은 본부의 정책과 운영절차에 따라야 하므로 라이센싱보다 가맹회사(기술도입기업)의 운영에 좀더 깊이 관여 및 통제를 한다. 본부는 가맹사에게 설비, 간판, 촉진물, 제품, 원재료를 공급하는 한편 훈련, 재무, 기술, 회계, 상품계획, 그리고 관리를 지원한다. 프랜차이징은 1970년대에 해외시장진입의 유력한 형태로 부각되었다.

프랜차이징 확산과정의 문제는 본부나 프랜차이징 자체에 대해 널리 알려져 있지 않고 현지금융조달의 어려움과 현지정부의 규제가 확산의 장애요인으로 작용할 수 있다는 데 있다. 한편, 본부는 지금까지의 성공요인들이 다른 지역에서도 똑같이 적용하기 어려운 문제를 안고 있다. 그러나 프랜차이징 본부의 성공요인은 제품 및 서비스의 표준화, 촉진에 의한 높은 인지도, 비용의 효과적인 통제에 있다.

해외시장에 진입할 때 자국과 동일한 운영방식을 이식하기 어려울 뿐만 아니라 정치, 경제, 사회, 문화적 환경에 맞는 조정을 필요로 한다. 시장진입의 방법으로써 프랜차이징이 유리한 것은 적은 자본으로 시장의 신속한 확산, 이미지의 구축, 그리고 가맹점의 동기부여인 반면에 불리한 것은 본부의 과도한 이익추구, 가맹점 통제의 한계, 본부와 가맹점과의 갈등을 야기할 수 있다. 프랜차이징은 낮은 자본투자, 높은 수준의 관리, 높은 수준의 기술이 필요한 가맹호텔에 도움을 줄 수 있다.

가맹호텔은 독립적인 호텔로서 연쇄경영의 이점을 충분히 활용할 수 있어야 한다. Hilton과 Sheraton 같은 호텔은 프랜차이징 본부로서의 판촉활동과 예약업무를 효과적으로 수행하는 한편 본부로서의 명성을 통해 높은 수익을 창출하고 있다.

본부의 성공요인은 다음과 같다.

- 제품 및 서비스의 표준화

- 높은 인지도
- 시장의 신속한 확산
- 고도로 동기화된 가맹호텔
- 낮은 정치적 위험

제5절 호텔의 국제화와 다각화

호텔의 확장은 주로 체인방식을 통해 성장해 왔지만, 이러한 호텔의 확장은 호텔의 계열화나 경영 노하우의 수출로도 파악할 수 있다. 호텔의 계열화는 어떤 형태로든 직접적인 이해관계에 있는 호텔들이 하나로 결합할 때 발생한다. 그리고 호텔의 서비스 수출은 기술이전 성격의 공장이전처럼 현지에 호텔을 직접 건설하여 복수입지의 전략을 사용할 때 발생한다.

5-1 호텔의 국제화

호텔이 성장하면 시장확대를 위해 타 지역이나 국가로 확장을 시도할 수 있다. 성공한 호텔들뿐만 아니라 항공사들이 주요 도시나 국가에 호텔을 소유하고 있다. 영국 항공사인 Pan Am은 1982년 국제여행객을 목표시장으로 하여 세계적 체인호텔인 Intercontinental Hotel을, 그리고 United Airline은 Westin Hotel을 운영하고 있다. 이러한 항공사들은 여행객의 운송과 정보망을 이용한 예약시스템으로써 경쟁우위의 숙박서비스를 제공하고 있다. 다국적기업으로서 호텔은 자국과 국외를 구별하지 않으며, 이익을 획득할 수 있는 기회와 장소만 있다면 세계 어느 곳이든지 운영할 수 있다. 이때 영업의 중심지인 외국의 현지법인 형태로 호텔을 설립하여 운영하게 된다.

5-2 호텔의 다각화

호텔의 다각화(diversification)는 기존의 사업이외에 타 업종에 사업의 영역을 확대해 함께 운영하는 성장전략이다. 가령 서비스 전달 시스템의 일원화를 위해 항공사가 호텔업에, 그리고 호텔이 여행업에 진출하는 수직적 다각화이다. 이는 환경의 변화에 위험을 분산함으로써 안정적인 경영확보와 경영의 합리화로써 성장의 촉진, 시장지배력의 강화, 그리고 서비스 전달의 시너지효과를 누리기 위해서이다.

호텔의 다각화는 신규 사업에 대해 사업부 형식으로 운영할 수 있고, 자회사를 지배할 목적으로 융자를 제공하거나 중역의 파견으로 공동 목적의 관계회사 형식으로 운영할 수도 있다. 이때 관계기업에 의한 다각화는 독립적인 관계기업이 경영의 위험을 부담하게 되므로 모회사의 위험부담은 줄어들게 된다. 한편, 자회사로서 독립회사는 대폭적인 권한위양으로 기업의 활동을 신속하고 탄력적으로 운영할 수 있다.

제6절 객실부문 경영

호텔이 수익을 창출하기 위해서는 건축의 설계부터 과학적이며 경제적이어야 한다. 호텔의 주요 수익창출원은 객실부문인 반면에 가장 큰 지출 부문은 건축비와 인건비이다.

6-1 객실예약

호텔은 객실중심으로 설계되며 호텔의 규모 역시 객실 면적과 개실 수에 따라 결정된다. 그러므로 객실이용의 가격과 판매는 호텔의 영업수지 전반에 결정적인 영향을 미친다. 객실의 판매는 식음료 부문의 판매와도 밀접하게 관련된다. 객실의 판매는 주로 예약으로 이루어지며 객실의 유형과 계절에 따라 차등 요금을 적용한다.

예약은 객실관리에서 매우 중요시한 기능으로, 대규모 호텔은 프론트 오피스(front office)에서 분리된 전담부서에서 예약업무를 수행한다.

프론트 오피스에서 분리된 예약부서는 주로 객실판매를 관리하는 역할을 담당한다. 시장의 영역이 넓을수록 호텔은 주요 수요배후지역에 별도의 호텔 예약담당 사무소를 운영하여 고객을 유치하기도 한다. 예약업무는 객실뿐만 아니라 호텔의 다양한 시설의 이용을 위해 판매촉진을 하며 예약을 접수하는 역할을 수행한다.

예약담당자(reservation clerk)는 시설의 예약업무를 효율적으로 처리하기 위해 고객으로부터 예약신청을 받는 한편, 예약사항을 신속하게 파악하여 객실 및 기타 시설의 실무자에게 통보해 사전 대비하도록 하고 예약사항을 서류에 기록하여 수요를 관리한다. 이때 고객의 국적, 주소, 성명, 연락처, 서비스 제공, 요금을 상세히 기록하여 고객관리의 기초적 자료로 활용할 수 있도록 한다.

호텔은 이용상황에 따라 초과예약(over booking)을 받는다. 예를 들어 판매 가능한 객실을 사전에 10% 초과하여 판매함으로써 예약을 취소하거나 아무런 통보 없이 당일에 나타나지 않는 노쇼(no show) 고객에 대비한다. 그러나 실제 객실 수를 초과한 판매로 일부 고객에게 약속을 이행할 수 없는 경우에는 인근의 호텔을 이용할 수 있도록 신속한 조치로써 문제를 해결할 수 있지만, 고객으로부터 신뢰를 상실할 위험에 처할 수 있다. 그러므로 호텔의 예약담당자는 사전에 정확한 판매예측은 물론 노쇼(no show) 대책을 강구해야 한다.

6-2 객실요금

숙박요금제도는 기본적으로 유럽식(European plan)과 미국식(American plan)으로 대별된다. 유럽식은 숙박요금에 식사요금을 포함하지 않고 별도로 계산하는 방식으로, 고객에게 객실요금과 식사요금을 별도로 청구하도록 하는 제도이다. 대도시에 위치한 대부분의 호텔들은 유럽식 요금제를 채택한다. 이에 반해 미국식 숙박요금제도는 숙박요금에 식사요금을 포함하는 제도로, 휴양지 호텔이나 주변에 특별한 식당이 없는 곳에서 적용하는 제도이다. 즉 미국식 요금제도는 휴양지 호텔에서 적용되는 반면에 대도시의 호텔들은 객실요금과 식사요금을 별도로 계산하는 유럽식 제도를 채택한다. 그러나 이러한 요금제도들은 호텔의 가격전략에 따라 유연하게 적용할 수 있다.

① 대륙식 요금제도Continental Plan): 이는 대륙식 조식이 포함된 객실요금제도로, 아침식사만 요금에 포함된 숙박요금제도이다. 즉 미국식의 조식과는 달리 계란요리, 오트밀(oat meal), 콘플레이크(corn flakes)의 메뉴(menu)가 없는 대신에 롤빵(roll bread)이나 토스트(toast)에 곁들인 커피(coffee), 홍차, 우유를 제공하는 간단한 식사서비스이다. 이러한 제도는 유럽에서 많이 적용하고 있으며, 룸서비스(room service)로 식사를 제공할 수 있기 때문에 실제 식당 이용고객은 적을 수도 있다.

② 유럽식 요금제도(European plan): 이는 가장 보편적으로 적용하고 있는 요금제도로, 식사비용을 포함하지 않고 객실요금만 계산하는 제도이다. 고객은 호텔 내외의 식당을 임의로 선택하여 매식할 수 있다.

③ 미국식 절충형 요금제도(Modified American Plan / Dual Plan): 이는 절충형의 미국식 요금제도로, 조식에 중식 또는 석식 중 하나만 선택하는 2식 포함의 숙박

요금제도이다. 즉 고객이 자유롭게 선택할 수 있게 한 유럽식의 절충제도이다. 이 제도를 채택한 호텔은 식사요금이 각기 다른 점심과 저녁식사 중 어느 하나를 숙박요금에 포함시켜야 하는지를 고객과 합의하여 결정하지만, 많은 호텔들이 객실요금에 조식과 석식을 포함시키고 있다.

④ 미국식 요금제도(American Plan or Full Pension): 유럽식은 객실요금과 식사요금이 각각 분리되어 있는 반면, 미국식 요금제도는 아침 · 점심 · 저녁식사가 모두 포함된 요금제도로, 고객이 식사를 하지 않고 호텔을 떠나(check out)도 숙박요금에 식사요금이 포함되며, 저녁식사 후 도착해 다음날 중식이전에 호텔을 떠나더라도 전일의 저녁식사와 당일의 점심식사 요금을 포함한 1일 요금으로 계산된다. 미국식 요금제의 호텔은 일반인을 위한 식당과 숙박객을 위한 식당을 별도로 운영한다.

제 15 장

레스토랑 경영

제15장 레스토랑 경영

제1절 레스토랑 서비스

여행의 즐거움 중 하나는 별미를 경험하는 식도락이다. 오늘날 풍요사회에서 관광객뿐 아니라 도시의 많은 근로자들이 외식을 즐기고 있다. 사람들은 가족이나 동료와 함께 외식을 하며 즐거운 시간을 보낸다. 음식산업은 빠르게 성장해 온 산업중 하나이다. 연구에 의하면 미국인들 중에서 주중 1/5을, 그리고 주말의 1/4이 외식을 즐기는 것으로 밝혀졌다.

〈표 15-1〉 미국의 음식 서비스(Food service)의 규모

주요 부문	1981년 매출액(백만 불)	퍼센트	연간성장률(%)
레스토랑시장	82,275	65.4	2.5
건강식품시장	10,884	8.7	1.1
사업/산업시장	8,051	6.4	1.5
호텔·모텔	7,094	5.7	1.8
학교시장	6,958	5.5	−2.4
소매시장	3,586	2.9	1.8
여가시장	2,724	2.2	3.0
교통시장(예: 기내식)	1,957	1.5	2.8
군대	672	0.5	1.1
기타	1,550	1.2	−
전체시장	125,751	100.0	2.0

* Chuck Y. Gee, Dexter J. L. Choy, James C. Makens., The Travel Industry, The AVI Publishing Company, Inc. Westport, Connecticut, 1984, p.224.

1-1 레스토랑의 의미

레스토랑은 일정한 장소와 시설을 갖추어 놓고 인적·물적 서비스에 의한 음식과 음료를 판매하는 영리추구 조직의 Restaurant 경영은 물론 Food service와 Catering 경영을 모두 포함한다.

Catering은 고객에게 조리된 음식을 고객의 요청에 따라 필요한 장소로 출장서비스를 제공해 주는 사업으로 일정 장소에 구애받지 않고 음식서비스를 제공해 준다. 한편, Food Service는 포괄적인 의미를 갖고 있으며 영리 및 비영리 조직의 식음서비스로 군대, 학교, 노인 등 단체에 급식을 제공하는 비영리 목적의 제도적 급식서비스(Institutional food service)를 망라한 광범위한 의미를 갖는다.

1-2 레스토랑의 기능

레스토랑이란 일정한 장소에서 일정한 시설로써 찾아온 고객에게 식사서비스를 제공하여 이윤을 추구하는 영리목적의 조직이다. 레스토랑 경영은 넓은 의미에서 푸드서비스 매니지먼트(food service management) 또는 케이터링 매니지먼트(catering management)이지만, 좁은 의미에서 레스토랑 경영은 일정한 장소에서 영리목적의 식당경영이다. 케이터링이란 사사로운 파티나 회의에 참석하는 사람들에게 가정 또는 회의장소로 음식을 운반하여 음식서비스를 제공하는 출장서비스 방식의 경영을 말한다. 그리고 푸드서비스란 영리뿐만 아니라 비영리조직을 포괄한 음식 서비스를 총칭한다.

레스토랑은 사람들의 외식 욕구를 충족시켜 주는 한편 훌륭한 음식서비스를 통해 지역의 식문화 발전과 지역경제에 이바지함으로써 개인과 사회문화적으로 생활의 질에 긍정적인 영향을 미친다.

레스토랑의 기능은 다음과 같다.

① 이윤창출 기능: 레스토랑 경영의 근본목적은 이윤창출에 있다.

② 사교 기능: 레스토랑은 이윤의 창출뿐만 아니라 사회문화적 교류를 위한 장소를 제공해 준다. 레스토랑의 사회적 기능은 고객의 레스토랑 선택에 중요한 영향을 미친다.

③ 식문화 창출: 레스토랑 경영자는 환경변화에 대응하여 지속적으로 성장해 나가기 위해 외식 환경의 변화를 면밀히 분석하고 이에 적절히 대응함으로써 이윤과

함께 훌륭한 식문화를 창출하여 개인과 사회의 질적인 삶에 긍정적인 영향을 미친다. 레스토랑의 경쟁우위는 고객의 욕구충족을 위한 음식뿐만 아니라 실내장식, 설비, 사회문화적 교류에 의한 음식문화의 사회적 기여로부터 나온다.

④ 즐거움의 창출: 레스토랑은 고객에게 즐거운 경험을 제공해 줄 수 있어야 한다. 고객은 식당의 음식준비와 서비스 전달과정에서 즐겁고 편안한 시간을 보내고 싶어한다. 그러므로 레스토랑은 고객의 마음을 사로잡을 수 있는 즐거운 경험을 제공해 주어야 한다.

⑤ 레스토랑 경영자의 자아표현: 레스토랑 경영자는 마치 연극의 연출자와도 같다. 왜냐하면 레스토랑 경영자는 고객의 욕구에 적중할 수 있는 메뉴, 식탁 및 식기류, 분위기, 그리고 인적인 서비스의 제공을 통해 자신의 경영철학을 실천할 수 있기 때문이다. 레스토랑은 경영자의 개성과 자아를 표현하는 전형적인 사업이다.

제2절 레스토랑의 성공요인

레스토랑의 성공은 기본적으로 성공과 실패요인의 정확한 분석에서 출발한다. 레스토랑의 성공비결은 특별한 데 있지 않다. 그것은 기본적으로 레스토랑을 성공적으로 경영하고 있거나 레스토랑 경영에 실패한 사례들을 면밀히 분석하여 문제의 근본적인 이유를 명확히 밝히고 이의 개선을 위해 지속적인 노력을 기울이는 데 있다.

Warfel은 레스토랑 성공의 기본적 요인으로 다음의 5G를 제시했다.

- 훌륭한 환경(good environments)
- 훌륭한 서비스(good friendly service)
- 훌륭한 식음료(good food & beverage)
- 훌륭한 가치(good value)
- 훌륭한 경영통제(good management controls)

1) 훌륭한 환경

레스토랑의 훌륭한 환경이란 위치(입지) 중심의 전반적인 환경을 의미한다. 연구에 의하면 레스토랑 성공의 50%는 훌륭한 위치에서 비롯된 것으로 밝혀졌다. 레스토랑의 훌륭한 위치는 도로가 발달한 교통의 요지로, 접근성이 용이할수록 성공에 유리하다. 비즈니스 중심지역이라도 비즈니스 고객이 쉽게 접근할 수 있는 위치에 있어야 하고, 휴양객이 많이 모이는 지역이라면 휴양지에 위치해 고객의 접근이 용이해야 한다.

레스토랑은 위치와 관련된 환경이 매우 중요하다. 삼림 휴양지의 레스토랑은 산림 환경과 어울리는 건물, 실내장식, 음식을 제공해 주어야 한다. 지역의 식문화를 대표할 수 있는 입지적 환경을 갖춘 레스토랑일수록 성공의 가능성은 높아진다. 레스토랑의 훌륭한 환경이란 지역의 고유한 문화적 특색을 반영한 전반적 분위기의 연출과 관계된다. 관광객에게 훌륭한 레스토랑은 음식의 맛뿐만 아니라 일상생활에서 벗어나 편안하며 즐겁게 보낼 수 있도록 훌륭한 환경을 갖추어 놓는 것이 매우 중요하다. 예를 들어 연인이 즐겨 찾는 레스토랑은 낭만적인 환경이 중요하다. 주차 서비스 역시 레스토랑의 성공을 위해 매우 중요하다. 안전하고 편안한 주차공간 및 시설은 레스토랑 서비스의 중요한 부분이다.

2) 훌륭한 서비스

레스토랑의 훌륭한 서비스란 고객이 진심으로 환영받는 느낌을 갖는 서비스 전달을 의미한다. 이는 레스토랑의 기본적인 경영철학과 함께 종사원의 접객 태도에 달려 있다. 진실한 고객서비스는 레스토랑의 경영철학에서 출발하여 종사원의 호의성 · 접객 능력 · 예의 · 신속한 반응 · 접객태도에 달려 있다. 레스토랑 경영자는 레스토랑의 훌륭한 서비스 전달을 위해 먼저 종사원이 고객에게 훌륭한 서비스를 전달할 수 있도록 노력해야 한다.

레스토랑의 차별적 우위성은 접객 서비스 전달능력에 달려 있다. 예를 들어 유명 패스트푸드점은 표준화된 신속한 서비스 전달 시스템으로 차별화된 경쟁의 우위성을 확보하고 있다. 레스토랑의 훌륭한 접객 서비스는 고객의 관점에서 고객에게 호의적인 서비스를 전달해 주는데 있다. 접객 종사원은 고객에게 친절하고 예의바른 서비스를 전달해 주어야 한다. 실패된 서비스의 회복은 어려운 문제이지만, 이의 신속한 대처로써 문제를 해결해 주는 노력은 고객을 기쁘게 할 수 있다.

3) 훌륭한 음식

아마도 레스토랑 성공에 가장 핵심적 요인은 음식일 것이다. 많은 레스토랑 경영자들은 차별화된 훌륭한 맛이 성공의 비결이라고 말한다. 그러나 훌륭한 맛은 훌륭한 식재료에서 비롯된다. 즉 레스토랑의 경쟁력은 식재료 공급업자와의 협상력과도 밀접하게 관계된다. 훌륭한 음식이란 훌륭한 맛뿐만 아니라 정갈하며 시각적이어야 한다. 말할 것도 없이 훌륭한 맛이란 훌륭한 요리사로부터 나온다. 그러나 훌륭한 음식은 레스토랑의 전반적 환경에 부합되는 차별적인 고유성과 훌륭한 서비스 전달을 모두 포함한다.

4) 훌륭한 가치

레스토랑의 훌륭한 가치란 고객이 지급하는 비용에 대해 레스토랑을 이용함으로써 얻게 되는 고객편익의 총합을 말한다. 고객은 말할 것도 없이 훌륭한 가치를 제공해 주는 레스토랑을 찾는다. 고객은 레스토랑으로부터 음식의 맛, 휴식, 사교, 특별한 음식경험을 추구한다. 그러므로 레스토랑은 고객에게 필요한 영양가, 맛, 다이어트, 식재료를 제공하기 위해 고객의 관점에서 지속적인 노력을 기울여야 한다. 예를 들어 다시 찾아온 고객이라도 레스토랑 경영자는 고객이 지급한 가격에 충분히 만족했기 때문인지를 관찰하여 개선의 노력을 지속적으로 기울여야 한다. 고가의 음식 서비스라도 많은 단골 고객이 찾는다면, 고객이 자신의 지급에 대해 만족하였기 때문이며, 저렴한 레스토랑이라도 사람들이 다시 찾지 않는다면, 고객이 자신의 지급에 대해 충분한 편익을 제공받지 못한 것으로 생각했기 때문일 것이다. 레스토랑의 훌륭한 가치란 다양한 요인들로부터 나온다. 그러므로 레스토랑 경영자는 고객의 가치 관점에서 레스토랑의 서비스 전달을 면밀히 분석하여 경쟁우위의 가치를 전달해 주어야 한다.

5) 훌륭한 경영

상기의 모든 조건을 갖춘 레스토랑이라도 경영이 합리적지 않다면 실패로 끝날 것이다. 경영이 비합리적일 때 접객 종사원들이 실망하여 이직할 수 있고, 이익은 다른 곳으로 빠져 나갈 수 있다. 레스토랑 경영자는 생산, 마케팅, 재무, 인사 등 관리전반에 책임을 지는 중요한 위치에 있다. 그러므로 레스토랑 경영자는 적절한 가격설정, 식재료의 확보, 품질, 검수, 저장, 임금 등 레스토랑 전반에 대해 적절히 통제할 수 있어야 한다. 레스토랑의 훌륭한 경영은 레스토랑의 성공과 실패를 결정짓는 핵심적인 조건이다.

제3절 레스토랑의 경영형태

레스토랑은 음식을 조리·생산 및 판매하는 조직체로, 고객 중심의 과학적 경영을 하지 않으면 경쟁에서 곧 퇴출되기 때문에 레스토랑 경영자는 과학적이며 조직적인 경영을 위해서 먼저 어떠한 방법으로 투자할 것인지를 결정해야 한다.

레스토랑 경영을 위한 투자는 다음의 방법들 중에서 하나의 선택일 것이다.

- 독립적으로 경영할 것인가, 체인 형태로 경영할 것인가?
- 현재의 프랜차이즈 레스토랑을 매입할 것인가, 새로운 프랜차이즈 레스토랑을 경영할 것인가?
- 기존의 독립적인 레스토랑을 매입하여 기존의 형태로 운영할 것인가, 새로운 개념의 레스토랑으로 운영할 것인가?
- 새로운 개념의 레스토랑을 직접 경영할 것인가, 전문경영인에게 위임할 것인가?

이와 같은 레스토랑 경영을 위한 대안의 선택은 자본투입에 대한 위험을 극복할 수 있는 능력, 철학, 그리고 경영자 개인의 성향에 따라 결정될 수 있다. 가령 모험적인 투자자라면 투하자본의 조기회수를 위해 단기적으로 레스토랑을 활성화시킨 후에 매각을 하거나 장기적인 목표에 따라 단기적 손실을 감내하고서라도 운영을 지속할지도 모른다. 만약 신중한 투자자라면 전문경영인에게 레스토랑 경영을 위임하거나 프랜차이즈에 가맹을 신중하게 고려할 수도 있다.

전문경영인에게 위임했을 경우에, 실패했을 때의 재무적 위험은 직접 경영하였을 때보다 심리적 비용(psychological cost)이 훨씬 높을 수 있다. 영업본부인 프랜차이저(franchiser)는 건물의 디자인, 메뉴, 차별화된 이미지, 효율적인 마케팅을 통해 가맹점인 프랜차이지(franchisee)의 재무적 위험을 최소화할 수 있지만, 투자자의 성취감이나 이윤창출에 한계가 있다.

〈표 15-1〉은 레스토랑 경영형태에 따른 장단점이다.

〈표 15-1〉 프랜차이즈, 위임, 직접경영의 장단점

투자·경영 유형	재정적 투자	직접경영의 정도	경영 스트레스	재정적 위험	심리적 비용	잠재적 보상
기존 레스토랑의 매입	중간	높음	높음	높음	높음	높음
직영	매우 높음	높음	매우 높음	매우 높음	매우 높음	높음

투자·경영 유형	재정적 투자	직접경영의 정도	경영 스트레스	재정적 위험	심리적 비용	잠재적 보상
프랜차이즈	낮거나 보통	낮음	보통	보통	보통	보통
전문경영인	높음	낮거나 보통	낮거나 없음	높음	높거나 보통	높거나 보통

소유직영 레스토랑의 장점을 제시하면 다음과 같다.

- 투자자 단독으로 운영의 모든 책임을 부담하여 손익이 귀속되기 때문에 투자자 자신의 능력과 경험을 최대로 활용하기 위해 최선을 다한다.
- 투자자의 경영철학에 따라 유연하게 경영하며 시장변화에 보다 신속하게 대처할 수 있다.
- 소유와 경영이 일치하여 이해관계자와 대립 및 갈등을 유발할 가능성이 낮고 융통성 있게 운영할 수 있다.
- 레스토랑의 변경, 확장, 폐업이 용이하다.
- 종사원들과 가족적인 분위기로 운영해 나갈 수 있다.

그러나 단점은 다음과 같다.

- 창업이 용이하여 과학적 및 계획적 경영에 소홀할 수 있다.
- 실패하였을 때 투자자는 물론 가족까지 어려움에 처할 수 있다.
- 레스토랑의 흥망이 개인투자자의 경영능력에 좌우된다.
- 개인의 능력에 전적으로 의존하기 때문에 경영이 불합리할 수 있다.

제4절 레스토랑의 유형

1) 레스토랑(Restaurant)

레스토랑은 좁은 의미에서 정식의 식사서비스를 제공하는 식당으로, 테이블 세팅(table setting)이 된 식당이다. 즉 레스토랑은 고급의 요리와 정중한 웨이터 서비스(waiter service)를 제공하는 식당이다.

2) 다이닝 룸(Dining Room)

다이닝 룸은 대체로 이용시간이 제한되어 있는 것이 특징이다. 호텔의 다이닝 룸은 아침식사 시간대에 영업을 하지 않는 한편, 점심과 저녁에 정찬(table d'hote : 전채, 수프, 빵, 생선, 앙뜨레, 야채, 디저트 및 음료)을 제공한다.

3) 그릴(Grill)

일반적으로 그릴은 일품요리인 알라 까르떼(A La Carte: 식사와 음료를 한 가지씩 주문하여 식사하는 특별 메뉴)를 한 가지씩 주문하는 식당으로, 아침 · 점심 · 저녁을 구분하지 않고 제공하는 식당이다.

4) 카페테리아(Cafeteria)

카페테리아는 준비된 음식을 고객이 직접 선택해 식탁에 가져다 먹고 난 후 요금을 지급하는 셀프서비스 식당이다.

5) 스낵바(Snack Bar)

스낵바는 가벼운 식사를 하는 간이식당으로, 식사의 제공방식은 카운터에 앉은 고객의 주문에 따라 직접 판매하는 카운터 서비스(counter service) 방식이나 셀프서비스 방식으로 판매한다.

6) 커피숍(Coffee shop)

커피숍은 고객에게 커피, 홍차, 녹차, 그리고 각종 음료를 판매하지만 호텔의 커피숍에서는 경양식을 제공하기도 한다.

제5절 기업형 레스토랑

세계적인 기업형 레스토랑의 예를 들면 〈표 15-2〉와 같다. 즉석 햄버거를 제공하는 맥도날드사는 미국을 비롯해 세계의 주요 도시에 점포를 운영하며 매년 수백억 개의 햄버거를 판매하고 있다. 맥도날드 기업은 즉석 음식 서비스 시장에서 약 19%의 점유율을 보이고 있다. 이와 같은 성공의 비결은 고객에게 어떻게 서비스하고 고객의 욕구에 어떻게 대응해야 하는지를 명확하게 파악하여 고객의 욕구를 충족시켜 주었기 때문이다.

〈표 15-2〉

순위	회사	본부	1981년 매출액($ 백만)
1.	McDonald's U.S.A. and Intl.	U.S.A	8,488.0
2.	Kentucky Fried Chicken	U.S.A	3,214.3
3.	Pillsbury Co.	U.S.A	2,775.6
4.	Holiday Inns	U.S.A	2,171.6
5.	Marriott Corp.	U.S.A	2,090.5
6.	ARA Services	U.S.A	1,861.0
7.	PepsiCo, Inc.	U.S.A	1,601.7
8.	Wendy's Intl., Inc.	U.S.A	1,607.7
9.	Grand Metropolitan	U.K.	1,394.0
10.	Sheraton Hotels	U.S.A	1,264.2
11.	Intl. Dairy Queen	U.S.A	1,125.0
12.	Hardee's Food Systems, Inc.	U.S.A	1,108.0
13.	Denny's Inc.	U.S.A	1,015.0
14.	Wienerwald	Switzerland	1,015.0
15.	Trust House Forte Ltd.	U.K.	905.0
16.	Canteen Corp.	U.S.A	894.0
17.	Hilton Intl.	U.S.A	889.2
18.	Sage Corp.	U.S.A	864.0
19.	The Sheraton Corp.	U.S.A	840.0
20.	Howard Johnson Co.	U.S.A	634.0
21.	Intercontinental Hotels	U.S.A	625.9
22.	Hilton Hotels Corp.	U.S.A	563.7
23.	Best Western Intl.	U.S.A	562.0
24.	Ramada Inns	U.S.A	477.6
25.	Albert Abela Group	Monaco	460.0

* 자료원: 18th Annual '400' Report, Restaurants and Institutions, 91, No 1, p.33 July 1, 1982. Hotel and Restaurant International, July 15, 1982.

1965년 밀크 셰이크 혼합용 기계를 판매하는 52세의 레이 크록은 리처드와 모리스 맥도날드가 운영하는 7개의 즉석음식 레스토랑 개념에 매료되어 270만 불에 그 명칭을 사용할 수 있는 체인점을 매입하여 세계적인 체인으로 확장하였다. 그는 자사의 프랜차이즈 가입을 원하는 사람에게 20년간의 라이선스를 판매하여 일리노이의 엘크 그로브 마을에 있는 맥도날드의 햄버거 대학 학위를 받도록 하였다. 그룩의 경영철학은 맥도날드의 좌우명인 'Q.S.C & V.'에 포함되어 있다. 이는 품질(Quality), 서비스

(Service), 청결(Clean), 그리고 가치(Value)로써 고객은 깨끗한 레스토랑에서 친절한 종사원에 의해 5분 내에 맛있는 햄버거를 받을 수 있다는 것이다.

맥도날드는 좌석공간을 넓히고 장식을 개선하는 한편 아침메뉴의 시작과 새로운 음식을 추가하여 교통의 요지에 신규점을 열었다. 맥도날드는 지속적인 소비자 조사를 통해 서비스 품질을 관리하는 한편 원가절감을 위해 지속적인 노력을 기울이고 있다.

제6절 레스토랑의 개업

레스토랑 경영자는 먼저 레스토랑 서비스의 명확한 개념설정, 시장분석, 경쟁자 분석, 그리고 비용과 지출의 분석을 통해 성공의 가능성을 통찰해야 한다. 또한 경영자는 레스토랑을 독립적으로 경영할 것인지, 프랜차이징으로 경영할 것인지를 검토하여 최적의 대안을 선택해야 한다. 이러한 일련의 과정을 통해 레스토랑 개업을 위한 모든 준비가 완료되었다면, 경영자는 목표시장을 선정하여 이들에게 소구하기 위한 전략적 대안을 모색하며, 전략적 대안을 모색하기 위해 레스토랑 경영자는 식당유형에 따른 다음의 특징적 사항들을 충분히 고려해야 한다.

1) 실용성과 즐거움

고객이 레스토랑을 찾는 주된 이유는 건강 또는 다이어트, 사회적 관계, 독특한 맛, 적정가격 중 무엇인가에 있다. 연구에 의하면 고객이 특정 레스토랑을 찾는 주된 이유로 실용성이 75%, 즐거운 식사가 25%였다.[1] 이는 식당의 실용적, 그리고 쾌락적 경험이 경쟁우위를 결정짓는 핵심 요소임을 대변해 주고 있다. 소비자들은 레스토랑의 실용적 가치와 정서적 가치 사이에서 특정 식당을 선택한다. 그러므로 레스토랑의 경쟁력은 음식서비스는 물론 가족이나 친구와 함께 사회적 관계를 돈독히 할 수 있는 훌륭한 정서적 분위기에서 결정된다.

맥도날드는 저렴한 가격과 신속한 식사서비스를 제공함으로써 고객에게 실용적 가치를 제공해 준다. 반면에 고급 레스토랑은 가족이나 친구와 함께 식사의 정서적 즐거움을 제공해 준다. 실용적 가치는 음식의 질, 가격, 양, 접근시간 등의 경쟁력인 반

1) Donald E. Lundberg, *The Restaurant from Concept to Operation*, John Wiley & Sons Inc., 1985, p.18.

면에 쾌락적 가치는 인적 서비스 , 분위기, 장식 등의 경쟁력이다.

[그림 15-1]은 레스토랑 유형에 따른 서비스의 실용적 유용성과 정서적 즐거움의 정도를 나타낸다.

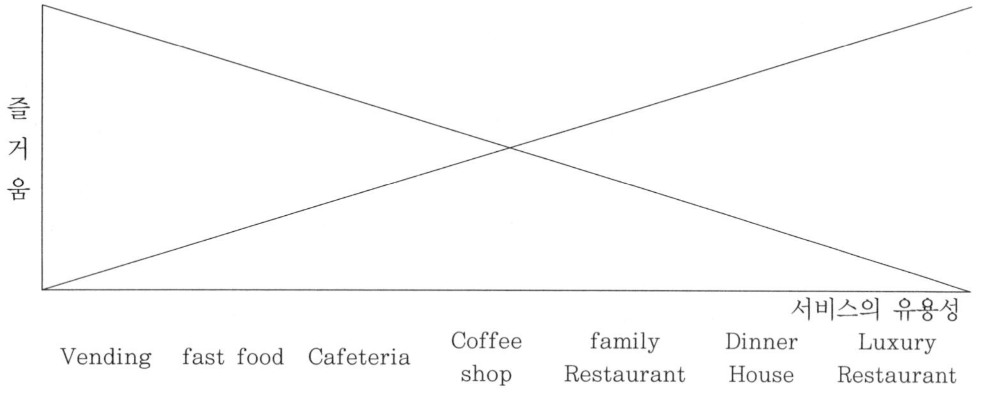

[그림 15-1] 음식서비스 유형별 실용성과 쾌락성

예를 들어 자동판매기는 실용성이 가장 높은 반면에 정서적 쾌락성은 가장 낮다. 이와는 반대로 고급 레스토랑은 실용성보다 정서적 쾌락성이 가장 높다. 다시 말해 자동판매기에 의한 음식서비스는 실용성이 높은 반면에 정서적 즐거움은 낮다. 이와는 반대로 고급 레스토랑은 정서적 즐거움이 높지만 실용성은 상대적으로 매우 낮다.

2) 서비스 전달 수준

레스토랑의 서비스수준은 메뉴의 가격과 밀접하게 관계된다. 즉 고급 레스토랑일수록 고객과의 상호작용수준이 높기 때문에 차별화된 정중한 서비스에 의한 프리미엄가격으로써 이윤을 추구하는 반면 자동판매기에 의한 음식서비스 제공은 표준화된 제품을 저렴하게 판매함으로써 대량판매를 통해 이윤을 추구한다. 레스토랑의 서비스 전달 수준은 생산성 및 가격수준과 밀접한 관계에 놓여 있다.

[그림 15-2]는 레스토랑 유형별 서비스수준을 나타낸 것으로, 고급 레스토랑일수록 서비스수준이 높아짐을 의미한다.

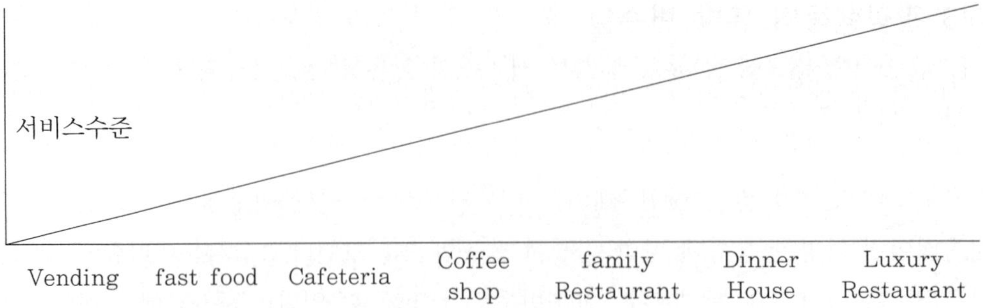

[그림 15-2] 유형별 서비스수준

일반적으로 고급 레스토랑은 높은 수준의 서비스를 제공하는 반면, 대부분의 체인 레스토랑은 표준화된 서비스시스템에 의존한다. 높은 서비스수준의 레스토랑은 특정 고객을 대상으로 고가의 음식서비스를 제공하는 한편 전문화된 종사원의 서비스 전달에 의존한다. 또한 이러한 레스토랑은 고객의 호의적 구전, 감성적 경험, 전반적인 분위기 연출을 중시한다. 레스토랑의 서비스 전달수준은 메뉴가격에 대한 고객의 기대와 밀접하게 관계된다. 다시 말해 레스토랑의 서비스수준은 가격에 대한 고객의 기대를 반영한다.

3) 좌석회전율

일반적으로 실용적인 레스토랑은 좌석이용의 회전율이 높은 반면에, 고급의 레스토랑은 사교나 친목을 위한 긴 시간을 요하기 때문에 좌석이용의 회전율이 상대적으로 낮다. 좌석의 회전율은 하루 중 좌석이용의 순환에 대한 백분율로, 이 비율이 높을수록 좌석 이용객의 수와 매출액이 높음을 의미한다. 다시 말해 좌석의 회전율과 식사시간은 서로 밀접하게 관계된다. 일반적으로 가족이 주로 이용하는 레스토랑은 신속한 서비스와 즐거운 분위기 연출이 중요하다. 좌석회전율은 경영의 효율성을 나타내 주는 지표로, 서비스수준과 밀접하게 관계된다. 또한 좌석회전율은 좌석의 배치, 가격, 서비스 전달시스템, 통제에 영향을 미치는 요소이기도 하다.

4) 좌석의 면적

좌석이 차지하는 면적은 테이블 서비스, 카운터 서비스, 그리고 카페테리아 서비스 레스토랑에 따라 각기 다르다. 일반적으로 고급만찬을 위한 레스토랑은 넓은 좌석의 공간을 필요로 하지만, 패스트푸드 레스토랑은 상대적으로 작은 공간만으로도 충분하다. 드라이브 인 패스트푸드는 좁은 좌석공간에서 고객에게 서비스를 전달할 수 있다. 레스토랑은 한정된 공간에서 한정된 메뉴의 음식서비스를 제공하기 때문에 좌석의 면적은 서비스수준과 밀접하게 관계된다. 좌석의 면적은 서비스 형태, 고객유형, 설비에 따라 다를 수 있다.

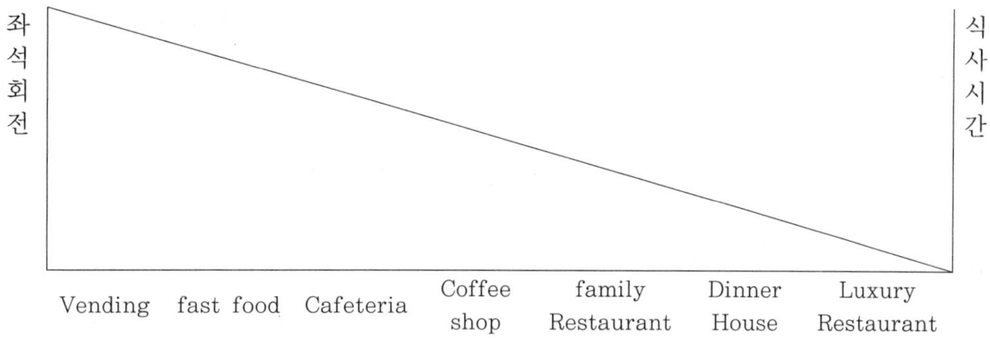

[그림 15-3] 좌석회전

[그림 15-3]에서 수직선은 식사시간과 좌석 회전율로, 수평선의 우측으로 갈수록 식사시간은 길어지는 반면에 좌석의 회전율은 낮아짐을 나타낸다.

한편, [그림 15-4]와 같이 1인당 소요면적은 우측으로 갈수록 넓어진다.

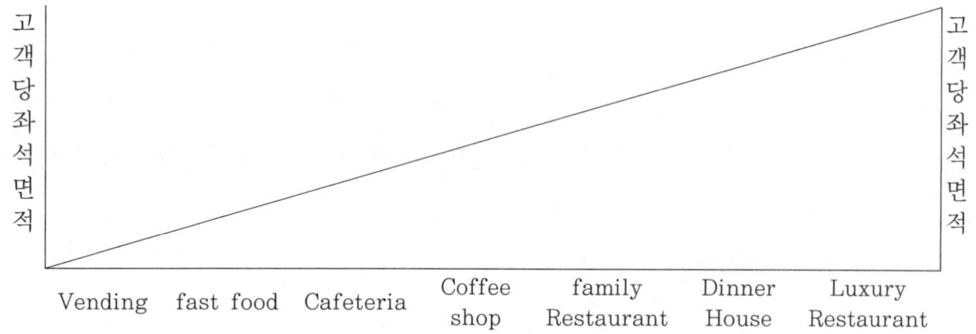

[그림 15-4] 1인당 좌석면적

5) 메뉴가격(menu price)

메뉴가격은 서비스의 질과 양, 식사시간, 그리고 1인당 차지하는 공간면적과 함께 노무비 및 시설의 유지와 보수를 위한 비용과 밀접하게 관계된다. [그림 15-5]는 레스토랑 유형별 메뉴가격의 일반적인 경향이다.

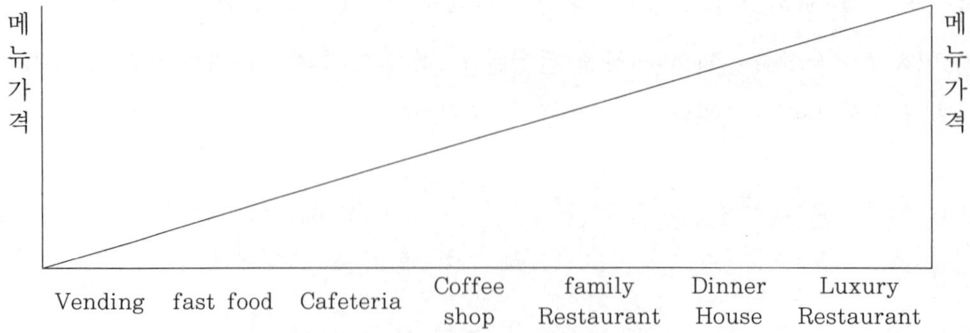

[그림 15-5] 레스토랑 유형별 메뉴가격

5) 좌석당 비용

좌석당 비용은 레스토랑의 유형에 따라 다양하다. 고급 레스토랑은 높은 가격의 메뉴와 특별한 고객을 대상으로 영업을 하기 때문에 좌석당 비용이 높은 반면에, 패스트푸드와 가족 레스토랑은 좌석당 소요되는 비용이 상대적으로 낮다.

6) 촉진비와 노무비

촉진비용은 레스토랑 유형에 따라 각기 다르다. 가령 자판기는 광고비가 불필요할 수도 있다. 일반적으로 패스트푸드는 매출액의 4~5%를 광고비를 사용한다. 그러나 패밀리 레스토랑이나 카페테리아는 더 많은 광고비를 지출하는 것이 일반적이다. 한편, 패스트푸드와 달리 고급 레스토랑이나 카페테리아는 대중적인 매체를 이용한 직접적인 광고보다 특정한 고객을 대상으로 구전 및 인적 판매에 의한 촉진에 높은 비중을 두고 있다. 레스토랑의 주요 지출항목은 노무비이지만, 고급 레스토랑일수록 1인당 종사원의 생산성은 낮다.

[그림 15-6]은 레스토랑 서비스 유형별 촉진비, 생산성, 노무비를 나타내고 있다.

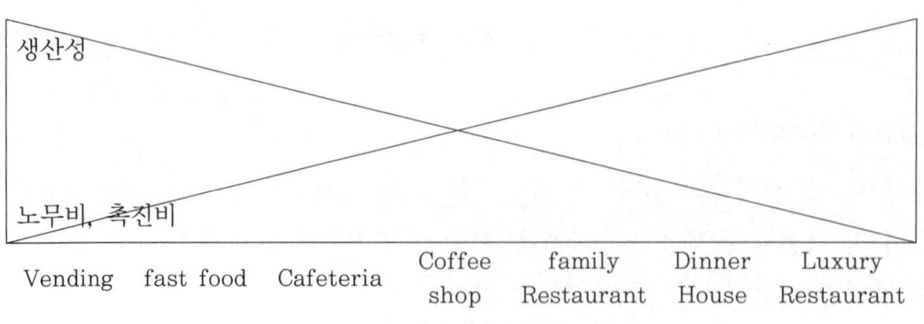

[그림 15-6] 레스토랑 유형별 촉진비

제7절 레스토랑 운영의 실제

레스토랑 경영에서 메뉴관리는 단순하게 식음료 종류를 나열하는 그 이상의 의미를 지닌 상품화 수단(merchandising tools)이다. 즉 메뉴관리는 계절에 따른 조리와 설비를 고려한 가격의 설정 및 서비스수준과 관련된 레스토랑 서비스의 구색으로써 고객의 욕구충족과 수익을 창출하기 위한 핵심적인 요소이다.

7-1 메뉴의 개발과 선택

레스토랑 경영에서 메뉴의 개발은 목표고객의 욕구충족과 수익창출을 위해 지속적으로 노력해야 할 가장 중요한 문제이다. 즉 메뉴개발은 고객의 관점에서 제품개념을 정의하고 표적시장에 소구(appeal)할 수 있는 서비스 시스템을 구축하는 것이 무엇보다 중요하다. 가령 레스토랑이 중산층의 가족을 표적시장으로 할 때, 하루 중 주요 식사제공시간은 언제가 적당하며, 실내외 환경은 어떻게 연출할 것인지를 고려해야 한다. 고객은 가격, 음식의 질, 시설, 분위기, 서비스수준을 고려하여 특정 레스토랑을 선택한다.

메뉴개발에서 고려해야 할 사항들은 다음과 같다.

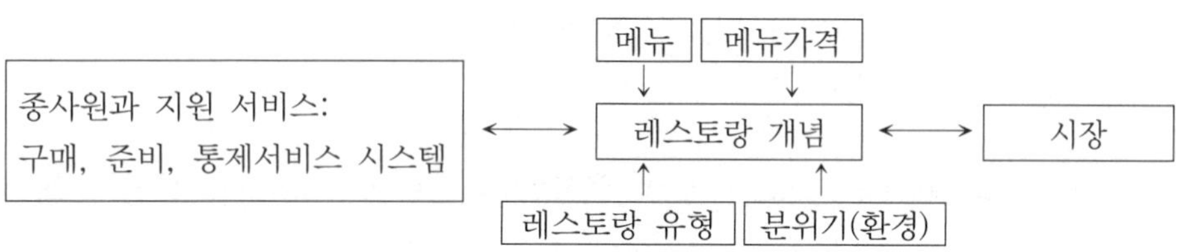

자료원: Lethar A. Kreck, Menus analysis and planning, Boston, Massachusetts:CBI, Inc., 1975, p.152.

[그림 15-7] 메뉴계획의 일반적 시스템

한편, 메뉴의 품목결정은 목표시장의 매력성과 경쟁력에 근거하여 목표달성을 위한 자원배분의 능력에 따라 취급할 메뉴품목을 신중히 고려해야 한다. 소수의 전문적인 메뉴품목은 생산성과 서비스의 효율성을 높임으로써 이윤을 창출하는데 유리할 수 있는 반면에 고객의 선택폭을 제한할 수도 있다.

젊은층의 다양한 시장에 소구하기 위해 어떤 레스토랑은 햄버거, 치킨, 스파게티만을 전문적으로 취급하는 반면에 어떤 레스토랑은 여러 품목으로써 고객의 선택폭을 넓혀 줌으로써 보다 넓은 시장을 목표고객으로 삼을 수 있다. 한편, 생산성과 서비스의 효율성으로써 단일품목의 메뉴를 전문화하여 세계적인 명성을 얻는 레스토랑도 있다.

시장의 경쟁성(시장점유율)과 성장성(매력성)은 메뉴의 변경 및 확대요인으로 작용한다. 특정 메뉴의 성장률이 높지만 점유율이 낮다면, 레스토랑은 시장점유율의 확대를 통해 이익을 실현할 수 있는 기회를 모색해야 한다. 멕시컨(Mexican)은 햄버거를 추가하여 시장점유율을 높일 수 있었다. 경쟁우위의 메뉴개발은 시장점유율의 증대를 통해 이익에 기여할 수 있어야 한다. 어떤 레스토랑은 고정화된 메뉴를 제공하지만, 어떤 레스토랑은 계절에 따라 메뉴를 변경하기도 한다.

메뉴계획(menu planning)은 다음과 같은 요인을 고려해야 한다.

- 메뉴품목에 대한 수요와 공급능력
- 서비스와 메뉴 디자인
- 보유한 기술, 설비, 인적 자원
- 경쟁 레스토랑의 가격수준, 식재료비, 인건비, 전략적 목표

7-2 서구식 메뉴의 내용

메뉴는 문화에 따라 차이를 보이지만 전채(appetizer)에서 후식(desserts)에 이르는 서구식의 내용은 다음과 같다.

① 전채와 수프(Appetizers and Soups): 신선한 과일류(Fresh Fruit), 신선한 채소류(Fresh Vegetables), 채소 수프(Vegetables Soup), 치킨 수프(Chicken Soup)

② 생채(salad): Tossed Green Salad, Potato Salad, Creamy Coleslaw

③ 앙트레(주요리: Entrees): Fried Chicken, Roast Beef, Baked Ham Breaded Fish Portions, Spaghetti, French Fries, Green Beans, Mashed Potatoes, Baked Potatoes, Tomatoes, Broccoli

④ 디저트(Desserts): Apple Pie, Ice Cream, Chocolate Cake

⑤ 음료(Beverage): Coffee, Milk, Ice Tea, Soft Drinks

이와 같은 메뉴는 원가, 식재료, 음식품목, 내용(모양, 맛, 향기, 온도), 계절성을 고려하여 고객의 관점에서 결정해야 한다.

제8절 식재료의 구매

메뉴관리에서 식재료의 구매는 메뉴의 원가 및 제품의 경쟁력과 밀접하게 관계되기 때문에 매우 중요하다. 레스토랑의 수익에서 구매비용은 가격경쟁력에 중요한 영향을 미치므로, 식재료 공급업자와의 협상력은 가격 및 품질 경쟁력을 위해 매우 중요하다.

8-1 식재료 구매의 목적

식재료의 구매목적은 다음과 같다.

① 필요한 원재료를 적시에 조달하는 데 있다. 레스토랑은 적정량의 식재료를 저렴한 가격으로 구매하는 한편, 신선한 식재료를 지속적으로 공급해줄 수 있는 공급업자와의 긴밀한 협력적 관계가 매우 중요하다. 이는 영업기회의 상실을 사전에 예방하는 한편 메뉴품질의 유지와 경쟁력의 강화를 위해서이다.
② 새로운 식재료를 발견 및 응용하여 새로운 메뉴를 개발하기 위해서이다.
③ 품질, 원가, 노무비 등을 고려하여 최적의 식재료를 확보하기 위해서이다.

이를 위해 다음의 사항에 주목해야 한다.

① 품목에 따른 구매의 필요성
② 불필요한 비용발생의 사전예방
③ 메뉴에 따른 최적의 거래처 선정
④ 합리적인 구매방법
⑤ 식재료 공급업자의 관리
⑥ 식재료의 주문과 공급내용의 일치성
⑦ 반품과 공급 등 거래의 지속성
⑧ 거래내용

8-2 거래처의 선정

레스토랑은 올바른 거래처의 선정과 함께 부적절한 식재료의 구입을 사전에 차단할 수 있는 관리체계를 확립해야 한다. 예를 들어 거래처는 식재료의 거래조건을 면밀히 검토한 후 최종적으로 선정한다. 거래처의 선정방법은 품목별 목록을 작성하여 공급업자의 신용 및 재무상태를 고려하여 구매목적을 최적으로 달성할 수 있는 업체를 선정한다. 이때 거래처에 대한 평가는 합리적이고 레스토랑의 메뉴관리에 부합할 수 있어야 한다.

레스토랑의 품질은 적합한 식재료의 확보에서 출발하기 때문에 구입명세서에 기술한 식재료 품질의 내용과 수준에 대한 공급업자의 능력을 평가한다. 식재료의 공급업자는 자사의 신용강화를 위해 품질유지에 각별한 노력을 기울이지만, 저장이 어려운 식재료의 구입은 공급업자의 신용에만 의존하기보다 필요에 따라 시장에서 직접 구매하는 것이 유리할 수 있다. 이때 구매명세서(specification)는 식재료의 품질에 대해 기술한 서류로 상표, 구매수량, 단위, 품목별 품질등급, 포장규격, 품목에 대해 상세하게 기술해야 한다.

제 16 장

여행사 경영

제16장 여행사 경영

제1절 여행상품 유통

여행의 유통경로는 여행관련 단위 조직체들이 판매목표를 달성하기 위해 목표고객에 접근하기 위한 경로시스템으로, 여행사는 최종 소비자인 여행객에게 항공사의 좌석, 호텔의 객실, 그리고 여행패키지를 판매함으로써 영리를 추구하는 여행유통의 대표적인 조직체이다. 호텔과 항공사는 객실이나 좌석의 판매를 여행사에게 위임함으로써 적시에 고객가까이에서 판매할 수 있고, 여행사는 공급업체를 대신해 여행객에게 판매함으로써 영리를 추구할 수 있다. 또한 여행경로구성원들로서 여행상품 공급업체는 숙식 및 운송 서비스의 공급에만 전념하는 한편, 여행사에게 판매를 위임함으로써 효율적으로 자사의 판매목표를 달성할 수 있다.

항공사는 좌석을 효율적으로 판매하기 위해 여행사에 항공권의 대리판매를 의뢰하여 유통경로를 확보함으로써 고객서비스를 강화할 수 있고 항공권의 선별적인 대리판매에 의해 불필요한 판매경쟁을 차단할 수 있다. 또한 항공사는 재정적으로 튼튼한 여행사에게 판매를 위임함으로써 소비자 보호와 함께 다수의 고객을 상대하는데 따르는 판촉비를 절감하고 효율적으로 좌석을 판매할 수 있다.

여행상품의 유통구조는 [그림 16-1]과 같다.

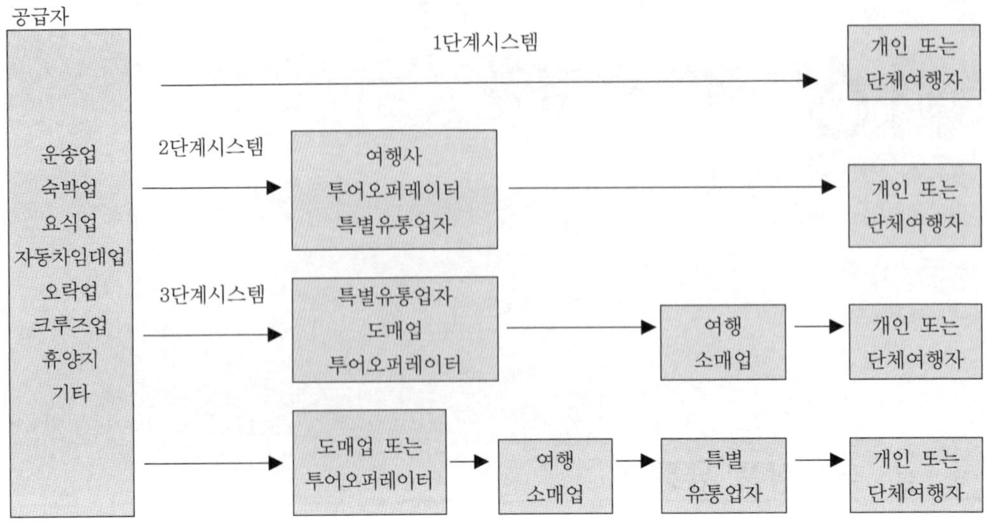

* Chuck Y Gee, Dexter J. L. Choy, James C. Makens, The Travel Industry, the AVI Publishing Company, 1984, p.133.

[그림 16-1] 여행상품의 유통시스템

여행유통경로는 공급업체의 유통전략에 따라 결정된다. 즉 여행상품의 공급업체는 자사의 전략적 관점에서 직영의 유통경로 시스템으로 운영할 것인지, 독립적인 여행사에게 위임할 것인지를 고려할 수 있다. 여행상품 유통경로에 있는 여행사는 고객의 욕구를 반영한 여행패키지의 개발과 판촉을 통해 다수의 고객에게 소구하기 때문에, 여행공급업자는 고객과의 단기적인 관계가 아니라 장기적인 관계를 구축하기 위해 유통환경의 변화를 면밀히 검토해야 한다. 여행 공급업자들은 여행사를 통해 최종 소비자인 관광객에게 보다 쉽게 접근할 수 있기 때문에 경로구성원과의 파트너십이 매우 중요하다.

1) 여행업

여행유통 시스템은 앞에서 제시한 [그림 16-2]와 같이 전형적으로 4단계로 구성되어 있으며, 최초 공급업자와 최종 소비자 사이에 유통을 담당하는 여행사(Travel Agent), 투어 오퍼레이터(Tour Operators), 특별유통(Specialty Channel) 업자가 있다.

여행사(travel agent)는 항공, 철도, 숙박 등 여행소재의 공급자들로부터 판매를 위임받아 여행객에게 대리 판매하는 여행전문 유통조직으로, 유통의 역할에 따라 크게 도매업자(wholesaler)와 소매업자(retailer)로 구분된다.

[그림 16-2]는 도・소매 여행사와 거래의 당사자인 여행공급업자(travel suppliers)로서 프린시펄(principal)과의 관계를 나타내고 있다.

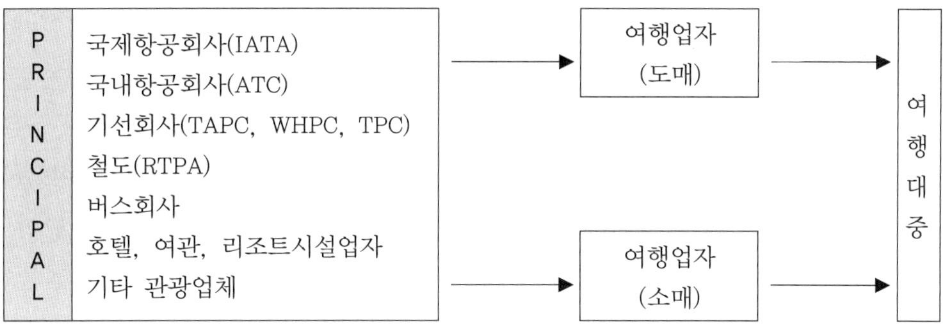

[그림 16-2] 여행사의 중개역할

2) 여행도매업자(Wholesaler)

여행도매업자는 도매여행사(wholesale travel Agent)라고도 하며, 이들은 호텔이나 항공사로부터 객실이나 좌석의 판매를 위임받아 여행소매업자에게 판매하는 한편 다양한 여행소재들을 하나의 패키지상품으로 개발하여 여행소매업자에게 일정한 수수료를 받고 판매한다. 즉 여행도매업자는 공급자인 프린시펄을 대리해 유통기능을 수행하는 한편 여행패키지를 조성하여 여행소매업자에게 유통을 의뢰하여 판매한다. 여행 도매업은 다수의 최종 소비자인 여행객을 상대하여 판매하지 않는 대신에 소매업자에게 의뢰하여 판매하는 순도매업자와 최종 소비자를 상대로 여행소매업을 병행하는 총합 형으로 구분된다.

여행도매업자는 스스로 기획한 여행패키지 상표를 개발하거나 현지 지상수배업자(Ground Tour Operator)가 확보한 객실이나 지상버스와의 연계로써 이미 확보한 항공좌석과 호텔객실을 하나로 조합한 패키지상품을 조성하여 판매한다. 이때 현지 지상수배업자의 여행소재와 자사의 여행소재를 하나의 세트로 패키지상품을 조성하여 판매하는 것이 일반적이다. 여행패키지상품은 정액의 관광코스로 교통, 숙박, 쇼핑, 관광서비스를 하나의 세트로 개발한 제품이다.

3) 여행소매업자(retail travel agent)

여행소매업자(retailer)는 소매여행사라고도 하며 최종 여행객을 상대로 1차 공급업자의 좌석이나 객실을 판매하는 한편 도매업자의 여행패키지를 판매하여 부가적인 서비스를 제공하는 조직체이다. 소매여행사는 호텔, 임대자동차, 철도, 항공사, 그리고 여행도매업의 패키지상품을 대리하여 유통을 담당하지만, 집객력과 상품기획력이 있는 일부 여행소매업자는 자체적으로 여행패키지를 기획하여 최종 여행객에게 판매하는 한편 다른 소매여행사에게 판매를 의뢰함으로써 여행도매업의 역할을 수행하기도 한다.

그러므로 여행유통 시스템의 기능적 구분으로서 도매업과 소매업이 명확히 구분되더라도 실제 유통구조에서의 경계는 모호하다고 할 수 있다. 대부분의 소매여행사는 프린시펄로부터 여행의 소재를 확보하여 다른 여행소매업자에게 재판매하는 한편, 최종 여행객을 상대로 도매업자의 패키지를 대리 판매함으로써 도매업은 소매업을, 소매업은 도매업을 병행하는 경우가 많다. 그러나 유통기능상 소매업은 최종소비자인 고객에게 판매함으로써 프린시펄과 도매업의 마케팅 활동을 대리해 여행 서비스를 제공한다.

4) 투어 오퍼레이터(tour operators)

투어 오퍼레이터란 타사가 기획한 기존의 패키지투어를 실제의 여행에서 세세한 서비스로 구체화하여 최종 여행객에게 실연하는 현지 여행사이다. 이들은 지상버스, 호텔, 기타의 시설을 소유하거나 독립적인 호텔, 레스토랑, 버스회사, 자동차 임대회사와 계약을 맺어 타여행사로부터 의뢰받은 패키지투어를 현지에서 여행객에게 세부적으로 구체화하여 지상여행 서비스를 제공해 주는 역할을 수행한다. 투어오퍼레이터는 지상패키지를 구체적으로 조성하여 현지의 여행객에게 판매하거나 자체적으로 조성한 현지 패키지를 타여행 소매업자를 통해 재판매하기도 한다.

투어 오퍼레이터는 현지에 적합하게 설계된 다양한 투어 프로그램 패키지 투어를 준비해 놓고 안내원을 동반하지 않은 개인이나 안내원을 동반한 단체여행객에게 현지의 교통, 식사, 관광서비스를 제공하는 한편 선택관광(option tour)을 판매한다. 그러므로 이들을 지상 오퍼레이터(ground operator) 또는 지상수배업자라고 하며, 자국을 여행하는 국제관광객을 상대로 영업을 하기 때문에 인바운드 대리업자(inbound agent)라고도 한다. 이들의 주된 업무는 타 여행사의 패키지투어를 현지에 가장 적합하게 구체화하기 위해 현지의 세세한 여행소재들을 수배(arrangements)하여 현지의 특성에 맞는 여행서비스를 제공하는 역할을 수행한다.

5) 특별유통조직

여행특별유통경로 조직은 일반 여행유통업과 달리 자체적으로 설계한 여행상품의 상표 소유권을 갖지 않고 단순히 마케팅 기능만을 수행함으로써 프린시펄이나 타 여행사의 거래를 용이하게 해주는 기능을 수행하는 전문대리업자이다. 이들은 브로커(broker: 거간)와 구분되는 대리인(agent)으로서의 역할을 담당한다. 브로커는 구매자와 판매자간 제품의 판매가 원활히 이루어지도록 중개기능을 수행하지만, 대리인은 구매자와 판매자 중 어느 한 쪽을 대표하여 이들과 지속적인 관계를 유지하며 대리인으로서의 마케팅기능을 수행한다.

여행특별유통업은 기업의 인센티브 투어(incentive tour: 보상여행), 호텔의 상품판매 대표자(hotel representatives), 컨벤션기획자(convention planners), 그리고 기업의 여행 담당자나 여행전문 컨설턴트(travel consultants)가 있다. 이들은 여행참가자를 대표하여 여행상품의 구매의사결정에 영향을 미친다. 특별유통업은 여행사나 투어 오퍼레이터와 달리 자체적인 여행상표를 갖고 마케팅활동을 수행하지 않으며 고객의 여행비용 절감과 효율적인 여행서비스를 제공하기 위해 노력한다.

제2절 여행유통경로 단계

여행서비스 공급자인 프린시펄(principal)은 최종 고객에게 자사의 제품판매를 위해 어떤 유통경로가 경쟁의 우위를 제공해 줄 수 있는지를 심사숙고해야 한다. 여행객은 접근 가능한 최적의 유통경로를 선택하려고 한다. 이때 유통경로의 구성은 프린시펄의 고객서비스를 위해 매우 중요하기 때문에, 각각의 프린시펄은 전략적 관점에서 유통경로를 올바르게 결정해야 한다. 프린시펄의 유통경로구성에서 여러 여행사가 개입할수록 유통경로에 대한 통제력이 약화되어 비효율적일 수도 있다.

1) 1단계 유통시스템

1단계 유통경로는 직접적인 유통경로(direct channel)로, 여행서비스의 1차 공급자가 직접 고객에게 판매하는 유통구조이다. 예를 들어 항공사가 자체 또는 지점을 통해 티켓(tickets)을 직접 판매하는 유통의 형태를 들 수 있다.

1단계 시스템의 이점은 다음과 같다.

① 단순명료한 유통구조: 프린시펄은 중간업자를 배제하고 최종구매를 직접 처리함으로써 고객에게 예약변경의 문제가 발생하였을 때 고객과의 마찰을 최소화할 수 있고 문제해결을 위한 신속한 의사결정을 내릴 수 있다.

② 소비자와의 관계강화: 프린시펄은 최종 소비자인 여행객에게 정확한 의사소통을 함으로써 예약에서 발생할 수 있는 문제들을 사전에 방지하고 문제를 직접 해결해 줌으로써 고객의 신뢰를 구축할 수 있다.

③ 융통성의 발휘: 프린시펄은 고객과 직접적인 상호작용을 함으로써 예약 및 여행 서비스에 융통성을 발휘할 수 있다.

④ 수익경영: 프린시펄은 직접 판매함으로써 중간업자에게 수수료(commission)를 지급할 필요가 없으며, 다양한 매체를 이용해 정보를 제공하여 구매를 유도하는 소매형태의 판매방식을 통해 유통업자의 영향력을 배제할 수 있다.

2) 2단계 유통시스템

이는 간접유통경로 구조로, 프린시펄이 여행사를 이용해 자사의 제품을 유통하는 시스템이다.

1차 공급업체인 프린시펄이 여행사를 이용하는 이유는 다음과 같다.

① 시장요인: 지리적으로 산재한 시장을 상대로 전문유통업을 이용함으로써 판매목표를 효율적으로 달성할 수 있다.

② 제품요인: 소멸성의 제품 특성으로 인해 당일판매가 매우 중요하다.

③ 기업요인: 재무능력, 마케팅 수행능력, 거래경험, 유통의 통제욕구 요인들이 간접 유통구조를 형성하게 만든다.

2단계 유통시스템은 프린시펄과 구매자인 여행객에게 다음과 같은 이점을 제공해 준다.

① 전문성: 전문지식을 갖고 있는 여행사를 통해 여행객의 욕구충족과 판매의 효율성을 제고할 수 있다.

② 의사소통: 여행객은 여행사를 통해 최적의 정보를 획득할 수 있으며, 프린시펄은 여행사의 집객력을 이용해 소비자에게 효율적으로 접근할 수 있다.

③ 경제성: 여행객은 추가적 비용을 지급하지 않고 저렴한 여행상품을 구매할 수 있고, 프린시펄은 고객에게 편리한 장소에서 적시에 판매하는 한편 특히 비수기

에 일정한 판매를 유지할 수 있다.

④ 집객력: 프린시펄은 여행사의 전문지식과 집객력을 활용함으로써 판매를 극대화할 수 있고, 여행객은 일일이 여행서비스를 예약하지 않고서도 저렴한 단체여행패키지를 구매할 수 있다.

⑤ 편리한 입지 :여행사의 지리적 입지는 여행객에게 편리한 구매입지를 제공해 주는 한편, 프린시펄에게 판매거점을 제공해 줄 수 있다.

4) 3단계 유통시스템

3단계 유통시스템은 프린시펄과 소비자 사이에 여행도매업자와 소매업자가 존재하는 가장 전형적인 경로구조이다. 이러한 유통시스템은 여행공급업자와 구매자에게 2단계 유통시스템과 동일한 이점을 제공해 준다.

5) 4단계 유통시스템

4단계 유통시스템은 공급업자와 소비자 사이에 3단계 유통구조와 함께 특별유통경로가 개입된 유통경로구조이다. 예를 들어 유럽여행을 기획할 때 기업의 여행기획부서는 특별한 유통조직으로서 여행의 경제적 대안을 제시해 준다.

유통구조는 시장, 제품, 기업, 경로구성원에 따라 결정된다. 프린시펄과 여행객은 제한된 시장의 시간, 관심, 비용에 의존함으로써 구매 및 판매에 한계가 있을 뿐만 아니라 수요의 계절적 편재문제에 당면하게 되므로, 프린시펄은 문제의 해결을 위한 유통시스템을 구축할 필요가 있다.

제3절 유통경로의 계열화

앞에서 설명한 바와 같이 전형적인 여행유통 경로구성원은 프린시펄, 여행도매업, 여행소매업, 특별유통조직이다. 이들은 각각의 이익을 추구하기 위해 협력적인 관계로서 경로구성에 참여하는 독립적인 조직이다. 전통적인 산업과 달리 프린시펄은 전문여행업에 대한 강력한 통제력을 갖지 않을 뿐만 아니라 경로갈등의 문제들을 해소할 수 있는 공식적인 기구도 갖지 않는 한편, 조정은 협상과 리더십에 의해 이루어진다.

프린시펄은 경로구성원의 활동을 효과적으로 통제하기 위해 수직적인 경로시스템을 구축할 수 있다. 즉 프린시펄은 생산에서 소비에 이르는 마케팅을 네트워크 형태의 경로로써 중앙의 집중화된 파워를 통해 경로구성원을 조정하고 갈등을 해소해 나갈 수 있는 경로계열화를 구축할 필요가 있다.

유통경로의 계열화에는 기업형과 계약형이 있다.

1) 기업형 계열화

기업형의 수직적 경로시스템은 특정 프린시펄이 다른 경로구성원을 법적으로 소유하여 관리하는 경로유형이다. 가령 호텔이 여행사를 소유하는 것과 같이 프린시펄이 직접적으로 도·소매 여행사를 소유하는 통합시스템이 있는가 하면, 반대로 여행사가 호텔을 소유하여 객실을 직접 공급하는 통합시스템이 있다. 또한 백화점이 여행사를 소유하는 것과 같이 동일한 유통경로 수준에 있는 기업이 자본, 생산, 마케팅기능을 결합하여 유통의 경쟁력을 확보하는 수평적 다각화에 의한 유통시스템이 있다.

2) 계약형 계열화

이는 경로구성원들 각각이 수행해야 할 기능을 계약에 의한 합의로써 공식적인 경로관계를 형성하는 유통시스템이다. 이러한 형태에는 대규모 여행도매업자가 독립적인 여행소매업자를 통합하는 자발적 연쇄조직의 형태가 있는가 하면, 종소 여행소매업이 협동해 여행도매업의 기능을 갖는 공동소유의 조직을 결성한 조합형이 있다.

제4절 여행사의 조직

계획을 실행하기 위해서는 조직의 목표를 달성하는데 필요한 과업을 누군가가 수행해야 한다. 이를 위해 경영자는 조직의 구성원들과 과업을 결합하고 조정하기 위한 효과적인 방안을 강구해야 한다. 이때 경영자는 조직의 목표를 설정하는 한편, 이를 뒷받침할 수 있는 전략, 절차, 그리고 규칙을 강구하여야 하며 과업을 효율적으로 조정 및 수행하기 위해서 구성원들 간의 공식적인 관계를 체계적으로 확립해 나간다. 따라서 여행사 경영자는 다음의 사항을 고려해야 한다.

- 목표달성에 필요한 과업을 확인하고 과업의 세부적 분류가 이루어져야 한다.

- 차별적으로 분류된 과업집단과 이들을 감독할 수 있는 경영자의 권한을 고려해야 한다.
- 조직의 유사한 계층 사이의 수평적 조정과 상이한 계층의 수직적 조정을 고려해야 한다.

조직구조는 활동의 영역과 기능을 의미하므로 활동영역의 전문화, 계층화, 권한의 구조, 그리고 업무보고체계가 중요하다. 이러한 조직구조는 조직의 구체적 부문화에 의해 이루어지며, 이는 조직의 안정성과 영속성을 위해 매우 중요하다.

조직의 구조를 결정짓는 요인들은 다음과 같다.

- 과업을 일정한 업무단위로 구분하는 업무의 전문화
- 직무명세서 및 업무지침과 같은 활동의 표준화
- 의사결정의 집권화와 분권화
- 업무단위의 크기

일반 여행업의 업무기능별 조직은 [그림 16-3]과 같다.

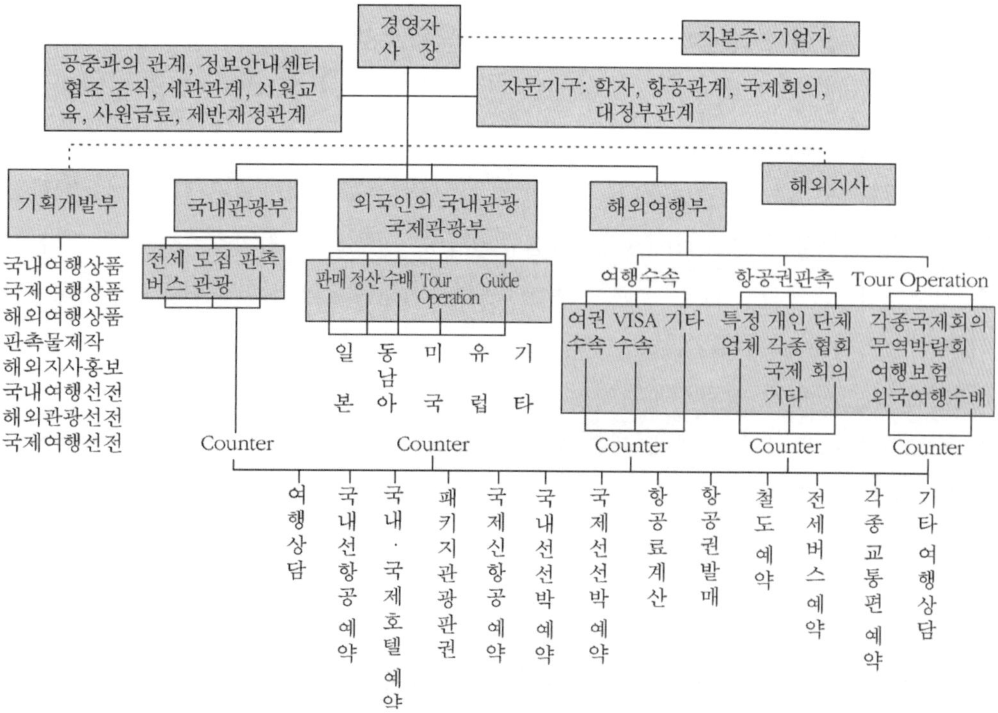

[그림 16-3] 여행사의 조직

여행사의 국내관광부는 자국의 호텔, 운송, 식당을 예약하고 고객을 모집하며 관광서비스를 실연하는 업무를 다룬다. 그리고 국제관광부는 해외 관광서비스를 실연하고 해외여행객에게 수속 및 알선 서비스를 제공한다.

제5절 여행사의 기능

여행사의 업무는 기본적으로 상담, 예약, 수배, 판매, 수속대행, 발권, 여정관리기능으로 세분화된다.

1) 상담기능

여행의사결정자는 대안에 대한 지각된 위험(perceived risk)을 감소하기 위해 정보를 탐색하며 직접 여행사를 찾아가 상담(consulting)을 통해 추가적인 정보를 획득한다. 그러므로 여행사의 상담기능은 고객에게 필요한 정보를 제공해 줌으로써 고객의 의사결정에 큰 영향을 미친다. 여행사는 고객과의 상담을 통해 판매의 기회를 갖게 되므로 고객이 필요로 하는 정보를 정확하게 전달함으로써 구매의사결정에 도움을 줄 수 있다. 그러므로 여행사의 정보는 전문적이며 정확하고 신뢰할 수 있어야 한다.

최근 정보의 발달로 여행 의사결정자의 독자적인 정보획득은 물론 스스로 여행일정을 계획할 수 있는 능력을 갖게 됨으로써 상대적으로 여행사의 상담기능이 약화되고 있지만, 고객의 요구에 따른 시의적절한 상담은 고객을 유지하고 창출하는 핵심적인 기능이다. 여행사의 상담기능은 여행에 관한 전문지식과 상담능력을 갖춘 직원에 의해 이루어지기 때문에, 이들은 여행전문지식과 고객의 의사결정에 긍정적인 영향을 미칠 수 있는 세련된 상담전문가여야 한다. 특히 해외여행은 공식적으로 갖추어야 할 서류와 함께 목적국의 문화에 대한 다양한 정보를 필요로 한다. 그러므로 여행사는 고객에게 필요한 정보를 적시에 제공하고 그들의 의사결정에 영향을 미칠 수 있는 상담능력을 갖춘 인재를 확보해야 한다.

2) 예약과 수배기능

역사적으로 여행사는 예약(booking)과 수배(arrangement)의 기능에서 출발하였다. 초기의 여행사는 좌석과 객실을 장부(book)에 기록해 놓고 고객의 요청에 따라 판매했다. 그러나 이러한 방법은 수요발생을 사전에 예측할 수 있어야 하며 일정한 고객 확보가 가능해야 한다.

고객의 요청(주문)에 따라 1대 1 대응하여 판매하는 방식은 비효율적일 뿐만 아니라 사전에 객실이나 좌석을 확보하여 수요에 대처하는 데 따른 영험손실의 위험을 감수해야 한다. 숙박업이나 항공사는 연간 객실 또는 좌석에 대한 수요를 관리할 필요가 있는 반면, 여행사는 연간 일정한 객실을 확보하여 수요를 관리함으로써 보다 안정적으로 수요를 창출할 수 있다.

이와 같은 여행사와 프린시펄의 이해관계에 따라 컴퓨터 예약시스템은 수요관리를 용이하게 해준다. 컴퓨터 예약시스템에 의한 체계적인 판매로써 여행사는 과거 1 : 1 예약에 의한 수요관리의 비효율성에서 벗어나 좌석과 객실의 대량 확보(블로킹)를 통해 제품 및 수요 관리의 효율성을 추구할 수 있게 되었다. 오늘날 여행사는 연간을 통해 좌석이나 객실을 확보함으로써 대량판매를 위한 패키지상품을 조성하여 판매하기 위해 노력하고 있다.

3) 판매기능

여행사의 판매는 섭외판매(out sales)와 점두판매(counter sales)로 구분된다. 섭외판매는 학교, 기업, 회원과 같은 단체를 방문하여 설득 판매하는 방식인 반면, 점두판매는 찾아온 고객을 상대로 여행사 내 카운터에서 상담을 통해 구매를 유도하는 방식이다. 과거에는 단체를 대상으로 섭외판매가 주류를 이루었지만, 오늘날에는 여행패키지가 다양하고 전문화되어 대중매체를 이용한 점두판매가 주류를 이루고 있다. 패키지여행은 주로 목표 수요자를 대상으로 판매하는 일반모집 상품이다.

여행사의 판매방식은 다음과 같다.

- 자사의 주최상품을 자사에서 판매
- 타사의 여행패키지를 자사에서 판매
- 수배여행의 알선
- 좌석 및 객실의 대행판매
- 여행보험 및 이용권(쿠폰)의 판매

4) 수속대행 기능

여행사는 고객을 위해 여행에 필요한 여권(passport), 사증(VISA), 여행보험을 대행하는 기능을 수행한다. 여권은 해외여행을 할 때 자국민은 물론 체류 외국인의 해외 여행을 위해 반드시 구비해야 할 공식적인 여행서류로, 모든 국가는 자국의 여행자에게 여권 또는 이에 준한 여행증명서의 소지를 규정하고 있다. 여권의 종류에는 일반 여권, 관용여권, 외교관 여권이 있으며, 1회에 한해 국외여행을 허용하는 단수여권과 유효기간 만료일 까지 횟수에 제한 없이 여행할 수 있는 복수여권이 있다. 한편, 사증은 방문국의 대사관이나 영사관이 여권의 유효성과 입국 및 체재에 대한 심사로 입국을 보증하는 입국 허가서이다. 그러나 직업 및 영리 목적의 여행객을 제외한 일반 관광객은 국가 간 상호 면제협정에 의해 협정된 국가에 사증 없이 여행을 할 수 있다.

5) 발권기능

발권기능이란 예약의 부수적 업무로, 여행공급업자인 프린시펄을 대신해 고객에게 항공권, 숙박권, 승차권을 발권(發券)해 줌으로써 여행편의를 제공해 주는 것을 말한다. 발권은 해외 여행객을 위해 반드시 필요한 서비스로, 여행사는 항공좌석의 발권과 함께 여행일정표(travel itineraries)를 작성하고 여행일정에 필요한 제반 비용을 고려해 여행비용을 산출해야 된다.

6) 여정관리 기능

여정관리란 자사가 주관하는 여행일정을 원활하게 진행하기 위한 일련의 관리활동을 말한다. 여정관리는 주로 직원이 여행객과 함께 동행을 하는 인솔 업무에서 그 중요성이 강조된다. 인솔 업무는 여행사의 투어 컨덕터(tour conductor)가 단체여행객의 인솔자로 동행하여 현지투어에 필요한 일체의 업무를 관리하는 활동이다. 여행객의 관리는 여행사의 직접적인 통제에서 벗어나게 되므로 투어 컨덕터의 역할이 매우 중요하다. 국외여행에서 투어 컨덕터의 리더십, 판단력, 업무처리 능력이 고객만족에 결정적인 영향을 미치므로, 만약 인솔 투어 컨덕터가 동행하지 않는 경우에 여행사는 현지의 특정인에게 여정관리를 위임하거나 적절한 사전조치를 취하여 고객을 관리해야 한다.

7) 정산 기능

여행사는 여행이 종료된 후 비용과 수익의 발생에 대한 회계처리로써 정산기능을 수행한다. 정산은 사전에 계획된 여정관리를 위해 회사로부터 수령한 여행경비의 집행내역을 기록하여 손익을 정산하는 업무이다.

여행사의 기능적 관계를 도식화하면 [그림 16-4]와 같다.

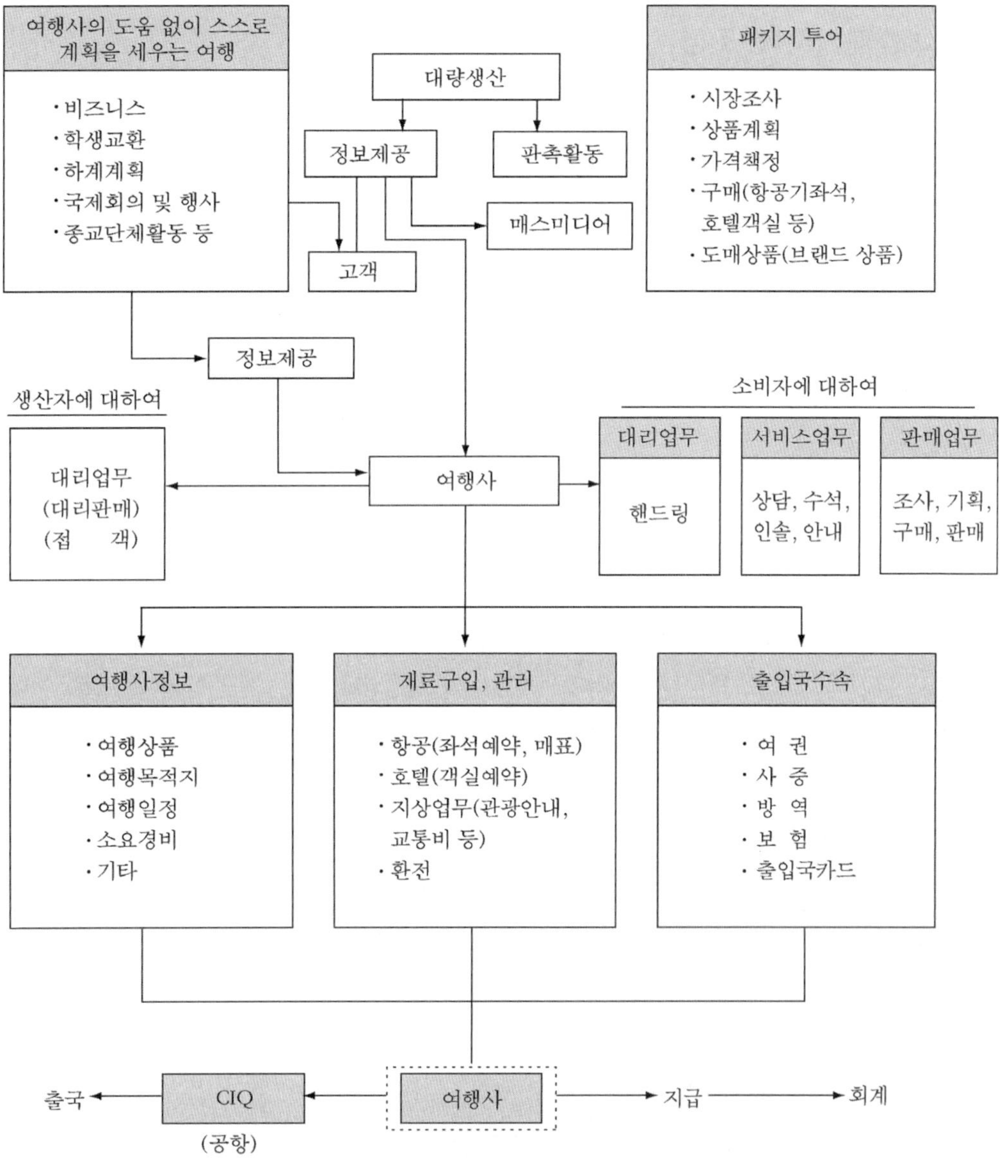

[그림 16-4]

제6절 여행패키지

정보의 발달과 함께 여행사는 단순한 여행소재의 알선에서 벗어나 여행패키지를 스스로 기획하여 판매함으로써 자사의 목적을 달성할 수 있게 되었다. 오늘날 여행패키지는 정보의 발달에 의해 더욱 세세하고 정교화되고 있다.

6-1 여행패키지의 조성

여행사는 전략적으로 장기적인 목표를 수립하고 이에 도달하기 위한 일련의 활동을 수행해야 한다. 이를 위한 여행사의 전략적인 패키지 조성은 다음의 사항을 충분히 고려한 계획의 수립에서 출발한다.

- 제품믹스 요소
- 소비자 지향적 제품믹스
- 경쟁능력(경쟁사에 대한 자사의 약점과 강점)
- 제품생명주기

1) 제품믹스의 결정

여행패키지 조성의 대안은 휴양, 요양, 체육, 경관감상과 같이 활동목적에 따라 다양하고 폭이 넓기 때문에, 여행기획가는 여행사의 성장과 경쟁우위의 제품을 위해 제품 믹스를 전략적으로 고려해야 한다. 여행사의 상품화능력은 전문화를 토대로 여행패키지를 조성할 수 있는 기획력에 달려 있다.

여행사의 여행패키지 믹스는 전략적인 관점에서 제품계열(product lines)과 제품품목(product items)을 모두 포함하여 고려해야 한다. 제품계열이란 서로 유사한 기능을 갖고 동일한 목적의 여행객에게 판매하는 상품으로, 동일한 표적시장에 위치(position)되어 동일한 편익을 제공해 주는 제품을 의미한다. 여행사는 제품믹스의 관리를 위해 제품계열의 시장매력도를 분석한 후 제품계열의 유지 및 성장 또는 축소 여부를 결정해야 한다.

제품계열은 제품항목들의 폭과 길이로 정의된다. 즉 제품계열의 폭은 여행사가 취급하는 제품계열의 수를 말하고, 제품계열의 길이는 제품계열의 품목 수를 말한다. 여행패키지의 믹스는 〈표 16-1〉과 같다.

〈표 16-1〉 여행제품믹스

제품계열과 품목	← 제품믹스의 폭(product mix width) →		
	역사/문화적 제품	옥외위락제품	행사(event)제품
제품길이	박물관 성곽 유적지 오페라 하우스	국립공원 산림욕 산책 낚시	예술축제 자동차 쇼 박람회 각종 퍼레이드

여행사가 제품계열 내 새로운 품목을 추가하거나 기존의 제품을 철수하기 위한 의사결정은 제품믹스를 정기적으로 평가한 후 이루어져야 한다. 이는 제품에 따라 여행사의 핵심 제품이거나 구색을 갖추기 위한 부가적 제품일 수도 있다. 제품믹스를 결정하는 중요한 요인은 여행사의 경영목표로 수익성이나 시장점유율의 증대와 같은 전략적 목표와 밀접하게 관계된다. 그러나 이와 같은 목표와 관계없이 고객의 다양한 욕구충족 능력은 경쟁 여행사의 진입을 저지할 수 있는 중요한 수단이다.

2) 기존제품의 관리

전략적 관점에서 제품믹스를 결정할 때, 여행사는 기획에서부터 기존제품 믹스의 관리에 대해 여러 가지 의사결정을 한다. 이를 위해 여행사는 제품계열과 품목의 우선순위를 결정하고, 그것의 기여도를 평가한 후 개선할 문제들을 수정 및 보완완해 나가야 한다. 예를 들어 여행상품 기획가는 기존제품의 성과가 기업의 성과에 얼마나 기여하며 개선해야 할 우선순위가 무엇인지를 평가하여 제품관리목표에 도달할 수 있도록 수정 및 보완해야 하며, 이를 위해 여행사는 제품의 성과수준과 목표를 설정하고 이를 평가할 수 있는 관리시스템을 구축해야 한다.

여행패키지상품은 다양한 단위제품들로 구성된 조합이다. 그러므로 여행사는 제품조합에 필요한 정보시스템을 구축하고 제품의 성과가 기업의 목표에 부합할 수 있도록 지속적으로 관리해 나가는 한편 관리의 결과를 정확하게 평가하여 목표달성의 도달여부를 확인하고 개선해야 할 문제점을 발견할 수 있어야 한다. 제품믹스의 성과가 기업의 목표에 얼마나 기여했는지는 기업의 시스템에 의해 주기적으로 평가하여 문제를 전략적으로 개선해 나가야 한다.

[그림 16-5]는 제품의 성과에 대한 평가절차와 제품의 전략적 선택을 설명해 준다.

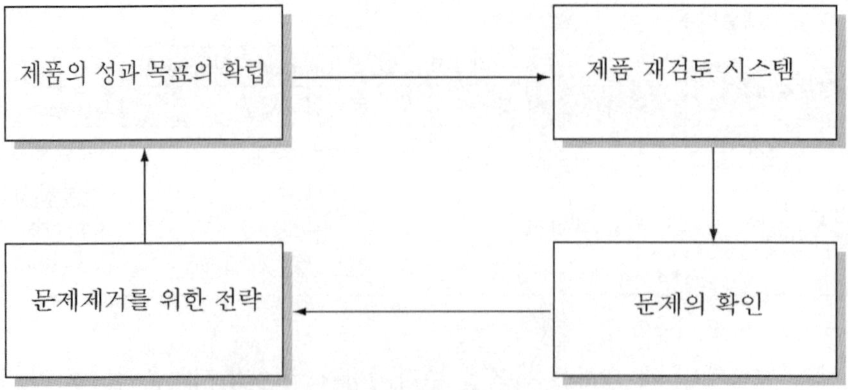

[그림 16-5] 제품성과에 대한 조직의 평가절차

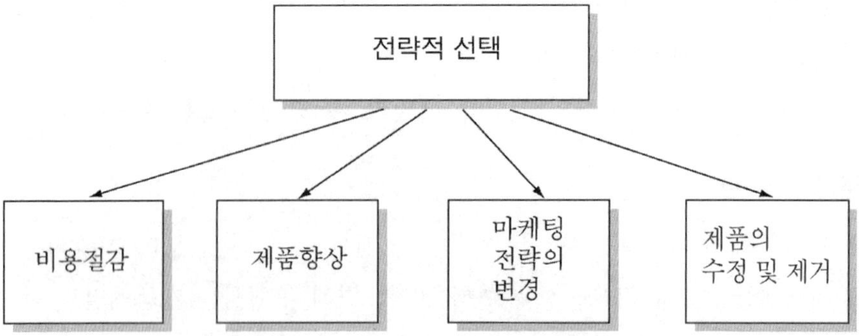

[그림 16-6] 제품의 전략적 선택

3) 신제품의 개발

여행환경은 동적으로 변하기 때문에, 여행사는 환경변화를 면밀히 분석하여 전략적으로 대처해 나가야 한다. 동적인 환경변화에서 여행사의 성장을 도모하기 위해서는 신제품의 도입을 필요로 한다. 이는 동적인 환경변화에서 제품의 생명주기가 짧아지기 때문에 기존의 제품만으로 성장을 유지해 나갈 수 없기 때문이다. 그러므로 여행사는 지속적인 성장을 위해서 여행패키지의 쇠퇴에 대체할 수 있는 신제품을 개발해야 하며, 신제품의 개발은 정확한 시장조사를 바탕으로 이루어져야 한다. 이를 위해 여행사는 문화적 · 사회적 · 자연적 · 경쟁적 환경과 목표시장의 여행욕구를 분석하여 차별화된 신제품을 개발한다. 시장분석을 바탕으로 여행사는 성장의 대안으로 패키지 조성을 고려해야 하며 새로운 패키지의 개발은 경제적 가능성, 투자가치, 고객의 기대, 성장 가능성의 분석을 통해 이루어져야 한다. 신제품의 실패는 고객욕구 파악의 실패, 우수하지 않은 제품믹스, 부정확한 시장조사, 불충분한 경쟁분석에서 초래된다. 만약 신제품의 개발이 고객창출에 실패했을 경우에 고객은 물론 프린시펄로부터 신뢰를 잃을 수 있기 때문에 신중해야 한다. 그러므로 여행객의 요구를 파악하고 제품의 경쟁력을 분석하여 신제품을 개발할 필요가 있다.

신제품개발 과정은 [그림 16-7]과 같다.

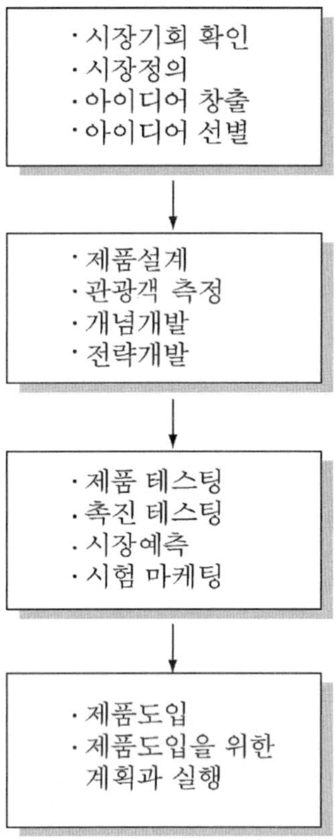

[그림 16-7] 신제품개발 과정

신제품의 개발은 시장기회의 확인을 위한 시장의 정의, 아이디어의 창출, 아이디어의 선별, 수요의 측정, 제품개념, 제품기획, 수요예측, 촉진, 그리고 시장도입의 과정을 거친다.

저자 소개

■ 김 원 인

• 현재 계명대학교 경영대학 관광경영학과 교수

■ 김 수 경

• Brock대학교, 계명대학교 석사
• 계명대학교 관광경영학 박사

관광학원론

2014년 3월 15일 초 판 1쇄 발행
2015년 2월 15일 개정판 1쇄 발행

지은이 김원인 · 김수경
펴낸이 진욱상 · 진성원
펴낸곳 백산출판사
교 정 조진호
본문디자인 편집부
표지디자인 오정은

등 록 1974년 1월 9일 제1-72호
주 소 서울시 성북구 정릉로 157(백산빌딩 4층)
전 화 02-914-1621/02-917-6240
팩 스 02-912-4438
이메일 editbsp@naver.com
홈페이지 www.ibaeksan.kr

ISBN 979-11-5763-030-1
값 20,000원